L'INFRACTION-OBSTACLE EN DROIT INTERNATIONAL PÉNAL

Collection ***Sciences criminelles***
dirigée par Robert Cario

La collection ***Sciences criminelles*** se destine à la publication de travaux consacrés à l'analyse complexe du phénomène criminel. Multidisciplinaire par définition, elle a vocation à promouvoir les réflexions critiques portées par les disciplines impliquées, dont l'angle d'approche spécifique enrichit la connaissance globale du crime, tant en ce qui concerne les protagonistes (infracteur, victime, société) que les stratégies d'intervention sociale (prévention, répression, traitement). En France comme à l'étranger.
Les contributions, émanant de chercheurs, de praticiens de la justice ou du travail social, empruntent la forme d'ouvrages de doctrine, de recherches collectives ou d'actes de rencontres scientifiques.

Deux séries complètent la Collection. Le ***Traité de sciences criminelles***, multi-auteurs, présente sous la forme de manuels les principales disciplines qui composent les sciences criminelles : philosophie criminelle, criminologie, politique criminelle, droit criminel, procédure pénale, criminalistique, médecine légale et victimologie.

Les ***Controverses*** rassemblent de courts essais sur des questions majeures de la connaissance scientifique dans le champ criminologique. En pointant leurs contradictions, (re)découvertes et zones d'ombre, les réflexions participent à une meilleure compréhension de la complexité des conduites humaines.

Derniers ouvrages parus
N. Pignoux, La réparation des victimes d'infractions pénales
P. Mbanzoulou, La médiation pénale (nouvelle édition)
A. Jafari, Droit bancaire islamique
Y-C. Quéro, La gouvernance nodale du réseau de sécurité locale
N.Y. Doumia, Le maintien de l'ordre en Côte d'Ivoire

Traité de sciences criminelles
2.1. R. Cario, Victimologie (4èd. 2012)
9. R. Cario, S. Ruiz-Vera, Droit(s) des victimes (2015)

Controverses
H. Lemaître, La prévention de la délinquance
I. Dréan-Rivette, Des sentences et des peines

V. également la collection Criminologie
J. Motte dit Falisse, F. Ludwiczak (Dir.), Du sens de la peine
C. Trotter, Le suivi des usagers involontaires

Série Champ pénitentiaire
P. Mbanzoulou, P. Pottier (Dir.), Santé et justice
S. Jacopin, J.M. Larralde, *Le droit aux visites des personnes incarcérées*

Mojtaba Hosseini Nassab

L'infraction-obstacle en droit international pénal

Innovation ou révélation ?

Préface de Jean-François Roulot

L'Harmattan

5-7, rue de l'École-Polytechnique ; 75005 Paris

http://www.editions-harmattan.fr/

ISBN : 978-2-343-16952-1
EAN : 9782343169521

À ma chère Anaïs

SOMMAIRE

Table des abréviations

AFDI: Annuaire français de droit international
Arch. Philo. Droit : Archives de Philosophie du Droit
Arch. pol. crim. : Archives de politique criminelle
CA : La Cour d'Appel
Cass. Crim. : La Chambre Criminelle de la Cour de Cassation
c/ : contre
CDI: La Commission du Droit International
CEDH: La Cour Européenne des Droits de l'Homme
CIJ: La Cour Internationale de Justice
Cons. Const. : Le Conseil Constitutionnel
CP: Le Code Pénal
CPI : La Cour Pénale Internationale
CPP: Le Code de Procédure Pénale
Dév. et Soc. : Déviance et Société
dir. : sous la direction
Doct. : Doctrine
éd. : édition
et al. : et alii (et les autres)
ex. : exemple
Gaz. Pal.: Gazette du Palais
Ibid. : au même endroit
JDI : Journal du Droit International
JEDI : Journal Européen de Droit International
Juil. : Juillet
LGDJ: Librairie Générale de Droit et de Jurisprudence
n° : Numéro
ONU: Organisation des Nations Unies
Op. Cit. : Opere Citato
p.: page
PUF : Presses Universitaires de France
RCADI : Recueil Cours de l'Académie de Droit International de La Haye
RDPC : Revue de Droit Pénal et de Criminologie
RFDA : Revue Française de Droit Administratif

RGDIP : Revue Générale de Droit International Public
RGDP : Revue Générale de Droit Public
RI Crim.PT : Revue Internationale de criminologie et de police technique
RICR : Revue Internationale de la Croix-Rouge
RIDP : Revue Internationale de Droit Pénal
RIEJ : Revue Interdisciplinaire d'Etudes Juridiques
RJE : Revue Juridique de l'Environnement
Rev. Pén. Suisse : Revue Pénale Suisse
RRJ : Revue de la Recherche Juridique
RSC: Revue de Science Criminelle et de droit pénal comparé
RSDIE : Revue Suisse de Droit International et Européen
RTDH : Revue trimestrielle des droits de l'Homme
s. : suivant
S.d.N.: La Société des Nations
Sep. : Septembre
T. : Tome
TMIN: Le Tribunal Militaire International de Nuremberg
TMIT: Le Tribunal Militaire International de Tokyo
TPIR: Le Tribunal Pénal International pour le Rwanda
TPIY : Le Tribunal Pénal International pour l'ex-Yougoslavie
Vol. : Volume

Avant-propos

Le présent ouvrage est la publication d'une thèse de Doctorat en Droit privé et Sciences criminelles soutenue à la Faculté de Droit et de Science politique de Montpellier, sous la direction de Madame Anne d'HAUTEVILLE, Professeur émérite à l'Université de Montpellier. Le texte aujourd'hui publié, a fait l'objet de légères modifications afin de tenir compte de certaines remarques formulées par les membres du jury lors de la soutenance.

Cette thèse a ensuite été récompensée par le Prix Henri Donnedieu de Vabres de la Faculté de Droit et Science politique de Montpellier, distinguant le meilleur travail de recherche en droit pénal.

J'exprime ici ma profonde gratitude à Monsieur Ali NADJAFI, Professeur émérite à l'Université Shahid Beheshti de Téhéran, pour m'avoir encouragé et apporté son soutien en vue de la publication de mes travaux.

Je témoigne également ma sincère reconnaissance à Monsieur Jean-François ROULOT pour m'avoir fait l'honneur de rédiger la préface de cet ouvrage.

Je tiens ensuite à remercier Madame Valérie RAHÉ, pour l'aide apportée lors de la correction et la relecture de mon manuscrit.

Je remercie chaleureusement ma chère épouse Anaïs, également Docteur en Droit, pour ses observations et suggestions pertinentes qui m'ont toujours aidé à améliorer ce travail.

Enfin, je remercie les Editions L'Harmattan, tout particulièrement Monsieur le Professeur Robert CARIO, directeur de la Collection Sciences criminelles, pour m'avoir donné l'opportunité de partager le fruit de mes travaux avec vous.

Mojtaba HOSSEINI NASSAB
Montpellier, le 13 novembre 2018

Préface

La justice internationale pénale, appliquée pour la première fois à Nuremberg, est encore récente à l'échelle de la vie des États. Si l'on en parle depuis la Première Guerre mondiale, il faut attendre cependant la fin de la seconde pour la voir se matérialiser. On observe aussi que la période qui a immédiatement suivie, la fameuse guerre froide, a paralysé son développement et il faudra encore attendre la fin de cette époque pour que puisse enfin apparaître par la convention de Rome de 1998, une Cour Pénale Internationale. Quelques juridictions à compétences limitées (mixtes ou non) verront le jour juste après la guerre froide pour assurer une sorte de période intérimaire (il s'agit surtout des Tribunaux pour l'ex-Yougoslavie et pour le Rwanda, créés respectivement au début des années 90) avant que la Cour Pénale Internationale ne commence à fonctionner et atteindre une vitesse de croisière, qu'elle peine encore à trouver.

L'institutionnalisation de cette justice est, de toute évidence, lente. Cet aspect de la lenteur de la mise en place de cette justice, le plus visible, n'est pas le seul et on peut observer également que le droit applicable, qu'il s'agisse des crimes (avec notamment leur définition) ou encore la procédure, s'inscrit dans un processus qui reste, à le supposer achevé, au moins encore largement perfectible. En effet, cette justice aujourd'hui n'est pas à la hauteur des attentes qui sont placées en elle. En ne regardant que les crimes commis dans l'ex-Yougoslavie et au Rwanda, entrant dans la compétence des deux tribunaux, on évalue, plus ou moins, le nombre de criminels à environ 100 000 pour l'un et l'autre cas. Si l'on observe à présent le résultat de la répression conduite en un peu plus de 20 années, l'une et l'autre juridiction ont respectivement condamné moins d'une centaine de personnes. Le verdict tombe, il est sévère sinon amer. L'effectivité est loin d'être au rendez-vous et le mot impunité vient à l'esprit (surtout si l'on considère de surcroît, tous les crimes pour lesquels aucune juridiction n'a été créée).

Indépendamment des questions de politique internationale liée au rapport de force permettant ou entravant la répression et pour n'en rester qu'au domaine du droit, des juristes recherchent des mécanismes pour tenter de rendre cette justice plus efficiente.

C'est en ce sens que s'inscrit la réflexion, l'ouvrage de Monsieur Mojtaba HOSSEINI NASSAB intitulé « L'infraction-obstacle en droit international pénal : innovation ou révélation ? ». Les moyens pour enrichir, compléter le droit de cette justice, que l'auteur considère comme du droit international pénal (il existe différentes appellations et différents contenus possibles en doctrine), sont multiples. Il a fait le choix de départ de s'inspirer des droits criminels internes.

Cette répression qui relève du droit international, c'est-à-dire d'un ensemble de règles beaucoup moins développé, défini que dans les droits criminels nationaux, peut être complétée, enrichie par ces derniers comme nous l'indique l'article 38 du statut de la CJI. Ainsi les droits criminels internes ont été analysés pour alimenter une réflexion visant à reconnaître le concept d'infraction-obstacle en droit international pénal.

L'effectivité de ce droit nécessite une politique criminelle et manifestement la répression des crimes internationaux (c'est-à-dire au moins le crime contre la paix, le crime de guerre et le crime contre l'humanité si on estime que ce dernier inclut le crime de génocide) ne peut constituer le seul remède. Jusqu'à présent les outils d'une telle répression, ont montré leurs limites et ont, d'une certaine manière, de par l'attention focalisée qui leur a été portée, empêché d'appréhender une véritable politique criminelle préventive et de lui trouver sa place dans cette branche juridique.

Cet ouvrage nous conduit sur cette voie, pour réfléchir en ce sens et regarder ce qui pourrait bien déjà exister. Plus précisément, pour concrétiser cette politique criminelle préventive internationale, s'inscrivant d'ailleurs dans le sens des termes du préambule de la CPI, l'auteur fait une proposition visant à prévenir par la répression, en conceptualisant l'infraction-obstacle en droit international pénal. Il s'agit alors, par ce concept d'incriminer une attitude ou un comportement dangereux mais sans portée dommageable immédiate et effective. L'infraction-obstacle se situe en amont de la commission des crimes internationaux précités.

Est-on alors en présence d'une logique connue des droits internes qui pourrait devenir du droit international ou différemment d'une logique que l'on trouve déjà tacitement présente en droit international pénal, ne demandant qu'à être révélée ? L'auteur comparant et analysant les aspects droit interne et droit international, estime que le concept d'infraction-obstacle n'est pas étranger à la dimension internationale et le qualifie alors de concept dormant qu'il convient de réveiller en lui donnant un nom celui d'infraction-obstacle international. Il s'agirait alors plus d'une révélation que d'une innovation.

Le travail de Monsieur HOSSEINI NASSAB apporte une vraie réflexion s'inscrivant dans le sens d'une amélioration nécessaire pour rendre plus effective la justice internationale pénale. A ce titre, la démarche est particulièrement méritante. Il reste alors à espérer que le droit international pénal globalement devienne plus effectif ce qui sera un chemin encore très long, si on doit y parvenir.

Jean-François ROULOT
Maître de Conférences
Université de Bourgogne-Franche-Comté

Introduction

L'analyse du droit pénal interne fait apparaître des problèmes qui dépassent les limites de ce droit pénal. Les infractions massives vont au-delà des frontières de l'État et les règles du droit pénal interne ne peuvent leur être appliquées. C'est pourquoi l'État est souvent impuissant à les réprimer. En outre, les dirigeants politiques profitant de leurs pouvoirs, sont souvent les accusés ou les auteurs de ces crimes. Leur répression dépassant les limites du droit pénal interne, il incombe alors d'orienter le droit international pénal, qui est un droit répressif, vers une politique criminelle préventive.

Le droit international pénal est une branche moderne du droit international public qui s'est concrétisée durant les deux guerres mondiales, notamment lors du second conflit, grâce aux Statuts et aux jugements du Tribunal Militaire International de Nuremberg (TMIN) et du Tribunal Militaire International de Tokyo (TMIT), bien que sa naissance doctrinale leur soit antérieure.

La doctrine du droit international pénal est née avec le concept de la guerre. La guerre coexiste avec l'humanité depuis la création des premières sociétés humaines. Elle trouve sa légitimité dans la pensée humaine avec les écrits des philosophes grecs ou latins Aristote, Cicéron, et des pères de l'Eglise Saint-Augustin et Saint-Thomas d'Aquin. Mais la légitimité de la guerre n'est pas absolue et se relativise avec la doctrine de la « guerre juste », développée par les premiers juristes internationalistes. Au 16ème siècle, pour VITORIA [1], la seule cause de guerre doit être « la violation d'un droit », la fin de la guerre pouvant s'accompagner de sanctions pénales : « Après la victoire, on peut punir la violation du droit dont les ennemis se sont rendus coupables, sévir contre eux, les châtier de leurs fautes » [2]. En 1625, GROTIUS [3] a développé l'idée de la sanction des

---

1. Francisco de VITORIA, théologien espagnol du 16ème siècle, est un des principaux théoriciens de la guerre juste.

2. Sandra SZUREK, *« La formation du droit international pénal »,* in Hervé ASCENCIO et al. (dir.), *Droit international pénal,* Paris, A. Pédone, 2ème éd., 2012, p. 26-27. L'auteur dans cet article s'inspire de l'idée de Vitoria de Jure Belli, n° 18.

coupables de guerre, en démontrant la nécessité de l'union de toutes les forces contre ces derniers, pour le maintien de la paix. Il a présenté ainsi le principe de la répression universelle [4]. Au 18ème siècle, VATTEL [5] a indiqué que « toutes les nations sont en droit de réprimer par la force celle qui viole ouvertement les lois que la société de la nature a établies entre elles, ou qui attaquent directement le bien et le salut de cette société » [6]. L'évolution doctrinale du phénomène de guerre démontre la naissance de la doctrine du droit international pénal dans cette sphère, phénomène qui commence plutôt dans le cadre de la vengeance collective, c'est-à-dire dans l'idée d'attaquer l'Etat agresseur.

Du point de vue normatif, la naissance du droit international pénal débute au XIXème siècle avec les Conventions de La Haye de 1899 et de 1907, concernant les lois et coutumes de la guerre. À l'issue de la première guerre mondiale, le Traité de Versailles de 1919 a condamné les guerres d'agression. Ainsi, le Traité d'assistance mutuelle de 1923, élaboré sous la direction de la Société des Nations et le Protocole de Genève du 2 octobre 1924 de la S.d.N. ont dénoncé la guerre d'agression en tant que violation de la solidarité internationale et crime international. L'article 1er du Pacte Briand-Kellog de 1928 a condamné également la guerre d'agression, tandis que la Convention de Genève du 27 juillet 1929 a imposé pour la première fois aux Etats parties de réprimer en droit interne les infractions à certaines règles du droit humanitaire. La deuxième guerre mondiale et le Statut du TMIN du 8 août 1945, ainsi que celui du TMIT du 19 janvier 1946, ont accéléré le processus de construction du droit international pénal normatif, alors que ce courant s'est ralenti après la deuxième guerre mondiale avec les *seules* Conventions du 9 décembre 1948 pour la prévention et la répression du crime de génocide. Les années mille neuf cent quatre-vingt-dix ont présenté une mutation du droit international pénal normatif. Le Statut du TPIY (Tribunal Pénal International pour l'ex-Yougoslavie) du 25 mai 1993, le Statut du TPIR (Tribunal Pénal International pour le Rwanda) du 8 novembre 1994 et le Statut de la CPI (Cour Pénale Internationale) du 17 juillet 1998, ainsi que les jugements de ces instances, ont constitué les raisons de cette mutation.

---

3. Hugo GROTIUS, juriste des Pays-Bas du 17ème siècle, a présenté la notion de « guerre juste » en 1625.

4. Voir Sandra SZUREK, *Op. Cit.*, p. 27. L'auteur s'inspire ici de l'idée de Jure Belli ac pacis, T. I, Livre I, Chapitre V.

5. Emer de VETTAL est un juriste suisse, né le 25 avril 1714 à Couvet et mort le 28 décembre 1767 à Neuchâtel. Il est l'auteur d'un ouvrage intitulé *Le Droit des gens ou principes de la loi naturelle appliqués à la conduite et aux affaires des Nations et des souverains.* Son œuvre a influencé le droit international.

6. Voir Sandra SZUREK, *Op. Cit.*, p. 27. L'auteur cite ici l'idée de VETTAL dans son ouvrage *Droit des gens,* Préliminaires, p. 22.

Le droit international pénal et le droit pénal international appartiennent à deux domaines différents qui ne doivent pas être confondus. Malgré tout, certains les considèrent comme synonymes [7]. Selon cette idée, il n'existerait qu'un seul domaine concernant le droit international pénal et le droit pénal international, qui « règle l'ensemble des problèmes pénaux qui se posent au plan international » [8]. Ces problèmes pénaux peuvent donc présenter un caractère interne ou international. En revanche, ils ont deux points communs : premièrement, leur nature pénale, deuxièmement, le domaine international, qui est leur champ commun d'application. Cependant, certains emploient le terme « droit pénal international » dans une acception plus large et plus englobante que le terme « droit international pénal » [9]. Il semblerait donc que ces deux domaines soient différents et indépendants. Le droit international pénal « permet d'appréhender un crime imputable aux gouvernants et agents d'un État dans l'exercice du pouvoir souverain. Il est commis dans un domaine qui appartient au droit international public puisqu'il touche aux relations entre États. Ainsi se superposent deux responsabilités, l'une de l'État en droit international public et l'autre des agents en droit international pénal. Différemment, le droit pénal international permet d'appréhender l'infraction de particulier lorsque l'un de ces éléments constitutifs dépasse le cadre national ou lorsque cette infraction se définit par une convention internationale. L'infraction de particulier ne s'inscrit pas dans le cadre des relations entre États » [10].

En effet, le droit international pénal présente des règles juridiques dans le but de réprimer les criminels de masse. Ce domaine intègre donc le concept pénal en droit international. Ses acteurs appartiennent plutôt au droit international, tels les Etats et les dirigeants politiques. Alors qu'en droit pénal international, il n'existe que des éléments étrangers comme la nationalité d'auteur ou de victime ou le lieu de la commission de l'infraction qui donnent la notion internationale au droit pénal interne.

Il faut noter que la portée de la distinction entre le droit international pénal et le droit pénal international est capitale afin de « déterminer la compétence de la répression. La poursuite des crimes de particuliers relève de la compétence souveraine de chaque État. Ce dernier peut unir sa

---

7. Jean SALMON (éd.), *Dictionnaire de droit international public,* Bruxelles, Bruylant, 2001, p. 385 et p. 391.

8. Renée KOERING-JULIN, *Droit pénal international*, Paris, PUF, 2ème éd., 2001, p. 1.

9. Robert KOLB, Droit international pénal, Bruxelles et Bâle, Bruylant et Helbing Lichtenhanh, 2008, p. 11.

10. J.-F. ROULOT, *« La répression des crimes contre l'humanité par les juridictions criminelles en France »*, RSC, Juill. /Sept. 1999, p. 545.

répression avec celle d'autres États par souci d'efficacité »[1]. En effet, la distinction entre le droit international pénal et le droit pénal international nous permet d'étudier chaque branche séparément de l'autre, et de ne pas mélanger les thèmes spécifiques à chacune d'elles.

Après avoir étudié la naissance et l'évolution du droit international pénal, il faut à présent observer sa position actuelle que démontre une politique criminelle répressive, son objectif étant toujours la lutte contre l'impunité. Le préambule du Statut de la CPI prouve les enjeux du droit international pénal actuel et proclame que « affirmant que les crimes les plus graves qui touchent l'ensemble de la communauté internationale ne sauraient rester impunis et que leur répression doit être effectivement assurée par des mesures prises dans le cadre national et par le renforcement de la coopération internationale. Déterminés à mettre un terme à l'**impunité** des auteurs de ces crimes … ». En effet, le droit international pénal actuel constitue le droit de la répression à l'échelle internationale au nom et en faveur de la communauté internationale, tandis que la répression ne peut être le seul remède de la justice internationale pénale.

En effet, les crimes internationaux les plus graves sont des crimes de masse dont la commission nécessite la présence d'auteurs collectifs. Sachant qu'en droit international pénal, il n'existe que la responsabilité pénale individuelle[2], la punition de quelques individus ne peut être la seule réponse à la commission de ces crimes. D'autant plus que le coût de la justice internationale pénale paraît disproportionné par rapport à la sanction

---

1. J.-F. ROULOT, *Ibid.*, p. 546.

2. L'article 25 du Statut de la CPI intitulé « responsabilité pénale individuelle » proclame que : « 1. La Cour est compétente à l'égard des personnes physiques en vertu du présent Statut. 2. Quiconque commet un crime relevant de la compétence de la Cour est individuellement responsable et peut être puni conformément au présent Statut. 3. Aux termes du présent Statut, une personne est pénalement responsable et peut être punie pour un crime relevant de la compétence de la Cour si : a) Elle commet un tel crime, que ce soit individuellement, conjointement avec une autre personne ou par l'intermédiaire d'une autre personne, que cette autre personne soit ou non pénalement responsable ; b) Elle ordonne, sollicite ou encourage la commission d'un tel crime, dès lors qu'il y a commission ou tentative de commission de ce crime ; c) En vue de faciliter la commission d'un tel crime, elle apporte son aide, son concours ou toute autre forme d'assistance à la commission ou à la tentative de commission de ce crime, y compris en fournissant les moyens de cette commission ; d) Elle contribue de toute autre manière à la commission ou à la tentative de commission d'un tel crime par un groupe de personnes agissant de concert. Cette contribution doit être intentionnelle et, selon le cas : i) Viser à faciliter l'activité criminelle ou le dessein criminel du groupe, si cette activité ou ce dessein comporte l'exécution d'un crime relevant de la compétence de la Cour ; ou ii) Être faite en pleine connaissance de l'intention du groupe de commettre ce crime ; e) S'agissant du crime de génocide, elle incite directement et publiquement autrui à le commettre ; f) Elle tente de commettre un tel crime par des actes qui, par leur caractère substantiel, constituent un commencement d'exécution mais sans que le crime soit accompli en raison de circonstances indépendantes de sa volonté. Toutefois, la personne qui abandonne l'effort tendant à commettre le crime ou en empêche de quelque autre façon l'achèvement ne peut être punie en vertu du présent Statut pour sa tentative si elle a complètement et volontairement renoncé au dessein criminel. 4. Aucune disposition du présent Statut relative à la responsabilité pénale des individus n'affecte « la responsabilité des États en droit international ».

de ces quelques individus. Par exemple, en septembre 2013, le TPIY employait 760 personnes de 76 nationalités différentes, et son budget était de 250 814 000 dollars. Il atteignait 286 012 600 dollars en 2010-2011 [1]. De son côté, le TPIR a consommé presque un milliard de dollars en 15 ans, et seuls 58 criminels ont été placés en détention. Le budget de ce tribunal était de 171 millions de dollars pour un effectif de 628 personnes en 2012-2013. L'Assemblée Générale de l'ONU a alloué à ce tribunal un montant total de 245 295 800 dollars brut (227 246 500 dollars net) et 693 postes en 2010, 628 postes en 2011 [2].

Cette justice très onéreuse pour la communauté internationale, ne prévoit pas de responsabilité pénale des personnes morales, prétextant de la lutte contre l'impunité des dirigeants politiques. En effet, il apparaît que la responsabilité pénale des personnes morales empêcherait de juger les dirigeants politiques. Afin d'instaurer la vraie justice internationale pénale, il faut aussi prévoir la responsabilité pénale des personnes morales. Car pour la commission de certaines infractions internationales comme le crime d'agression, l'Etat est l'acteur principal et il faut prévoir la responsabilité pénale des personnes morales. En revanche, pour éviter le problème d'impunité des individus, il s'agirait de modifier la procédure pénale internationale.

Par ailleurs, la criminalité de masse génère nécessairement un nombre conséquent de victimes ; sachant qu'au-delà des victimes individuelles, c'est la Société toute entière qui est lésée. Dès lors, comment peut-on espérer indemniser effectivement la masse des victimes ? Il apparaît nécessaire d'imaginer des méthodes afin d'empêcher la commission des crimes de masse. Pour atteindre cet objectif, on peut s'inspirer de la politique criminelle interne et emprunter les méthodes prévues par le droit pénal interne.

La politique criminelle du droit pénal interne n'utilise pas uniquement la répression car la prévention détient aussi un rôle important dans la réalisation de ses objectifs. En effet, prévention et répression sont les deux objectifs du droit pénal interne. Il faut noter que si la politique criminelle internationale n'a pas encore développé la prévention, elle ne l'interdit pas. Le préambule du Statut de la CPI proclame ainsi que « déterminés à mettre un terme à l'impunité des auteurs de ces crimes et à concourir ainsi à la prévention de nouveaux crimes ».

---

1. Voir le site officiel du TPIY.

2. Voir le site officiel du TPIR.

De même, l'expression « prévention » vient du verbe « prévenir » qui se définit comme : « aller au-devant pour faire obstacle ; empêcher par ses précautions » [1]. Prévenir une infraction « serait donc l'anticiper et empêcher qu'elle ne soit commise » [2]. Cette définition démontre que la prévention d'une infraction est l'empêchement de sa commission. Cet empêchement peut être réalisé par différents instruments et différentes méthodes. Un instrument de prévention, commun aux deux domaines interne et international, est la sanction pénale. La prévention par l'incrimination et la répression présente deux aspects, général et individuel (spécial). En effet, la répression et la punition ont un effet dissuasif, il y a prévention générale et prévention spéciale après condamnation de l'auteur.

La prévention générale montre que la sanction pénale doit être déterminée de façon à dissuader la société d'entrer en délinquance. La prévention spéciale ou individuelle indique que la sanction pénale infligée à un coupable doit être considérée de manière à l'éloigner de toute idée de récidive ou de réitération.

L'infraction-obstacle, appelée aussi « ouvrage avancé de la répression » [3] met en œuvre la prévention générale par l'incrimination et la répression. Cette expression se définit comme « l'incrimination d'une attitude ou d'un comportement dangereux sans portée dommageable immédiate et effective » [4]. En effet, l'infraction-obstacle correspond à des incriminations situées en amont afin de prévenir la commission d'infractions matérielles portant atteinte à des valeurs plus particulièrement importantes comme l'intégrité physique et les intérêts fondamentaux de la nation. Ainsi peut-on le constater pour d'autres catégories d'incriminations comme la conduite en état d'ivresse, tendant à l'intégrité corporelle du conducteur comme des tiers, la livraison d'informations « sensibles » à une puissance étrangère ou encore de certaines conventions punissant des négligences pouvant avoir de graves conséquences [5]. La pluralité et la variété d'exemples d'infractions-obstacles démontrent la flexibilité de ce concept en droit pénal interne.

---

1. Josette REY-DEBOVE et Alain REY (dir.), *Le petit Robert, Dictionnaire alphabétique et analogique de la langue française,* Paris, éd. Le Robert, 2013, p. 2019.

2. Maurice CUSSON, *Prévenir la délinquance, les méthodes efficaces,* Paris, PUF, 2ème éd., 2009, p. 13.

3. Georges LEVASSEUR, *« Aspects juridiques de la prévention de l'homicide volontaire »,* p. 52 in M. ANCEL et A. BESSON (dir.), *La prévention des infractions contre la vie humaine et l'intégrité de la personne,* Paris, Cujas, 1956, Vol. I, 360p.

4. Roger MERLE et André VITU, *Traité de droit criminel, Problèmes généraux de la science criminelle, Droit pénal général,* Paris, Cujas, 7ème éd., 1997, p. 649.

5. Philippe CONTE et Patrick MAISTRE DU CHAMBON, *Droit pénal général,* Paris, Armand Colin, 7ème éd., 2004, p. 185.

De plus, l'infraction-obstacle peut se présenter sous deux aspects différents en droit pénal interne : soit il s'agit d'une résolution à agir (comme le complot, l'association de malfaiteurs) soit d'un acte préparatoire à une infraction plus grave réprimée par la loi (comme le port d'arme prohibé, la conduite d'un véhicule en état d'ivresse, les menaces, le vagabondage, la mendicité et la fabrication de fausses clés) [1].

En droit pénal interne existent également des expressions proches d'« infraction-obstacle » avec lesquelles elle ne doit pas être confondue. Ainsi, l'expression « infraction d'obstacle », qui appartient au domaine du droit pénal du travail, incrimine les comportements des entreprises à faire obstacle à l'exercice des fonctions des inspecteurs et des contrôleurs du travail. Du point de vue conceptuel, cette expression diffère de l'infraction-obstacle car elle incrimine des obstacles, tandis que l'infraction-obstacle incrimine « pour faire obstacle » à des crimes.

De même, existe le terme d'« infraction de prévention » proche de la notion d'infraction-obstacle. Alors que l'infraction de prévention présente des infractions qui « ne supposent aucune intention criminelle, les infractions-obstacles saisissent un acte préparatoire à un délit principal et tendent ainsi à mettre fin à une activité criminelle en cours de développement avant même que ne soit abordée la phase du commencement d'exécution » [2].

La définition d'infraction-obstacle démontre ainsi la souplesse de ce concept et la possibilité de l'appliquer aux différentes catégories d'infractions. L'incrimination des actes préparatoires à l'infraction principale afin d'en empêcher la commission, que nous nommerons prévention par l'incrimination et la répression, est applicable dans plusieurs catégories d'infractions.

Le droit international pénal ne semble utiliser que l'outil de la répression. C'est pourquoi la politique criminelle préventive n'a pas encore trouvé sa place dans cette branche juridique. Alors que la gravité des crimes internationaux les plus graves touchant la communauté internationale et troublant l'ordre public international, ainsi que la masse de leurs victimes non indemnisées, conduisent à réfléchir à la prévention de la commission de ces infractions, c'est-à-dire à une politique criminelle préventive internationale. Une des façons d'appliquer cette politique est la « prévention par la répression », c'est-à-dire la conceptualisation de l'infraction-obstacle

---

1. Mustafa FREIJ, *L'infraction formelle,* Thèse, Univ. Paris II, 1975, p. 224-5.
2. Jean-Paul DOUCET, *« Les infraction de prévention »,* Gaz. Pal., 1973, Doct., p. 764.

en droit international pénal. Peut-on imaginer ce concept, que nous qualifierons de flexible, en droit international pénal ?

« L'infraction-obstacle » est un concept du droit pénal interne qui n'a jamais été utilisé en tant que tel en droit international pénal. Il nous faut donc essayer d'étudier la possibilité, ou bien, l'impossibilité de l'intégrer en droit international pénal et de la conceptualiser dans ce domaine. Afin de concrétiser cette éventualité, nous tenterons d'analyser et de comparer les deux domaines pénaux interne et international, en tant que « berceau et terre d'accueil » de ce concept.

Il n'existe pas, en droit international pénal, d'organe législatif stable pour définir les infractions. Ces définitions sont données soit par la Convention internationale, soit par la coutume des pays, soit par la doctrine, soit par la jurisprudence internationale ; ce qui leur donne un caractère fluctuant et évolutif, et aboutit à des classifications variées.

Ces classifications, notamment doctrinales, et leurs évolutions prouvent la flexibilité de la notion de classification et des termes comme « crime et délit » qui recouvrent des notions différentes dans le domaine interne et international. Autrement dit, un crime international ne se définit pas comme un crime interne, pas plus qu'un délit international ne se définit comme un délit interne. Aussi, pour appréhender le concept d'infraction-obstacle en droit pénal interne, l'intégrer et le stabiliser en droit international pénal, faut-il considérer ces différentes notions. Autrement dit, si une infraction-obstacle interne se présente comme un crime ou un délit interne, elle ne sera pas forcément un crime ou un délit international, et peut-être faudra-t-il la placer dans un autre domaine comme celui de la responsabilité. Par exemple, l'association de malfaiteurs et la provocation sont deux infractions-obstacles que l'on trouvera dans le cadre de la responsabilité pénale en droit international pénal, et non pas en tant qu'infraction.

Au-delà des classifications variées, l'infraction internationale présente une nature collective, impliquant une pluralité d'auteurs et de victimes, ce qui nécessite une association de malfaiteurs en amont, structure qui peut très bien être l'Etat. D'ailleurs, la reconnaissance du concept d'infraction-obstacle en droit international pénal et son application à l'échelle internationale, rencontrent des limites soit en raison de divergences entre droit international pénal et droit pénal interne, soit à cause des spécificités de la « terre d'accueil » c'est-à-dire du droit international pénal.

Le droit international pénal est influencé par les principes de droit international public qui sont, dans certains cas, différents des principes du droit pénal interne. Le principe de la légalité est un principe fondamental du droit pénal interne, désigné par le législateur, alors qu'en droit international pénal, où il n'existe aucun législateur, ce principe est influencé par la convention, également dépendante de la coutume. En effet, la convention de droit international pénal reflète, totalement ou en partie, le droit international coutumier. La coutume reste donc un concept évolutif, pouvant être créé, mais aussi abandonné. Les coutumes naissent, évoluent et sont consacrées par la pratique des États. L'évolution de la coutume et la relativité de la Convention internationale transmettent donc une certaine relativité au principe de la légalité en droit international pénal, contrairement au droit pénal interne.

De plus, le droit international pénal reste le domaine de la criminalité de masse. En effet, les infractions internationales, notamment les crimes internationaux les plus graves touchant l'ensemble de la communauté internationale et pouvant menacer la paix, la sécurité et le bien-être du monde, sont des crimes de masse [1]. Ce caractère massif des crimes internationaux les plus graves démontre que leur commission nécessite une organisation, ainsi qu'une pluralité d'auteurs et de victimes. En effet, un individu isolé ne pourra jamais commettre une telle infraction d'agression ou de génocide, qui ne feront jamais qu'une seule victime.

Par ailleurs, l'imprescriptibilité des infractions internationales, notamment les crimes internationaux les plus graves, est un principe qui démontre encore la divergence entre le droit international pénal et le droit pénal interne. La commission des crimes internationaux les plus graves est tellement tragique que l'humanité ne veut ni les oublier ni les pardonner. C'est pourquoi l'article 29 du Statut de la CPI proclame que « les crimes relevant de la compétence de la Cour ne se prescrivent pas ». Ces crimes, selon l'article 5 du Statut, sont le génocide, le crime contre l'humanité, le crime de guerre et le crime d'agression. Alors que la prescription des infractions au niveau national, n'est ni une règle absolue, ni une règle générale, subsistent « des systèmes juridiques, comme par exemple les droits anglo-saxons, qui ne la connaissent pas ou du moins ne lui donnent pas un caractère général » [2].

Outre l'imprescriptibilité, le régime de la légitime défense est un terme juridique différent en droit international pénal et en droit pénal interne. En effet, il s'agit d'une exception à l'interdiction de recourir à la violence que le droit pénal interne présente comme individuelle, alors qu'en droit international pénal, selon l'article 51 de la Charte de l'ONU, existent deux

1. Voir le préambule du Statut de la CPI.

2. J.-F. ROULOT, *« La répression des crimes contre l'humanité par les juridictions criminelles en France »,* RSC, Juil. /Sept. 1999, p. 549.

catégories de légitime défense : individuelle et collective. La légitime défense collective est le résultat de la criminalité de masse. En d'autres termes, comme nous l'avons constaté, les auteurs des infractions internationales, notamment les crimes internationaux les plus graves, sont nombreux et cette pluralité nécessite une légitime défense collective. Cette dernière peut se présenter dans le cadre de l'action préventive intitulée « légitime défense préventive ». Cette nouvelle expression démontre que le droit international pénal a tendance à s'orienter vers la politique criminelle préventive. En revanche, le concept de légitime défense préventive, recouvrant un sens large et imprécis, peut être exploité par les acteurs du droit international pour agresser les Etats parties. En effet, cette notion va à l'encontre du concept d'infraction-obstacle car dans ce cadre, l'organe législatif incrimine de façon démocratique des actes préparatoires pour empêcher la commission d'infraction ; alors que la légitime défense préventive donne l'autorisation d'attaquer et d'agresser les Etats parties, afin d'empêcher la commission d'infractions internationales. Ce concept peut donc sembler discutable et apparaître comme dangereux pour la paix et la sécurité internationales. Ainsi, vu que l'action préventive sera toujours commise avant l'acte criminel, la proportionnalité, qui est un élément nécessaire à la légitime défense, disparaît. En d'autres termes, la réaction est placée avant l'action.

Les infractions internationales, notamment les crimes internationaux les plus graves sont des crimes systématiques dont la commission nécessite une importante organisation pour mobiliser et gérer des populations. Cette organisation est souvent la volonté des dirigeants politiques qui ont le pouvoir et la possibilité de mobiliser ainsi les peuples à commettre des crimes de masse. Les dirigeants politiques et militaires mènent ainsi la commission des crimes internationaux les plus graves alors que deux spécificités du droit international pénal occultent la condamnation des dirigeants. Ces deux spécificités sont la souveraineté et l'immunité. En effet, ces deux principes empêchent le processus d'incrimination et de pénalisation du droit international. La conceptualisation de l'infraction-obstacle à l'échelle internationale peut donc être limitée par ces principes.

Il faut néanmoins considérer que la souveraineté et l'immunité n'ont pas un caractère absolu. En effet, ces deux principes sont relativisés par les concepts de souveraineté duale, ou le principe de l'absence d'immunité en matière de crimes internationaux. La souveraineté duale, en cours aux Etats-Unis et dans l'Union européenne, présente une notion relative de la souveraineté, et démontre que le temps de la souveraineté absolue est dépassé. Aux Etats-Unis, chaque Etat dispose d'une souveraineté indépendamment des autres, alors que persiste la souveraineté de l'Etat central. En d'autres termes, deux souverainetés coexistent de façon ni absolues ni contradictoires. Ainsi, dans l'Union européenne, chaque Etat détient une souveraineté nationale non absolue, car la souveraineté de l'Union européenne relativise les souverainetés nationales.

Ainsi, le principe d'absence d'immunité, en matière de crimes internationaux relativise le principe d'immunité absolue. Ce principe prouve qu'aujourd'hui, les auteurs des crimes internationaux, qui sont souvent des dirigeants politiques, ne peuvent pas profiter de leur immunité pour fuir leur responsabilité pénale internationale. L'immunité n'est donc pas un bouclier entre les mains des dirigeants politiques contre l'évolution de la justice internationale pénale.

La relativisation des principes du droit international démontre que ce domaine juridique s'oriente vers un processus de pénalisation. L'infraction-obstacle, en tant que concept pénal, peut donc dépasser ces limites et ouvrir la voie d'une politique criminelle préventive à l'échelon international. Cependant, il nous faut noter que le concept d'infraction-obstacle n'est pas encore consacré par le droit international pénal tandis que certaines infractions internationales dénoncent sa présence voilée, nécessitant seulement d'être découverte et conceptualisée.

En effet, les témoins de cette existence recouvrent deux catégories d'infraction : soit les crimes internationaux les plus graves, de nature internationale, également nommés « infractions-obstacles naturelles », soit les infractions internationales conventionnelles, communes au droit international pénal et au droit pénal interne. Les infractions de la deuxième catégorie sont des infractions internes à qui le texte international confère un caractère international, et intitule « infractions internationales conventionnelles ».

Nous avons remarqué les problèmes actuels de la politique criminelle répressive à l'échelle internationale qui nous conduisent à étudier la politique criminelle interne, afin de trouver d'autres moyens d'empêcher la criminalité internationale. L'infraction-obstacle sera donc le sujet de notre étude. Pour mener à bien cette recherche ambitieuse, il est nécessaire d'avoir une connaissance approfondie du droit international pénal, du droit pénal interne et du concept d'infraction-obstacle.

Trois étapes semblent alors nécessaires. Premièrement, il s'agit de conceptualiser l'infraction-obstacle à l'échelle internationale. Après avoir analysé le concept général de l'infraction dans les deux domaines, ainsi que la définition de l'infraction-obstacle en droit pénal interne, il faudra essayer de la conceptualiser dans le domaine du droit international pénal. Pour atteindre cet objectif, l'étude des fondements de l'infraction-obstacle et de sa place dans les classifications de l'infraction, sera nécessaire.

Deuxièmement, il nous faudra mettre en lumière les limites du droit international pénal pouvant freiner la reconnaissance de l'infraction-obstacle. Ces limites se manifestent soit dans le cadre de la divergence entre le droit international et le droit pénal interne, soit au regard des spécificités du droit international pénal.

Enfin, l'analyse des infractions prévues en droit international pénal pouvant les considérer comme des actes préparatoires aux autres infractions internationales, semble témoigner du fait que le concept d'infraction-obstacle est applicable en droit international pénal. Dès lors, peut-être pourrons-nous affirmer que le concept d'infraction-obstacle existe implicitement en droit international pénal et qu'il suffit simplement de le dévoiler.

Première partie

Conceptualisation de l'infraction-obstacle à l'échelle internationale

« L'infraction-obstacle » est une conception construite et établie en droit pénal interne qui n'a jamais été utilisée en tant que telle en droit international pénal. C'est pourquoi, nous essaierons d'étudier la possibilité ou bien, l'impossibilité de la conceptualiser en droit international pénal. Pour concrétiser cette éventualité, et bien comprendre la notion « d'infraction-obstacle », il faut essayer de la définir en recherchant ces fondements théoriques et de la situer dans les classifications des infractions, soit en droit pénal interne, soit en droit international pénal.

1.

Fondements théoriques de « l'infraction-obstacle »

« L'infraction-obstacle » ne semble pas être définie en droit international pénal. En revanche, son concept existe déjà en droit pénal interne. Dans ce chapitre, notre but sera d'appliquer et d'adapter ce concept à l'échelle internationale, pour finalement en dégager une définition.

Section 1. Définition de l'infraction interne, de l'infraction internationale et leurs éléments constitutifs

En droit pénal interne comme en droit international pénal, l'infraction possède sa propre définition et ses éléments constitutifs ; ce que nous essaierons de définir et de comparer dans cette section.

A. Définition de l'infraction à l'échelle interne et internationale

L'infraction est une rupture, une cassure. Elle revient à briser (du latin « frangere ») le pacte social, en ne respectant pas les obligations qui en découlent. En effet, ce terme est défini dans plusieurs domaines des sciences humaines et sociales, comme la sociologie, la philosophie, la psychologie et évidemment, le droit pénal, interne et international.

1. Définition de l'infraction interne

Selon la définition sociologique proposée par E. DURKHEIM, « le crime [l'infraction] est un acte blessant les états forts de la conscience collective » [3]. Cette définition ne comporte aucun jugement de valeur. L'infraction est simplement l'acte que la société toute entière considère comme tel, en fonction, certes, de ses options morales. Telle société plaçant

3. Emile DURKHEIM, *De la division du travail social*, Paris, PUF, 12ème éd., 2004, p. 35 et s.

très haut la propriété privée va identifier le voleur comme le prototype du criminel. Telle autre qui valorise l'honneur familial approuvera l'homicide par vengeance et légitimera la vendetta. Cette définition est très séduisante. Elle est pourtant relative et donc incertaine : ce ne sont pas les caractères objectifs d'un acte qui en font un crime, c'est le jugement que porte sur lui la société [4].

Dans la conception criminologique, l'infraction est un acte de transgression de la loi et se présente comme le signe d'un dysfonctionnement. Elle est comme un dérèglement personnel de son auteur. En revanche, dans les autres conceptions, elle apparaît plutôt comme « un indice de faiblesse pesant sur la société, qui ferait ainsi la preuve de son incapacité à rallier tous ses membres dans un consensus bien compris » [5].

Les criminalistes définissent l'infraction ou le délit au sens large. Elle se présente donc comme toute action ou omission que la société interdit sous la menace d'une sanction pénale [6]. À cette définition, certains criminologues ont tenté d'en opposer d'autres, plus larges, mais moins précises. Pour eux, l'infraction est « la violation des normes fondamentales du groupe » [7].

Il existe une différence entre infraction et incrimination. L'incrimination est le fait pour le législateur de qualifier un comportement de criminel. L'infraction est l'attitude du citoyen qui transgresse les interdits du législateur. Nous pouvons donc dire que le législateur établit des incriminations et que l'individu commet des infractions [8].

La définition de l'infraction ou délit, au sens général, est différente de la définition de délit civil. Selon l'article 1240 du Code civil, le délit civil est « tout à fait quelconque de l'homme qui cause à autrui un dommage » ; et le même texte oblige son auteur à réparer ce dommage. Cette définition établit donc deux différences entre infraction et délit civil. Premièrement, les délits civils peuvent consister en n'importe quel comportement, de sorte qu'ils ne sont pas limités en nombre. Au contraire, les infractions sont limitées en raison du principe de la légalité criminelle. Pour exprimer cette idée, on parle du principe de discontinuité du droit pénal et l'on dit qu'il ne connaît que des délits nommés. Il faut noter que certains comportements constituent à la fois une infraction et un délit civil, comme l'homicide par imprudence. Il

---

4. Jean PRADEL, *Droit pénal général,* Paris, Cujas, 17ème éd., 2008-2009, p. 19.

5. Yves MAYAUD, *Droit pénal général,* Paris, P.U.F., 4ème éd., 2013, p. 185.

6. Voir S. MANACORDA, *« La théorie générale de l'infraction pénale en France : lacunes ou spécificités de la science pénale ? »*, R.D.P.C., 1999, p. 35et s.

7. Jean PRADEL, *Op.cit.,* p. 245.

8. *Ibid.,* p. 245-246.

s'ensuit que la victime peut exercer une action civile de réparation selon son choix, devant le juge civil ou devant le juge pénal. Deuxièmement, le délit civil n'entraîne qu'une sanction civile, réparatrice (dommages- intérêts), alors que l'infraction entraîne une sanction pénale à finalité punitive ou rééducative. D'où cette conséquence : le délit civil n'est sanctionné que s'il y a préjudice, alors qu'une sanction pénale peut être infligée même en l'absence de dommage [9].

Outre le délit civil, il faut aussi distinguer l'infraction de la violation d'une norme disciplinaire consistant en la violation des règles propres à un groupement professionnel ou plus généralement à un corps légalement constitué. La norme disciplinaire n'est pas toujours définie avec précision par les textes, contrairement à l'infraction. Ainsi, un manquement grave à l'honneur professionnel peut constituer la violation d'une norme disciplinaire. Le droit disciplinaire est une sorte de droit pénal privé. Il peut arriver cependant qu'un même fait matériel constitue à la fois une infraction pénale et une violation disciplinaire : ainsi en est-il du médecin coupable d'une violation du secret professionnel ou de l'étudiant ayant commis une fraude à l'occasion d'un examen.

Selon Jean PRADEL, « Quant aux sanctions, infraction et faute disciplinaire diffèrent encore. La première est punie de sanctions pénales prononcées par les tribunaux répressifs. La seconde aboutit à des mesures disciplinaires (blâme, suspension temporaire, interdiction définitive) qui sont prononcées par une juridiction spéciale représentant le corps intéressé: ainsi le Conseil supérieur de la magistrature pour les magistrats du siège, l'Ordre des médecins pour les médecins, le Conseil de l'Université pour les étudiants, etc. » [10].

Effectivement, dans une conception juridique, le terme infraction présente un sens double. On désigne souvent par ce mot le comportement d'une personne déterminée, contraire à la loi pénale. Dans une seconde acception, l'infraction s'entend du comportement interdit sous la menace d'une peine, comportement défini de manière générale et impersonnelle mais avec précision, par la loi pénale. Autrement dit, l'infraction est un comportement légalement prévu et puni d'une peine [11]. En ce sens, l'infraction comporte deux éléments : d'une part l'incrimination, c'est-à-dire la description des divers éléments constitutifs du comportement interdit, et, d'autre part, la peine qui le sanctionne.

---

9. *Ibid.*, p. 246.

10. *Ibid.*, p. 246.

11. *Ibid.*, p. 19.

De plus, deux éléments, l'incrimination et la peine, sont nécessaires pour qu'un comportement positif ou négatif soit qualifiable d'infraction pénale. En revanche, un interdit, ou une obligation, qui n'est pas pénalement sanctionné n'est pas une infraction. Mais il n'est pas nécessaire qu'incrimination et sanction pénale soient formellement réunies dans un même texte. Par exemple, la définition du vol figure à l'article 311-1 du Code pénal français, tandis que la peine applicable est prévue par l'article 311-3. Il se peut même que le texte d'incrimination et le texte de pénalité ne soient pas au même niveau dans la hiérarchie des normes. Par contre, une obligation ou une interdiction prévue dans un texte législatif peut être sanctionnée par un texte réglementaire, et inversement.

L'infraction, dans sa conception juridique, est nécessairement un acte grave. En effet, le législateur ne peut punir que des comportements qui, de manière évidente, portent atteinte, soit à la morale sociale (c'est-à-dire à des règles admises par la majorité des citoyens), soit aux nécessités de la vie collective, soit aux deux à la fois, puisque « pour qu'on puisse parler d'infraction, il faut qu'un acte suscite dans le groupe des perturbations émotionnelles intenses, susceptibles de déterminer la réaction sociale » [12]. Selon Maurice CUSSON, l'infraction est « un acte passible d'une sanction pénale et causant un préjudice à autrui » [13].

Pour bien découvrir le sens de l'infraction, il existe plusieurs écoles généralement présentées comme opposées. Le premier courant doctrinal, qui s'est surtout manifesté en Allemagne au siècle dernier, a défini l'infraction d'un point de vue objectif, comme violation matérielle de la loi pénale. Une autre analyse plutôt subjective, considérée comme l'analyse française classique, présente trois éléments, légal, matériel et moral comme éléments constitutifs de l'infraction [14].

L'infraction, au sens juridique, se distingue du péché et de la déviance. Le péché est une notion religieuse liée à la morale personnelle, c'est une « transgression volontaire de la loi divine ». Elle est donc détachée de la morale sociale, sauf dans le droit pénal musulman où, dans certains cas, la morale religieuse est liée à la morale sociale.

La déviance, dans son sens large, inclut à la fois l'infraction et des comportements non incriminés quoiqu'immoraux ou socialement dangereux.

---

12. *Ibid.*, p. 19.

13. M. CUSSON, *Criminologie actuelle*, Paris, P.U.F., 1998, p. 20.

14. Pour une présentation des écoles de l'infraction, voir Roger MERLE et André VITU, *Traité de droit criminel, Problèmes généraux de la science criminelle, Droit pénal général*, Paris, Cujas, 7ème éd., 1997, p. 504.

Mais, au sens étroit du terme, elle ne vise que ces derniers. En effet, à côté des malfaiteurs dont les actes sont prévus par la loi, il y a des êtres inégalement coupables. Ces derniers ne sont pas des délinquants « légaux », mais des déviants stricto sensu, pratiquant par exemple dans leur vie personnelle ou dans les affaires, la tricherie, la déloyauté contractuelle, la simulation, etc. Or, ces actes de déviance au sens étroit ne peuvent être incriminés : le prix à payer serait trop élevé pour la liberté individuelle, la machine pénale étant trop lourde et trop onéreuse, et des sanctions non pénales (nullités, dommages-intérêts...) dont l'efficacité est souvent suffisante, existant déjà [15].

Après avoir défini l'infraction en droit pénal interne, il faut à présent l'analyser à l'échelle internationale. Ainsi, se définit-elle différemment en droit international pénal ?

2. Définition de l'infraction en droit international pénal

Une infraction internationale est « un fait contraire au droit international et, de plus, tellement nuisible aux intérêts dans les rapports entre les États, une règle lui attribuant un caractère criminel, c'est-à-dire exigeant, ou justifiant, qu'on le réprime pénalement. Cette règle est donc considérée comme conforme à la raison, à l'équité » [16]. Il en résulte que la notion d'infraction internationale n'est pas une valeur constante, immuable. Tout au contraire, comme le droit international pénal et son contenu évoluent continuellement, la notion d'infraction internationale est fluctuante.

En droit international pénal, toute infraction internationale suppose un acte, c'est à dire un comportement humain ou une conduite humaine volontaire, en d'autres termes, une manifestation de la volonté dans le monde extérieur. En effet, ce comportement est différent de l'infraction interne, car la commission d'infractions internationales nécessite des actes graves et de grande échelle, touchant la communauté internationale. Un individu seul ne peut donc commettre une infraction internationale requérant de nombreux acteurs.

Pour Stefan GLASER, contrairement à notre idée, un individu peut commettre seul une infraction internationale. Selon lui « Il est évident que d'après les conceptions juridiques actuelles, l'homme seul peut être l'auteur d'une manifestation de volonté relevant du droit, c'est-à-dire telle que ses

---

15. Jean PRADEL, *Op.cit.*, p. 20.

16. Stefan GLASER, *Introduction à l'étude du droit international pénal,* Paris et Bruxelles, Sirey et Bruylant, 1954, p. 11.

suites puissent être imputées à celui qui agit. En effet, le droit international pénal actuel rejette le concept de la responsabilité pénale des personnes juridiques ou morales. Lorsqu'il s'agit donc des infractions de l'État, la responsabilité pénale en incombe à ceux qui agissent au nom et pour le compte de l'État » [1].

Selon Stanislaw PLAWSKI, « le droit international pénal n'a pas encore sa partie générale. C'est d'ailleurs le procès normal de toute discipline juridique. La partie générale ressort des dispositions spéciales qui initient la nouvelle branche de droit. La partie générale de droit pénal interne fut élaborée dans une période ultérieure à l'existence et à l'application de normes de droit pénal spécial » [2]. De plus, il explique qu'en droit international pénal, la coutume joue un rôle important, et « le juge est autorisé à condamner seulement dans le cas où il peut constater que la coutume antérieure à l'acte commis condamnait ce comportement comme illicite et antisocial » [3].

En effet, l'infraction internationale se détermine, soit par la convention internationale, soit par la coutume ; il n'y a pas de « loi » internationale pour la définir, mais des traités, des résolutions ONU par exemple. C'est la grande différence entre le droit pénal interne et le droit international pénal. Le concept de « principe de la légalité » dans ces deux branches juridiques est donc différent.

En droit international, il n'existe pas d'organe législatif qui puisse édicter les lois écrites. En analysant le principe de la légalité, nous expliquerons que ce sont des Conventions et accords entre pays qui remplacent les lois. C'est aussi la coutume qui joue un rôle important dans la formation de la notion d'infraction internationale ; c'est elle qui complète les dispositions des conventions internationales, par exemple le Pacte Briand-Kellogg qui condamne le recours à la guerre et d'après lequel les États « renoncent à la guerre comme instrument de politique nationale ».

Depuis cette condamnation criminelle de la guerre, cette dernière, en tant que guerre d'agression, constitue une infraction internationale. Les dispositions des règles de la guerre se trouvant dans le règlement de la guerre, annexées à la IVème Convention de La Haye de 1907, aux Conventions de Genève de 1864 et 1929 concernant les blessés, les malades

---

1. Stefan GLASER, *Infraction internationale, ses éléments constitutifs et ses aspects juridiques*, Paris, LGDJ, 1957, p. 11-12.

2. Stanislaw PLAWSKI, *Etudes des principes fondamentaux du droit international pénal,* Paris, LGDJ, 1972, p. 142.

3. *Ibid.*, p. 143.

et les prisonniers de guerre, ont condamné tous les actes violant ces dispositions. Depuis, tous ces actes constituent des infractions internationales.

Par exemple, les infractions constituant le crime contre l'humanité, selon le Tribunal de Nuremberg, s'appréhendaient aussi comme des violations des lois et coutumes de la guerre. En effet, ce Tribunal et le Tribunal de Tokyo, pour respecter le principe *nullum crimen sine lege*, ont lié, dans leurs jugements, le crime contre l'humanité au crime de guerre.

Le TMIN, dans sa décision, a affirmé qu'« on fit valoir, au nom des accusés, une règle inscrite à la base de toute législation, internationale ou interne, c'est qu'il ne peut y avoir de châtiment sans une loi antérieure prévoyant les crimes, nullum crimen sine lege, nulla poene sine lege ». Pour juger les dirigeants allemands, ce Tribunal a évoqué le Pacte de Paris du 24 juillet 1929, dit Briand-Kellog, les Conventions de La Haye de 1899 et 1907, ainsi que les autres actes internationaux concernant les crimes contre la paix et les crimes de guerre.

Il faut rappeler qu'en raison de leurs fonctions dans le gouvernement allemand, les accusés (ou du moins certains d'entre eux) connaissaient les traités, signés par l'Allemagne. Ils savaient que la guerre d'agression était mise hors la loi par la plupart des États du monde, y compris l'Allemagne elle-même et c'est en pleine connaissance de cause qu'ils violaient le droit international pour réaliser leur projet d'invasion.

Outre cette différence entre l'infraction internationale et l'infraction interne, la première est toujours commise dans le cadre d'une association de malfaiteurs. Autrement dit, l'infraction internationale détient un caractère collectif, qui nécessite pour sa réalisation, une pluralité d'auteurs organisés, ainsi que celle de victimes à une vaste échelle. En analysant ces notions dans la deuxième et troisième partie, nous constaterons que le caractère d'infraction internationale démontre la possibilité de la présence du concept d'infraction-obstacle en droit international pénal.

Le dernier alinéa de l'article 6 du Statut du TMIN montre bien le concept d'association de malfaiteurs et la pluralité d'auteurs. Selon cet alinéa, « les dirigeants, organisateurs, provocateurs ou complices qui ont pris part à l'élaboration ou à l'exécution d'un plan concerté ou d'un complot pour commettre l'un quelconque des crimes ci-dessus définis (c'est-à-dire les crimes contre la paix, les crimes de guerre et les crimes contre l'humanité), sont responsables de tous les actes accomplis par toutes personnes en exécution de ce plan ». En droit international pénal actuel, on utilise l'expression, construite par la jurisprudence internationale, d'« entreprise criminelle commune », synonyme d'« association de malfaiteurs », notion que nous étudierons en troisième partie en tant qu'infraction-obstacle.

Dans le procès de Nuremberg, certains accusés ont été reconnus coupables d'avoir organisé un complot en vue du déclenchement des guerres d'agression, vu que le plan concerté n'était considéré qu'à l'égard des crimes contre la paix.

Un autre caractère particulier de certaines infractions internationales les distingue de l'infraction interne. En effet, des infractions internationales peuvent être commises par les États, tandis que l'État n'est jamais considéré comme criminel en droit pénal interne. Du point de vue systématique, Stefan GLASER classe les infractions internationales en deux groupes : les infractions des particuliers et celles des États ou, plus exactement, celles commises au nom et pour le compte de l'État. Il explique que « dans le premier de ces groupes, on peut de nouveau discerner deux catégories d'infractions : celles du temps de paix et celles du temps de guerre. Dans le second groupe, [infractions des États], se rangent les violations des obligations imposées aux États par le droit international, tant conventionnel que coutumier, dont l'exemple le plus typique et le plus important à la fois est le crime contre la paix, et notamment le déclenchement d'une guerre d'agression » [1].

Stefan GLASER distingue donc deux types d'infractions internationales : les infractions des particuliers et celles des États. Il présente l'esclavage, la traite des femmes et des enfants, le trafic illicite des drogues nuisibles, etc. comme des infractions internationales de particuliers. En considérant ces exemples, le crime contre l'humanité et le crime de génocide, selon GLASER, apparaissent comme des infractions de particuliers, et le crime d'agression, des infractions de l'État. Or, il nous semble que le crime contre l'humanité et le crime de guerre sont des crimes internationaux les plus graves dont la commission, comme le crime d'agression, nécessite une organisation dirigée par une personne morale comme l'Etat. Nous étudierons cette distinction dans le cadre de la classification bipartite de l'infraction internationale.

La comparaison de la définition d'infraction en droit interne et en droit international dénonce certaines différences (comme l'ampleur de l'infraction internationale par rapport à l'infraction interne etc.) que nous étudierons en deuxième partie. Mais les éléments constitutifs de ces infractions présentent-ils également des dissemblances ?

---

1. Stefan GLASER, *Introduction à l'étude du droit international pénal, Op.cit.*, p. 12.

B. Éléments constitutifs de l'infraction internationale

Les éléments dits constitutifs de cette infraction font référence aux éléments matériel, intellectuel et légal. Ce dernier est lié au principe de la légalité, différent en droit interne et en droit international. Cependant, il apparaît que les deux premiers éléments sont similaires dans ces deux domaines, ce que nous allons essayer de démontrer.

1. Élément matériel

« Pas d'infraction sans activité matérielle » est un principe fondamental du droit pénal. Effectivement, selon la doctrine classique, parmi les éléments constitutifs de l'infraction, un élément matériel, appelé « corps du délit » par les auteurs du XIXe siècle, est nécessaire pour prononcer la condamnation pénale. Il se réalise dans la manifestation extérieure de la volonté délictueuse, sous la forme de gestes ou d'attitudes décrits par la loi d'incrimination. Il semblerait que ce principe comporte deux séries de conséquences : « la première conséquence, c'est l'impunité de la criminalité intellectuelle. La deuxième conséquence de ce principe, c'est l'impossibilité de poursuivre, d'arrêter ou de condamner préventivement les personnes qui, soit en raison de leur mode de vie, soit du fait de certaines défaillances biologiques psychophysiologiques, se trouvent dans la situation de l'état dangereux pré délictuel » [2].

Dans une conception objectiviste du droit pénal, présentée en Allemagne au siècle dernier, l'infraction n'est punissable qu'à partir du moment où elle est consommée, et elle n'est réputée consommée que si elle a produit un dommage effectif. Toutes les manifestations embryonnaires de la délinquance échappent donc à la sanction pénale. Cette conception n'est pas absolument inconnue du droit français, puisque la répression de certaines infractions est subordonnée en principe à trois conditions essentielles: l'accomplissement intégral des actes d'exécution décrits par la loi, la survenance d'un résultat, et l'existence d'un rapport de causalité entre les actes d'exécution et le résultat.

Cependant, aucune législation ne généralise cette solution radicale. La défense de l'ordre public exige que l'on puisse incriminer la volonté pénale dès qu'elle s'est mise en action, et avant qu'elle n'ait occasionné de conséquences irréparables. En effet, avec la matérialité, ou l'élément matériel, « on rentre dans la lisibilité de l'infraction. Celle-ci passe d'abord

---

2. Roger MERLE et André VITU, *Traité de droit criminel, Problèmes généraux de la science criminelle, Droit pénal général,* Paris, Cujas, 7ème éd., 1997, pp. 605-606.

par un référent nécessaire. C'est le comportement »[3]. Le comportement correspond à tous les actes dont la commission est synonyme de criminalité ou de délinquance. Il faut considérer que le comportement constitutif d'une infraction peut être le fait d'une action ou d'une omission, ou encore d'un acte unique ou d'une pluralité d'actes.

L'action ou la commission agit positivement, alors que l'omission est, quant à elle, un défaut d'action. Dans l'action est reproché un acte positif contraire à l'obligation de ne pas agir. Dans l'omission est sanctionné le fait de s'abstenir là où la loi d'oblige à agir. Ainsi présentées, l'action et l'omission recoupent l'ensemble des comportements, tant il est difficile d'échapper à cette dualité dont le principe engage par hypothèse tous les agissements concevables. En effet, selon Yves MAYAUD « l'action est dans son principe plus facile d'entendement et d'accès que l'omission ; par hypothèse, elle renvoie à des agissements visibles et abordables. L'omission, au contraire, est une modalité fuyante, dont la réalité ne s'impose pas d'elle-même. Elle relève d'un processus plus diffus, pour ne pas s'afficher d'évidence, et imposer des investigations difficiles ou des interprétations risquées. Mais, elle n'est pas négligée pour autant, et nombreux sont les textes qui en contiennent le principe, soit sous forme exclusive, soit concurremment avec des comportements d'action ou de commission »[4].

L'omission est moins claire que l'action. Car, elle tient à une extériorisation moins évidente de l'abstention, qui échappe le plus souvent à une maîtrise immédiate, faute de laisser des traces sensibles de réalisation, contrairement aux actions positives, dont l'impact est beaucoup plus direct. Aussi, est-il nécessaire d'avoir recours à quelques révélateurs efficaces pour mieux en maîtriser les manifestations à la fois dans l'espace et dans le temps. En fait, deux critères sont possibles. Le premier est relatif à la volonté de l'auteur de l'omission, avec pour principe que l'infraction serait commise au moment et au lieu où cette volonté se manifesterait par hostilité ou indifférence à la valeur sociale protégée. Le second est emprunté à l'obligation liée à l'abstention, de sorte que l'infraction serait réalisée au moment et au lieu où cette obligation se devait d'être respectée. Les deux critères ont chacun leur pertinence, l'un pour traduire ce qui est vécu en esprit par l'auteur de l'omission, l'autre pour s'attacher davantage à l'aspect formel de l'exécution de l'obligation par hypothèse négligée. Mais il faut convenir que le second est d'application plus aisée que le premier. « Toute recherche de volonté est en soi difficile, alors que la référence à un impératif

---

3. Yves MAYAUD, *Op.cit.*, p. 187.

4. *Ibid.*, p. 189.

d'exécution est d'emblée plus accessible. Et c'est effectivement l'exécution qui l'a emporté » [5].

Nous avons déjà mentionné qu'en droit international pénal, toute infraction supposait un acte, c'est-à-dire, un comportement humain ou une conduite humaine volontaire, en d'autres termes une manifestation de la volonté dans le monde extérieur. De même, cet acte peut aussi se manifester sous deux formes : comme action positive, commission, ou bien comme inaction ou omission, c'est-à-dire attitude ou comportement passif. Dans le premier de ces cas, la manifestation de la volonté apparaît sous la forme d'un mouvement du corps motivé par des représentations, il s'agit ici de délits d'action ou de commission. Dans le second cas, la manifestation de la volonté s'observe dans le non-accomplissement volontaire d'un mouvement du corps ou bien d'une action qui devrait être accomplie, il s'agit alors de délits d'inaction ou d'omission. Dans le premier cas, on agit contre une interdiction, dans le second, on s'oppose, c'est-à-dire on n'obéit pas à un ordre d'action.

Une troisième catégorie d'infractions existe quant à l'acte : elle survient dans le non-empêchement volontaire d'un résultat prohibé. Nous parlons ici des délits de commission par omission. Tandis que dans le cas des vrais délits d'omission, l'agent s'oppose seulement à une règle qui commande une action, dans le cas de délits de commission par omission, qu'on considère comme de faux délits d'omission, l'agent s'oppose à deux genres de normes à la fois : à celle d'interdiction et à celle qui commande une action. Ici, l'agent occasionne un effet prohibé par son inaction. L'inaction dans ce cas est donc considérée comme équivalente à l'action : il est indifférent du point de vue du droit que le résultat ait été provoqué par une action ou par une inaction. Bien que la plupart des délits exigent pour leur accomplissement un acte positif (l'exécution d'une action concrète, interdite par le droit, dans le monde extérieur), les délits d'omission jouent néanmoins un rôle de plus en plus important dans le droit pénal moderne. Selon l'article 223-6 du CP français : « Quiconque pouvant empêcher par son action immédiate, sans risque pour lui ou pour les tiers, soit un crime, soit un délit contre l'intégrité corporelle de la personne s'abstient volontairement de le faire est puni de cinq ans d'emprisonnement et de 75 000 euros d'amende. Sera puni des mêmes peines quiconque s'abstient volontairement de porter à une personne en péril l'assistance que, sans risque pour lui ou pour les tiers, il pouvait lui prêter soit par son action personnelle, soit en provoquant un secours. Les peines sont portées à sept ans d'emprisonnement et 100 000 euros d'amende lorsque le crime ou le délit contre l'intégrité corporelle de la personne mentionnée au premier alinéa est commis sur un mineur de quinze ans ou

---

5. *Ibid.*, p. 190-191.

lorsque la personne en péril mentionnée au deuxième alinéa est un mineur de 15 ans ». Pareillement, en droit international pénal, le fait d'omission trouve une application de plus en plus étendue.

Il semblerait qu'en droit codifié, l'omission soit illégale dans tous les cas où la loi impose le devoir d'agir, c'est-à-dire d'entreprendre une certaine action. Par contre, en droit international, qui est un droit coutumier, ce problème peut parfois susciter des doutes. Certes, ici également, seule une omission illégale peut constituer une infraction. Cependant, la constatation de cette illégalité peut, dans le cas concret, provoquer des difficultés. Il est évident que la solution de ce problème ne peut être trouvée que dans l'ensemble du droit international. Donc, pour savoir si juridiquement un devoir d'agir existe ou non, il est nécessaire de s'en référer, non seulement au droit conventionnel, mais surtout au droit coutumier.

Un exemple d'omission, en droit international pénal, peut être trouvé en la responsabilité des chefs militaires et autres supérieurs hiérarchiques. Elle est prévue dans l'article 28 du Statut de la CPI : « outre les autres motifs de responsabilité pénale au regard du présent Statut pour des crimes relevant de la compétence de la Cour : 1. Un chef militaire ou une personne faisant effectivement fonction de chef militaire est pénalement responsable des crimes relevant de la compétence de la Cour commis par des forces placées sous son commandement et son contrôle effectifs, selon le cas, lorsqu'il n'a pas exercé le contrôle qui convenait sur ces forces dans les cas où : a) il savait ou, en raison des circonstances, aurait dû savoir, que ces forces commettaient ou allaient commettre ces crimes et b) il n'a pas pris toutes les mesures nécessaires et raisonnables qui étaient en son pouvoir pour en empêcher ou n réprimer l'exécution, ou pour en référer aux autorités compétentes aux fins d'enquêtes et de poursuites.

2. En ce qui concerne les relations entre supérieurs hiérarchiques et subordonnés non décrites au § a, le supérieur hiérarchique est pénalement responsable des crimes relevant de la compétence de la Cour commis par des subordonnés placés sous son autorité et son contrôle effectifs, lorsqu'il n'a pas exercé le contrôle qui convenait sur ces subordonnés dans les cas où : a) il savait que ses subordonnés commettaient ou allaient commettre ces crimes, ou a délibérément négligé de tenir compte d'informations qui l'indiquaient clairement ; b) ces crimes étaient liés à des activités relevant de sa responsabilité et de son contrôle effectifs et que c) il n'a pas pris toutes les mesures nécessaires et raisonnables qui étaient en son pouvoir pour en empêcher ou en réprimer l'exécution, ou pour en référer aux autorités compétentes aux fins d'enquêtes et de poursuites ».

Cet article établit une distinction entre les chefs militaires et les autres supérieurs hiérarchiques. Dans le cas des chefs militaires, le Statut avalise le critère de l'article 7 du Statut du Tribunal de Nuremberg : un chef militaire est pénalement responsable lorsqu'il savait ou, en raison des circonstances, aurait dû savoir que ses forces commettaient ou allaient commettre des crimes, et qu'il n'a pas pris en conséquence les mesures raisonnables pour en empêcher l'exécution ou n'en a pas référé par la suite aux autorités compétentes aux fins d'enquête.

Comme l'élément matériel, l'élément intentionnel ou élément moral est un élément constitutif de l'infraction soit interne soit internationale. Nous étudierons cet élément, pour montrer sa différence en droit interne et en droit international, dans le but de réfléchir à la possibilité de construire la notion d'infraction-obstacle internationale avec élément moral.

2. Élément moral

Pour que l'infraction existe juridiquement, Selon Bernard BOULOC « il ne suffit pas qu'un acte matériel (élément matériel), prévu et puni par la loi pénale ait été commis, il faut encore que cet acte matériel ait été l'œuvre de la volonté de son auteur. Ce lien entre l'acte et l'auteur, que le droit anglais appelle la *mens rea* (la volonté criminelle) par opposition à l'*actus reus* (acte criminel), constitue l'élément moral. Il faut que l'élément moral se joigne à l'élément matériel (qu'il apparaisse avant ou au même moment) pour que l'infraction soit constituée » [6].

L'article 121-3 du code pénal français présente l'élément moral de l'infraction. Selon le premier alinéa de cet article, « il n'y a point de crime ou de délit sans intention de le commettre ». Pour le second alinéa, « toutefois, lorsque la loi le prévoit, il y a délit en cas de mise en danger délibérée de la personne d'autrui ». Dans le troisième alinéa, « il y a également délit, lorsque la loi le prévoit, en cas de faute d'imprudence, de négligence ou de manquement à une obligation de prudence ou de sécurité prévue par la loi ou le règlement, s'il est établi que l'auteur des faits n'a pas accompli les diligences normales compte tenu, le cas échéant, de la nature de ses missions ou de ses fonctions, de ses compétences ainsi que du pouvoir et des moyens dont il disposait ».

Enfin, dans le quatrième alinéa, il est écrit que « dans le cas prévu par l'alinéa qui précède, les personnes physiques qui n'ont pas causé directement le dommage, mais qui ont créé ou contribué à créer la situation qui a permis

---

6. Bernard BOULOC, *Droit pénal général,* Paris, Dalloz, 22ème éd., 2011, p. 239.

la réalisation du dommage ou qui n'ont pas pris les mesures permettant de l'éviter, sont responsables pénalement s'il est établi qu'elles ont, soit violé de façon manifestement délibérée une obligation particulière de prudence ou de sécurité prévue par la loi ou le règlement, soit commis une faute caractérisée et qui exposait autrui à un risque d'une particulière gravité qu'elles ne pouvaient ignorer ».

Selon cet article et par principe, les crimes et les délits sont des infractions intentionnelles. Le justificatif du principe est aisé : il serait excessif d'ériger en crime ou en délit (qui sont des infractions passibles des peines privatives de liberté exprimant en principe les valeurs essentielles de la société) des comportements commis de façon non intentionnelle. De tels comportements, qui ne relèvent pas d'une grande dangerosité sociale, doivent normalement constituer des contraventions ou des délits, infractions relativement mineures.

Pour découvrir la définition de l'intention, nous nous appuierons sur deux concepts qui ne doivent pas être confondus avec l'intention même. Ces deux thèmes sont la conscience et le mobile. 1. L'intention se définit alors comme « la conscience, chez le coupable, d'enfreindre les prohibitions légales ». Il semblerait que cette référence à la conscience soit déplacée. En effet, la conscience n'est pas le propre de l'intention, et en faire mention procède d'une confusion entre l'imputabilité et la culpabilité. Pour Yves MAYAUD « réduire la conscience à l'élément moral de l'infraction, c'est la minimiser fortement, alors qu'elle remplit un rôle autrement plus fondamental dans la théorie de la responsabilité pénale » [7]. La conscience est en effet la manifestation du discernement, sans lequel il n'est pas de responsabilité, faute d'imputabilité. La responsabilité pénale a un fondement éthique, et c'est l'imputabilité qui en rend compte. Elle repose sur le discernement et le libre arbitre, en dehors desquels les poursuites n'ont plus de sens. 2. L'intention est un aspect technique du droit de la responsabilité pénale, destinée à asseoir la culpabilité de l'auteur de l'infraction. L'auteur d'une infraction ne peut pas être puni de la même manière, s'il a agi avec ou sans intention. Le droit pénal présente donc une différence d'ordre technique, fondée sur la plus ou moins forte culpabilité de celui qui a troublé l'ordre social, à la mesure de son état d'esprit.

Par ailleurs, l'intention suppose l'imputabilité, mais elle ne peut pas se définir seulement par référence à elle. La conscience comme un préalable à toute infraction, y compris non intentionnelle, ne peut être utilisée par l'intention, pour contribuer à sa propre définition. Avec la conscience, le mobile est un concept qu'il ne faut pas confondre avec l'intention. Pour Yves

---

7. Yves MAYAUD, *Op.cit.*, p. 253.

MAYAUD « les mobiles ne sont pas pris en compte en droit pénal, qui manifeste une indifférence à ce qu'ils sont, et au rôle qu'ils ont joué dans la détermination ou la volonté de celui qui a intentionnellement agi. Quelle que soit la raison profonde ayant inspiré son action, il en est redevable devant la justice, pour l'avoir recherchée et retenue dans sa dimension dommageable. L'acte criminel ou délictueux ne perd pas son caractère intentionnel en fonction de ce qui pourrait être considéré comme de bons mobiles, et cette règle est traditionnelle, par la constance de sa consécration et de ses applications » [8]. Par conséquent, la conscience et le mobile sont différents de l'intention.

Il nous semble que l'intention est une connaissance doublée de volonté. Dans cette définition, deux éléments essentiels sont à souligner : la connaissance et la volonté. La connaissance ne doit pas être confondue avec la conscience. Cette dernière relève de l'imputabilité, tandis que la connaissance participe de l'élément moral et rentre dans la culpabilité. Nous pouvons donc être conscients et disposer de notre libre arbitre, mais être dans l'erreur ou la faute d'une connaissance insuffisante.

La connaissance se distingue en connaissance du droit et connaissance des faits. La première est importante à l'intention. En effet, l'intention ne peut pas être sans volonté de contrevenir à l'interdit légal, il est donc inévitable d'en connaître le contenu, et toute ignorance établie sur ce plan ne peut que faire échec à la culpabilité. Dans le code pénal français, avant sa réforme, la preuve de cette connaissance relevait d'une présomption absolue par l'adage « nul n'est censé ignorer la loi ». Avec la réforme, cette présomption absolue a évolué. Ainsi, selon l'article 122-3 du code pénal: « n'est pas pénalement responsable la personne qui justifie avoir cru, par une erreur sur le droit qu'elle n'était pas en mesure d'éviter, pouvoir légitimement accomplir l'acte ». Cet article établit de façon stricte les conditions d'irresponsabilité.

Outre la connaissance du droit, celle des faits s'exprime par « tout ce qui contribue à réaliser le crime ou le délit ait été parfaitement connu de l'accusé ou de prévenu, afin que sa détermination rejoigne chacune des composantes de son action ou de son omission, en termes, et de conditions préalables, et de matérialité constitutive » [9].

La connaissance ne suffit donc pas à caractériser l'intention. Il faut que la volonté l'accompagne. Dans ce cas, nous avons besoin de la volonté d'agir en opposition aux interdits de la société. L'intention se situe parmi les

---

8. Yves MAYAUD, *Op.cit.*, p. 254.

9. *Ibid.*, p. 258.

manifestations les plus graves de la culpabilité, parce qu'elle consiste à projeter sur un interdit une détermination contraire. En effet, la volonté traduit au mieux ce qui témoigne de la totale adhésion intellectuelle ou psychologique et ce qui est l'instrument de la réalisation de l'infraction, en termes, tant de comportement, que de résultat. Autrement dit, il existe la volonté du comportement et celle du résultat.

Pour définir la volonté du comportement, Yves MAYAUD explique que « l'intention, c'est d'abord vouloir le comportement qui matérialise l'infraction. C'est vouloir, en connaissance de cause, l'action ou l'omission telle que le texte d'incrimination les contient pour en sanctionner le principe. L'auteur du délit, en sachant parfaitement qu'il emprunte à la loi les éléments qui vont le placer sur le terrain de l'infraction, non seulement en accepte l'idée, mais encore la double d'une volonté destinée à la rendre effective. Il reproduit, par son comportement, le modèle de la conduite réprouvée, et en accuse les traits par une volonté délibérément orientée vers ce qui est censé la matérialiser » [10].

En plus de la volonté du comportement, Yves MAYAUD analyse l'autre volonté, celle du résultat : « à toute infraction correspond un dommage redouté par le législateur, ce que le droit pénal intègre par le résultat » [11]. La référence à ce résultat est essentielle pour préciser l'intention. C'est-à-dire que pour commettre intentionnellement une infraction, il faut en vouloir le comportement et le résultat. Par contre, dans les différentes sortes d'infractions, la volonté du résultat se présente de manière différente. Par exemple, dans les infractions formelles comme l'empoisonnement, prévu par l'article 221-5 du Code pénal français, l'intention appliquée au résultat peut être déduite du comportement.

En droit international pénal, n'existe que la responsabilité pénale de l'individu ou de la personne physique. Donc, contrairement au droit pénal interne, le droit international pénal rejette toute responsabilité à l'égard des personnes morales. Par exemple, l'article 227 du Traité de Versailles prévoit seulement la responsabilité de l'ancien empereur d'Allemagne pour des faits tels que le déclenchement de la guerre d'agression et autres violations des engagements conventionnels. Ce sont des actes d'États, un individu ne pouvant commettre ces infractions. De même, les autres textes internationaux comme le Statut de Nuremberg, de Tokyo, la Convention sur le génocide, le Statut de TPIR et de TPIY et de CPI ne prévoient que la responsabilité pénale de l'individu.

---

10. *Ibid.*, p. 260.

11. *Ibid.*, p. 260.

Déterminer la responsabilité pénale de l'individu démontre que le droit international pénal fait dépendre toute responsabilité pénale de l'élément subjectif consistant dans la culpabilité ; il construit donc la notion d'infraction pénale non seulement sur des éléments extérieurs ou objectifs, mais avant tout sur l'élément moral : la participation morale de l'auteur à son acte.

Selon Stefan GLASER, il existe deux sortes d'élément moral pour déterminer l'infraction internationale : le dol et l'impunité [12]. Lorsqu'il s'agit du dol, il faut l'accepter non seulement dans le cas où l'auteur a la connaissance de tous les éléments constitutifs de l'état de fait ou de l'image de fait de l'infraction et la volonté de les réaliser, c'est-à-dire dans le cas du dol direct ou déterminé ; mais aussi dans le cas où l'auteur ne prévoit que la possibilité de l'effet délictueux de l'action, et y consent, c'est-à-dire dans le cas de ce que l'on appelle le dol éventuel.

A propos du dol éventuel, Stefan GLASER donne des exemples comme la piraterie, le terrorisme ou la prise d'otage. En revanche, par rapport au déclenchement d'une guerre d'agression, il explique qu'il peut arriver que l'auteur d'une provocation, par exemple celui qui fait abattre un avion appartenant à un État tiers, se rende compte que son acte puisse déclencher une guerre ; il ne le veut pas, mais il y consent [13]. Cette idée ne nous semble pas réelle car, les infractions internationales, notamment les crimes internationaux les plus graves, sont des crimes de masse, et pour commettre ces infractions systématiques, il faut une organisation déterminée à les commettre. Cette organisation requiert une intention criminelle ou dol spécial, car l'objectif des auteurs de ces infractions est de porter atteinte aux intérêts de la communauté internationale, protégés par les textes internationaux. Comment considérer alors ces infractions avec le dol éventuel comme élément moral ?

Outre le dol (l'intention), certaines infractions sont caractérisées par une intention spéciale. En caractérisant ce genre d'infractions, le législateur introduit la notion d'objectif que l'auteur se propose d'atteindre par son acte. En d'autres termes, le signe caractéristique de ces infractions consiste en ce que du côté subjectif, leur réalisation exige, outre le dol tel qu'il est conçu en général en cas d'infractions dites intentionnelles, une intention spéciale traduite par un objectif déterminé par la loi.

---

12. Stefan GLASER, *Infraction internationale, ses éléments constitutifs et ses aspects juridiques, Op.cit.*, p. 116.

13. *Ibid.*, p. 119.

En droit international pénal, le génocide est un exemple de ce genre d'infraction. Cette infraction est précisée par l'intention spéciale qui consiste dans le but en soi « de détruire, en tout ou en partie, un groupe national, ethnique, racial ou religieux, comme tel » (article 6 du Statut de la CPI) ; et c'est précisément ce but qui distingue la notion de génocide de celle de crime contre l'humanité.

Le crime d'agression peut ainsi être un autre exemple d'une infraction d'intention spéciale. En effet, pour réaliser cette infraction, l'auteur doit avoir un but contraire au droit international. Autrement dit, le recours à la force, même s'il est illégal, ne constitue pas une agression au sens juridique du terme, si le but poursuivi par son auteur est conforme au droit international. Par exemple, une intervention armée à titre humanitaire ne peut être considérée comme un crime d'agression.

Le droit pénal interne distingue les deux degrés de culpabilité : l'intention ou le dol et l'imprudence, consciente ou inconsciente. Certaines infractions, plus importantes ou plus graves (surtout par l'effet qu'elles produisent ou par l'intérêt auquel elles portent atteinte), sont parfois d'une telle nature ou d'une telle construction juridique que leur accomplissement n'est concevable qu'avec l'intention. Par exemple la trahison, l'espionnage, le brigandage, l’escroquerie et le viol sont des infractions commises avec intention.

À l'évidence, l'importance pratique de la distinction entre l'intention et l'imprudence s'exprime par des conséquences d'ordre pénal, c'est-à-dire par la sévérité ou la gravité de la répression. D'une part, les infractions qui ne peuvent être commises qu'avec intention (dol) occupent un rang supérieur dans l'ordre de classification des infractions, et en conséquence, sont menacées des peines les plus sévères; d'autre part, là où l'infraction admet les deux degrés de culpabilité, l'intention et l'imprudence, leur rang dans la classification, et par conséquent aussi la sévérité de la pénalité prévue par la loi, dépendent du degré de la faute: dans le cas de l'intention, l'infraction plus grave devient, par exemple, crime et s’expose à une punition plus sévère.

À l'échelle internationale, selon Stefan GLASER, l'infraction commise par l'intention ou l'imprudence reste convenable [14]. Tandis que, comme nous l’examinerons, l'infraction internationale, notamment le crime le plus grave international comme le génocide, le crime contre l'humanité et le crime de guerre, constitue le crime systématique. Pour commettre ce genre d'infraction, l’intention a un rôle essentiel. On ne peut donc imaginer l’imprudence comme élément moral de cette catégorie d’infraction, car il

---

14. Stefan GLASER, *Infraction internationale, ses éléments constitutifs et ses aspects juridiques, Op.cit.*, p. 131.

existe toujours une intention criminelle dans la commission des crimes internationaux les plus graves.

En plus des deux éléments matériel et moral, pour tous les genres d'infractions, internes ou internationales, existe un troisième élément constitutif, l'élément légal. Nous avons déjà mentionné que cet élément était lié au principe de la légalité, et que ce dernier différait en droit pénal interne et en droit international pénal. Comment déterminer alors cet élément en droit international pénal ?

3. Élément légal

Pour constituer une infraction, l'acte doit être prévu, décrit même, par le droit. En droit pénal interne, a cours le principe de la légalité des délits et des peines, qui détermine l'élément légal de l'infraction. Ce principe est prévu dans plusieurs textes internes et internationaux. Par exemple l'article 2 §2 de la Déclaration universelle des droits de l'homme énonce que « nul ne sera condamné pour des actions ou omissions qui, au moment où elles ont été commises, ne constituaient pas un acte délictueux d'après le droit national ou international. De même, il ne sera infligé aucune peine plus forte que celle qui était applicable au moment où l'acte délictueux a été commis ». En plus de cet article, le préambule de la Constitution française, l'article 111-3 du Code pénal français, l'article 7 de la CEDH, l'art. 49 de la Charte des droits fondamentaux de l'Union européenne et l'article 15 du pacte international relatif aux droits civils et politiques, prévoient l'élément légal de l'infraction pénale et le principe de la légalité. Ces nombreux textes internes et internationaux nous montrent l'importance de cet élément dans les deux domaines. Autrement dit, cet élément est un élément indispensable pour caractériser l'infraction interne et internationale. Cet élément est également un moyen de protéger la liberté individuelle ; en effet, il établit cette liberté ainsi que la sécurité de l'individu face au pouvoir répressif.

La loi détermine l'élément légal et le principe de la légalité confirme cette détermination. Selon l'article 8 de la déclaration universelle des droits de l'homme et du citoyen : « la loi ne doit établir que des peines strictement et évidemment nécessaires ». Cet article montre la légalité de la peine, mais nous savons qu'il existe un lien entre la peine et l'infraction, car l'infraction sans sanction n'est pas l'infraction et la peine sans infraction n'est pas la peine. Selon cet article, la loi doit donc établir uniquement des infractions nécessaires.

En droit international pénal, comme dans les autres branches du droit international, la coutume a un rôle essentiel, et le droit coutumier représente une partie importante de cette branche juridique. C'est pourquoi, dans ce domaine, le droit n'a pas de juste base écrite et nous ne pouvons exiger que toutes les infractions soient précisées par écrit. Mais comment déterminer alors l'infraction internationale ?

Pour caractériser l'infraction internationale, il faut d'une part, s'adresser à la coutume qui est la source principale du droit international. D'autre part, il arrive souvent qu'en droit international pénal, cette prévision ou cette attribution du caractère criminel apparaisse dans la forme écrite. C'est le cas où les infractions internationales sont prévues en droit conventionnel, c'est-à-dire dans les conventions, les traités et les statuts. Par exemple, le Statut de la CPI, le Statut du TPIY et celui du TPIR sont des textes internationaux qui indiquent les crimes internationaux les plus graves comme le génocide, le crime contre l'humanité etc.

Le droit conventionnel, dans cette matière comme dans d'autres, n'épuise pas les règles du droit international et ne fait généralement que constater des règles juridiques déjà existantes et établies par la coutume. En d'autres termes, la majorité des textes internationaux ne formulent que des coutumes internationales préexistantes. De plus, il y a des actes qui tirent leur caractère criminel directement de la coutume, c'est-à-dire sans l'intermédiaire du droit conventionnel. L'exemple typique d'un tel acte est la piraterie, considérée depuis longtemps, selon la coutume, comme une infraction internationale non caractérisée par les textes internationaux. À l'heure actuelle, la Convention des Nations Unies sur le droit de la mer, signée le 10 décembre 1982 à Montego Bay et entrée en vigueur en 1996, définit, au travers de ses articles 100 à 107 et 110, un régime juridique de droit international de la piraterie et de sa répression. À l'inverse, il existe des infractions internationales présentées par le droit conventionnel sans l'intermédiaire du droit coutumier. L'exemple de ce genre d'infraction est le génocide. Depuis la deuxième guerre mondiale, cette infraction est prévue par la Convention de génocide adoptée par l'assemblée générale des Nations Unies le 9 décembre 1948, alors qu'auparavant, le génocide n'avait pas été établi par la coutume.

L'exemple de la piraterie démontre que le droit international pénal, contrairement au droit pénal interne, n'est pas complètement codifié et que la loi n'a pas de rôle essentiel à jouer dans ce domaine car il n'existe pas de législateur international. En revanche, la jurisprudence est importante et le droit international pénal s'oriente vers le système anglo-saxon.

En droit international pénal, l'élément légal existe mais se définit différemment par rapport au droit pénal interne. Ici, ce n'est pas un législateur qui détermine l'infraction internationale. Souvent la coutume présente l'infraction internationale, et la jurisprudence fait évoluer son concept et ses éléments constitutifs. En d'autres termes, la détermination de l'infraction internationale est définie par la coutume et la jurisprudence, qui changent plus facilement et plus rapidement que la loi. Le concept d'infraction internationale est donc plus évolutif que celui d'infraction de droit national, l'élément légal étant différent dans ce domaine.

Nous avons ainsi vu la spécificité de la notion d'infraction et ses éléments constitutifs, notamment l'élément légal, et dans certains cas, l'élément intentionnel, en droit pénal interne et international. Après cette découverte de la définition d'infraction au sens général, une question nous apparaît : la définition de l'infraction-obstacle est-elle aussi marquée par cette différence ? Autrement dit, la définition d'infraction-obstacle diffère-t-elle également dans ces domaines ?

Section 2. Particularités de l'infraction-obstacle

Le droit international pénal n'a pas encore donné une définition à l'infraction-obstacle bien qu'elle soit reconnue et appliquée dans ce domaine. Nous allons la définir en nous appuyant sur sa définition en droit pénal interne. Elle est alors considérée comme une sorte d'infraction formelle. En effet, l'infraction formelle est divisée en deux types d'infraction : l'infraction formelle stricto sensu, et l'infraction-obstacle [15]. L'infraction formelle est donc reconnue comme la principale source d'infraction-obstacle.

Pour certains auteurs, comme Yves MAYAUD, il existe une autre distinction selon laquelle l'infraction sans résultat peut être soit une infraction formelle soit une infraction-obstacle. Dans ce cas, l'infraction-obstacle ne serait pas une sorte d'infraction formelle et les deux resteraient indépendantes. Yves MAYAUD explique que le point commun entre ces deux catégories d'infractions est de ne pas compter, dans leurs éléments constitutifs, le résultat redouté [16].

A. Infraction formelle : principale source d'« infraction-obstacle »

L'infraction formelle est une infraction qui « présente un comportement réprimé indépendamment de son résultat éventuel. Bien que ce comportement tende normalement à produire un dommage, l'infraction est

---

15. Anne PONSEILLE, *L'infraction de prévention en droit pénal français*, Thèse, Montpellier, 2001, p. 20.

16. Yves MAYAUD, *Op.cit.*, p. 229.

réputée consommée en l'absence de la production de ce dommage. Dans cette hypothèse, la loi incrimine en quelque sorte une tentative à titre principal (ces infractions sont d'ailleurs parfois qualifiées « d'attentat ») et ne fait aucune distinction selon que cette tentative réussit ou bien échoue » [17].

1. Définition

L'infraction, en droit pénal interne, peut être soit formelle soit matérielle. Romain OLLARD, en considérant le concept de préjudice, présente trois types d'infractions distinctes: les infractions matérielles, consommées par un préjudice effectif, les infractions formelles qui, bien qu'indifférentes à l'existence d'un préjudice effectif, n'en supposent pas moins un préjudice toujours possible pour au moins une victime potentielle, et les infractions d'intérêt général, protectrices d'un intérêt purement social, juridiquement indifférentes à l'existence d'un préjudice effectif ou potentiel [18]. Il faut noter que la distinction bipartite est établie par la doctrine italienne du XIXe siècle, présentée pour la première fois par Francisco CARRARA [19]. L'infraction formelle est donc une création italienne relativement récente et dans ce domaine, le droit pénal français s'inspire du droit pénal étranger.

L'infraction formelle est différente de l'infraction matérielle car cette dernière est une infraction de résultat, contrairement à l'infraction formelle qui n'est qu'une infraction de comportement. En revanche, pour certains auteurs comme Romain OLLARD, dès lors que toute infraction suppose que soit déterminé un seuil de consommation, toute infraction possède un résultat légal. La spécificité de l'infraction formelle réside en ce que ce seuil de consommation soit fixé sur la conduite incriminée, dès la réalisation des actes d'exécution accomplis par l'auteur. Aussi, l'infraction formelle est-elle parfois qualifiée d'infraction de comportement ou d'infraction de moyen. Tandis que, pour l'infraction matérielle, le législateur n'intervient que lorsque la valeur protégée a été effectivement atteinte ; pour l'infraction formelle, il fixe le seuil de l'illicéité pénale à un stade où la valeur protégée est simplement menacée [20].

D'un point de vue historique, dans le Code pénal de 1810, le mot « attentat » se trouve employé comme synonyme de tentative. Mais parfois

17. Frédéric DESPORTES et Francis LE GUNEHEC, *Droit pénal général,* Paris, Économica, 16ème éd., 2009, 419.

18. Romain OLLARD, *« La distinction du dommage et du préjudice en droit pénal »,* RSC, 2011, p. 561 et s.

19. Pierre SITERIE, *« L'infraction formelle »,* RSC, 1966, p. 497.

20. Romain OLLARD, *Op.cit.*, p. 561 et s.

aussi, il est utilisé pour désigner certains crimes consommés. Le terme attentat est donc l'ancêtre français de la notion d'infraction formelle. Par contre, il ne faut pas confondre ces deux thèmes. Certaines infractions comme les attentats aux mœurs ne peuvent être considérées à l'heure actuelle comme des infractions formelles [21]. Par exemple, le viol est un attentat aux mœurs, mais ce n'est pas une infraction formelle.

La distinction historique entre infraction formelle et infraction matérielle n'est pas toujours acceptée. Henri DONNEDIEU DE VABRES explique que « l'infraction formelle n'est pas, comme on le prétend généralement, celle qui est consommée indépendamment de la production d'un résultat, c'est celle qui est incriminée indépendamment de la réalisation effective d'un préjudice » [22]. Il considère ainsi « la plupart des infractions comme des infractions formelles, car seule une minorité d'incriminations est liée dans notre droit à l'existence d'un préjudice » [23].

Pour Roger MERLE et André VITU, l'analyse de DONNEDIEU DE VABRES contient une part de vérité. Ils pensent que cette idée vient d'un abus de langage, car ce prétendu résultat se confond avec le moyen employé par le délinquant [24]. Selon eux, le résultat pénal, inhérent aux seules infractions matérielles, est en rapport de causalité plus lointaine avec les moyens initialement utilisés [25].

2. Résultat pénal

Le résultat pénal est un thème discutable du droit pénal. Les auteurs italiens estiment que l'infraction formelle ne peut pas être caractérisée par l'indépendance du résultat. Car, « toutes les infractions ont un résultat et elles aboutissent à une transformation du monde extérieur » [26]. Ce résultat, qui existe dans toutes les infractions, est nommé le résultat juridique [27]. De plus, pour certains auteurs comme BATTAGLINI [28], toutes les infractions seraient

21. Pierre SITERIE, *Op.cit.,* p. 500.

22. Roger MERLE et André VITU, *Traité de droit criminel, Problèmes généraux de la science criminelle, Droit pénal général, Op.cit.*, p. 652. Les auteurs font référence à Henri DONNEDIEU DE VABRES, *Essai sur la notion de préjudice dans la théorie générale du faux documentaire,* p. 28, 112, 133, 134.

23. Roger MERLE et André VITU, *Op.cit.*, p. 652.

24. *Ibid.,* p. 652.

25. *Ibid.,* p. 652.

26. Pierre SITERIE, *Op.Cit.,* p. 508.

27. Mustafa FREIJ, *L'infraction formelle,* Thèse, Univ. Paris II, 1975, p. 50.

28. Giulio BATATAGLINI, pénaliste italien du début du 20ème siècle.

en même temps formelles et matérielles : l'infraction serait formelle en tant qu'elle constituerait la contradiction à une norme et matérielle, en tant qu'elle léserait effectivement ou partiellement un intérêt. Il nous semble que cette théorie fait disparaître le vrai concept de l'infraction formelle. En effet, généraliser ce concept reviendrait à dire que toutes les infractions sont formelles, indiquant ainsi l'inexistence de ce concept. Par ailleurs, la distinction de la norme et de l'intérêt n'est pas très claire. Pour Pierre SITERIE, cette théorie mélange l'infraction formelle avec la tentative [29], et on ne peut les distinguer.

Pierre SITERIE retient l'idée de certains auteurs [30] selon laquelle toute infraction comprend nécessairement un résultat ; qu'il soit naturel ou matériel : ce résultat est par exemple, l'altération du document dans le faux, la mort dans l'homicide ; mais ce résultat matériel n'existe pas dans les infractions formelles. Cette idée ne nous dit pas que ce genre d'infraction est indépendant du résultat, par contre elle signifie que le résultat est simplement juridique. Cette opinion a l'avantage de ne pas confondre le résultat et le préjudice, elle ne confond pas non plus le résultat matériel avec le préjudice.

Pour déterminer si une infraction est matérielle ou formelle, il faut rechercher dans chaque cas si on est en présence d'un résultat matériel visé par la loi pénale. Si ce résultat matériel n'existe pas, nous ne pouvons pas immédiatement dire que l'infraction est formelle, car il faut vérifier les différents indices qui nous permettent de déterminer avec certitude l'existence d'une infraction formelle.

L'infraction formelle peut être soit une infraction-obstacle, soit une infraction formelle *stricto sensu*. Elles sont également appelées infraction formelle « abstraite » et « moderne » ou infraction formelle « concrète » et « classique ». « Il existe entre ces deux techniques d'incrimination plus une différence de degré qu'une différence de nature ce qui ne favorise pas une distinction nette entre les deux. En effet, il s'agirait bien plutôt d'un dégradé de situations empreintes d'une dangerosité plus ou moins vive » [31].

L'infraction formelle *stricto sensu* peut être définie de manière positive ou négative. Selon l'approche négative plus courante, la survenance du résultat redouté est indifférente pour la constitution de l'infraction formelle

---

29. Pierre SITERIE, *Op.cit.*, p. 509.

30. C'est l'opinion de la majorité des auteurs italiens.

31. Anne PONSEILLE, *L'infraction de prévention en droit pénal français,* Thèse, Université Montpellier I, 2001, p. 20.

stricto sensu. La démarche positive, plus rare, définit l'infraction formelle *stricto sensu* comme l'incrimination d'un « acte » [32] ou d'un « état de fait » [33].

La deuxième sorte d'infraction formelle est l'infraction-obstacle. Les expressions comme infraction-obstacle procèdent d'une évolution du droit pénal. En effet, le droit pénal s'est inspiré de deux courants opposés : la théorie de nature « objective » et celle de nature « subjective ». Le droit pénal primitif était objectif tandis que la doctrine actuelle s'oriente vers la « subjectivisation du droit pénal » [34]. Le droit pénal moderne est donc basé sur la théorie subjective qui se traduit par un déclin de l'importance attachée à l'acte et par une augmentation de l'intérêt porté à l'agent [35]. Par conséquent, il s'attache davantage aux intentions de l'auteur qu'à ses actes.

Mais, comment justifier l'existence de l'infraction-obstacle en tant qu'infraction sans résultat, avec le courant de « subjectivisation du droit pénal » ? [36]

B. Définition de « l'infraction-obstacle »

Nous avons déjà constaté que l'infraction-obstacle était une sorte d'infraction formelle et qu'elle partageait avec cette dernière, la caractéristique de ne pas compter dans ses éléments constitutifs, le résultat redouté.

1. Doctrines

Pour certains auteurs comme Wilfrid JEANDIDIER, l'infraction formelle se distingue traditionnellement de l'infraction-obstacle [37]. Il définit cette dernière comme « l'incrimination d'un comportement dangereux sans suite dommageable directe » [38]. Selon lui, un comportement est sanctionné par l'infraction-obstacle, afin d'éviter toute commission d'une infraction

---

32. Voir Jean-Paul DOUCET, *« Le jugement pénal »*, Paris, Litec, Gazette du Palais, 1991, p. 137.

33. Voir Stefan GLASER, *« Les infractions d'omission et le problème de culpabilité »*, RD pén. Crim., 1961-1962, p. 928.

34. Anne PONSEILLE, *Op.cit.*, p. 11.

35. Bernard CORBOZ, *« Les actes préparatoires »*, RI crim. et pol. techn., 1982, p. 7.

36. Anne PONSEILLE, *Op.cit.*, p. 15.

37. Wilfrid JEANDIDIER, *Droit pénal général*, Paris, Montchrestien, 2ème éd., 1991, p. 269.

38. *Ibid.*, p. 269.

éventuelle. L'infraction formelle est en relation directe de causalité avec le résultat que la loi veut éviter, ce qui n'est pas le cas pour l'infraction-obstacle. Ainsi, pour Roger MERLE et André VITU l'infraction-obstacle est « l'incrimination d'une attitude ou d'un comportement dangereux sans portée dommageable immédiate et effective » [39]. Ils présentent la même idée que Wilfrid JEANDIDIER en disant que cette catégorie d'infraction révèle un point commun avec l'infraction formelle : elle ne comporte aucun résultat. Pour autant, elles ne sont pas tout à fait superposables. L'infraction formelle est en relation de causalité directe avec le résultat que le législateur cherche à prévenir, tandis que ce rapport de causalité fait défaut dans l'infraction-obstacle.

Lorsque l'infraction formelle a produit son résultat, cela ne change rien à la situation du délinquant ; un seul crime, ou un seul délit, lui est imputable : celui que la loi réprime au titre de l'infraction formelle. Au contraire, si l'auteur d'une infraction-obstacle occasionne un dommage consécutif à son comportement dangereux, il sera puni comme auteur d'un concours réel d'infractions.

Pour Philippe CONTE et Patrick MAISTRE DU CHAMBON, l'infraction-obstacle correspond à des incriminations qui se situent très en « amont » sur l'*iter criminis* (le chemin du crime) : en faisant intervenir la répression de façon anticipée, celle-ci vise à prévenir la commission d'infraction matérielle portant atteinte à des valeurs plus particulièrement importantes comme l'intégrité physique et les intérêts fondamentaux de la nation. Il en est ainsi pour l'incrimination de la conduite en état d'ivresse, tendant à l'intégrité corporelle du conducteur comme des tiers, de la livraison d'information « sensibles » à une puissance étrangère ou encore de certaines contraventions punissant des négligences pouvant avoir de graves conséquences [40]. Cette idée nous montre que les infractions obstacles sont nombreuses [41] et peuvent être définies dans les trois catégories de l'infraction : crime, délit, contravention.

Pour Mustafa FREIJ, l'infraction-obstacle est l'incrimination d'une attitude ou d'un comportement dangereux sans qu'on puisse encore savoir s'il aura des conséquences dommageables et effectives [42]. Il distingue ainsi deux aspects de l'infraction-obstacle et explique qu'elle constitue soit une résolution d'agir (comme le complot, l'association de malfaiteurs) soit un

39. Roger MERLE et André VITU, *Op.cit.,* p. 649.

40. Philippe CONTE et Patrick MAISTRE DU CHAMBON, *Droit pénal général,* Paris, Armand Colin, 7ème éd., 2004, p. 185.

41. *Ibid.,* p. 185.

42. Mustafa FREIJ, *Op.cit.,* p. 224.

acte préparatoire à une infraction plus grave réprimée par la loi (comme le port d'arme prohibé, la conduite d'un véhicule en état d'ivresse, les menaces, le vagabondage, la mendicité et la fabrication de fausses clés) [43].

2. Expressions proches de l'infraction-obstacle

Il existe un terme juridique proche du terme d'« infraction-obstacle », toutefois recouvre-t-il un sens différent, ne devant pas être confondu avec ce dernier. Ce terme est celui d'« infraction d'obstacle » et appartient au domaine du droit pénal du travail. En effet, à l'occasion de leurs interventions dans les entreprises, les inspecteurs et les contrôleurs du travail sont parfois victimes d'actes tendant à faire obstacle à l'exercice de leurs fonctions et dans certains cas, à les outrager, voire à leur occasionner des blessures physiques. Face à de tels comportements le droit prévoit les infractions dénommées « infraction d'obstacle » [44]. Donc, l'article L. 8114-1 du Code du travail énonce que « le fait de faire obstacle à l'accomplissement des devoirs d'un agent de contrôle de l'inspection du travail mentionnés à l'article L. 8112-2 est puni d'un emprisonnement d'un an ou d'amende de 37 500 euros ». En effet, le sens de l'infraction d'obstacle est le contraire de l'infraction-obstacle. C'est-à-dire que l'infraction d'obstacle interdit des comportements contraires à l'exercice des fonctions, tandis que l'infraction-obstacle interdit des comportements pouvant être considérés comme des actes préparatoires à d'autres infractions.

Outre l'infraction-obstacle, il existe également le terme d'« infraction de prévention ». Pour Jean-Paul DOUCET, ces deux termes recouvrent des notions différentes. Il explique que « la différence est pourtant grande entre ces deux types d'infractions : alors que les infractions de prévention ne supposent aucune intention criminelle, les infractions-obstacles saisissent un acte préparatoire à un délit principal et tendent ainsi à mettre fin à une activité criminelle en cours de développement avant même que ne soit abordée la phase du commencement d'exécution » [45]. Pour lui, la distinction entre ces deux modes d'incrimination résiderait dans le fait que « l'infraction de prévention est essentiellement objective, le délit-obstacle en revanche est à la fois objectif et subjectif » [46].

---

43. *Ibid.*, p. 224-5.

44. Voir Alain COEURET et Elisabeth FORTIS, *Droit pénal du travail*, Paris, Litec, 4ème éd., 2008, p. 51-55. Christine LAZERGES, *« Délit d'obstacle. Article L. 631-1 du code du travail »*, RSC, 1993, p. 125-126.

45. Jean-Paul DOUCET, *« Les infractions de prévention »*, Gaz. Pal., 1973, Doct., p. 764.

46. Jean-Paul DOUCET, *Précis de droit pénal*, éd. Marcinelle : Faculté de droit, d'économie et de sciences sociales de l'Université de Liège, 1976, p. 70, note 62.

Nous constatons que les crimes internationaux sont des crimes de masse nécessitant une pluralité de victimes et d'auteurs. Cette pluralité requiert une organisation et des actes préparatoires ; de plus, on ne peut supposer la commission de crimes internationaux, notamment des crimes internationaux les plus graves, sans aucune intention criminelle. Le concept d'infraction-obstacle s'applique donc, tandis que le concept d'infraction de prévention est inapplicable en droit international pénal.

À l'issue de ces développements, nous constatons que les concepts d'infraction interne et internationale, ainsi que leurs éléments constitutifs, notamment l'élément moral et légal, diffèrent. Ces différences nous conduisent vers une définition adaptée de l'infraction-obstacle susceptible d'intégrer le domaine international. Nous désignons l'infraction-obstacle comme l'acte préparatoire à l'infraction principale. Elle est ainsi incriminée afin d'empêcher la commission de crimes graves comme le crime d'agression ou le crime de génocide.

Il faut considérer qu'en droit international pénal, la classification de l'infraction est différente. Si l'on veut imaginer le concept d'infraction-obstacle internationale, il faut analyser et comparer les classifications d'infractions dans ces deux domaines distincts afin d'y repérer les prémisses de l'infraction-obstacle en droit international pénal.

2.

Place de « l'infraction obstacle » dans les classifications des infractions pénales

Dans le premier chapitre nous avons considéré les définitions d'infraction en droit pénal interne et en droit international pénal et leurs différences, ainsi que la définition de l'infraction-obstacle en droit pénal interne. Dans ce chapitre, nous étudierons et comparerons les différentes classifications de l'infraction dans ces domaines afin d'analyser la place du concept d'infraction-obstacle dans ces classifications. En droit pénal interne, il existe trois classifications de l'infraction. La première est la classification tripartite [47] présentée par l'article 111-1 du Code pénal. Selon cet article, les infractions pénales sont des crimes, des délits ou des contraventions, en fonction de la nature criminelle, délictuelle ou contraventionnelle de la peine encourue [48]. La seconde classification repose sur le choix du législateur de distinguer dans la partie spéciale, législative et réglementaire du Code pénal français, les infractions contre les personnes, contre les biens et contre l'État, la Nation et la Paix publique. La troisième classification, présentée par l'article 121-3 du CP, s'appuie sur le caractère intentionnel ou non intentionnel de l'infraction pénale.

L'élément matériel de l'infraction pénale présente également de nombreuses classifications. Il existe, par exemple, une distinction entre les infractions d'action ou de commission et les infractions d'omission, selon que le comportement incriminé consiste en un acte positif ou en une abstention. De même, distingue-t-on infractions instantanées ou continues selon leur durée d'exécution plus ou moins longue, infractions simples ou d'habitude

---

47. V. Christophe PAULIN, *Droit pénal général,* Paris, Litec, 6ème éd., 2010, P. 28, N° 48 ; Philipe CONTE et Patrick MAISTRE DU CHAMBON, *Droit pénal général,* Paris, A. Colin, 2004, 7ème éd., P. 104, N° 172 ; Jean MOULY, *« La classification tripartite dans la législation contemporaine »,* RSC, 1982, PP. 3-40 ; Jacques-Henri ROBERT, *« La classification tripartite des infractions selon le nouveau code pénal »,* Revue Droit Pénal, 1995, Chron., N° 1.

48. W. Harald RENOUT, *Droit pénal général,* Paris, Larcier, 18e éd., 2013, pp. 99-100.

selon qu'un fait unique ou plusieurs faits identiques nécessitent une répression ; infractions simples ou complexes selon qu'elles se caractérisent par un fait matériel unique ou par un ensemble de faits matériels distincts.

Comme nous l'avons déjà expliqué, une autre classification matérielle de l'infraction se fonde sur la nécessité, ou non, de résultat pour la perfection juridique de l'infraction pénale [49]. Selon cette classification, l'infraction pénale se présente en deux catégories : l'infraction matérielle et l'infraction formelle. Ainsi, la première comprend, parmi ses éléments constitutifs, un résultat ; tandis que la deuxième est considérée comme une infraction sans résultat.

Parmi ces classifications de l'infraction pénale interne, la classification tripartite a un rôle plus important que les autres car elle intéresse à la fois le droit pénal de fond et le droit pénal de forme et qu'elle est classée par rapport à la gravité de l'infraction. Mais, le concept de gravité de l'infraction en droit pénal interne et en droit international pénal, diffère. Cette différence de gravité évolue selon la classification de l'infraction dans ces deux domaines. À l'évidence, avec cette évolution, la place de l'infraction-obstacle, dans la classification de l'infraction, change.

Section 1. Classification tripartite en droit pénal interne et place de l'infraction-obstacle

Dans l'ancien droit criminel et avant le Code de 1791, n'existait pas de division des infractions en crimes, délits, contraventions. « Les termes crimes, délits, maléfices, méfaits n'y ont que le sens général d'infractions, en sorte que les auteurs parlent indifféremment de délit léger ou de crime léger. Toutefois la gravité de l'acte, comme en droit moderne, est déterminée par la peine prévue : les délits graves et atroces sont ce qui entraînent la mort naturelle ou civile; les délits particulièrement atroces ou énormes sont ceux qui entraînent la mort cruelle (roue, bûcher). Les autres sont les délits légers » [50].

Le code pénal de 1810 a adopté la célèbre classification tripartite issue du Code de 1791, mais en la fondant sur la peine. C'est-à-dire que si la peine est criminelle, l'infraction est un crime. Cette classification est aussi présentée par l'article 111-1 du nouveau code pénal qui indique que « les infractions pénales sont classées, suivant leur gravité, en crimes, délits et

49. Anne PONSEILLE, *Op.cit.*, p. 19.

50. André LAINGUI, *« Crimes et délits »*, in Denis ALLAND et Stéphane RIALS, *Dictionnaire de la culture juridique*, Paris, PUF, 1ère éd., 2003, p. 338.

contraventions ». Le critère choisi, dans cet article, est assis sur la gravité de la faute, indépendamment de la sanction qui lui est rattachée [51]. Donc le législateur actuel a changé de méthode, en remplaçant le critère tiré de la peine par un critère fondé sur la gravité du comportement. Pour Jean PRADEL, avant 1994, « le législateur fixait la peine en fonction de la gravité » [52]. Car la gravité de l'infraction est liée à la gravité de la peine. Or il ne faut pas qu'une infraction plus grave qu'une autre soit punie moins sévèrement. Jean PRADEL ajoute que « dans le nouveau code, le crime le moins grave est davantage puni que le délit le plus grave » [53]. Pour Bernard BOULOC la gravité de l'infraction se définit par la gravité de la peine qui permet de connaître la nature même de l'infraction [54].

A. Effets de la classification tripartite

Nous avons dit que la classification tripartite intéressait à la fois le droit pénal de fond et le droit pénal de forme. L'exemple du droit pénal de fond est l'article 121-4 du CP selon lequel la tentative toujours punissable en matière criminelle, ne l'est en matière délictuelle que dans le cas prévu par la loi et ne l'est jamais en matière conventionnelle.

Il existe d'autres exemples comme les articles 121-7 et R.610-2 du CP selon lesquels la complicité est punissable en matière de crime et de délit et elle ne l'est pas en matière de contravention (sauf si elle se réalise par provocation). Du point de vue de l'élément moral, selon l'article 121-3 du CP, le crime implique nécessairement une intention alors que le délit peut parfois résulter d'une imprudence ou d'une mise en danger délibérée. La contravention, quant à elle, résulte d'un simple geste matériel, sauf cas très rares comme les violences volontaires contraventionnelles présentées par l'article R. 625-1 du C.P.

La distinction tripartite, outre l'infraction, intéresse la sanction car la peine diffère selon le type d'infraction, bien qu'il existe des peines communes à deux sortes d'infractions, c'est-à-dire au crime et au délit, dont l'exemple simple est l'amende. Le droit pénal de forme comme celui de fond s'inspirent de la théorie tripartite de l'infraction. Le point important en est la compétence déterminée par la gravité de l'infraction, les crimes étant jugés par la cour d'Assises, les délits par le tribunal correctionnel et les

---

51. J.-H. ROBERT, *« La classification tripartite des infractions selon le nouveau Code pénal »,* Revue Droit Pénal, Janvier 1995, Chroniques n°1, p. 1.

52. Jean PRADEL, *Op.cit.,* p. 250.

53. *Ibid.,* p. 250.

54. Bernard BOULOC, *Droit pénal général,* Paris, Dalloz, 22ème éd., 2011, p. 180.

contraventions par le tribunal de police ; bien que cette règle soit souvent touchée par « le jeu de la correctionnalisation judiciaire qui consiste à déférer au tribunal correctionnel un crime en le considérant comme un délit » [55].

B. Relativité de la classification tripartite

La classification tripartite de l'infraction est une notion relative et évolutive. Elle est toute relative car l'appartenance d'une infraction à l'une des trois catégories n'est pas définitive et peut être changée à tout moment par le législateur. Elle est également évolutive car la division des infractions à l'intérieur de chacune des trois catégories évolue. Autrement dit, telle infraction considérée comme un crime sera peut-être un délit ou une contravention ou l'inverse. Ces évolutions prennent les noms de « criminalisation », « décriminalisation », « correctionnalisation » ou « contraventionnalisation ».

La *criminalisation* « consiste à transformer en crime un comportement auparavant qualifié délit ou contravention » [56]. Mais le terme est aussi utilisé pour démontrer la pénalisation d'un comportement. Inversement, la décriminalisation signifie la dépénalisation d'un crime. Ces deux termes nous montrent que le mot crime désigne tantôt une catégorie d'infractions spécifiques, tantôt l'ensemble des infractions sans distinction. Pour éviter toute confusion, ces termes sont donc remplacés par les termes « pénalisation » et « dépénalisation ». La *correctionnalisation* « est le fait de transformer en délit un comportement autrefois qualifié crime ou, plus rarement, contravention » [57]. La contraventionnalisation consiste « en la transformation en contravention d'un comportement jusque-là qualifié crime ou délit » [58].

Ces termes nous montrent que la distinction tripartite est relative et évolutive. La relativité nous présente des infractions qui ne peuvent être classées dans cette distinction mais qui peuvent être considérées comme contravention-délit ou délit-crime. Ainsi, aujourd'hui, selon la gravité de l'infraction, il existe cinq catégories : contravention, contravention-délit, délit, délit-crime, crime. En effet, à la frontière de deux catégories d'infraction, se forme une catégorie intermédiaire, hybride, qui permet d'assurer une transition sans rupture. « C'est ainsi qu'au sein de la catégorie

55. Jean PRADEL, *Op.cit.*, p. 252.

56. Frédéric DESPORTES et Francis LE GUNEHEC, *Op.cit.*, p. 77.

57. *Ibid.*, p. 77.

58. *Ibid.*, p. 77.

des contraventions la doctrine a relevé depuis longtemps l'existence de « contravention-délit ». Avec la réforme du Code pénal est en outre apparu, au sein de la catégorie des délits, ce que l'on pourrait nommer des « délits-crimes », c'est-à-dire des délits punis des peines correctionnelles les plus élevées, dont le régime se rapproche de celui applicable aux crimes » [59]. Toutefois, comment définir et distinguer le crime, le délit et la contravention ?

Le crime est une expression qui vient du mot latin *crimen*, c'est-à-dire accusation ou grief. Pour définir le mot crime, DURKHEIM explique que: « nous appelons crime tout acte puni » [60]. Cette notion sociologique nous rappelle qu'il n'y a pas de crime sans incrimination. Mais elle a l'avantage d'être acceptable pour les criminologues qui voient dans le crime une globalité et pour les juristes qui le considèrent comme toute infraction relevant des Assises.

Nous étudierons ici la notion juridique du crime et sa différence par rapport aux autres catégories d'infraction comme le délit et la contravention, afin d'analyser la place de l'infraction-obstacle parmi ces différentes catégories. En soi, un crime peut-il être considéré comme une infraction-obstacle ? Selon l'article 111-2 du CP : « la loi détermine les crimes et délits et fixe les peines applicables à leurs auteurs. Le règlement détermine les contraventions et fixe, dans les limites et selon les distinctions établies par la loi, les peines applicables aux contraventions ». Cet article nous présente une des caractéristiques du crime selon laquelle il doit être établi par la loi ; la peine prévue par la loi le distinguant du délit. De plus, pour Philippe CONTE, cet article énonce que « ce sont la loi et le règlement qui déterminent la classification en crime, délit ou contravention, non le juge » [61] ; c'est-à-dire que seul, le législateur classe ainsi les infractions. Donc, la peine prononcée par le juge ne peut changer la nature de l'infraction déterminée en tant que crime, délit ou contravention. Mais notons aussi que le législateur prévoit des peines différentes selon la gravité de l'infraction.

C. Peines prévues pour le crime, le délit et la contravention

Pour les crimes, il s'agit de la réclusion ou de la détention criminelle. Selon l'article 131-1 du CP, ces peines peuvent être perpétuelles, de trente

---

59. Frédéric DESPORTES et Francis LE GUNEHEC, *Op.cit.*, p. 85.

60. Emile DURKHEIM, *L'Éducation morale,* Paris, PUF, 2012.

61. Philippe CONTE et Patrick MAITRE DU CHAMBON, *Droit pénal général,* Paris, Dalloz, 2004, 7ème éd., p.102.

ans au plus, vingt ans au plus ou quinze ans au plus, avec un minimum de dix années. En revanche, en vertu de ses pouvoirs d'individualisation de la sanction, le juge a la possibilité de prononcer une réclusion ou une détention de durée intermédiaire comme vingt-cinq ou douze ans. Mais le minimum de dix ans s'impose à lui. Si, par application de ces mêmes pouvoirs, il a la possibilité de prononcer, pour un crime, une peine privative de liberté de neuf ans, il s'agira nécessairement d'un emprisonnement, puisque la réclusion ou la détention ne peuvent être inférieures à dix ans [62].

Pour les délits, les peines de référence sont l'emprisonnement et l'amende correctionnelle. L'article 131-4 du CP présente l'échelle de l'emprisonnement à huit degrés : dix ans au plus, sept ans au plus, cinq ans au plus, trois ans au plus, deux ans au plus, un an au plus, six mois au plus et deux mois au plus. Cette distinction permet au juge de prononcer les différents degrés de l'emprisonnement et, en vertu de ses pouvoirs, il peut aussi prononcer un emprisonnement de six ans, de quatre ans ou d'une durée inférieure à deux mois. En plus de l'emprisonnement, l'article 381 du CPP prévoit l'amende correctionnelle. Selon cet article le tribunal correctionnel connaît des délits « sont des délits les infractions que la loi punit d'une peine d'emprisonnement ou d'une peine d'amende supérieure ou égale à 3750 euros ». Cette peine ne comporte pas de maximum.

Pour les contraventions, l'article 131-13 du CP prévoit l'amende de police, organisée selon une échelle à cinq degrés: 38 euros au plus pour les contraventions de la 1ère classe, 150 euros au plus pour les contraventions de la 2ème classe, 450 euros au plus pour les contraventions de la 3ème classe, 750 euros au plus pour les contraventions de la 4ème classe, 1500 euros au plus pour les contraventions de la 5ème classe, montant qui peut être porté à 3000 euros en cas de récidive lorsque le règlement le prévoit. Pour les contraventions de quatrième et cinquième classe, en plus de l'amende, l'ancien code pénal avait prévu l'emprisonnement, supprimé dans le CP de 1992. Toutefois l'article 413 bis du Code des douanes prévoit l'emprisonnement de dix jours à un mois pour les auteurs de contraventions douanières de cinquième classe. La peine courante pour les contraventions est donc l'amende, mais dans certains cas, l'emprisonnement est aussi applicable.

En considérant les peines prévues par le législateur, il est simple de reconnaître la gravité de l'infraction. Il suffit de se déterminer d'après la nature de la peine prévue. Par exemple, la réclusion ou la détention

---

62. Voir l'arrêt du 15 février 1995 de la Chambre criminelle de la Cour de cassation, le bulletin des arrêts n° 70, et l'arrêt du 18 décembre 2002 de la Chambre criminelle de la Cour de cassation, le bulletin des arrêts n° 236.

criminelle signalent un crime, tandis que l'emprisonnement présente un délit. En revanche, la nature de l'amende ne peut être déterminée que par référence à son taux. Car jusqu'à 1500 euros (3000 euros en cas de récidive), il s'agit d'une amende de police, si bien que l'infraction correspondante est une contravention. À partir de 3750 euros, il s'agit d'une amende correctionnelle qui présente un délit.

L'amende n'est pas une peine de référence pour le crime, mais elle peut être aussi prévue pour cette catégorie d'infraction. Dans ce cas-là, elle n'est limitée par aucun maximum. A titre d'exemple, l'article 412-6 du CP proclame que « le fait de diriger ou d'organiser un mouvement insurrectionnel est puni de la détention criminelle à perpétuité et de 750 000 euros d'amende ».

Les peines prévues par la loi pour sanctionner les personnes morales ne fournissent aucune indication sur la gravité de l'infraction : par principe, la peine de référence est déterminée par renvoi aux sanctions prévues à l'encontre d'une personne physique. C'est donc en se reportant à ces sanctions que l'on sait si une personne morale a commis un crime, un délit ou une contravention. Il n'existe pas d'infraction qui ne puisse être imputée aux seules personnes morales : par exemple, un détour par les peines de l'article 313-1 du CP sanctionnant l'individu auteur d'escroquerie, permet de savoir que la personne morale, responsable du même acte, répond d'un délit, puisque la personne physique encourt un emprisonnement [63]. Il semblerait qu'il existe une gravité de la peine pour les infractions commises par des personnes morales, mais sa notion est différente des infractions commises par des personnes physiques ; c'est-à-dire que la peine peut être différente de celle prévue pour un individu mais nous pouvons la catégoriser et la hiérarchiser.

Après avoir étudié la classification tripartite, revenons à notre question : en droit pénal interne, dans quelle catégorie d'infraction, l'infraction-obstacle prend-elle sa place ? Autrement dit, en droit pénal interne, l'infraction-obstacle se place-t-elle dans la catégorie des contraventions, des délits ou des crimes ?Nous avons déjà défini l'infraction-obstacle et nous avons vu que sa principale source était l'infraction formelle. L'infraction formelle présente ainsi un comportement indépendamment de son résultat. L'infraction formelle est donc une infraction de comportement ou une infraction de moyen.

En considérant les définitions de l'infraction formelle et de l'infraction-obstacle, il apparaît que cette dernière puisse se ranger dans les trois

63. Philippe CONTE et Patrick MAITRE DU CHAMBON, *Op.cit.*, p. 104.

catégories d'infractions bien qu'elle soit plutôt dans le cadre de la contravention, étant sans résultat. Le droit international pénal est le domaine des infractions graves toujours commises par une collectivité d'auteurs contre de nombreuses victimes. Le caractère massif de l'infraction internationale, que nous étudierons en deuxième partie, nous dirige vers les classifications différentes de ce domaine. En effet, une infraction grave ne peut pas être considérée comme une contravention ou une infraction sans résultat. Ces divergences appellent la question suivante : les diverses classifications et les différentes définitions de l'infraction empêchent-elles l'existence de l'infraction-obstacle à l'échelle internationale ?

Section 2. Classification de l'infraction en droit international pénal : tripartite ou bipartite ? Place de l'infraction-obstacle dans cette classification

Nous avons vu qu'en droit pénal interne, en plus de la gravité de l'acte, la gravité de la peine est efficace afin de classer l'infraction. Pour Jean PRADEL, « il suffit d'examiner la peine encourue pour savoir s'il s'agit d'un crime, d'un délit ou d'une contravention » [64]. En droit international pénal, la classification de l'infraction est différente de celle du droit pénal interne. Dans ce domaine, c'est plutôt la doctrine qui présente la classification et dans la majorité des textes internationaux, les infractions sont prévues sans prévision de peine. En effet, dans les textes internationaux, un grand nombre de normes fondamentales protégeant la vie, la liberté, l'intégrité et la sécurité des personnes, a fait l'objet d'une incrimination. Les infractions prévues sont donc les violations de ces normes, et la classification des infractions se base sur la gravité de l'acte et non pas sur celle de la peine.

Il faut noter qu'en droit international pénal, vouloir classer l'infraction par rapport à la gravité de la peine, est impossible. En effet, dans ce domaine, la peine est installée après l'infraction, et elle n'est pas considérée comme la mesure de la classification de l'infraction. Autrement dit, les textes internationaux incriminent souvent certains actes sans en prévoir la sanction pénale. Ils demandent donc aux Etats parties de prévoir des peines adéquates dans leurs codes pénaux. Par exemple la convention des Nations Unies pour la prévention et la répression du crime de génocide du 9 décembre 1948, dans ses articles II [65] et III [66] incrimine les actes de génocide sans prévoir de

64. J. PRADEL et A. VARINARD, *Les grands arrêts du droit pénal général,* Paris, Dalloz, 8ème éd., 2012, p. 354.

65. L'article II de la Convention des Nations Unies pour la prévention et la répression du crime de génocide du 9 décembre 1948 proclame que « Dans la présente Convention, le génocide s'entend de l'un quelconque des actes ci-après, commis dans l'intention de détruire, ou tout ou en partie, un groupe national, ethnique, racial ou religieux, comme tel: a) Meurtre

sanction pénale. Dans son article V, elle demande aux Etats parties de « prévoir des sanctions pénales efficaces frappant les personnes coupables de génocide ou de l'un quelconque des autres actes énumérés à l'article III ». Ainsi, le Statut de la CPI, dans ses articles 5, 6, 7, 8 et 8bis, incrimine des comportements sans en prévoir la sanction pénale.

Les Statuts du TPIY et du TPIR ont suivi un autre cheminement. Ils ont incriminé certains actes, en ont prévu les sanctions pénales, mais pas dans les mêmes articles. Autrement dit, l'incrimination et la fixation de la peine sont établies par des articles différents. Le Statut du TPIY incrimine les infractions graves aux Conventions de Genève de 1949, les violations des lois ou coutumes de la guerre, le génocide et le crime contre l'humanité dans ses articles 2, 3, 4, 5 et prévoit la peine dans son article 24 [67]. Le Statut du TPIR incrimine également le génocide, le crime contre l'humanité, les violations de l'article 3 communes aux Conventions de Genève et au Protocole additionnel II dans ses articles 2, 3, 4. Enfin, dans son article 23, il en prévoit la sanction pénale, reprenant ainsi l'article 24 du Statut du TPIY.

De plus, le concept d'infraction pénale est différent en droit international et en droit interne. Celui-ci est plus vaste à l'échelle internationale qu'à l'échelle interne. Donc, le sens de crime ou de délit est différent dans ces deux domaines. Autrement dit, nous ne pouvons pas définir le crime ou le délit international comme le crime ou le délit interne.

Cherif BASSIOUNI considère l'infraction internationale comme une notion large et vaste. Pour lui, il existe vingt-huit catégories d'infractions internationales, et chacune d'elles a son propre modèle de développement

---

de membres du groupe; b) Atteinte grave à l'intégrité physique ou mentale de membres du groupe; c) Soumission intentionnelle du groupe à des conditions d'existence devant entraîner sa destruction physique totale ou partielle; d) Mesures visant à entraver les naissances au sein du groupe; e) Transfert forcé d'enfants du groupe à un autre groupe ».

66. L'article III de la Convention des Nations Unies pour la prévention et la répression du crime de génocide du 9 décembre 1948 proclame que «Seront punis les actes suivants: a) Le génocide; b) L'entente en vue de commettre le génocide; c) L'incitation directe et publique à commettre le génocide; d) La tentative de génocide; e) La complicité dans le génocide » ; sans prévoir de sanction pénale.

67. L'article 24 du Statut du TPIY, intitulé « peines », proclame que « 1. La Chambre de première instance n'impose que des peines d'emprisonnement. Pour fixer les conditions de l'emprisonnement, la Chambre de première instance a recours à la grille générale des peines d'emprisonnement appliquée par les tribunaux de l'ex-Yougoslavie. 2. En imposant toute peine, la Chambre de première instance tient compte de facteurs tels que la gravité de l'infraction et la situation personnelle du condamné. 3. Outre l'emprisonnement du condamné, la Chambre de première instance peut ordonner la restitution à leurs propriétaires légitimes de tous biens et ressources acquis par des moyens illicites, y compris par la contrainte ».

historique [68]. Ces catégories d'infractions se sont développées et ont évolué indépendamment les unes des autres. On ne remarque pas de lien entre elles, sauf quand leurs domaines se chevauchent, comme dans le cas du crime de guerre et de l'utilisation, production et stockage illicites de certaines armes interdites. C'est également le cas lorsque les infractions sont étroitement liées en termes de valeurs protégées. Il en est ainsi pour le crime contre l'humanité, le génocide, l'apartheid, l'esclavage et les pratiques analogues à l'esclavage, la torture et les autres formes de traitement cruel, inhumain ou dégradant, ou pour les expérimentations humaines illicites, même si ces crimes ont évolué séparément et indépendamment les uns des autres.

Pour classer les infractions internationales, Cherif BASSIOUNI propose une classification basée sur la protection des valeurs comme: la paix, l'humanité durant les conflits armés, les droits humains fondamentaux, les intérêts sociaux, l'environnement et les intérêts économiques. Selon cette classification, vingt-huit catégories d'infractions internationales sont distinguées de la manière suivante :

A. Protection de la paix,

1. Agression,

B. Protection humanitaire durant les conflits armés, réglementation des conflits armés et limitation des armements,

4. Crime de guerre
5. Utilisation, production et stockage illicite ou interdit de certaines armes,
6. Vol de substances nucléaires,
7. Mercenariat,
16. Atteintes contre le personnel des Nations Unies et du personnel apparenté,

C. Protection des droits humains fondamentaux

2. Génocide,
3. Crime contre l'humanité,
8. Apartheid,
9. Esclavage et pratiques analogues à l'esclavage,
10. Torture et autres formes de peines ou traitements cruels, inhumains ou dégradants,
11. Expérimentations humaines illicites,

D. Protection contre la violence terroriste,

12. Piraterie,
13. Atteintes à la sécurité de la navigation aérienne internationale,
14. Infractions contre la sécurité de la navigation maritime et les plates-formes en haute mer

---

68. Cherif BASSIOUNI, *Introduction au droit pénal international*, Bruxelles, Bruylant, 2002, p. 94.

15. Infractions pénales contre des personnes bénéficiant d'une protection internationale,
17. Prise d'otage,
19. Attentats aux explosifs,
20. Financement du terrorisme,
E. Protection d'intérêts sociaux,
21. Infractions liées à la culture, à la production, et au trafic de stupéfiants,
22. Répression de la criminalité transnationale organisée,
25. Trafic international de matériaux obscènes,
F. Protection de valeurs ayant un caractère culturel
23. Vol/ destruction de trésors archéologiques et du patrimoine culturel national,
G. Protection de l'environnement,
24. Atteinte à l'environnement,
H. Protection des moyens de communication
18. Usage illicite des moyens postaux,
27. Rupture des câbles sous-marins,
I. Protection d'intérêts économiques
26. Faux monnayage,
28. Corruption des fonctionnaires publics étrangers.

Cette classification hiérarchique et vaste présente vingt-huit catégories d'infractions internationales prévues par deux cent quatre-vingt-une conventions. En revanche, aucune de ces catégories ne contient une peine ou une sanction pénale [69]. Donc, comme nous l'avons déjà mentionné, la classification des infractions en droit international pénal est basée sur la gravité de l'acte et, contrairement au droit pénal interne, la sanction pénale ne joue aucun rôle dans le classement des infractions internationales.

Parmi les vingt-huit catégories d'infractions internationales, se trouvent des infractions comme l'agression, l'utilisation, la production et le stockage illicite ou interdit de certaines armes, le financement du terrorisme, les infractions liées à la culture, à la production, et au trafic de stupéfiants, pouvant être considérées, en droit international pénal, comme des infractions-obstacles ; ce que nous étudierons en troisième partie.

A. Classification orthodoxe

En considérant la gravité de l'acte et non pas la gravité de la peine, il semble exister une classification tripartite selon laquelle les infractions

---

69. M. Cherif BASSIOUNI, *Op.cit.*, p. 111.

internationales se distinguent en trois catégories : le crime le plus grave, le crime, le délit.

Cherif BASSIOUNI présente une autre classification tripartite où il distingue des infractions internationales en crime, délit et infraction [70]. Mais le terme d'infraction est un terme large que nous ne pouvons utiliser de façon parallèle pour les crimes et les délits. En effet, dans le langage pénal, le mot infraction définit le crime, le délit et la contravention.

1. Crimes les plus graves

Le préambule du Statut de la CPI explique que la Cour est compétente à l'égard des « crimes les plus graves » qui touchent l'ensemble de la communauté internationale. Ainsi, l'article 5 de ce Statut présente les crimes relevant de la compétence de la Cour, et dans son alinéa premier, il répète la phrase du préambule selon laquelle la compétence de la Cour est limitée aux crimes les plus graves qui touchent l'ensemble de la communauté internationale. Puis, cet article énonce qu'en vertu du présent Statut, la Cour a compétence à l'égard des crimes suivants : crime de génocide, crimes contre l'humanité, crimes de guerre, crime d'agression.

Le Statut de la CPI présente ces quatre infractions comme les crimes les plus graves. Dans la classification des infractions internationales, ces infractions sont donc spécifiques par rapport aux autres infractions internationales. En observant la classification hiérarchisée de Cherif BASSIOUNI, nous voyons que ces infractions sont au sommet de cette classification. En revanche, sont-elles hiérarchisées ou pas ?

Pour répondre à cette question, on peut faire référence à la décision Kambanda [71] selon laquelle le TPIR affirme que « le Statut n'opère pas une hiérarchie entre les différents crimes relevant de la compétence du tribunal » (§12), et explique que les crimes de guerre sont « des crimes moindres que le génocide ou le crime contre l'humanité » (§ 14). En comparant le crime contre l'humanité et le génocide, il présente ce dernier comme « le crime des crimes » (§ 16). Nous observons ainsi que le TPIR hiérarchise les crimes plus graves internationaux et considère le génocide plus grave que les autres. Cependant, il nous semble que le crime de génocide n'est pas toujours plus grave que le crime contre l'humanité ni plus grave que le crime de guerre.

70. M. Cherif BASSIOUNI, *Op.cit.,* p. 113.

71. TPIR, Le *Procureur c/Jean Kambanda,* ICTR-97-23, Jugement et sentence, 4 septembre 1998, § 14-16.

Dans certains cas, ces derniers sont plus vastes et plus graves encore que le génocide.

Le TPIY a aussi considéré le critère de la gravité des crimes internationaux les plus graves en observant la gravité comme l'une des conditions d'application de l'article 3 de son Statut. Selon cet article, le Tribunal international est compétent pour poursuivre les personnes qui commettent des violations des lois ou des coutumes de la guerre. Ces violations comprennent, sans y être limitées :
a) l'emploi d'armes toxiques ou d'autres armes conçues pour causer des souffrances inutiles ;
b) la destruction sans motif des villes et des villages ou la dévastation que ne justifient pas les exigences militaires ;
c) l'attaque ou le bombardement, par quelque moyen que ce soit, de villes, villages, habitations ou bâtiments non défendus ;
d) la saisie, la destruction ou l'endommagement délibéré d'édifices consacrés à la religion, à la bienfaisance et à l'enseignement, aux arts et aux sciences, à des monuments historiques, à des œuvres d'art et à des œuvres à caractère scientifique ;
e) le pillage de biens publics ou privés.

Dans l'affaire Tadic, le TPIY précise que « la violation doit être grave, c'est-à-dire qu'elle doit constituer une infraction aux règles protégeant des valeurs importantes et cette infraction doit entraîner de graves conséquences pour la victime » [72]. Ainsi, l'origine de l'incrimination directe en vertu du droit international, soit la raison pour laquelle un crime est ou devient un crime le plus grave international, découle d'un double critère de gravité. La nature même du comportement prohibé pas plus que la gravité de l'atteinte ne suffisent à elles seules à caractériser un crime plus grave international. « En effet, les crimes les plus cruels et inhumains, même affectant les victimes les plus vulnérables, s'ils peuvent universellement affecter la conscience humaine, ne constituent pas pour autant des crimes internationaux » [73].

Il apparaît qu'en droit pénal interne, l'infraction-obstacle, en tant qu'infraction sans résultat, pourrait se présenter dans le cadre de la contravention. Mais en droit international pénal, pour toute infraction, existe un résultat et la contravention n'existant pas, la classification diffère du droit

72. TPIY, *Le Procureur c/Dusko Tadic*, IT-94-1, Arrêt relatif à l'appel de la défense concernant l'exception préjudicielle d'incompétence, 2 octobre 1995, § 94.

73. Isabelle FOUCHARD, *Crime international, entre internationalisation du droit pénal et pénalisation du droit international,* Thèse, 2008, PARIS-Genève, Univ. Paris I – Univ. de Genève, p. 239.

pénal interne. En revanche, la catégorie du crime le plus grave existe en droit international pénal. Aussi, peut-on imaginer une infraction-obstacle parmi les crimes internationaux les plus graves ?

La notion d'infraction-obstacle en droit pénal interne peut être considérée comme un acte préparatoire. En vertu de cette notion, si un crime le plus grave international peut être un acte préparatoire à d'autres infractions internationales, nous pouvons le considérer comme une infraction-obstacle. Après la commission d'agression, nous constatons toujours la commission d'autres crimes tels que le crime de génocide et le crime contre l'humanité. On peut donc considérer le crime d'agression comme un acte préparatoire ou une infraction-obstacle au crime contre l'humanité ou au crime de génocide.

Enfin, le crime d'agression, pouvant être confondu avec le crime contre la paix, peut être examiné en tant qu'infraction-obstacle ; c'est ce que nous démontrerons dans la troisième partie.

2. Crimes

La dénomination du terme de crime international est devenue « d'un emploi courant dans la pratique des États ainsi que dans les ouvrages scientifiques contemporains, et elle est fréquemment employée dans les résolutions émanant d'organes de la S.d.N. d'abord, et puis de l'ONU, ainsi que dans les instruments importants »[74].

Pour définir le crime international Cherif BASSIOUNI explique que « les prescriptions du droit international pénal à caractère normatif, dont la violation est susceptible d'affecter la paix et la sécurité d'humanité, est contraire aux valeurs humanitaires fondamentales ou résulte de l'action ou d'une politique étatique, constituent des crimes internationaux » [75].

Pour cet auteur, l'agression, le génocide, le crime contre l'humanité, le crime de guerre, l'utilisation, la production et le stockage illicite ou interdit de certaines armes, le vol de substances nucléaires, le mercenariat, l'apartheid, l'esclavage et les pratiques analogues à l'esclavage, la torture et les autres formes de peines ou de traitements cruels, inhumains ou dégradants, les expérimentations humaines illicites, sont tous des crimes internationaux. Tandis que dans notre classification, les infractions prévues selon son préambule dans le Statut de la CPI, sont des crimes internationaux les plus graves. Nous les considérons donc plus graves que les autres crimes

74. Voir l'Annuaire de la CDI, 1976, Vol. II, 2e Partie, p. 110.

75. M. Cherif BASSIOUNI, *Op.cit.*, p. 114.

internationaux et les distinguons des autres crimes internationaux. Ces infractions sont : l'agression, le crime de guerre, le crime de génocide, le crime contre l'humanité et récemment le crime contre la paix. Pour les autres crimes, nous adopterons l'idée de Cherif BASSIOUNI.

3. Délits

Historiquement, les auteurs comme H. DONNEDIEU DE VABRES [76] et H. JESCHECK [77] ont utilisé le terme « délit de droit des gens » pour présenter l'infraction internationale. On retrouve ensuite le terme de « délit international » notamment chez des auteurs comme: K. STRUPP, selon lequel un délit international est « l'acte d'un État qui, dans ses rapports avec un autre État, viole une norme du droit international public » [78] ; ou comme R. AGO pour qui l'expression est synonyme de « fait illicite international » de l'État [79] ; et, plus tard, C. EUSTAHIADES qui distingue les délits internationaux « individuels » et les délits internationaux « étatiques » [80]. Vespasien PELLA présente, pour sa part, deux sortes d'infractions internationales en expliquant que « dans le cadre de ces définitions, on ne saurait faire entrer les crimes et les délits de droit commun dont la perpétration se prolonge sur le territoire de plusieurs États, ou qui lèsent les intérêts de plusieurs Etats, tels que la traite des femmes et des enfants, la mise en circulation de publications obscènes, le trafic de stupéfiants, l'esclavage, notamment. Tout en ayant reçu la dénomination d'infractions internationales, de tels crimes ou délits ne mettent pas en danger la paix internationale. Toutes les nations civilisées les poursuivent sévèrement et dans de nombreux cas des Conventions internationales ont établi des règles de coopération entre les États pour assurer leur prévention et leur répression » [81].

En considérant ces exemples nous voyons que le terme « délit » est utilisé dans le sens général en droit international pénal et de façon équivalente au

76. H. DONNEDIEU DE VABRES, *« La répression internationale des délits de droit des gens »,* Nouvelle Revue de Droit International privé, n°1, 1935, p. 17.

77. H.-H. JESCHECK, *« Crimes du droit des gens »,* RIDP, 1955, n°3 et 4, p. 503-554.

78. K. STRUPP, *« Les règles générales du droit de la paix »,* RCADI, Vol. 47, 1934-I, p. 557.

79. R. AGO, *« Le délit international »,* R.C.A.D.I., Vol. 68, 1939-III, p. 419-554.

80. C. EUSTATHIADES, *« Les sujets du droit international et la responsabilité internationale : Nouvelles tendances »,* R.C.A.D.I., Vol. 84, 1953-III, p. 418-421.

81. Vespasien PELLA, *« La guerre-crime et les criminels de guerre, Réflexions sur la justice pénale internationale, ce qu'elle est et ce qu'elle devrait être »,* Genève, Revue de droit international, de sciences diplomatiques et politiques/ Paris, Pédone, 1964, p. 145-156.

terme d'infraction. Aujourd'hui, cette signification a évolué, le terme délit ne présentant qu'une catégorie d'infraction internationale. Autrement dit, le délit international recouvre l'ensemble des infractions internationales moins graves que les crimes internationaux.

Cherif BASSIOUNI, quant à lui, définit le délit international comme l'infraction pénale, au regard du droit international pénal, qui affecte un intérêt protégé au plan international et dont la commission implique plus d'un État ou touche des victimes qui sont des nationaux de plus d'un État [82]. En observant cette définition, nous voyons que le délit international, contrairement au crime international, ne concerne pas la paix et la sécurité d'humanité ; n'étant pas aussi grave et étendu que le crime international. Autrement dit, la distinction entre le crime et le délit, comme nous l'avons expliqué, est basée sur la gravité de l'acte.

Pour Cherif BASSIOUNI, les infractions pénales entrant dans cette catégorie peuvent être aggravées dans le cas où la violation porte atteinte à la paix et à la sécurité ou résulte de l'action d'un État ou d'une politique étatique. En conséquence, certains délits internationaux peuvent être placés dans la catégorie des crimes internationaux. L'exemple en est des actes de terrorisme, contraires aux valeurs humanitaires fondamentales mais pouvant aussi porter atteinte à la paix et à la sécurité de l'humanité ; ou bien dégénérer en crimes contre l'humanité au vu des conséquences que ces crimes peuvent engendrer.

Les délits internationaux sont donc : la piraterie, l'atteinte à la sécurité de la navigation maritime et à la sécurité des plates-formes en haute mer, les infractions contre les personnes bénéficiant d'une protection internationale, les crimes contre le personnel des Nations Unies et le personnel apparenté, la prise d'otage, l'usage illicite des moyens postaux, les attentats aux explosifs, le financement du terrorisme, les infractions liées à la culture, à la production, et au trafic des stupéfiants, la répression de la criminalité transnationale organisée, le vol/destruction de trésors archéologiques et du patrimoine culturel national, enfin, les atteintes à l'environnement.

En droit international pénal, outre les classifications tripartites, existent des classifications bipartites. Ces dernières sont plutôt présentées par la doctrine et nous n'observons pas de telles classifications dans les textes internationaux. L'étude de ces classifications nous éclairera davantage sur le concept d'infraction internationale, tout en nous permettant de trouver les traces de l'infraction-obstacle à l'échelle internationale.

---

82. M. Cherif BASSIOUNI, *Op.cit.*, p. 115.

B. Classifications bipartites

La doctrine a mis en lumière plusieurs classifications dites « bipartites ». La première classification est présentée par Stefan GLASER. D'après cet auteur, il est possible de classer les infractions internationales dans deux groupes : les infractions des particuliers et celles des États ou, plus exactement, celles commises au nom et pour le compte de l'État. En effet cette classification est basée sur les auteurs d'infractions internationales, autrement dit, dans le premier groupe, c'est l'individu qui est auteur de l'infraction tandis que dans le deuxième groupe, c'est l'État qui est considéré comme auteur de l'infraction. La deuxième classification distingue l'infraction internationale de l'espace de sa commission, et la présente en deux catégories : l'infraction supranationale et l'infraction transnationale. La troisième est proposée par Claude LOMBOIS selon laquelle l'infraction internationale se distingue en deux catégories : l'infraction internationale par nature et l'infraction internationale par mode d'incrimination.

1. Classification par rapport à l'auteur de l'infraction

Selon cette classification, présentée par Stefan GLASER, il existe deux groupes d'infractions internationales, les infractions des particuliers et celles des États. Dans le premier groupe il distingue deux sortes d'infractions: celles en temps de paix et celles en temps de guerre. Bien qu'on puisse aussi imaginer cette distinction pour le second groupe, il n'existe pas de particularité pour le premier groupe. Autrement dit, les infractions des États peuvent aussi bien être commises en temps de paix qu'en temps de guerre. Dans le second groupe, concernant les infractions des États, les infractions se définissent comme les violations des obligations imposées aux États par le droit international, tant conventionnel que coutumier, dont l'exemple est le crime d'agression et le déclenchement d'agression.

1.1. Infractions commises par des particuliers

Les infractions commises par des particuliers peuvent avoir lieu soit en temps de paix soit en temps de guerre. Le génocide et le crime contre l'humanité sont des exemples d'infractions en temps de paix ; mais il apparaît qu'ils puissent aussi être commis pendant la guerre et le conflit armé.

1.1.1. Infractions en temps de paix

Selon cette idée, en droit international pénal, il existe des actes commis par des individus en temps de paix, actes dangereux pour l'humanité. En effet, ils menacent des intérêts vitaux de la communauté internationale [83]. Ces infractions sont prévues afin de protéger les biens ou les intérêts universels. On pourrait classer les biens ou les intérêts protégés comme suit : tout d'abord, les biens dont l'usage est commun à tous les hommes ; ensuite, les biens dont l'usage est personnel et qui sont l'objet d'une appropriation individuelle, mais leur conservation importe à tous les hommes ; enfin, la troisième catégorie des valeurs immatérielles qui sont le patrimoine moral de l'humanité tout entière. Pour Stefan GLASER « la traite des esclaves, des femmes et des enfants, le génocide, le trafic des stupéfiants, le terrorisme » [84] sont des exemples de cette catégorie d'infraction.

Parmi ces infractions, le trafic de stupéfiants et les infractions liées au terrorisme comme le financement du terrorisme lui-même, peuvent être étudiés comme des infractions-obstacles [85]. En plus des infractions en temps de paix, on peut imaginer des infractions en temps de guerre et de conflit armé. Autrement dit, il existe des infractions dont la commission nécessite un conflit armé.

1.1.2. Infractions en temps de guerre

Dans cette catégorie, on peut imaginer deux sortes d'infractions : d'une part, l'infraction de droit commun, comme le pillage, et d'autre part, les actes à caractère militaire, commis en violation des lois et coutumes de la guerre, par des militaires, agissant, ou non, sur ordre d'un supérieur, comme le bombardement de villes ouvertes, les mauvais traitements envers des blessés et malades des armées, les mauvais traitements de prisonniers de guerre etc. Ces infractions, dénommées infractions en temps de guerre, sont prévues par les différents textes internationaux qui ont incriminé les violations des normes internationales, et traité de ces infractions. En d'autres termes, ces infractions sont les infractions les plus courantes en droit international pénal, la guerre étant un élément principal du droit international pénal.

La Déclaration de Paris de 1856 sur la neutralité maritime, la Convention de Genève du 22 août 1864 sur le sort des blessés et malades, la Déclaration

---

83. Stefan GLASER, *Introduction à l'étude du droit international pénal*, Paris et Bruxelles, Sirey et Bruylant, 1954, p. 13.

84. *Ibid.*, p. 15.

85. Voir l'analyse de ces infractions en troisième partie de notre étude.

de Saint-Pétersbourg du 29 novembre au 11 décembre 1868 relative à l'interdiction des balles explosibles en temps de guerre (de moins de 400 grammes), enfin la Déclaration (ou plutôt le projet de Déclaration) de Bruxelles du 27 août 1874, sont les premiers textes internationaux en matière de crime en temps de guerre.

Passant aux accords internationaux plus récents, il faut mentionner en premier lieu les Conventions de La Haye de 1899 et de 1907, qui ont approfondi et développé les œuvres précédentes en la matière. La seconde Conférence dite de la paix, qui s'est réunie à La Haye en 1907, aboutit à quatorze conventions. La quatrième Convention de La Haye présente les lois et coutumes de la guerre sur terre. Le Règlement annexé à cette Convention constitue le premier essai d'une codification des droits et des devoirs des belligérants. En effet, les Conventions de La Haye, y compris la quatrième, n'ont pas créé de principes nouveaux. Elles complètent et précisent une coutume internationale préexistante que leur disparition n'atteint pas.

Entre autres accords internationaux en la matière, il faut mentionner les Conventions de Genève. Parmi ces textes, la quatrième Convention de 1949, pour la protection des personnes civiles en temps de guerre, mérite une attention particulière puisqu'elle développe et complète les dispositions du Règlement de la quatrième Convention de La Haye de 1907. Dans son article 147, elle stigmatise comme « infractions graves » : « l'homicide intentionnel, la torture ou les traitements inhumains, y compris les expériences biologiques, le fait de causer intentionnellement de grandes souffrances ou de porter des atteintes graves à l'intégrité physique ou à la santé, la déportation ou le transfert illégaux, la détention illégale, le fait de contraindre une personne protégée à servir dans les forces armées de la Puissance ennemie, ou celui de la priver de son droit d'être jugée régulièrement et impartialement selon les prescriptions de cette Convention, la prise d'otages, la destruction et l'appropriation de biens non justifiées par des nécessités militaires et exécutées sur une grande échelle de façon illicite et arbitraire ».

Après la deuxième guerre mondiale, deux tribunaux militaires internationaux ont été institués pour juger les grands criminels de guerre : le Tribunal de Nuremberg et celui de Tokyo. L'article 6b du Statut du Tribunal de Nuremberg et l'article 5b de celui du Tribunal de Tokyo considèrent les actes suivants comme des crimes de guerre : « l'assassinat, les mauvais traitements ou la déportation pour des travaux forcés, ou pour tout autre but, des populations civiles dans les territoires de guerre ou des personnes en mer, l'exécution des otages, le pillage des biens publics ou privés, la destruction sans motif de villes et de villages ou la dévastation que ne justifient pas les exigences militaires ».

En plus des Statuts des Tribunaux de Nuremberg et de Tokyo, les Statuts des Tribunaux ad hoc, notamment celui du TPIY, présentent les crimes en temps de guerre ou les crimes de guerre. Selon l'article 2 de ce Statut, qui expose les infractions graves aux Conventions de Genève de 1949, « le Tribunal international est habilité à poursuivre les personnes qui commettent ou donnent l'ordre de commettre des infractions graves aux Conventions de Genève du 12 août 1949, à savoir les actes suivants dirigés contre des personnes ou des biens protégés aux termes des dispositions de la Convention de Genève pertinente :

a) l'homicide intentionnel ;
b) la torture ou les traitements inhumains, y compris les expériences biologiques ;
c) le fait de causer intentionnellement de grandes souffrances ou de porter des atteintes graves à l'intégrité physique ou à la santé ;
d) la destruction et l'appropriation de biens non justifiées par des nécessités militaires et exécutées sur une grande échelle de façon illicite et arbitraire ;
e) le fait de contraindre un prisonnier de guerre ou un civil à servir dans les forces armées de la puissance ennemie ;
f) le fait de priver un prisonnier de guerre ou un civil de son droit d'être jugé régulièrement et impartialement ;
g) l'expulsion ou le transfert illégal d'un civil ou sa détention illégale ;
h) la prise de civils en otages ».

L'article 3 de ce Statut, qui considère les violations des lois ou coutumes de la guerre, montre que « le Tribunal international est compétent pour poursuivre les personnes qui commettent des violations des lois ou coutumes de la guerre. Ces violations comprennent, sans y être limitées :

a) l'emploi d'armes toxiques ou d'autres armes conçues pour causer des souffrances inutiles ;
b) la destruction sans motif des villes et des villages ou la dévastation que ne justifient pas les exigences militaires ;
c) l'attaque ou le bombardement, par quelque moyen que ce soit, de villes, villages, habitations ou bâtiments non défendus ;
d) la saisie, la destruction ou l'endommagement délibéré d'édifices consacrés à la religion, à la bienfaisance et à l'enseignement, aux arts et aux sciences, à des monuments historiques, à des œuvres d'art et à des œuvres de caractère scientifique ;
e) le pillage de biens publics ou privés ».

Ainsi, le Statut du TPIR dans son article 4, qui considère les violations de l'article 3, commun aux Conventions de Genève et au Protocole additionnel II, explique que « le Tribunal international pour le Rwanda est habilité à poursuivre les personnes qui commettent ou donnent l'ordre de commettre des violations graves de l'article 3 commun aux Conventions de Genève du

12 août 1949 pour la protection des victimes en temps de guerre, et au Protocole additionnel II aux dites Conventions du 8 juin 1977. Ces violations comprennent, sans s'y limiter :

a) les atteintes portées à la vie, à la santé et au bien-être physique ou mental des personnes, en particulier le meurtre, de même que les traitements cruels tels que la torture, les mutilations ou toutes formes de peines corporelles ;
b) les punitions collectives ;
c) la prise d'otages ;
d) les actes de terrorisme ;
e) les atteintes à la dignité de la personne, notamment les traitements humiliants et dégradants, le viol, la contrainte à la prostitution et tout attentat à la pudeur ;
f) le pillage ;
g) les condamnations prononcées et les exécutions effectuées sans un jugement préalable rendu par un tribunal régulièrement constitué, assorti des garanties judiciaires reconnues comme indispensables par les peuples civilisés ;
h) la menace de commettre les actes précités ».

En comparant les Statuts du TPIY et du TPIR, nous voyons que le premier expose davantage les crimes de guerre que le deuxième. En effet « le conflit armé dans le territoire de l'ex-Yougoslavie était un conflit armé mixte, international (interétatique) et non international (guerre civile), selon les phases et les lieux » [86]. Alors que le conflit armé au Rwanda était un conflit armé non international. L'article 4 du Statut du TPIR ne contient donc qu'une incrimination relative à la violation de l'article 3 commun aux Conventions de Genève et au Protocole additionnel II de 1977, deux sources qui s'appliquent aux conflits armés non internationaux.

En plus des Tribunaux ad hoc, le Statut de la CPI, dans son article 5, présente le crime de guerre comme un crime plus grave international. En effet, l'article 8 du statut contient une longue liste de crimes de guerre. Cet article codifie les infractions au droit des conflits armés internationaux et les infractions au droit des conflits armés non internationaux. Présenter des crimes de guerre concernant les conflits armés non internationaux est une innovation en droit international pénal, qui « est le fruit de la jurisprudence du TPIY et du TPIR » [87]. Par exemple, au TPIY, dans le §71 et les paragraphes suivants de l'affaire Tadic de 1995, nous assistons à l'extension de la notion de crimes de guerre aux infractions du droit des conflits armés

86. Robert KOLB, *Droit international pénal,* Bruxelles et Bale, Bruylant et Helbing Lichtenhahn, 2008, p. 115.

87. *Ibid.,* p. 116.

non internationaux. En outre, quelques affaires du TPIY comme Tadic (1997, §577 et ss), Tadic (1999, §68 et ss), Delalic (1998, §199 et ss), Blaskic (2000, §73 et ss), Galic (2003, §13 et ss) et l'affaire Akayesu (1998, §599 et ss) du TPIR, analysent les crimes de guerre, et les présentent dans le cas de conflits armés non internationaux.

1.2. Infractions commises par des États

Les infractions commises par des États se définissent comme « des violations du droit international méritant une sanction pénale (donc pénalement punissables) qui ne peuvent être que l'œuvre d'un État » [88]. En effet, il y a en droit international pénal, des faits dont les auteurs ne peuvent être que des États ; tels des actes comme les violations des obligations imposées aux États par le droit international, tant conventionnel que coutumier, dont l'exemple est le crime d'agression et le déclenchement de cette infraction.

Le crime d'agression [89] peut être considéré comme un acte préparatoire ou une infraction-obstacle aux autres crimes internationaux les plus graves. Il est prévu dans l'article 6(a) du Statut du Tribunal de Nuremberg, l'article 5(a) du Tribunal de Tokyo, l'article 2, §1, lettre a) de la Loi de Contrôle N° 10., la Résolution 95 (I) de l'Assemblée générale des Nations Unies du 11 décembre 1946, la Résolution 2625 (XXV, 1970) de l'Assemblée générale des Nations Unies, la Résolution 3314 (XXIX, 1974), les projets de la CDI (1991, 1995) et l'article 8bis du Statut de la CPI.

Le texte le plus récent, c'est-à-dire le Statut de la CPI dans le §2 de son article 8bis définit l'acte d'agression comme « l'emploi par un Etat de la force armée contre la souveraineté, l'intégrité territoriale ou l'indépendance politique d'un autre Etat... ». Nous définirons donc l'agression comme une infraction d'Etat, ne pouvant être commise par de simples individus.

Ainsi, l'article 3 de la Résolution 3314 de l'Assemblée générale dresse aussi une liste d'actes d'agression. A la lecture de cet article, nous considérons l'ampleur du rôle de l'État, auteur de cette infraction. Les actes sont toujours commis par un État contre un autre État. Par exemple, les actes comme l'invasion ou l'attaque du territoire d'un État par les forces armées d'un autre État ; le bombardement par les forces armées d'un État du territoire d'un autre État ou l'emploi de toutes armes par un État contre le territoire d'un autre État ; le blocus des ports ou des côtes d'un État par les

88. Stefan GLASER, *Op.cit.*, p. 32.

89. Voir l'étude du crime d'agression en troisième partie de notre étude.

forces armées d'un autre État etc. sont considérés comme des actes d'agression. Le crime d'agression est donc une infraction des États et la commission de cette infraction par un individu est impossible. L'autre classification bipartite de l'infraction internationale présentée par la doctrine, est la classification par rapport à l'espace que nous nommerons donc classification spatiale.

2. Classification spatiale

Dans le cadre de cette classification doctrinale bipartite, il convient d'analyser deux catégories d'infractions : l'infraction supranationale et l'infraction transnationale. Cette distinction est relative aux frontières des pays. Autrement dit, elle se base sur le concept de nation et définit les infractions supranationales comme dépassant les frontières, touchant la communauté internationale et le sort de l'humanité.

2.1. Crime supranational

Le crime supranational est un terme nouvellement introduit en droit international pénal. Afin de ne pas le confondre avec les autres termes de droit international, il sera nécessaire de bien définir le sens du terme « supranational ».

2.1.1. Terme « supranational »

Selon un dictionnaire de droit international public [90], le terme « supranational » se définit comme ce « qui est situé au-dessus de l'État ; qui a une autorité supérieure à celles des États ; qui est indépendant de l'État ». De plus, ce terme est utilisé pour qualifier certaines organisations internationales, comme notamment la Communauté européenne, afin de souligner les caractéristiques qui, prises dans leur ensemble, les distingueraient des autres organisations internationales :
1) l'existence d'organes ayant le pouvoir d'adopter des actes obligatoires pour les États membres sans que ceux-ci doivent nécessairement y consentir ;
2) le fait que ces actes peuvent consister en des règlements directement applicables dans l'ordre juridique interne des États membres et bénéficiant de la primauté sur toute disposition nationale, antérieure ou postérieure, quel que soit son rang ;

---

90. Jean SALMON (dir.), *Dictionnaire de droit international public,* Bruxelles, Bruylant, 2001, p. 1064.

3) la présence, parmi ces organes, d'une juridiction directement applicable dans l'ordre juridique interne des États membres et jouissant d'une compétence exclusive pour se prononcer sur tout différend relatif à l'interprétation ou à l'application du traité de base ou du droit dérivé de celui-ci ;
4) le transfert à l'organisation internationale de compétences précédemment exercées par les États membres.

J. BASDEVANT définit le mot supranational comme le « qualificatif qui, appliqué à une communauté instituée entre États, indique que ses organes sont investis de pouvoirs qu'en certaines matières ils exercent directement sur les membres de ces États » [91].

En considérant ces définitions du terme supranational, l'infraction supranationale est, littéralement, une infraction qui se situe au-dessus des États. L'expression peut, en ce sens, paraître doublement trompeuse. Ceci d'abord dans la mesure où elle semble impliquer qu'une autorité supérieure aux États légifère dans l'ordre international et, de surcroît, dans la matière pénale. Ensuite, parce qu'elle semble induire que les États sont eux-mêmes sujets d'un droit pénal supranational.

Les crimes supranationaux sont des crimes directement incriminés en droit international indépendamment des droits pénaux étatiques. Pour Mme Isabelle FOUCHARD les infractions supranationales sont les crimes plus graves internationaux prévus par le Statut de la CPI. Autrement dit, il existe pour elle deux catégories d'infractions internationales : les infractions supranationales prévues par le Statut de la CPI et le reste des infractions internationales nommées crimes transnationaux [92].

Les infractions supranationales, crimes internationaux les plus graves, sont de nature universelle car elles touchent la communauté internationale ou l'humanité entière. La compétence universelle telle qu'elle est prévue dans les textes internationaux comme les Conventions de Genève de 1949 pour les infractions graves, les Conventions Apartheid, Torture, et Disparition forcée etc., confirme cette nature de l'infraction supranationale. La Cour suprême d'Israël pour justifier sa compétence universelle dans le jugement Eichmann, s'appuie sur cette nature de l'infraction supranationale. Elle exprime que « ces crimes constituent des actes qui nuisent aux intérêts internationaux vitaux ; ils sapent les fondations et la sécurité de la communauté internationale ; ils violent les valeurs morales universelles et

91. J. BASDEVANT, *Dictionnaire de la terminologie du droit international*, Paris, Sirey, 1960, p. 593.

92. Isabelle FOUCHARD, *Op.cit.*, p. 121.

les principes humanitaires qui reposent au cœur même des systèmes de droit pénal adoptés par les nations civilisées (...) ces crimes engagent la responsabilité pénale individuelle parce qu'ils contestent les fondations de la société internationale et heurtent la conscience des nations civilisées. (...) Ils comprennent la perpétration d'un crime international qu'il est dans l'intérêt de toutes les nations du monde de prévenir » [93].

2.1.2. Crime supranational et *jus cogens*

La nature universelle de l'infraction supranationale lui donne la caractéristique de violation des normes de *jus cogens*. Autrement dit, une des raisons d'incriminer certains actes comme les infractions supranationales, est la protection des valeurs prévues par *jus cogens* [94]. L'article 53 de la Convention de Vienne définit ce dernier. Selon cet article, « une norme impérative du droit international général est une norme acceptée et reconnue par la communauté internationale des États dans son ensemble en tant que norme pour laquelle aucune dérogation n'est permise et qui ne peut être modifiée que par une nouvelle norme du droit international général ayant le même caractère ».

La notion de *jus cogens* a également été utilisée par les juridictions internationales comme la juridiction des tribunaux pénaux internationaux ad hoc pour critiquer le caractère fondamental des valeurs que certaines infractions supranationales tendent à protéger. Par exemple, selon § 153 de l'arrêt du Procureur c/Anto Furundzija : « en raison de l'importance des valeurs qu'il protège, ce principe est devenu une norme impérative ou *jus cogens*, c'est-à-dire une norme qui se situe dans la hiérarchie internationale à un rang plus élevé que le droit conventionnel et même que les règles du droit coutumier ordinaire ». Dans cette affaire, le TPIY a qualifié l'interdiction de la torture, de norme impérative. Le tribunal explique que cette qualification : « rend compte de l'idée que celle-ci est désormais l'une des normes les plus fondamentales de la communauté internationale et aux individus sur lesquels ils ont autorité qu'il s'agit là d'une valeur absolue que nul ne peut transgresser » [95]. Il faut noter que toute violation d'une norme de *jus cogens* ne constitue pas un crime supranational. Par contre, elle emporte une présomption forte de qualification de crime supranational.

---

93. Cour suprême d'Israël, 29 mai 1962, Jugement auquel se réfère notamment le TPIY dans l'affaire *Le Procureur c/Dusko Tadic*, IT-94-1, Arrêt relatif à l'appel de la défense concernant l'exception préjudicielle d'incompétence, 2 octobre 1995, § 57.

94. Isabelle FOUCHARD, *Op.cit.*, p. 198.

95. Le *Procureur c/Anto Furundzija*, IT-96-22-A, Jugement, 10 décembre 1998.

2.1.3. Crime supranational et les obligations *erga omnes*

Au-delà de *jus cogens*, les obligations *erga omnes* peuvent être considérées comme les obligations vis-à-vis de la communauté internationale et les infractions supranationales peuvent être prévues pour protéger ces obligations. Pour l'Institut de droit international, ces obligations « s'imposent à tous les sujets du droit international dans le but de préserver les valeurs fondamentales de la communauté internationale » [96]. Cet Institut ajoute que : « considérant qu'il existe un large consensus pour admettre que l'interdiction des actes d'agression, la prohibition du génocide, les obligations concernant la protection des droits fondamentaux de la personne humaine, les obligations liées au droit à l'autodétermination et les obligations relatives à l'environnement des espaces communs, constituent des exemples d'obligations qui reflètent lesdites valeurs fondamentales » [97]. Il faut noter que tous les droits et obligations *erga omnes* ne sont pas impératifs, par exemple le droit de passage vers un détroit international qui constitue un droit opposable *erga omnes* [98] mais dont la violation n'est pas constitutive d'un crime en droit international. On peut symboliser la relation entre les normes de jus cogens et les obligations *erga omnes* par l'image de deux cercles, selon lequel, celui qui regroupe les normes de *jus cogens* serait inclus dans le cercle plus large des obligations *erga omnes*. Un tel schéma est fréquemment résumé par la formule selon laquelle si toutes les normes impératives sont opposables *erga omnes*, toutes les règles *erga omnes* ne sont pas impératives [99].

2.1.4. Les auteurs du Crime supranational

Les infractions supranationales, crimes internationaux les plus graves , sont dénommées crimes internationaux par nature, selon les juristes comme Claude LOMBOIS [100]. La CDI les définit comme « les crimes qui portent atteinte à des valeurs sacrées, à des principes de civilisation, qui doivent être protégés en tant que tels : ainsi les droits de l'homme, la coexistence pacifique des nations. C'est au nom de ces principes que l'esclavage, l'agression, la colonisation et l'apartheid entre autres, sont considérés comme des crimes de droit international » [101]. L'apparition de ces infractions semble

96. *Les obligations erga omnes en droit international*, Institut de droit international, Session de Cracovie, 27 août 2005, Rapporteur: G. Gaja, Préambule, al.1.

97. *Les obligations erga omnes* en droit international, *Ibid.,* al.2.

98. Voir A. PELLET in A.C.D.I., 2000, Vol. I, p. 81, § 25.

99. Isabelle FOUCHARD, *Op.cit.,* p. 208.

100. Claude LOMBOIS, *« Droit pénal international »,* Paris, Dalloz, 1979, p. 185.

101. A.C.D.I., 1983, Vol II (1), p. 148, § 34.

contraire à la logique d'un droit international classique, fondé sur l'égale souveraineté des États. Pour Mme Isabelle FOUCHARD, ces infractions traduisent la préhension par le droit international, de crimes initialement commis par des représentants de l'État et susceptibles de ne se produire que sur le territoire d'un seul État, par et contre ses propres ressortissants [1].

Mme Rafaëlle MAISON, contrairement à Mme Isabelle FOUCHARD, pense que ces infractions ne peuvent pas être commises par de simples individus. Dans ce domaine, il n'existe donc, pour elle que la responsabilité des personnes morales. « L'infraction effectivement réprimée par les juridictions internationales peut être identifiée à la violation d'une obligation étatique qui porte un trouble grave à l'ordre public du droit des gens » et qui par conséquent, ne voit dans les crimes supranationaux que la sanction particulière d'« un phénomène criminel collectif, d'une criminalité étatique ou quasi-étatique » [2].

Pour justifier l'idée de la responsabilité étatique ou individuelle de l'infraction supranationale, on peut faire référence à la décision Bosnie 2007 de La CIJ selon laquelle la Cour s'efforce officiellement d'autonomiser les responsabilités étatiques et individuelles, en cas de crime supranational. Pour Mme Isabelle FOUCHARD, outre l'infraction supranationale, existe un autre terme, celui d'infraction transnationale, que nous essaierons étudier.

2.2. Crime transnational

L'infraction transnationale est « un crime de droit interne conventionnellement internationalisé car présentant le plus souvent un élément d'extranéité qui implique la nécessité d'une coopération interétatique, renforcée en matière de prévention et de répression » [3].

2.2.1. Terme « transnational »

Transnational signifie littéralement « à travers les États ou les nations » [4]. En effet, la transnationalité ne peut générer un nouveau concept

1. Isabelle FOUCHARD, *Op.cit.*, P.170.

2. Voir Rafaëlle MAISON, *La responsabilité individuelle pour crime d'État en droit international public*, Bruxelles, Bruylant, 2004, 547p.

3. Isabelle FOUCHARD, *Op.cit.*, p. 265.

4. Marcel MERLE, *« Le concept de transnationalité »*, in René-Jean DUPUY (Mélanges), *Humanité et droit international*, Paris, A. Pédone, 1991, p. 224.

que si elle renvoie au passage d'un État à l'autre ou à la traversée de plusieurs États, donc au franchissement de frontières. Mais ce premier élément de définition pourrait aussi bien s'appliquer aux rapports interétatiques, puisque ceux-ci se traduisent par des flux transfrontaliers : échanges de messages, visites, conférences, opérations militaires, notamment.

Du point de vue juridique, le terme transnational est utilisé pour la première fois par P. JESSUP pour désigner le droit qui réglemente les actions ou les évènements transcendant les frontières nationales. L'infraction transnationale désigne donc le comportement criminel dont les éléments constitutifs ou les effets dépassent les frontières des États.

2.2.2. Crime transnational : infraction interne ou internationale

Pour Stanislaw PLAWSKI l'infraction transnationale est « une infraction prévue par le droit pénal interne, perpétrée hors du territoire national par un ressortissant dudit État ou par un étranger ; elle est réprimée en raison de la nocivité de ses effets qui se produisent sur le territoire national dudit État, ou en raison de la nécessité de la protection de ses intérêts très importants, ou en vue de garantir la sécurité de ses ressortissants. Bien sûr la justice pénale de l'État intéressé peut être exercée lorsque l'auteur de l'infraction se trouve sur le territoire de l'État intéressé » [1]. Selon lui, il existe une seule différence entre l'infraction internationale et l'infraction transnationale. En effet, la nature de l'infraction transnationale est comme la nature des autres infractions prévues par le code pénal. Il s'agit uniquement d'une différence de champ d'application. Par exemple, un homicide commis à l'étranger par un étranger dont la victime serait un ressortissant français, serait reconnu comme une infraction transnationale

2.2.3. Existence d'un élément étranger dans le crime transnational

La définition de l'infraction transnationale nous montre que cette catégorie d'infractions se caractérise par un élément étranger ou extranéité. Claude LOMBOIS définit l'extranéité comme « l'élément qui fait rencontrer une souveraineté étrangère » [2]. Mais dans certains cas, cet élément nous conduit vers un espace étranger sans aucune souveraineté étrangère. Par exemple la piraterie est une infraction qui peut être commise hors de toute souveraineté étatique [3]. Cette infraction qui est donc considérée comme une

1. Stanislaw PLAWSKI, *« La notion du droit international pénal »*, RSC, 1978, p. 799.

2. Claude LOMBOIS, *Op.cit.*, p. 12.

3. Isabelle FOUCHARD, *Op.cit.*, p. 125.

infraction transnationale, ainsi que la première infraction internationale reconnue [1], ne fait pas intervenir une souveraineté étrangère.

En comparant la classification spatiale avec la classification tripartite fondée sur la gravité de l'acte, il nous semble que l'infraction supranationale est plus grave que l'infraction transnationale. Autrement dit, l'infraction supranationale peut être considérée comme équivalente du crime plus grave, tandis que l'infraction transnationale serait plutôt un crime ou un délit international. La classification bipartite présente donc deux catégories d'infractions qui ne sont pas différentes des trois catégories d'infractions de la classification tripartite.

En effet, l'infraction-obstacle se définit comme l'ensemble des actes préparatoires à l'infraction principale. Pour réaliser une infraction-obstacle, l'espace n'est donc pas le critère retenu, et l'on peut imaginer l'infraction-obstacle internationale soit comme un crime supranational soit comme un crime transnational. C'est pourquoi, parmi les infractions internationales que nous étudierons en troisième partie, distingue-t-on les crimes transnationaux des crimes supranationaux.

3. Infraction internationale par nature et Infraction internationale par mode d'incrimination

Pour Claude LOMBOIS, il existe une classification bipartite de l'infraction internationale, selon laquelle l'infraction est internationale, soit par nature soit par mode d'incrimination.

3.1. Infraction internationale par nature

L'infraction est internationale par nature « parce qu'elle consiste en un comportement illicite qui porte atteinte aux fondements de la société internationale elle-même. Comme la société internationale est établie entre États, on peut définir l'infraction internationale comme le comportement

---

1. Stefan GLASER, *Droit international pénal conventionnel,* Tome I, Bruxelles, Bruylant, 1970, p. 152-162 ; Djamshid MOMTAZ, *« La piraterie en haute mer »*, in Hervé ASCENSIO et ..., *Droit international pénal*, Paris, A. Pédone, 2ème éd., 2012, p. 365-370 ; I. MOULIER, *La compétence pénale universelle en droit international*, Thèse, Paris, Univ. Panthéon-Sorbonne, dacty 1, 2 T., 2006, p. 271-321 ; C. TOURET, *« La piraterie au vingtième siècle. Piraterie maritime et aérienne »*, Paris, L.G.D.J., 1992, p. 906. ; M. VOELCKEL, *« La piraterie est-elle un crime de droit des gens ? »*, Annuaire de droit de la mer, 2000, T. V, p. 93-121.

illicite d'un État dans ses relations avec les autres États : la guerre d'agression en est le type » [1].

En considérant les infractions internationales par nature et en les comparant avec les dernières infractions classées, nous voyons que ces infractions présentent les crimes plus graves internationaux, ainsi que les crimes supranationaux. En effet, l'infraction internationale par nature dépasse les frontières nationales et elle porte atteinte aux fondements de la société internationale. On peut donc dire qu'elle est tellement grave qu'elle touche à l'ensemble de la communauté internationale et qu'elle est semblable au crime supranational. Cette analyse démontre que l'infraction internationale par nature est le crime le plus grave international.

Claude LOMBOIS, qui présente l'idée de l'infraction internationale par nature, pense que l'auteur et la victime de cette catégorie d'infraction sont des individus. Il explique que « l'erreur serait de penser que, parce qu'elle affecte les relations entre États, l'infraction internationale se manifeste dans un monde éthéré peuplé de personnes immatérielles. Bien au contraire : ce sont des hommes qui la commettent et ce sont des hommes qui en souffrent » [2]. Tandis que nous pensons que l'infraction internationale, notamment les crimes plus graves internationaux comme le crime d'agression, a un caractère massif et qu'elle est toujours commise par la collectivité contre une autre collectivité. Pour Claude LOMBOIS, en plus de l'infraction internationale par nature, existe une autre sorte d'infraction internationale : l'infraction internationale par le mode d'incrimination.

3.2. Infraction internationale par mode d'incrimination

Cette catégorie d'infraction montre des comportements qui « visent à protéger des valeurs qui ne sont pas propres à la société des États » [3]. En effet, ces infractions ne présentent pas de différence avec celles que prévoit le droit pénal interne de chaque pays (au contraire de la dernière catégorie), elles ne sont donc pas de nature internationale et c'est le texte international qui leur donne cette caractéristique.

Le financement du terrorisme et le trafic de drogue peuvent être considérés comme deux exemples des infractions internationales par mode d'incrimination. En effet, la gravité de ces infractions n'est pas comparable à celle des crimes internationaux les plus graves, la commission de ces

---

1. Claude LOMBOIS, *Op.cit.*, p. 35.

2. *Ibid.*, p. 35.

3. Claude LOMBOIS, *Op.cit.*, p. 177.

infractions ne touchant pas la communauté internationale. Elles reçoivent leur caractère international par le moyen international d'incrimination. En d'autres termes, le texte international, afin d'atteindre certains objectifs et en incriminant ces actes sans observer leur nature, les présente comme des infractions internationales. Un des objectifs d'incrimination de ces actes peut être l'empêchement da la commission des infractions plus graves. Le financement du terrorisme est un acte préparatoire au terrorisme. Afin d'empêcher le terrorisme international, le droit international pénal incrimine le financement du terrorisme comme une infraction-obstacle au terrorisme.

Cette catégorie d'infraction présente des points communs avec l'infraction transnationale. Cette dernière caractérise des infractions comprenant des éléments étrangers mais reste une infraction nationale. Ainsi, nous avons pu observer que l'infraction internationale par le mode d'incrimination concernait aussi des infractions nationales mais prévues par un texte international. Autrement dit l'élément national peut être considéré comme un point commun entre le concept d'infraction internationale par mode d'incrimination et le concept d'infraction transnationale.

Au terme de ces développements, nous avons examiné les désaccords internes et internationaux au niveau de la classification d'infractions afin de découvrir la présence du concept d'infraction-obstacle, comme acte préparatoire, à l'échelle internationale. Certaines catégories, comme l'infraction internationale par mode d'incrimination, témoignent de cette présence.

Conclusion de la première partie

Au vu de ce qui précède, nous remarquons qu'afin de trouver un concept d'infraction-obstacle adapté au droit international pénal, il nous faut étudier ses fondements théoriques en droit pénal interne ainsi que le concept d'infraction internationale et ses éléments constitutifs, en le comparant à l'infraction interne.

En droit pénal interne, l'élément matériel se présente comme l'action ou l'omission, et l'élément moral peut être l'intention ou l'imprudence. Enfin, l'élément légal est plus stable dans ce domaine que dans le domaine international, et le législateur incrimine les violations des normes par la loi pénale. En droit pénal interne, on distingue deux catégories d'infractions : l'infraction formelle et l'infraction matérielle. L'infraction formelle, qui est la source principale de l'infraction-obstacle, est une infraction sans résultat. Pour la qualifier, on observe uniquement l'acte criminel, et non son résultat. En conséquence, l'infraction-obstacle, sorte d'infraction formelle, est considérée comme une infraction sans résultat pour laquelle l'acte seul est important. Mais comment imaginer l'infraction-obstacle dans le cadre de l'infraction internationale ?

En droit international pénal, comme en droit pénal interne, l'élément matériel peut se présenter comme l'action ou l'omission. En revanche, l'infraction internationale, notamment le crime le plus grave international, est tellement vaste et systématique qu'on ne peut considérer l'imprudence comme son élément moral. Le caractère vaste et collectif de l'infraction internationale nécessite, pour sa commission, toute une organisation criminelle. Il existe donc toujours une organisation criminelle comme acte préparatoire à l'infraction internationale.

La grande différence entre le droit international pénal et le droit pénal interne est l'élément légal car à l'échelle internationale, il n'existe pas de législateur. La coutume, la convention et la jurisprudence y jouent un rôle législatif. Cette spécificité du droit international pénal aboutit au concept flexible et évolutif de l'infraction internationale.

En droit pénal interne, l'infraction-obstacle se définit comme l'acte préparatoire à l'infraction principale. Donc, en droit international pénal, s'il existe des infractions pouvant être considérées comme actes préparatoires, on peut les nommer infractions-obstacles internationales et prétendre identifier leur présence dans ce domaine. De plus, l'étude de la classification d'infractions dans le domaine interne et international montre qu'il existe des différences de classification entre ces deux domaines. Cette étude nous aidera à trouver plus facilement des traces d'infraction-obstacle en droit international pénal.

La signification des expressions communes, comme le crime ou le délit, diffère dans les domaines interne et international. Aussi, existe-t-il des expressions comme crime le plus grave, crime supranational, crime transnational etc. propres à la classification en droit international pénal. Certaines classifications spécifiques du droit international pénal, notamment celles doctrinales, prouvent la présence du concept d'infraction-obstacle comme acte préparatoire à l'infraction principale. Par exemple, l'infraction internationale par mode d'incrimination montre que ce concept présente plutôt des infractions internationales n'ayant pas vraiment la nature internationale, mais incriminées ainsi, afin d'atteindre certains buts comme l'empêchement des infractions graves.

Deuxième partie

Limites à la reconnaissance de l'infraction-obstacle en droit international pénal

Pour comparer les domaines interne et international, il nous paraît nécessaire d'étudier leurs divergences, ainsi que les spécificités du droit international pénal afin de pouvoir appliquer le concept d'infraction-obstacle dans ce domaine.

1

Divergences entre droit pénal interne et droit international pénal

Le droit international pénal dépasse les limites des frontières et il concerne la communauté internationale. En effet, il étudie les crimes les plus graves touchant l'ensemble de la communauté internationale [1]. Il faut considérer que « l'expression « communauté internationale dans son ensemble » ne devrait pas seulement s'entendre d'un point de vue quantitatif mais également qualitatif, en tant qu'elle désigne non pas tous les États mais un nombre et un choix suffisant d'entre eux, pour être représentatifs de la totalité » [2]. Autrement dit, en droit international ainsi qu'en droit international pénal, l'expression « communauté internationale » signifie la majorité des États et non pas tous les États.

Entre le droit international pénal et le droit pénal interne, existent en effet des différences. Le droit international pénal est récent, et il est influencé par les principes de droit international public. Pour exemple, un texte international comme le Statut de Nuremberg dans son « article 6 c » [3] viole le principe fondamental de la légalité et le principe de non rétroactivité de la loi pénale ; tandis que le droit pénal interne accepte plutôt les principes classiques comme le principe de la légalité de la sanction pénale. De plus, on peut observer une cohérence juridique en droit pénal interne ; alors qu'en droit international pénal, il y a risque de fragmentation. Pour le réduire, selon certains auteurs, les tribunaux internationaux doivent se tenir informés et

---

1. Voire le préambule du Statut de la CPI.

2. P.M. DUPUY, *« Observations sur le « crime international de l'État » »,* R.G.D.I.P., 1980, T.84, N2, p. 463.

3. Sévane GARIBIAN, *« Souveraineté et légalité en droit pénal international : le concept de crime contre l'humanité dans le discours des juges à Nuremberg »,* in Marc HENZELIN et Robert ROTH (dir.), *Le droit pénal à l'épreuve de l'internationalisation,* Paris, Bruxelles, Genève, LGDJ, Bruylant, George, p. 37.

prendre en considération la jurisprudence de leurs homologues [4] [Le dialogue des juges].

Étudier le droit international pénal et les crimes internationaux les plus graves, nous conduit à appréhender d'autres différences plus importantes et essentielles. Les crimes plus les graves internationaux sont des crimes collectifs et massifs, et leurs auteurs comme leurs victimes sont nombreux ; tandis que dans la majorité des infractions internes, les auteurs et les victimes sont des individus isolés.

De plus, le droit international pénal est lié aux points culturels et sociaux. Autrement dit, les croyances, la mémoire affective de chaque peuple, jouent aussi un rôle important dans les crimes internationaux les plus graves. Il faut constater que selon certains, « ces crimes loin de relever seulement d'objectifs politiques imposés de haut en bas selon une logique pyramidale, se développent aussi de bas en haut. Cette logique de réseau, par laquelle les dynamiques locales interagissant avec les logiques étatiques, permet à la violence de s'étendre insidieusement, comme par capillarité, et de prendre cette dimension massive qui renforce l'effet de dépersonnalisation des victimes, de négation de leur humanité » [5].

Pour commettre ces crimes, un environnement socioculturel propice est nécessaire. L'État et les dirigeants politiques n'en sont pas les seuls auteurs. Il doit en effet, régner une certaine réciprocité entre la société et les dirigeants politiques.

Il semblerait qu'au-delà de ces différences, il y ait d'autres points divergents entre ces deux domaines juridiques. Par exemple, les principes comme ceux de légitime défense ou d'imprescriptibilité ont des significations différentes dans les deux domaines, différences que nous essaierons d'analyser. Mais la différence essentielle, qui peut être considérée comme la base du domaine pénal, est le principe de la légalité. Comment peut-on le définir dans ces deux champs différents ?

---

4. Anne-Lise TEANI, *« L'arrêt de la Cour internationale de justice du 26 février 2007 Application de la Convention pour la prévention et la répression du crime de génocide, vecteur d'unité ou de fragmentation du droit international ? »*, RSC, Octobre/Décembre 2007, p.770.

5. Mireille DELMAS-MARTY, *« Violence et massacres : entre droit pénal de l'ennemi et droit pénal de l'inhumain »*, RSC, Janvier/Mars 2009, p. 61.

Section 1. Principe de légalité de l'infraction

De tous les principes consacrés par le droit criminel français, le plus important est sans doute celui de la légalité des délits et des peines, ou encore, selon son expression latine, le principe *nullum crimen nulla poena sine lege*[6]. Mais quel est son contenu ? Est-il toujours le principe le plus important du droit criminel ? Son sens, à l'échelle internationale, est-il différent par rapport à l'échelle interne ? Peut-il exister, en droit international pénal, en l'absence d'un législateur international reconnu par tous les pays ?

A. Evolution temporelle du principe de légalité

Du point de vue historique, le sens actuel du principe de la légalité était ignoré du droit romain [7]. De même, sous l'ancien régime, la législation royale était très lacunaire en matière pénale. De plus, les ordonnances et édits royaux étaient souvent rédigés de manière extrêmement vague. On y trouvait des formules telles que « sur peine de corps ou d'avoir », « par peine corporelle ou pécuniaire » ou encore « selon l'exigence du cas, en telle manière que ce soit exemple à tous autres ». Les juges disposaient ainsi d'un très large pouvoir pour définir les comportements répréhensibles et fixer la peine applicable, ce qu'exprimait l'adage « les peines sont arbitraires en ce royaume ». Cet adage n'avait du reste nullement un sens péjoratif. Il signifiait qu'il appartenait au juge, dans le silence de la coutume et de la législation royale, « d'arbitrer » la peine en tenant compte des circonstances de l'affaire. Toutefois, même sans être réduit à l'image caricaturale qui en est parfois donnée, un tel pouvoir présentait des dangers évidents. Abandonnée à l'appréciation des juges, la peine encourue devenait indéterminée et aléatoire. Cette incertitude était d'autant plus inquiétante que les peines en vogue étaient à la fois d'une grande diversité et, pour les crimes les plus graves, d'une grande cruauté [8].

Il faut noter qu'au siècle des Lumières, progressivement, certains auteurs comme MONTESQUIEU et BECCARIA expriment que les incriminations et les peines qui leur sont applicables, doivent être fixées par la Loi. Montesquieu affirme qu'« il n'y a point de liberté si la puissance de juger

---

6. Roger MERLE et André VITU, *Traité de droit criminel, Tome I, Problèmes généraux de la science criminelle, Droit pénal général,* Paris, Cujas, 1997, p. 224.

7. *Ibid.,* p. 225.

8. Frédéric DESPORTES et Francis LE GUNEHEC, *Droit pénal général*, Paris, Economica, 16ème éd., 2009, p. 146.

n'est pas séparée de la puissance législative » [9]. De même, Beccaria énonce-t-il dans son Traité des délits et des peines : « Seules les lois peuvent fixer les peines qui correspondent aux délits, ce pouvoir ne pouvant être détenu que par le législateur, qui réunit toute la société réunie par un contrat social » (Traité des délits et des peines, ch. III). Au-delà de ces doctrines, les Constitutions des Etats-Unis consacrent le principe de la légalité dès 1774.

En France, ces idées aboutissent à la réunion des États généraux et réclament « la réformation du droit criminel » dans les cahiers de doléances. La Déclaration des droits de l'homme et du citoyen de 1789 traduit cette revendication et condamne définitivement l'arbitraire des peines de l'Ancien régime. En effet, elle donne au principe de la légalité sa forme définitive et lui assure universalité et pérennité [10] selon son article 8 : « nul ne peut être puni qu'en vertu d'une loi établie et promulguée antérieurement au délit et légalement appliquée ». Ainsi l'article 7 de la déclaration explique la légalité de procédure criminelle selon laquelle : « nul homme ne peut être arrêté ni détenu que dans les cas déterminés par la loi et dans les formes qu'elle a prescrites ». À la suite de ces proclamations, l'article 4 du Code pénal de 1810 énonce que « Nulle contravention, nul délit, nul crime, ne peuvent être punis de peines qui n'étaient pas prononcées par la loi avant qu'ils fussent commis ». Selon MERLE et VITU, cet article ne reproduit plus qu'une seule partie, celle qui intéresse la détermination des incriminations et des sanctions par le législateur : « cette expression plus réduite du principe explique que la doctrine française des XIXe et XXe siècles ait omis d'insister sur les aspects procéduraux qu'il comporte et sur lesquels il est indispensable d'attirer l'attention » [11].

La plupart des pays civilisés formulèrent ce principe tantôt dans les Codes pénaux, tantôt dans les Constitutions. De leur côté, les textes internationaux comme la Déclaration universelle des Droits de l'Homme, proclamée le 10 décembre 1948 (art. 9, 10 et 11), la Convention européenne de sauvegarde des droits de l'homme et des libertés fondamentales (art. 5 à 7) ainsi que le Pacte international relatif aux droits civils et politiques de New York (art. 9, 10, 14 et 15), internationalisent le principe de la légalité.

Il faut considérer que les pays ayant adopté le système juridique anglo-saxon n'ont pas formulé expressément le principe. « Si les juges anglo-saxons possèdent un certain pouvoir répressif autonome et créateur de la

---

9. Voir Roger MERLE et André VITU, *Traité de droit criminel, Tome I, Problèmes généraux de la science criminelle, Droit pénal général,* Paris, Cujas, 1997, p. 226. Les auteurs citent cette phrase de: MONTESQUIEU, *De l'esprit des lois,* Liv. XI, Chap. VI.

10. *Ibid.,* p. 226.

11. *Ibid.,* p. 226.

règle juridique, leurs prérogatives n'ont rien d'arbitraire, puisque les précédents judiciaires s'imposent à eux aussi, impérativement que des dispositions écrites ; indirectement, mais aussi sûrement, la légalité est à la base du droit pénal anglo-saxon » [12]. Alors, comment analyser le principe de la légalité à l'échelle internationale si le droit s'oriente vers le système anglo-saxon ? Autrement dit, le droit dans le domaine international, et évidement le droit international pénal, s'orientent vers le système anglo-saxon où la jurisprudence a un rôle essentiel.

B. Acteurs du principe de la légalité : le législateur et le juge

Le principe de la légalité s'impose à la fois au législateur et au juge. Du point de vue législatif, ce principe donne au législateur le droit d'établir des normes pénales et procédurales. Dans la création de la norme pénale, ce principe impose la promulgation de textes précis, définissant nettement les incriminations et indiquant sans erreur possible les peines applicables. En revanche, dans le cadre de la procédure pénale, le législateur cherche un équilibre entre les droits de l'accusation et ceux de la défense. La loi protège la liberté individuelle autant que l'intérêt de la société. En effet, on ne saurait condamner un individu sans que soit pleinement et solidement établie sa culpabilité. Ainsi, la défense doit pouvoir s'exercer à tous les stades du procès.

Selon le principe de la légalité, le juge doit déterminer la qualification des faits poursuivis, c'est-à-dire, rechercher quel texte leur est applicable. En outre, il doit interpréter la loi d'une façon non extensive. Autrement dit, il est nécessaire de privilégier une interprétation déclarative ou téléologique, n'ayant rien de contraire au principe de la légalité [13].

Considérons également les critiques adressées au principe de la légalité exprimées par l'Allemagne nazie ou l'U.R.S.S. avant 1959. En effet, dans les régimes totalitaires, les droits de l'individu sont sacrifiés en faveur des droits de la société. Certains juristes de l'Union soviétique, avaient été jusqu'à proposer un Code pénal sans partie spéciale : mais dans ce cas, comment garantir la sécurité des citoyens ? Il faut noter que ce précepte respecte quelques principes des droits de l'homme comme le procès équitable prévu par l'article 6 de la Convention européenne des droits de l'homme et du citoyen.

---

12. Roger MERLE et André VITU, *Op.cit.,* p. 227.

13. *Ibid.,* p. 234.

En effet, dans sa formulation la plus classique, le principe de la légalité se compose de deux propositions : « nul ne peut être poursuivi qu'en vertu d'une règle de droit préexistante à son acte » et « cette règle préalable doit être une loi au sens formel, c'est-à-dire un acte émanant du législateur » [14]. Par contre, les droits prévus à l'extérieur des frontières nationales, comme le droit international pénal, modifient le concept classique du principe de la légalité. Autrement dit, ce principe ne peut pas s'appuyer sur sa définition interne. Mais quelles en sont les différences ?

C. Principe de la légalité à l'échelle internationale

En droit international pénal, le concept du principe de la légalité est différent par rapport au droit pénal interne ; parce que les crimes internationaux n'y sont définis que par la voie conventionnelle, la voie coutumière et les principes généraux du droit. Ces principes sont moins précis que la voie conventionnelle et la voie coutumière [15].

Le langage utilisé en droit international pénal pour définir les crimes internationaux est moins précis que celui des codes pénaux nationaux. Selon Cherif BASSIOUNI, cette différence est peut-être due à l'hypothèse d'incorporation du droit international pénal dans le droit pénal interne, à travers le « système d'application indirecte ». Par conséquent, les généralités des normes internationales seront éventuellement rectifiées dans les législations nationales, au travers de l'incorporation de la norme internationale dans la norme nationale.

Mais, le fait que les États doivent incorporer les prescriptions du droit international pénal dans leur droit pénal interne, ne justifie pas le manque de rigueur dont témoignent les instruments du droit international pénal, instruments qui peuvent s'appliquer au travers du « système d'application directe ». L'explication donnée à cette carence est le manque de connaissances techniques de ceux qui les ont rédigés, en l'occurrence des diplomates. De plus, il faut rappeler que si les prescriptions normatives du droit international pénal ont vocation à s'appliquer directement aux individus, même sans la médiation des systèmes pénaux internes et cela à travers le « système d'application directe », alors la précision des normes du droit international pénal doit atteindre le niveau requis le plus élevé par la plupart des systèmes juridiques existants et non pas le moindre [16].

---

14. M.L. RASSAT, *Droit pénal général,* Paris, PUF, 1ère éd., 1987, p. 105.
15. M. Cherif BASSIOUNI, *Op.cit.,* p. 63.
16. M. Cherif BASSIOUNI, *Op.cit.,* p. 64.

En considérant les Statuts du TPIY et du TPIR, il semblerait que le principe de la légalité ne soit pas précis et les premiers articles de ces Statuts le montrent implicitement. Par exemple, l'article premier du Statut du TPIY énonce que : « le Tribunal international est habilité à juger des personnes présumées responsables de violations graves du droit international humanitaire commis sur le territoire de l'ex-Yougoslavie depuis 1991, conformément aux dispositions du présent statut ». De plus, Selon Cherif BASSIOUNI, l'article 13 du Code des Crimes de 1996 traite de la question de la légalité [17]. Il indique que « … nul ne sera accusé, en vertu du présent Code, pour des actes commis avant l'entrée en vigueur du Code ». En présentant le principe de non-rétroactivité, cet article exprime la légalité d'une façon implicite.

Le Statut de la CPI, au contraire des textes précédents, présente le principe de la légalité de façon plus précise. Selon son article 22 : « 1 – Une personne n'est responsable pénalement en vertu du présent Statut que si son comportement constitue, au moment où il se produit, un crime relevant de la compétence de la Cour. 2 – La définition d'un crime est d'interprétation stricte et ne peut être étendue par analogie. En cas d'ambiguïté, elle est interprétée en faveur de la personne qui fait l'objet d'une enquête, de poursuites ou d'une condamnation. 3 – Le présent article n'empêche pas qu'un comportement soit qualifié de crime au regard du droit international, indépendamment du présent Statut ». En effet cet article présente le principe *Nullum crimen sine lege*, c'est-à-dire le principe de l'illégalité du crime. De plus, l'article 23 du Statut énonce *Nulla poena sine lege*, c'est-à-dire le principe de la légalité de la sanction pénale. Selon cet article : « Une personne qui a été condamnée par la Cour ne peut être punie que conformément aux dispositions du présent Statut ».

Enfin, l'article 24 du Statut présente le principe de non-rétroactivité qui confirme le principe de la légalité de façon implicite. Selon cet article : « 1 – Nul n'est pénalement responsable, en vertu du présent Statut, pour un comportement antérieur à l'entrée en vigueur du Statut. 2 – Si le droit applicable à une affaire est modifié avant le jugement définitif, c'est le droit le plus favorable à la personne faisant l'objet d'une enquête, de poursuites ou d'une condamnation qui s'applique ».

Le paragraphe 2 de l'article 22 du Statut que nous avons défini en droit pénal interne, n'accepte que l'interprétation stricte et refuse toute interprétation analogique. Tandis que dans la jurisprudence internationale, notamment dans les affaires des Tribunaux ad hoc, d'autres méthodes d'interprétation sont employées, comme nous allons l'étudier. En analysant

---

17. *Ibid.*, p. 65.

le principe de la légalité à l'échelle internationale selon Cherif BASSIOUNI, une question se pose : quel degré de précision le principe de la légalité des délits et des peines exige-t-il des normes pénales internationales [18] ?

Pour répondre à cette question, il faut considérer que la coutume a un rôle essentiel dans le domaine international pénal. Autrement dit, les conventions de droit international pénal reflètent, totalement ou en partie, le droit coutumier international. La coutume est un concept évolutif, c'est-à-dire, qu'elle peut être créée, mais aussi abandonnée. Les coutumes naissent, évoluent et sont consacrées par la pratique des États, doublées de l'élément indispensable de l'*opinio juris* ; ou bien elles déclinent, tombent en désuétude et disparaissent.

La coutume est une source du droit international de nature obligatoire pour certains États ou pour tous les États auxquels elle s'applique. La question de son champ d'application temporelle se pose aussi. En revanche, le droit international pénal se nourrit aussi du droit pénal interne, différent par rapport à l'autre base du droit international pénal, c'est-à-dire au droit international. Il faut dire que le droit international coutumier ne peut pas toujours satisfaire à l'exigence de la légalité qui s'applique aux lois pénales internes et c'est la raison pour laquelle, selon certains [19], cette source du droit international pénal a besoin d'être codifiée.

Ainsi, les principes généraux du droit peuvent être une source ratione materiae du droit international pénal à condition qu'ils soient conformes au principe de la légalité des délits et des peines. En considérant le principe de la légalité et son interprétation à l'échelon international, on peut oser cette question : sont-ils contradictoires ?

D. Principe de la légalité et interprétation : contradiction ou concordance

Du point de vue étymologique, le mot « interprétation » dérive de plusieurs racines. Le mot *interpres*, qui en constitue le dérivé, désigne le médiateur, le traducteur d'événements, de volontés, de textes ou de signes oraux, c'est-à-dire, le chaînon intermédiaire rendant possible la compréhension, l'intelligence, d'un objet donné. En grec, le mot utilisé en philosophie à cette fin est celui d'« herménie » [20].

18. M. Cherif BASSIOUNI, *Op.cit.,* p. 66.

19. *Ibid.,* p. 69.

20. Robert KOLB, *Interprétation et création du droit international*, Bruxelles, Bruylant, 2006, p. 28.

Hans KELSEN, dans son célèbre ouvrage « Théorie pure du droit » explique que : « si un organe juridique doit appliquer le droit, il faut nécessairement qu'il établisse le sens des normes qu'il a mission d'appliquer, il faut nécessairement qu'il interprète ces normes. L'interprétation est donc un processus intellectuel qui accompagne nécessairement le processus d'application du droit dans sa progression d'un degré supérieur à un degré inférieur » [21]. Hans KELSEN indique aussi qu'il existe deux sortes d'interprétation : « l'interprétation du droit par les organes d'application du droit, et l'interprétation du droit donné par des personnes privées, et en particulier par la science juridique, par les juristes, qui ne sont pas des organes du droit » [22].

Pour définir l'interprétation, Michel TROPER explique qu'il faudrait en effet choisir entre deux possibilités : « interpréter, c'est indiquer la signification d'une chose ou c'est déterminer la signification de cette chose. La première définition repose sur le présupposé qu'il est possible de connaître le sens, que l'interprétation est une fonction de la connaissance, la seconde qu'elle est fonction de la volonté » [23]. Selon lui « les deux théories visées reposent sur des présupposés ontologiques et épistémologiques. Ontologiques : si je prétends qu'interpréter c'est indiquer un sens, c'est que je présuppose l'existence d'un sens objectif qu'il est possible de décrire. À l'inverse, je peux supposer que le sens n'existe pas et qu'il n'est donc pas possible de le décrire, mais seulement de le déterminer » [24].

Le texte ou le fait, qui peuvent se trouver porteur de sens, peuvent faire l'objet d'interprétation [25]. Selon certains, le texte doit toujours faire l'objet d'une interprétation et pas seulement s'il est obscur [26]. Ils critiquent l'idée selon laquelle ce qui est clair n'a pas besoin d'être interprété. Ils expliquent que si l'interprétation est une décision, alors elle peut aussi porter sur le caractère clair ou obscur du texte. Même si l'on admet qu'interpréter c'est connaître un sens qui est déjà là, on ne peut pas affirmer qu'un texte est clair sans reconnaître qu'on connaît son sens, donc qu'on l'a déjà interprété. Par conséquent, même les textes réputés clairs ont déjà été interprétés.

Robert KOLB explique que l'interprétation est une opération intellectuelle qui cherche à découvrir et à donner un sens juridique à une

21. Hans KELSEN, *Théorie pure du droit,* Bruxelles, Bruylant, trad. française de Charles EISENMANN, 1992, p. 334.

22. *Ibid.,* p. 336.

23. Michel TROPER, *La théorie du droit, le droit, l'Etat*, Paris, PUF, 2001, p. 69.

24. *Ibid.,* p. 69.

25. *Ibid.,* p. 74.

26. *Ibid.,* p. 75.

disposition [27]. Ainsi, le Dictionnaire de droit international public définit l'interprétation comme « opération intellectuelle tendant à établir le sens d'un ou de plusieurs termes, ou celui de dispositions d'un instrument juridique… » [28]. Selon Robert KOLB : « le terme « établir » peut connoter une opération passive ; mais cette interprétation ne s'impose point. Il y a donc ambiguïté, probablement voulue »[29]. Il précise que l'interprétation est un concept fondamental de l'ordre juridique. Il faut donc vivre avec le pluralisme, les délimitations diverses entre concepts (interprétation, application, modification, etc.) et aussi les fluctuations. Ces marques ne sont pas nécessairement un signe de faiblesse. Elles sont surtout un aiguillon pour rester toujours en alerte, pour ne jamais sombrer dans un sommeil dogmatique, et pour toujours réfléchir de manière critique à ces notions capitales qui forment l'ossature de l'ordre juridique.

Mais alors comment peut-on imaginer l'interprétation en droit pénal ? Autrement dit, si nous nous appuyons sur le principe de la légalité et oublions l'interprétation, nous nous orientons vers le dogmatisme. Si nous voulons interpréter, nous risquons de porter atteinte au principe de la légalité. Alors où trouver la solution ? Comment trouver l'équilibre ?

En appliquant le texte pénal comme les autres textes, le juge l'interprète. Mais, ce dernier a-t-il le droit d'interpréter ? Et l'interprétation, n'est-elle pas contraire au principe de la légalité ? Ainsi, Beccaria énonce-t-il que « le pouvoir d'interpréter les lois pénales ne peut pas être confié (…) aux juges des affaires criminelles, pour la bonne raison qu'ils ne sont pas législateurs (…) En présence de tout délit, le juge doit former un syllogisme parfait : la majeure doit être la loi générale, la mineure l'acte conforme ou non à la loi, la conclusion étant l'acquittement ou la condamnation. Si le juge fait volontairement ou par contrainte, ne fût-ce que deux syllogismes au lieu d'un seul, c'est la porte ouverte à l'incertitude » (Le traité des délits et des peines, § IV).

Selon Frédéric DESPORTES et Francis LE GUNEHEC, les textes de loi n'ont pas la rigueur des théorèmes et un jugement n'est pas une démonstration mathématique [30]. Ainsi, la rédaction insuffisamment rigoureuse de certains textes rend leur interprétation difficile. C'est pourquoi, l'article 111-4 du Code pénal français dispose que « la loi pénale est d'interprétation stricte ». Ce principe est le prolongement naturel du

---

27. Robert KOLB, *Op. cit.*, p. 25.

28. Jean SALMON, *Dictionnaire de droit international public*, Bruxelles, Bruylant, 2001, p. 603.

29. Robert KOLB, *Op. cit.*, p. 25.

30. Frédéric DESPORTES et Francis LE GUNEHEC, *Op.cit.*, p. 154.

principe de la légalité ; et la jurisprudence interne, comme l'arrêt n° 96-377 DC du 16 juillet 1996 du Conseil Constitutionnel, ainsi que la jurisprudence européenne tel l'arrêt du 25 mai 1993 de la CEDH Kokkianis c/Grèce, confirment ce prolongement.

En considérant les différentes façons d'interpréter la loi, comment doit-on entendre l'article 111-4 du Code pénal ? Autrement dit, est-il possible d'interpréter la loi pénale avec tous moyens d'interprétations ou sommes-nous limités ? De plus, quelles sont les différentes sortes d'interprétation ? Il existe plusieurs types d'interprétation comme l'interprétation littérale, l'interprétation téléologique et l'interprétation analogique. L'arrêt du 29 mars 2006 de la CEDH, Achour c/France exprime de « ne pas appliquer la loi pénale de manière extensive au détriment de l'accusé, par exemple par analogie ». Cet arrêt n'impose pas pour autant une interprétation littérale, de fait impraticable et, parallèlement, il n'interdit pas non plus une interprétation dite « téléologique » des textes répressifs. Mais que signifie le mot « analogie » utilisé dans cet arrêt, et comment définir l'interprétation analogique ?

1. Interprétation analogique

L'analogie est « un univers extrêmement riche dont le contenu peut être décomposé en plusieurs cercles juridiquement pertinents » [31]. On peut considérer l'analogie selon trois sens. Dans un sens très générique, l'analogie est la modalité profonde de toute pensée juridique. Le deuxième sens d'analogie est un sens de généralité moyen. Dans ce sens, l'analogie est un outil argumentatif multiple. Selon Robert KOLB, ce processus comprend l'analogie simple, l'analogie partielle, l'analogie renforcée et, dans une acception très large, l'analogie inversée. Tous ces arguments diffèrent entre eux [32]. Mais, comment exprimer l'interprétation analogique en droit pénal ?

---

31. Robert KOLB, *Op.cit.*, p. 710.

32. Les trois types d'analogies, en droit international, sont définies par Robert KOLB, dans son ouvrage *Interprétation et création du droit international.* Dans les pages 712, 734 et 748 de cet ouvrage nous constatons que « l'analogie simple est une technique interprétative constituant à étendre l'application d'une règle déterminée ou d'une idée juridique générale inhérente à un ensemble de règles, à des cas non expressément envisagés par cette ou par cet ensemble de règles, mais qui sont similaires dans leurs éléments juridiquement pertinents, aux cas prévus par ces règles ou par ces pluralités de règles. L'analogie partielle ou analogie limitée est une méthode selon laquelle l'argument est passablement utilisé comme méthode d'interprétation statutaire en droit anglais. Il est un peu moins connu en droit international, où il s'applique pourtant. Dans l'analogie inversée, l'argument s'inspire de l'analogie simple, peut-on dire qu'il en est le frère jumeau ».

Dans le domaine pénal, selon la méthode d'analogie, nous pouvons appliquer la loi pénale à un comportement qu'elle ne vise pas, mais qui présente des similitudes avec celui qu'elle décrit. C'est précisément ce procédé d'interprétation qu'interdit l'article 111-4 du CP français en dépit de sa formulation assez générale [33]. L'article 5 d'avant-projet du Code pénal de 1978 disposait de manière plus explicite que : « l'application par analogie des dispositions pénales à des faits qu'elles n'ont pas déclarés punissables est interdite ».

En effet, permettre au juge de raisonner par analogie, c'est donc lui reconnaître le pouvoir de créer des infractions. Il résulte qu'un tel pouvoir n'est admis que dans les États totalitaires. Par exemple, l'article 16 du Code pénal de 1926 de l'URSS exprimait que : « si un acte socialement dangereux n'est pas expressément prévu par le présent code, le fondement et les limites de la responsabilité encourue à un sujet sont déterminés conformément aux articles du code qui prévoient les délits dont la nature s'en rapproche le plus ».

Il faut remarquer que la jurisprudence française exclut l'interprétation analogique; par exemple l'arrêt du 30 novembre 1992 de la Chambre criminelle rappelle qu' « il n'appartient pas aux juridictions correctionnelles de prononcer par induction, présomption ou analogie ou par des motifs d'intérêt général ». De même, dans la célèbre affaire dite de « la séquestrée de Poitiers » (20 novembre 1901) et dans l'arrêt du 25 juillet 1991 de la Cour de cassation, nous constatons l'exclusion de l'interprétation analogique. Mais quelle est la signification de cette sorte d'interprétation à l'échelon international ?

Selon le Dictionnaire de droit international public édité par Jean SALMON, l'analogie est définie comme « la ressemblance établie entre deux ou plusieurs actes ou situations juridiques. Cette ressemblance conduit à un raisonnement (raisonnement analogique) par lequel, sur la base de la ressemblance ainsi établie, on transpose l'application d'une règle d'une relation juridique qu'elle vise expressément à une relation juridique qu'elle ne vise pas expressément » [34].

Au contraire du droit pénal interne, la jurisprudence internationale, soit en matière pénale, soit dans les autres matières, a accepté l'interprétation analogique. Par exemple, dans l'affaire Blaskic (TPIY, arrêt de la Chambre d'Appel du 29 juillet 2004), les juges s'inspirent par analogie de l'article 50 du Protocole additionnel I de 1977 en matière de conflits armés, afin de

---

33. Frédéric DESPORTES et Francis LE GUNEHEC, *Op.cit.*, p. 155.

34. Jean SALMON, *Op.cit.*, p. 712.

définir la population civile en matière de crimes contre l'humanité. Ainsi, l'affaire Kupreskic (TPIY, arrêt de la Chambre de Première instance du 14 janvier 2000) est un exemple de l'analogie renforcée. Dans cet arrêt, les juges cherchent à interdire complètement les représailles contre les populations civiles en temps de conflit armé international.

Il faut noter que l'interprétation analogique est aussi avancée à partir du droit international humanitaire. Par exemple, dans le domaine de la protection du matériel sanitaire, la protection que lui offre le droit international humanitaire doit être assurée aussi en dehors du temps de conflit armé. La protection a été étendue par analogie au temps de paix [35]. Au-delà de l'interprétation analogique, ont cours d'autres mesures d'interprétation comme l'interprétation littérale et l'interprétation téléologique. Mais peut-on les accepter en matière pénale ?

2. Interprétation littérale

Dans cette méthode d'interprétation, le juge doit s'attacher exclusivement à la lettre de la loi en recourant, le cas échéant, aux techniques abstraites d'interprétation. Il nous semble que cette méthode est en harmonie avec le principe de la légalité. En effet, la loi est la seule source du droit pénal et le juge ne doit rien pouvoir y ajouter. En revanche, « la critique de cette méthode est qu'elle suppose la loi parfaite et le législateur infaillible » [36]. À l'évidence, cette méthode d'interprétation n'est pas imposée par le principe de l'interprétation stricte et la jurisprudence n'en a pas fait sa méthode d'interprétation exclusive.

3. Interprétation téléologique

La méthode téléologique considère la norme ou le texte dans son ensemble. Autrement dit, elle attribue une importance primordiale à la volonté déclarée ou présumée du législateur. En effet, il existe trois méthodes téléologiques qui sont : la méthode téléologique « subjective », la

---

35. Outre le droit international humanitaire, Robert KOLB, dans le page 718 de son ouvrage, *Interprétation et création du droit international,* démontre que « les décisions et les directives européennes ont établi l'analogie. Ou encore, l'analogie est établie entre le personnel diplomatique et le personnel supérieur des organisations internationales, de même que pour l'application des immunités diplomatiques aux membres des missions permanentes auprès des organisations internationales. L'analogie est aussi avancée entre une succession d'États en matière de traités et une succession d'États en matière de résolutions du Conseil de sécurité des Nations-Unies ».

36. Frédéric DESPORTES et Francis LE GUNEHEC, *Op.cit.,* p .160.

méthode téléologique « objective » et la méthode téléologique « axiologique » [37]. Il apparaît que la méthode téléologique conduit l'interprète à dépasser la séparation des pouvoirs d'avec le législateur, et en effet, c'est lui qui légifère. Par contre, selon certains, cette méthode d'interprétation peut permettre à l'interprète de rendre le texte ou la norme plus efficace, plus adaptée aux réalités, plus adéquate à ce qu'il postule comme étant sa raison d'être [38].

En droit international, existent des exemples qui présentent l'interprétation téléologique : soit l'affaire relative à Certaines dépenses des Nations Unies (1962) selon laquelle la CIJ a dû se poser la question de savoir si les dépenses encourues pour les opérations de maintien de la paix (ONUC, FUNU) étaient des dépenses de l'Organisation au sens de l'article 17, §2, de la Charte. Pour répondre à cette question, il faut, selon la Cour, apprécier le rapport qui lie une dépense concrète, aux buts des Nations Unies: si une dépense a été encourue pour poursuivre un but de l'Organisation tel que défini à l'article 1 de la Charte, il s'agira par présomption juridique d'une dépense de l'Organisation : « Lorsque l'Organisation prend des mesures dont on peut dire à juste titre qu'elles sont « appropriées à l'accomplissement des buts » déclarés des Nations Unies, il est à présumer que cette action ne dépasse pas les pouvoirs des Nations Unies ».

Selon Robert KOLB, nous pouvons imaginer la réduction téléologique. Autrement dit, dans certains cas, « un texte ou un prononcé sont très larges en comparaison du critère de l'objet et le but qui, dans un contexte concret, est censé sous-tendre ce texte ou ce prononcé » [39]. Par exemple, dans l'affaire Kunarac (TPIY, arrêt du 22 février 2001), le Tribunal a affirmé que le crime de torture en droit international pénal ne repose pas complètement sur les éléments de définition de la torture en matière de droits de l'Homme. Notamment, la condition que les actes de torture soient commis par un agent

---

37. Les trois méthodes téléologiques sont définies par Robert KOLB, p. 545 de son ouvrage, *Interprétation et création du droit international.* Pour lui «la méthode subjective recherche le but que le législateur historique avait en vue et qu'il a rattaché à la norme qu'il a édictée. Cette méthode est la méthode la plus « positiviste ». En effet, la créativité de l'interprète y est très limitée. Au contraire de la méthode subjective, dans la méthode objective, la créativité de l'interprète est certaine. Il semblerait que cette méthode considère le but que la norme peut véhiculer objectivement, eu égard aux besoins de l'ordre social à un moment donné de l'histoire. La troisième méthode se réfère aux grands buts de l'ordre juridique dans son ensemble et à l'influence que ceux-ci ne peuvent pas manquer d'avoir dans la mise en œuvre d'une norme concrète de cet ordre juridique. Il en résulte que cette méthode quitte le positivisme et s'inscrit résolument dans une ligne de pensée hautement objectiviste. La créativité de l'interprète touche là à son apogée ».

38. Robert KOLB, *Op.cit.,* p. 548.

39. *Ibid.,* p. 574.

de l'État, applicable en matière de droits de l'Homme, ne serait pas applicable en matière de droit pénal. Il en est ainsi, selon le Tribunal, parce qu'en droit des conflits armés et donc dans les crimes de guerre (ainsi que dans les autres incriminations pénales comme le génocide ou les crimes contre l'humanité) des actes de torture punissables peuvent être commis aussi par des personnes privées n'agissant pas pour le compte de l'État.

Ainsi, l'affaire Kayishema et Ruzindana (TPIR, arrêt du 21 mai 1999) démontre une réduction téléologique nourrie par une norme de droit international général. La Chambre de première instance estime que le principe fondamental *nullum crimen sine lege* commande d'interpréter le terme « murder » contenu dans le Statut en faveur de l'accusé. Il faut voir en ce terme la prohibition de tout homicide intentionnel et prémédité. Un acte est prémédité quand son auteur a forgé son intention d'agir après un moment de réflexion lucide. Cela revient à dire que le terme « murder » est aligné sur le terme plus étroit du texte français, à savoir l'assassinat. Tout homicide intentionnel ne suffit pas. Il faut qu'il y ait homicide avec les éléments qualificatifs de l'assassinat, c'est-à-dire la préméditation, etc. Cette manière de voir, qui a été maintenue par la suite, repose sur une réduction téléologique. Le terme « murder » est interprété plus strictement que son texte anglais ne le suggère parce que le principe nullum crimen impose un but restrictif à l'ensemble des incriminations pénales.

Outre la réduction téléologique, il faut considérer l'expansion téléologique selon laquelle un texte ou un prononcé quelconque (par exemple judiciaire) s'avère trop étroit en comparaison de l'objet et du but qui, dans un contexte concret, est censé sous-tendre ce texte ou ce prononcé.

Des exemples classiques de l'expansion téléologique se retrouvent dans l'affaire Tadic du Tribunal pénal pour l'ex-Yougoslavie (arrêt de la Chambre d'Appel du 15 juillet 1999), dans l'affaire Delalic (arrêt de la Chambre de première instance du 16 novembre 1998) et dans l'affaire Blaskic (arrêt de la Chambre de première instance du 3 mars 2000). En effet, dans ces jurisprudences, on voit que le critère d'allégeance avec une partie au conflit remplace le critère strict de la nationalité contenu dans l'article 4 de la Convention de Genève IV de 1949. Cet élargissement permet ainsi d'assurer une protection effective à des civils qui se trouvent pris dans un conflit armé internationalisé dans lequel les factions qui se combattent relèvent de la même nationalité. L'élargissement téléologique consiste en ceci que le but de protection de la Convention de Genève, notamment de son article 4, commande un élargissement du texte : il faut remplacer le terme « nationalité », bien plus strict car formel, par le terme « allégeance », bien plus souple car matériel.

Un autre exemple d'expansion téléologique se trouve dans l'affaire Kunarak (arrêt du 22 février 2001). Selon la Chambre de première instance, la formule utilisée dans l'affaire Furundzija (1998) pour définir le viol, à savoir toute pénétration sexuelle opérée par la force ou par la contrainte, est trop restrictive. Il faut y inclure tous les cas de pénétration sexuelle non consensuels. Il en est ainsi parce que le but de la norme est de protéger l'autonomie sexuelle de la victime. Or celle-ci peut être atteinte autant par la coercition que par d'autres moyens, comme la ruse, par exemple [40].

En plus du principe de la légalité et de sa différence en droit pénal interne, en droit européen et en droit international pénal, il existe d'autres spécificités entre ces différents domaines. Une de ces différences est le caractère massif des crimes internationaux. Autrement dit, ces crimes sont toujours commis à une vaste échelle, par des auteurs et avec des victimes collectives, tandis que le concept d'infraction, en droit pénal interne, est un concept individuel où l'on peut considérer l'individu-auteur et l'individu-victime ; ce que nous allons maintenant étudier.

Section 2. Caractère massif de l'infraction la plus grave internationale

Nous avons déjà expliqué l'idée selon laquelle il existait vingt-huit catégories d'infractions à l'échelle internationale. Ainsi, pour préciser la hiérarchie entre ces différentes infractions, nous avons observé qu'il était utile de différencier les trois dénominations correspondant aux différentes catégories. Ces trois dénominations sont regroupées en : crimes plus graves, crimes et délits. De même, nous avons constaté que, selon les textes internationaux, les infractions internationales étaient [41] : l'agression ; le génocide ; le crime contre l'humanité ; le crime de guerre ; l'utilisation, la production et le stockage illicite ou interdit de certaines armes ; le vol de substances nucléaires ; le mercenariat ; l'apartheid ; l'esclavage et les pratiques analogues à l'esclavage ; la torture et autres formes de peines ou traitements cruels, inhumains ou dégradants ; et les expérimentations humaines illicites. Parmi ces infractions, quatre d'entre elles sont considérées, par le Statut de la CPI, comme des crimes internationaux les plus graves : le génocide, le crime contre l'humanité, le crime de guerre et le crime d'agression.

Les crimes internationaux les plus graves, qui touchent l'ensemble de la communauté internationale et peuvent menacer la paix, la sécurité et le bien-

---

40. Robert KOLB, *Op.cit.*, p. 581.

41. Cherif BASSIOUNI, *Op.cit.*, p. 115.

être du monde, sont les crimes de masse [42]. La gravité et l'ampleur de ces crimes massifs implique la responsabilité des États souverains ou des organisations qui les commettent. En effet, ils ne sont pas commis par des individus isolés car il leur serait impossible de mener seuls une attaque généralisée ou systématique envers une population civile [43].

Selon Mireille DELMAS-MARTY, les croyances, la mémoire affective de chaque peuple, jouent aussi un rôle essentiel dans les crimes plus graves internationaux. Ces crimes loin de relever seulement d'objectifs politiques imposés de haut en bas selon une logique pyramidale, se développent aussi de bas en haut. Cette logique de réseau, par laquelle les dynamiques locales interagissent avec les logiques étatiques, permet à la violence de s'étendre insidieusement, comme par capillarité, et de prendre cette dimension massive qui renforce l'effet de dépersonnalisation des victimes et la négation de leur humanité [44].

En considérant les textes internationaux comme le Statut de la CPI et les Statuts des Tribunaux ad hoc, le caractère massif des crimes contre l'humanité, par rapport aux autres crimes internationaux, est plus visible. Selon l'article 7 du Statut de la CPI, le crime contre l'humanité a toujours lieu dans le cadre d'une attaque généralisée ou systématique lancée contre une population civile. Ainsi, l'article 5 du Statut du TPIY et l'article 3 du Statut du TPIR expriment le même caractère pour le crime contre l'humanité. Par contre l'article 5 du Statut du TPIY a prévu une condition qui n'est pas précisée dans le Statut de la CPI et le Statut du TPIR. Cet article énonce que « le Tribunal international est habilité à juger les personnes présumées responsables des crimes suivants lorsqu'ils ont été commis au cours d'un conflit armé de caractère international ou interne contre une population civile quelle qu'elle soit ».

À l'évidence, c'est le contexte historique de la création du TPIY qui explique l'intégration de cette condition et son absence dans les Statuts de la CPI et du TPIR. D'ailleurs, la jurisprudence du TPIY a corrigé cet article rappelant que selon le droit international coutumier, s'agissant du crime contre l'humanité, aucun lien n'est requis avec un conflit armé. Dans l'affaire Tadic [45], la Chambre d'Appel a considéré que « l'absence de liens entre les crimes contre l'humanité et un conflit armé international est

---

42. Voir le préambule du Statut de la CPI.

43. Philippe CURRAT, *Les crimes contre l'humanité dans le Statut de la Cour pénale internationale*, Bruxelles, Bruylant, 2006, p. 15 (intro.)

44. Mireille DELMAS-MARTY, *« Violence et massacres : entre droit pénal de l'ennemi et droit pénal de l'inhumain ? »*, RSC, Juillet/Septembre 2007, p. 61.

45. Voir TPIY, *Affaire n° IT-94-1-T.*

maintenant une règle établie du droit international coutumier ». En effet, comme l'a relevé le procureur, lors de l'audience qui s'est tenue devant la Chambre d'Appel : « il se peut que le droit international coutumier n'exige pas du tout de liens entre les crimes contre l'humanité et un conflit quel qu'il soit. Ainsi, en exigeant que les crimes contre l'humanité soient commis dans un conflit armé interne ou international, le Conseil de sécurité a peut-être défini le crime à l'article 5 de façon plus étroite que nécessaire au terme du droit international coutumier ». En conclusion, la Cour a considéré que le Statut ne requérait aucun lien avec le conflit international. Un crime contre l'humanité peut donc être commis en temps de « paix ». Nous avons vu que le crime contre l'humanité devait être commis dans le cadre d'une attaque généralisée ou systématique. Mais quelle est la signification de l'attaque généralisée ou systématique ? Pour étudier ce thème, il nous faut, tout d'abord, préciser la notion d'attaque.

A. Notion d'attaque du crime contre l'humanité

Selon le TPIY, notamment dans l'affaire Kunarac et Consorts, une attaque peut être considérée comme un type de comportement comportant des actes de violence. Il faut noter que « l'attaque ne se limite pas à la conduite des hostilités, mais peut également comprendre des situations où des mauvais traitements sont infligés à des personnes ne participant pas directement aux hostilités, des personnes détenues, par exemple. Les deux acceptions de ce terme procèdent toutefois de la même idée, à savoir que la guerre devrait mettre aux prises des forces armées ou des groupes armés, et qu'on ne saurait légitimement prendre pour cible la population civile » [46]. Ainsi dans l'affaire Naletilic et Martinovic, le TPIY énonce que, si, au sens du Statut du Tribunal, la commission des crimes contre l'humanité doit être liée à un conflit armé, ce n'est plus là une exigence du droit international coutumier [47].

Il résulte que les notions d'attaque et de conflit armé ne sont pas identiques. La Chambre d'Appel du TPIY, en comparant le droit international coutumier et le Statut du TPIY, a exprimé que les notions d'attaque contre une population civile et de conflit armé doivent être clairement distinctes, bien que, de toute évidence, l'attaque contre une population civile, constitutive du crime contre l'humanité, puisse se dérouler au cours d'un conflit armé : « En droit international coutumier, l'attaque peut précéder un conflit armé, se poursuivre après qu'il ait cessé ou continuer

---

46. Voir TPIY, *Kunarac et al.,* La Chambre de première instance, 22.02.2001, § 417.

47. Voir TPIY, *Naletilic et Martinovic*, La Chambre de Première instance, 31.03.2003, § 233.

pendant celui-ci, sans forcément en faire partie. En outre, dans le contexte des crimes contre l'humanité, l'attaque ne se limite pas au recours à la force armée et comprend également tous mauvais traitements infligés à la population civile » [48].

En analysant l'article 7 du Statut de la CPI, il apparaît qu'un crime contre l'humanité puisse être commis aussi bien en temps de paix qu'en temps de guerre. Dans cette hypothèse, il semblerait qu'un lien existe entre les actes criminels commis contre une population civile et la conduite des hostilités, et que les notions d'attaque et de conflit armé puissent s'imbriquer plus ou moins étroitement l'une dans l'autre. Selon certains « il n'en demeure pas moins que ces notions doivent demeurer clairement distinctes. Commis en temps de paix, le crime contre l'humanité reposera uniquement sur cette notion d'attaque contre une population civile » [49]. De plus, il faut noter qu'un acte de violence structurelle inséré dans l'infraction ne doit pas nécessairement relever de la violence physique : à travers l'incrimination de l'apartheid dans l'article 7 du Statut de la CPI, un acte de violence structurelle a été inséré dans l'infraction.

Le Statut de la CPI, dans son article 7 § 2 définit l'attaque comme « le comportement qui consiste en la commission multiple » d'actes criminels. C'est donc la multiplicité des actes commis qui caractérise l'attaque en question. Ceci entraîne que, considérés dans leur globalité, les actes criminels commis sont constitutifs de l'attaque alors que, considérés individuellement, chacun en est une composante essentielle mais non suffisante. Chacun de ces actes doit être relié à l'attaque en cours et ne pas constituer un acte isolé, qui ne saurait être qualifié de crime contre l'humanité. Le Statut ne précise pas la qualité de lien nécessaire entre le crime commis par l'auteur et l'attaque, qui peut prendre une grande variété de formes en fonction des circonstances. L'élément fondamental demeure que le crime de l'auteur ne puisse pas apparaître comme isolé, sans lien avec cette attaque, auquel cas il ne saurait y avoir de crime contre l'humanité. Il s'ensuit que l'on peut considérer un acte criminel unique comme un crime contre l'humanité s'il est commis dans un lien suffisant avec les autres crimes pour ne pas paraître isolé. C'est ce que démontre notamment les faits établis par le TPIY dans l'affaire Naletilic et Martinovic [50].

Après avoir découvert le concept de l'attaque, il faut considérer que, pour commettre un crime contre l'humanité, l'attaque doit être généralisée ou systématique. Mais quelle est la conception de l'attaque généralisée ou

48. Voir TPIY, *Kunarac,* La Chambre d'Appel, 12.06.2002, § 86.

49. Philippe CURRAT, *Op.cit.,* p. 96.

50. *Ibid.,* p. 96.

systématique ? Le crime contre l'humanité n'est pas constitué d'actes isolés, mais d'actes commis au cours d'une attaque généralisée et systématique. Il faut noter que dans la mesure où un individu commet un crime dans le contexte d'une attaque généralisée ou systématique, il engage, de ce fait, sa responsabilité pénale. Un auteur individuel n'a pas à commettre de nombreuses infractions pour être tenu pour responsable ; en effet, seule l'attaque, et non uniquement la participation d'un individu, doit posséder la caractéristique d'être généralisée ou systématique. Il en découle qu'une attaque unique peut être qualifiée de crime contre l'humanité exclusivement si l'auteur participe à cette attaque, et commet l'un des multiples actes nécessaires à sa qualification.

Selon Philippe CURRAT, le terme d'attaque généralisée fait référence à une attaque menée à grande échelle et faisant un grand nombre de victimes. Un crime peut être généralisé par l'effet cumulé d'une série d'actes inhumains ou par l'effet singulier d'un seul acte de grande ampleur [51] . Il semblerait que l'attaque généralisée s'avère massive et fréquente, ce qui appelle la répétition des actes qui la composent, menée sur une grande échelle. Il en découle nécessairement que cette attaque doit être collective, un individu isolé ne pouvant à lui seul la mener. Robert KOLB explique que « l'échelle requise pourra être atteinte de deux manières : par effet cumulatif d'actes individuels ; par effet d'un seul acte d'une extraordinaire magnitude » [52]. Enfin, le caractère généralisé de cette attaque ressort également de la gravité des actes qui la composent et de la multiplicité des victimes qu'elle vise.

Le concept d'attaque systématique implique que les actes de violence soient commis de manière organisée, sans que l'on puisse penser à leur survenance isolée. En effet, ce critère a trait à l'existence d'une conduite exécutée selon un plan méthodique. La jurisprudence du TPIY, comme le § 95 de l'arrêt de la Chambre d'Appel dans l'affaire Kunarac etc., confirme cette idée en affirmant que c'est au scénario des crimes – c'est-à-dire à la répétition délibérée et régulière de comportements criminels similaires – que l'on reconnaît leur caractère systématique ».

Ainsi, la jurisprudence du TPIR exprime les éléments fondamentaux de cette attaque. Selon le TPIR, elle doit être organisée et suivre un plan, une politique commune à ses auteurs et surtout, s'appuyer sur des ressources substantielles, privées ou publiques. En d'autres termes, une attaque systématique demande une certaine préparation appuyée sur une politique ou

51. Philippe CURRAT, *Op.cit.*, p. 99.

52. Robert KOLB, *Droit international pénal, Op.cit.*, p. 98.

un plan commun de ses auteurs, qui y investissent des moyens importants. Ceci souligne encore son caractère collectif.

Le TPIY a donc établi quatre éléments qui déterminent le caractère systématique d'une attaque :
1. l'existence d'un but à caractère politique, d'un plan en vertu duquel l'attaque est perpétrée ou d'une idéologie au sens large du terme à savoir détruire, persécuter ou affaiblir une communauté ;
2. la perpétration d'un acte criminel de très grande ampleur à l'encontre d'un groupe de civils ou de la commission répétée et continue d'actes inhumains ayant un lien entre eux ;
3. la préparation et la mise en œuvre de moyens publics ou privés importants, qu'ils soient militaires ou autres ;
4. l'implication dans la définition et l'établissement du dessein méthodique d'autorités politiques et/ou militaires de haut niveau [53].

Il existe l'idée selon laquelle ce dessein méthodique ne doit pas forcément faire l'objet d'une déclaration publique explicite, ni être énoncé de manière claire et précise. Il peut se déduire de l'ensemble des faits de la cause et notamment des éléments suivants [54] :
– des circonstances historiques générales et du cadre politique global dans lesquels s'inscrivent ces actes criminels ;
– de la création et de la mise en œuvre sur un territoire donné, et à n'importe quel niveau de pouvoirs, de structures politiques autonomes ;
– de la teneur générale d'un programme politique, telle qu'il résulte des écrits de ses auteurs et de leurs discours ;
– de la propagande médiatique ;
– de la création et de la mise en place de structures militaires autonomes ;
– de la mobilisation de force armée ;
– d'offensive militaires répétées et coordonnées dans le temps et dans l'espace ;
– des liens entre la hiérarchie militaire, la structure politique et son programme ;
– des modifications de la composition ethnique des populations ;
– des mesures discriminatoires, administratives ou autres (restrictions bancaires, laissez-passer …) ;
– de l'ampleur des exactions perpétrées et, principalement, des meurtres et autres violences physiques, des viols, des détentions arbitraires, des

53. Voir TPIY, 03.03.2000, *Le Procureur c/Blaskic*, La Chambre de première instance, § 203.

54. Philippe CURRAT, *Op.cit.*, p. 100.

déportations et des expulsions, ou des destructions de biens à caractère non militaire, notamment des édifices religieux [55].

Le concept d'attaque généralisée ou systématique est relatif. Il devra être apprécié au cas par cas, au regard de toutes les circonstances de l'espèce. En effet, les conditions d'ampleur et de systématicité ne sont pas cumulatives et la présence de l'une des deux est suffisante pour établir l'attaque dans le sens de l'article 7 du Statut de la CPI. Il semblerait qu'en pratique, les deux critères, généralisé et systématique, sont souvent difficiles à séparer l'un de l'autre : une attaque d'ampleur qui vise un grand nombre de victimes repose généralement sur une forme quelconque de planification ou d'organisation. Aussi, peut-on également parler d'un caractère massif et systématique d'autres crimes internationaux ou est-ce un caractère particulier du crime contre l'humanité ? Le caractère massif est un caractère général des crimes plus graves internationaux. Le crime de génocide, comme le crime contre l'humanité, est alors toujours commis dans ce cadre.

B. Génocide et caractère massif

Le Statut de la CPI, dans son article 6, proclame que: « aux fins du présent Statut, on entend par crime de génocide l'un des actes ci-après commis dans l'intention de détruire, en tout ou partie, un groupe national, ethnique, racial ou religieux, comme tels : a) meurtre de membres du groupe ; b) atteinte grave à l'intégrité physique ou mentale de membres du groupe ; c) soumission intentionnelle du groupe à des conditions d'existence devant entraîner sa destruction physique totale ou partielle ; d) mesures visant à entraver les naissances au sein du groupe ; e) transfert forcé d'enfants du groupe à un autre groupe ». En effet, cette définition reprend mot à mot la définition qui en est donnée par l'article 2 de la Convention pour la prévention et la répression du crime de génocide du 9 décembre 1948, ainsi que par l'article 4 du Statut du TPIY et par l'article 2 du Statut du TPIR. Le mot « groupe » est frappant dans cette définition et montre bien le caractère massif du crime de génocide.

Il semblerait que, dans les différentes opinions sur la notion de groupe, ce mot soit envisagé en tant que composante d'un État ou de plusieurs États, et l'individu y est perçu comme simple instrument d'une politique sinon étatique, du moins collective. Par exemple, en 1994, le Rwanda est composé de trois ethnies : Hutus, Tutsis et Twas. Le génocide a consisté en l'extermination de près d'un million de membres du groupe tutsi. Le nombre

55. Voir TPIY, 03.03.2000, *Le Procureur c/Blaskic*, La Chambre de Première instance, § 204.

des victimes du groupe tutsi nous prouve que le génocide est un crime de masse comme les autres crimes plus graves internationaux.

Il existe ainsi deux approches pour définir le groupe : l'approche objective et l'approche subjective. En effet, la jurisprudence du TPIR, notamment l'arrêt Ruzindana [56], envisage pour la première fois ces deux modalités de définition d'un groupe. « La première, objective, repose sur une langue et une culture communes. La seconde, subjective, repose sur la perception du groupe par lui-même (auto-identification) et par d'autres (identification par des tiers) » [57]. Mais, dans cette affaire, les juges Sekule, Ostrovsky et Khan ont conclu que les Tutsis étaient un groupe ethnique sans qu'il soit réellement possible de savoir quelle modalité ils avaient utilisée [58].

Après cette affaire et dans l'affaire Rutaganda [59], les juges ont adopté l'approche subjective de manière explicite. En effet, ils ont opté pour une lecture du crime de génocide, qui leur est propre : autonomiser la notion de groupe. Pour la première fois, ils donnent une définition de ce crime qui n'est plus binaire. Ainsi, ils estiment que pour qu'un crime de génocide soit établi, il faut : « 1 – que l'un des actes énumérés à l'article 2–2) du Statut ait été perpétré ; 2 – que cet acte ait été commis contre un groupe national, ethnique, racial ou religieux, spécifiquement ciblé en tant que tel, et 3 – que l'acte ait été commis dans l'intention de détruire, en tout ou en partie, le groupe ciblé » [60].

Il faut noter que cette nouvelle approche ternaire a été reprise dans l'affaire Musema [61] et dans l'affaire Bagilishema [62] où, les juges Mose, Gunawardana et Güney ont repris cette approche mais ont à nouveau examiné la question du groupe dans le cadre de l'appréciation du dol spécifique. Après avoir étudié le crime contre l'humanité et le crime de génocide, il nous semble qu'il faille aussi observer le crime de guerre. En effet, peut-on penser le crime de guerre comme un crime massif ?

---

56. *Ruzindana*, ICTR-95-1-T ; ICTR-96-10-T, 21 mai 1999.

57. Édouard DELAPLACE, *« La notion de groupe dans la jurisprudence du TPIR »*, in Laurence BURGORGUE-LARSEN (dir.), *La répression internationale du génocide rwandais*, Bruxelles, Bruylant, 2003, p. 276.

58. Ruzindana, *Op.cit.*, § 526.

59. Rutaganda, ICTR-96-3-T, 6 décembre 1999.

60. *Ibid.*, note ; 31, § 48.

61. Musema, ICTR-96-13-I, 27 janvier 2000, note 22, § 154.

62. Bagilishema, ICTR-95-IA-T, 7 juin 2001, § 55.

C. Crime de guerre et caractère massif

Le crime de guerre est défini par l'article 8 du Statut de la CPI, l'article 2-3 du Statut du TPIY, l'article 4 du Statut du TPIR, ainsi que par l'article 6(b) du Statut du TMI. Selon l'article 8 du Statut de la CPI : « La Cour a compétence à l'égard des crimes de guerre, en particulier lorsque ces crimes s'inscrivent dans un plan ou une politique ou lorsqu'ils font partie d'une série de crimes analogues commis sur une grande échelle ». En s'appuyant sur cet article, il semblerait que le crime de guerre soit un crime de masse. En effet, la commission de ce crime doit être planifiée et nécessite une série d'actes analogues commis à grande échelle. L'échelle du crime de guerre nous montre bien l'ampleur et la massivité de ce crime.

Pour certains auteurs, à l'instar de Rafaëlle MAISON, contrairement au crime contre l'humanité, « le crime de guerre peut prendre la forme d'un acte spontané émanant d'un agent étatique » [63] ; par exemple, d'un membre des forces armées de l'État qui agirait sans ordre, et sans que son comportement puisse être réellement rapporté à une volonté ou à une stratégie étatique. Pour autant, la compétence des juridictions internationales à l'égard des crimes de guerre n'implique pas que celles-ci aient vocation à connaître une criminalité purement individuelle, c'est-à-dire n'engageant en aucune mesure la responsabilité de l'État.

Le préambule du Statut de la CPI considère les crimes internationaux, et évidement le crime de guerre, comme les crimes les plus graves qui menacent la paix, la sécurité et le bien-être du monde. Ils touchent à l'ensemble de la communauté internationale.

Alors, comment imaginer l'acte spontané d'un agent étatique qui menacerait la paix et la sécurité internationales ? En effet, un acte spontané peut être considéré comme un élément du crime de guerre, mais il ne constitue pas un crime de guerre à part entière. Pour qualifier le crime de guerre, selon la définition du Statut de la CPI, il faut pouvoir observer une série de crimes analogues commis à une grande échelle. La qualification de certains crimes de guerre, notamment en matière de conduite des hostilités, implique un jugement du comportement collectif du belligérant auquel l'acte peut être imputé ou de celui de son adversaire. Ces conduites dans la guerre ne peuvent être des conduites spontanées car l'attestation de leur illicéité est conditionnée par l'analyse d'un comportement collectif. Enfin, si d'autres conduites dans la guerre, prohibées à l'inverse de manière absolue, peuvent être adoptées spontanément par un agent isolé, il n'est néanmoins pas certain

63. Rafaëlle MAISON, *La responsabilité individuelle pour crime d'État en droit international public*, Bruxelles, Bruylant, 2004, p. 145.

qu'elles relèvent dans tous les cas de la juridiction internationale. En effet, devant les juridictions internationales, l'accent est justement porté sur la répression de la criminalité « systématique » de la guerre [64]. Le crime de guerre apparaît à cet égard comme un acte souverain, c'est-à-dire, comme dépendant pleinement de la volonté de l'État. Outre le crime de guerre, le Statut de la CPI considère le crime d'agression comme un autre crime plus grave international. Aussi, est-il possible d'en percevoir le caractère massif ?

D. Crime d'agression et caractère massif

Le crime d'agression, selon le Statut de la CPI, est le crime le plus grave international. En énumérant les crimes relevant de la compétence de la Cour, l'article 5 du Statut considère le crime d'agression. Cette disposition affirme que l'agression tombe en principe dans la compétence de la CPI et qu'elle consiste en un *core crime* contre les intérêts fondamentaux de la communauté internationale toute entière [65].

Pour étudier le concept du crime d'agression, nous pouvons nous référer aux textes internationaux comme l'article 6(a) du Statut de TMI pour Nuremberg, l'article 5(a) du TMI de Tokyo et la Résolution 3314 du 14 décembre 1974 et l'article 8bis du Statut de la CPI. En effet, la Résolution 3314 du 14 décembre 1974 recouvre toute la gamme de l'agression et non seulement le crime d'agression. Tous les actes mentionnés dans son texte peuvent être considérés comme agression au sens du droit international, puisque la Résolution reflète le droit coutumier. Toutefois, l'ensemble de ces actes n'est pas constitutif d'un crime d'agression.

Selon l'article premier de cette Résolution, l'agression est « l'emploi de la force armée par un État contre la souveraineté, l'intégrité territoriale ou l'indépendance politique d'un autre État, ou de toute autre manière incompatible avec la Charte des Nations Unies, ainsi qu'il ressort de la présente définition ». En considérant cette définition, il apparaît que le crime d'agression est un crime étatique à grande échelle, c'est-à-dire un crime de masse. C'est pourquoi, les États du « tiers monde » poussent vers une définition large et hardie de l'agression parce qu'ils en sont plus victimes qu'acteurs ; leur faiblesse militaire ne les prédisposant pas à des aventures militaires de type agressif. Cette même faiblesse ainsi que le spectre du néo-colonialisme les exposent en revanche à être la cible d'aventures militaires d'États plus puissants. Les puissances militaires occidentales, à la tête desquelles se placent les États-Unis d'Amérique, mais aussi la Russie et la

64. Rafaëlle MAISON, *Op.cit.*, p. 146.

65. Robert KOLB, *Op.cit.*, p. 166.

Chine, ne sont en revanche guère favorables à l'incrimination de l'agression [1].

Depuis la création de la CPI, une Assemblée des États Parties travaille sur la définition du crime d'agression. En proposant l'article 8 bis au Statut de la CPI et en définissant le crime d'agression, l'Assemblée des États Parties de la CPI, dans sa Résolution RC/RES.6 du 11 juin 2010, exprime qu' « aux fins du présent Statut, on entend par « crime d'agression » la planification, la préparation, le lancement ou l'exécution par une personne effectivement en mesure de contrôler ou de diriger l'action politique ou militaire d'un État, d'un acte d'agression qui par sa nature, sa gravité et son ampleur, constitue une violation manifeste de la Charte des Nations Unies ». Cette définition confirme l'ampleur et le caractère massif du crime d'agression ; bien qu'elle en reconnaisse la responsabilité pénale individuelle. Mais comment imaginer alors le crime de masse commis par un seul individu ?

En analysant le caractère massif des crimes internationaux, nous avons constaté que pour les commettre, une pluralité d'auteurs et de victimes était nécessaire. Autrement dit, les auteurs et les victimes de ces crimes doivent être nombreux pour que ces crimes puissent être commis massivement. C'est à dire qu'il y a réciprocité entre le caractère massif de ces crimes et la pluralité de leurs auteurs et de leurs victimes. Néanmoins, comment envisager cette pluralité ?

Section 3. Pluralité d'auteurs, pluralité de victimes

Les crimes internationaux les plus graves sont des crimes de masse. Le nombre de leurs auteurs se compte parfois par milliers et ils ne peuvent donc pas être commis par des individus isolés. Il demeure impossible de mener seul un crime de masse ; par conséquent, de nombreuses personnes en sont les auteurs de fait ou dans la poursuite de la politique d'un État ou d'une organisation. « La scission des éléments constitutifs du crime de masse apparaît non seulement dans la chaîne verticale de commandement, mais aussi, de façon horizontale, entre les divers participants qui contribuent à l'entreprise criminelle conjointe, concept propre au droit international pénal. Malgré les difficultés de cette criminalité de système, le droit pénal devrait ainsi permettre d'individualiser la culpabilité qui fonde la responsabilité de chacun » [2]. De ce fait, l'individu endosse la responsabilité de ses actes et

---

1. Robert KOLB, *Op.cit.*, p. 167.

2. Mireille DELMAS-MARTY, *« Violence et massacres : entre droit pénal de l'ennemi et droit pénal de l'inhumain »*, RSC, Janvier/Mars 2009, p. 66.

doit en rendre compte. Ce n'est plus le collectif qui absorbe la liberté individuelle mais, à l'inverse, la liberté individuelle qui doit payer les conséquences de sa participation à des actions collectives [1].

Contrairement à cette idée, certains soutiennent que l'état actuel du droit reconnaît qu'un crime le plus grave international comme le génocide peut être commis par un individu ne présentant pas de lien direct avec la politique d'un État ou d'une entité similaire, par exemple d'un régime de facto non reconnu… En pratique, toutefois, on imagine mal un génocide sans participation étatique quelconque. L'ampleur des actes généralement en cause suppose, afin qu'ils puissent se dérouler, une complicité de l'État.

Dans le domaine interne « pour faire face à de graves troubles issus d'agissements généralement collectifs et pour éviter leur renouvellement, le législateur a été conduit à incriminer spécialement certains actes collectifs, ou à modifier leur incrimination » [2]. Ce thème est clairement démontré de façon récurrente dans le domaine international. Autrement dit, tous les crimes internationaux, notamment les crimes internationaux les plus graves sont des actes collectifs nécessitant une pluralité d'auteurs. Il faut également noter que « l'infraction collective est différente des infractions commises par une personne morale » [3]. Ainsi doit-on distinguer l'infraction collective de l'infraction commise collectivement. En effet, « cette dernière procède de l'intervention d'une pluralité d'agents pour commettre une infraction. Le délit collectif au contraire résulte de la prise en considération par la loi de cette même pluralité de délinquants, chiffrée ou non, à titre d'élément constitutif » [4].

Dans la commission de crimes de masse, la mémoire collective, fondée sur une catastrophe passée, peut jouer un rôle déterminant. Par exemple, le rôle de la Shoah dans l'identité nationale israélienne démontre cette idée [5]. En effet, de nombreux auteurs suivent le même objectif pour commettre le même crime. Cet objectif est fondé sur la mémoire collective. Certains développent l'idée selon laquelle « une identité nationale peut se bâtir sur la culpabilité et le repentir, sans l'honneur ordinaire des autres nations » [6].

---

1. Antoine GARAPON, *Des crimes qu'on ne peut ni punir ni pardonner*, Paris, Ed. Odile Jacob, 2002, p. 111.

2. Christian DUPEYRON, *« L'infraction collective »*, RSC, 1973, p. 359.

3. *Ibid.*, p. 360.

4. Christian DUPEYRON, *Op. cit.*, p. 360.

5. Mark OSIEL, *Juger les crimes de masse*, Paris, éd. du Seuil, 2006, p. 243.

6. *Ibid.*, p. 248.

Cependant « peut-on inscrire une faute morale dans la mémoire collective d'une décision de justice ? [1] ».

Les victimes des crimes internationaux les plus graves, comme leurs auteurs, sont donc nombreuses. Autrement dit, il y a pluralité de victimes. Toutefois, comment décrire cette réalité ? Le mot victime est directement issu du latin *victima*. Son sens est analogue à celui du mot grec *thyma*. Il désignait une créature offerte en sacrifice aux Dieux [2]. On définit la victime comme un individu qui s'inscrit dans une dimension personnelle, sociale et politique. Les différences, plus ou moins extensives, tentent toutes de réduire le caractère éminemment relatif de la notion de victime. Pour certains, une victime est une personne qui se reconnaît comme telle, c'est le point de vue, manifestement trop extensif, adopté par les instituts de sondage [3].

Le domaine international, quant à lui, reconnaît, outre l'individu, la pluralité des victimes. L'ONU, par exemple, entend « par victime, des personnes qui, individuellement ou collectivement, ont subi un préjudice, notamment une atteinte à leur intégrité physique ou mentale, une souffrance morale, une perte matérielle, ou une atteinte grave à leurs droits fondamentaux, en raison d'actes ou d'omissions qui …
– (…) enfreignent les lois pénales en vigueur dans un État membre (…),
– (…) représentent des violations des normes des droits internationalement reconnus en matière des droits de l'homme » [4].

Ainsi, selon la règle 86 du Règlement de procédure et de preuve de la CPI le 26 mai 2004 :
– a) « le terme victime s'entend de toute personne physique qui a subi un préjudice du fait de la commission d'un crime relevant de la compétence de la Cour ;
– b) le terme victime peut aussi s'entendre de toute organisation ou institution dont un bien consacré à la religion, à l'enseignement, aux arts, aux sciences ou à la charité, un monument historique, un hôpital ou quelque autre lieu ou objet utilisé à des fins humanitaires a subi un dommage direct » [5].

Cette vaste définition considère deux groupes de victimes : la personne physique et la personne morale. Autrement dit, à l'échelle internationale, le

---

1. *Ibid.,* p. 242.

2. Gérard LOPEZ, *Victimologie,* Paris, Dalloz, 1997, p. 13.

3. *Ibid.,* p. 3.

4. A/RES/40/34 du 11 décembre 1985 ; Robert CARIO, « Les droits des victimes devant la CPI », AJPénal, 2007, pp. 261-266.

5. Robert KOLB, *Op.cit.,* p. 318.

concept de victime n'est pas limité. Il existe des personnes physiques victimes soit individuellement soit collectivement, soit directement soit indirectement, et de plus, existent également des organisations et des institutions victimes.

La définition des crimes internationaux les plus graves comme le génocide, le crime contre l'humanité, notamment montre bien l'idée de la pluralité des victimes. Par exemple, selon sa définition, un des éléments constitutifs du génocide est que ses victimes doivent constituer un groupe national, ethnique, social ou religieux. Cet élément exprime la pluralité et la collectivité des victimes de ce crime.

A. Victimes directes et victimes indirectes

La victime est directe ou primaire quand elle est elle-même victime de la violation, par exemple lorsqu'elle a été tuée ou torturée. Elle est indirecte, secondaire ou « victime par ricochet » lorsqu'elle souffre de la violation sans en être la victime directe, en étant par exemple un parent ou un proche de la victime directe [1].

Le vocabulaire de la règle 86 reste vague et ne permet pas de savoir si les victimes en question sont seulement directes ou si elles peuvent être aussi indirectes. Ce sont d'autres textes qui permettront de trancher. La définition retenue par le Séminaire de Paris sur l'accès des victimes à la CPI (1999) était explicite à cet égard : « Toute personne ou groupe de personnes qui, directement ou indirectement, individuellement ou collectivement, a subi un préjudice à raison de crime relevant de la compétence de la Cour » [2].

Les documents officiels de la Cour sont moins explicites, mais permettent malgré tout de retenir la même extension du terme. On peut distinguer deux types de victimes indirectes. Premièrement, les parents et les proches : le dommage subi peut alors être non seulement moral (perte d'un être cher) mais aussi matériel, si la personne en question était économiquement dépendante de la victime directe, et que cette dernière n'est plus en mesure de subvenir à ses besoins, parce qu'elle a été tuée ou devenue invalide. Dans le cas d'une disparition, il se peut également que la victime indirecte devienne victime directe si, en plus du dommage initial (la disparition d'un parent ou d'un proche, qui cause un préjudice moral et/ou matériel), s'ajoute un dommage supplémentaire causé par le comportement des autorités, si

1. Jean-Baptiste JEANGENE VILMER, *Réparer l'irréparable (les réparations aux victimes devant la Cour pénale Internationale)*, Paris, PUF, 2009, p. 24.

2. PCNICC/1999/WGRPE/INF/2 (6 Juillet 1999), Règle X (Art. 15), §1.

celles-ci ne fournissent pas les informations en leur possession, en cas de disparition, par exemple, ce qui serait assimilable à un mauvais traitement.

Deuxièmement, les personnes qui ont souffert en intervenant pour aider les victimes, soit une fois que le crime initial a eu lieu, soit à titre préventif, puisqu'il s'agit aussi des individus étant intervenus pour empêcher la victimisation [1], prévenir la persécution [2] ou, comme l'explique la Chambre préliminaire de la CPI, empêcher que les victimes directes ne deviennent à raison de la commission de ces crimes [3]. Cette notion de victime indirecte a été confirmée par la Chambre d'Appel dans un arrêt du 11 juillet 2008 [4].

Il apparaît que deux sortes de personnes peuvent donc prétendre être des victimes indirectes de ce point de vue: d'une part, les individus au service des victimes, en premier lieu les avocats, les médecins et les travailleurs humanitaires; d'autre part, ceux ayant tenté de prévenir le crime, par exemple des hommes politiques, des journalistes et n'importe quel individu qui dans cette entreprise a été la cible d'intimidations, de menaces, de harcèlement, de pressions diverses, voire d'agression.

À ce titre, les uns comme les autres peuvent être considérés comme des victimes indirectes ayant droit à réparation. Se pose la question des limites : jusqu'où étendre le cercle de la victimisation ? Le principe qui consiste à déborder les victimes directes pour intégrer les victimes indirectes est évidemment juste et répond à une situation réelle. La mère qui a perdu son enfant ou l'avocat qui reçoit des menaces de mort sont des victimes indirectes et méritent donc que soit considéré leur droit à réparation. De plus, il faut noter que les crimes internationaux les plus graves, en raison de leur dimension massive, collective, ont un impact global, et qu'ils sont généralement perçus comme des crimes dont une population ou la communauté internationale sont leurs victimes. Pour que la réparation soit efficace, il faut reconnaître cet aspect, tout en étant capable d'introduire des

---

1. Voir § 2 de la Déclaration des principes fondamentaux de justice relatifs aux victimes de la criminalité et aux victimes d'abus de pouvoir du 25 novembre 1985.

2. Voir le § 8 de la Résolution adoptée par l'Assemblée générale de l'ONU le 16 décembre 2005 concernant les Principes fondamentaux et directives concernant le droit à un recours et à réparation des victimes de violations flagrantes du droit international des droits de l'homme et de violations graves du droit international humanitaire.

3. Chambre Préliminaire I, décision du 22 juin 2006. Ch. Prél. I, 29.06.2006, ICC-01/04-01/06-172, affaire *Le Procureur c/Thomas Lubanga Dyilo*, Décision sur les demandes de participation à la procédure présentées par les Demandeurs VPRS 1 à VPRS 6 dans l'affaire *Le Procureur c/Thomas Lubanga Dyilo*, p. 8.

4. Ch. App. , 11.07.2008, ICC-01/04-01/06-1432-tFRA, Arrêt relatif aux appels interjetés Par le procureur et la défense contre la Décision relative à la participation des victimes rendue le 18 janvier 2008 par la Chambre de Première instance I, p. 4.

priorités, comme l'indique la Commission pour la réception, la vérité et la réconciliation au Timor-Oriental [1] : « Tous les Est-Timorais ont été touchés et victimisés par le conflit d'une manière ou d'une autre. (...) Nous sommes tous des victimes, mais toutes les victimes ne sont pas égales. Nous devons accepter cette réalité et tendre la main aux plus vulnérables d'entre nous » [2].

B. Personnes physiques et personnes morales en tant que victime

Les victimes des crimes internationaux les plus graves peuvent être des personnes physiques ou morales. Au sein des personnes morales, la communauté internationale constitue un cas exceptionnel.

1. Concept de personnes physiques et morales

Selon la Déclaration de 1985, les Principes de 2005 et les tribunaux ad hoc, la victime ne peut être qu'une personne physique, qui peut néanmoins subir collectivement le préjudice [3]. En revanche, selon sa Règle 86 du Règlement de procédure et de preuve adoptée par les juges de la Cour le 26 mai 2004, la CPI accepte deux types de victimes : les personnes physiques et les personnes morales. Les organisations et les institutions peuvent aussi, sous certaines conditions, recevoir réparations devant la Cour, et un formulaire distinct leur est d'ailleurs consacré. Il semblerait que la règle 86 inscrive les personnes morales en seconde position, dans un alinéa qui les présente comme une possibilité exceptionnelle « peut aussi s'entendre », tandis que les personnes physiques représenteraient la signification première et normale « s'entend » du terme « victime ». Mais pourquoi intégrer ainsi les personnes morales ?

Certains disent que les crimes internationaux les plus graves peuvent concerner la propriété culturelle ; alors que la protection de la propriété culturelle reste un principe classique du droit international humanitaire [4]. En effet, le crime de guerre peut viser « les bâtiments consacrés à la religion, à l'enseignement, à l'art, à la science où à l'action caritative, les monuments

---

1. La Commission pour la réception, la vérité et la réconciliation au *Timor-Oriental* a été établie en 2001, afin d'enquêter sur les violations des droits de l'homme commises pendant les 25 ans de guerre civile et d'occupation indonésienne, résultant du processus de décolonisation déclenché par la « révolution des Œillets » au Portugal.

2. http://www;etan.org/etanpdf/2006/CAVR/Chega!-Report-Executive-Summary.pdf.

3. Voir § 1-3 de la Déclaration de 1985, § 8-9 des Principes de 2005 et art. 2 (A) du Règlement de procédure et de preuve du TPIY et TPIR.

4. Jean-Baptiste JEANGENE VILMER, *Op.cit.*, p. 28.

historiques » ; la destruction de biens culturels jouant également un rôle dans le cadre du génocide et du crime contre l'humanité. Pour décrire la destruction systématique des biens culturels en Bosnie-Herzégovine dans les années 1990, on a développé l'idée de génocide culturel ou d'ethnocide. Par exemple, l'un des chefs d'accusation de Kristic, pour crime contre l'humanité devant le TPIY, est la destruction de biens personnels de musulmans bosniaques [1].

En considérant la règle 86, les personnes morales pouvant demander réparation sont : « une organisation ou une institution dont un bien consacré à la religion, à l'enseignement, aux arts, aux sciences ou à la charité, un monument historique, un hôpital, un lieu ou un objet utilisé à des fins humanitaires qui aurait subi un dommage direct » [2]. Jean-Baptiste JEANGENE VILMER critique la victimisation des personnes morales et la possibilité de leur réparation par la CPI en remarquant que les demandes de réparation peuvent être innombrables et pas toujours légitimes [3]. Par exemple, la Résolution 687/91 du Conseil de Sécurité de l'ONU le 3 avril 1991, reconnaît l'Irak comme le responsable « de tout dommage – y compris les atteintes à l'environnement et la destruction des ressources naturelles – et de tous autres préjudices directs subis par les États étrangers et les personnes physiques et sociétés étrangères du fait de son invasion et de son occupation, illicites, du Koweït ». L. WALLEYN dénonce les abus auxquels cette largesse a conduit : « [D]es sommes considérables auraient été versées à des sociétés israéliennes, y compris des vendeurs de fleurs et des exploitants de cinéma, pour les pertes commerciales subies à cause de la situation de guerre, et certains pays auraient même tenté de soumettre des notes pour l'effort de guerre » [4]. Si l'on refuse la victimisation des personnes morales pour ces raisons, à l'évidence il faudrait aussi refuser la victimisation des personnes physiques, des abus étant également dénoncés dans ce domaine.

2. Communauté internationale comme victime réelle

La victime réelle des crimes internationaux les plus graves n'est pas seulement constituée de personnes soit physiques, soit morales, ayant subi des actes matériels à la base de l'infraction; la victime en est l'humanité

1. Voir l'acte d'accusation du cas IT-98-33 au TPIY.

2. Formulaire standard de demande de réparations devant la Cour Pénale Internationale réservé aux personnes morales, p. 1.

3. Jean-Baptiste JEANGENE VILMER, *Op.cit.*, p. 28.

4. L. WALLEYN [2002], p. 55.

entière [1]. En confirmant cette idée, l'article 5 du Statut de la CPI exprime que : « la compétence de la Cour est limitée aux crimes les plus graves qui touchent l'ensemble de la communauté internationale ». En effet, ces crimes de masse affectent l'ensemble de la société, c'est-à-dire, non seulement le pouvoir, mais aussi les contre-pouvoirs, la presse, les intellectuels, la médecine ou la science [2]. Ils détruisent tout ce qu'il y a d'humain en l'homme : le concept d'humanité, chargé des anciennes normes transcendantes que pouvaient être la nature ou l'histoire [3]. C'est pourquoi, les auteurs des crimes internationaux les plus graves peuvent être punis par n'importe quel État, car ils affectent la société [ou la communauté] internationale tout entière [4]. Les États, en tant que représentants des sociétés, détiennent le droit de sanctionner les auteurs de ces crimes. C'est en cela que la compétence universelle est justifiée.

Il semblerait que la définition même des crimes comme le crime contre l'humanité ou le crime de génocide démontre bien la pluralité des victimes. Mireille DELMAS-MARTY explique que « les termes systématique et généralisé pour le crime contre l'humanité, ainsi, les termes d'appartenance d'un groupe national, ethnique, racial ou religieux pour le crime de génocide expriment la dimension quantitativement massive du massacre » [5].

C. Exemples de pluralité de victimes

En considérant les crimes commis dans le domaine international, nous constatons la pluralité massive des victimes civiles. Par exemple, pendant la première guerre mondiale, il y eut deux millions de personnes victimes, uniquement en France : veuves, orphelins et vieillards sans descendance et donc sans secours. Pourtant, il faut noter que depuis la première guerre mondiale, le nombre des victimes civiles n'a fait qu'augmenter. Durant la première guerre mondiale, les civils représentaient 5% des victimes ; ils en constituaient 50% durant la seconde ; au terme des conflits des années 90, on

---

1. Juliette LELIEUR-FISCHER, *« L'impossible poursuite de tous les crimes contre l'humanité commis avant l'entrée en vigueur du nouveau code pénal ? »*, RSC, 2004, p. 39.

2. Antoine GARAPON, *Op.cit.*, p. 272-3.

3. *Ibid.*, p. 116.

4. Antonio CASSESE, *« Y a-t-il un conflit insurmontable entre souveraineté des Etats et justice pénale internationale ? »*, p. 19 in Antonio CASSESE et Mireille DELMAS-MARTY (dir.), *Crimes internationaux et juridictions internationales*, Paris, PUF, 2002, p. 267.

5. Mireille DELMAS-MARTY, *« Violence et massacres : entre droit pénal de l'ennemi et droit pénal de l'inhumain »*, *Op.cit.*, p. 65.

estimait à 90% celles des victimes appartenant à la population civile, qui avaient été tuées [1].

En plus de ces victimes civiles, s'ajoutent les victimes militaires comme les anciens combattants sauvés, qui gardèrent plus ou moins profondément les traces de la guerre dans leur chair et leur psychisme, et parmi eux un million d'invalides. Selon Annie DEPERCHIN, dans son article « Victimes du premier conflit mondial et justice », quatre départements français furent particulièrement touchés : le Nord, l'Aisne, le Pas-de-Calais et la Somme [2]. Elle explique que les dommages ont été évalués à près de 27 milliards de franc-or pour le Nord, 16 milliards pour l'Aisne, 12 milliards pour le Pas-de-Calais et à plus de 6 milliards pour la Somme.

De même, il est estimé que, pendant la période 1945-1996, 220 conflits ont provoqué 87 millions de morts et plusieurs millions de personnes privées de droits fondamentaux, de propriétés et de dignité [3]. Les autres exemples, 2 millions de morts dans la population cambodgienne victimes des Khmers rouges, notamment, expriment la grande caractéristique des crimes de masse : l'immense pluralité de leurs victimes.

Outre les massacres, les actes criminels, comme le viol des femmes pendant la première et la deuxième guerre mondiale, démontrent cette autre caractéristique. En effet, les femmes y furent massivement les victimes de ces actes. Le viol des femmes a été utilisé de manière systématique comme arme de guerre, dès la première guerre mondiale. Cet acte fut donc une arme de terreur utilisée quand les allemands envahirent la Belgique, puis la France, durant les premiers mois de 1914. Ce viol d'invasion cesse lorsque la guerre des tranchées s'installe.

En Allemagne, les viols de masse des femmes juives ont fait leur apparition durant les émeutes de 1938, celles de la Nuit de Cristal [4]. Des

---

1. Bénédicte CHESNELONG, *« Victimes et justice des crimes de guerre et contre l'humanité »,* in Denis SALAS, Victimes de guerre en quête de justice, Paris, L'Harmattan, 2004, p. 31.

2. Annie DEPERCHIN, *« Victimes du premier conflit mondial et justice »*, in Denis SALAS (dir.), *Victimes de guerre enquête de justice,* Paris, L'Harmattan, 2004, p. 19.

3. Stephan PARMENTIER, *« La commission « de vérité et réconciliation » en Afrique du Sud : possibilité et limites de la « justice restaurative » après conflits politiques majeurs »,* in Denis SALAS (dir.), *Victimes de guerre enquête de justice,* Paris, L'Harmattan, 2004, p. 57.

4. La "Nuit de Cristal" est le nom donné au violent pogrom qui eut lieu les 9 et 10 novembre 1938, dans toute l'Allemagne et les territoires récemment annexés (Autriche et Sudètes), à l'initiative des dirigeants du parti nazi et des S.A. (sections d'assaut). L'origine du nom de cet événement est liée au nombre incalculable de vitres brisées des synagogues, magasins, centres communautaires et maisons appartenant à des Juifs qui furent mis à sac et

nuits semblables se sont répétées dans de nombreuses villes au début de l'invasion allemande de la seconde guerre mondiale. En arrivant dans de nouveaux territoires, on a pillé les maisons juives et violé les femmes. De même il existe de nombreux viols de masse des femmes dans le ghetto de Varsovie [1]. Les femmes juives n'étaient pas les seules à être violées durant la seconde guerre mondiale ; les Allemands violaient aussi les femmes russes au moment de l'invasion de l'URSS. Les femmes françaises ont été également violées, en signe de représailles, sous l'occupation, à Nice et dans le Vercors. Dans les camps de concentration, les femmes ont été considérées comme objets sexuels des soldats. De même, les Russes violèrent les femmes allemandes lors de la chute de Berlin [2].

Il faut noter que dans le Statut de Nuremberg, le viol des femmes n'est pas mentionné comme crime de guerre. En revanche, le Statut de Tokyo, pour la première fois, établit cet acte comme crime de guerre après avoir révélé le viol de 20 000 femmes à Nankin, lors de l'invasion de la Chine par les japonais, dix ans auparavant. Entre 200 000 et 400 000 femmes bengalis de 8 à 75 ans, musulmanes en majorité, sont également violées par les Pakistanais, pendant les 9 mois de guerre de 1971, au moment de l'indépendance du Bengladesh. Il y aurait eu 25 000 femmes enceintes à la suite de ces viols [3].

Ainsi, le viol de masse des femmes bosniaques musulmanes de tout âge, de 4 à plus de 60 ans, et environ 100 000 femmes violées [4] pendant le génocide du Rwanda, nous montre bien la grande pluralité des victimes de ce crime de masse. Pour preuve, le procès de Foçà en Bosnie devant le TPIY, concerne le viol massif des femmes bosniaques par les serbes. Dans ce procès, trois accusés bosno-serbes ont répondu avoir ordonné, dirigé, pratiqué des viols systématiques et des actes de tortures sur plusieurs centaines de femmes enfermées dans des locaux et dans un stade, un véritable camp de viol. Il est particulièrement significatif qu'ils aient été inculpés de ce crime pour lequel on ne s'en tient pas aux commanditaires car selon la déclaration du procureur : « nul ne pourra évoquer une fonction subalterne pour échapper au jugement, car en temps de paix comme en temps de guerre tout homme civilisé ne saurait abuser d'une femme ». A ce

---

détruits à cette occasion. Ce terme est devenu un euphémisme pour désigner cette brutale opération et n'exprime pas de façon appropriée les souffrances qu'elle causa.

1. Catherine BONNET, *« Viols des femmes pendant la guerre : particularités du dévoilement et de l'accompagnement »,* in Denis SALAS (dir.), *Victimes de guerre en quête de justice*, Paris, L'Harmattan, 2004, p. 92.

2. *Ibid.,* p. 92.

3. Catherine BONNET, *Op. cit.,* p. 92.

4. *Ibid.,* p. 95.

procès, de nombreuses survivantes ou proches des victimes sont venues témoigner dans une extrême dignité [1]. Ces exemples de la pluralité de victimes, et de la gravité des actes nous conduisent à imaginer les moyens d'empêcher de telles exactions. Un de ces moyens peut être l'incrimination des actes préparatoires à ces infractions, ce qui nécessite de développer le concept d'infraction-obstacle dans ce domaine.

Pour Guénaël METTRAUX, l'une des caractéristiques du viol en temps de guerre est le nombre immense des victimes. Cependant, du point de vue juridique, un viol unique pourrait être qualifié de crime de guerre, de crime contre l'humanité ou même de génocide, pourvu que les autres conditions de ces crimes soient satisfaites. Le nombre d'abus sexuels ou de viols commis en temps de guerre est donc une réalité factuelle tout à fait relative et non pas une exigence juridique contenue dans la définition même de ces crimes [2]. Néanmoins comment imaginer la commission du crime le plus grave international sans pluralité de victimes ? Si l'on considère l'individu victime, il faut alors considérer l'individu auteur. Mais comment un individu commet-il un crime de masse contre un autre individu ? Si on l'imagine comme un acte individuel contre un autre individu, on ne pourra le nommer crime de masse.

D. Réparation collective

La réparation collective des victimes de crimes internationaux les plus graves est une conséquence de la pluralité de victimes. Dans le domaine international, on peut considérer deux sortes de réparation : la réparation individuelle et la réparation collective. Ces types de réparation peuvent être matériels ou symboliques. Les réparations matérielles sont plutôt individuelles, sauf la réhabilitation qui peut avoir une dimension collective, tandis que les réparations symboliques restent collectives[3]. Pourtant cette distinction n'est pas totale puisqu'il est possible d'imaginer des réparations matérielles à usage collectif (un hôpital, par exemple) et des réparations symboliques à usage individuel (des excuses à l'attention d'une personne en particulier). Alors, comment définir la réparation collective ?

---

1. Gisèle DONNARD, *« Les victimes de viol « arme de guerre » : « crime contre l'humanité »,* in Denis SALAS (dir.), *Victimes de guerre enquête de justice*, Paris, L'Harmattan, 2004, p. 116-117.

2. Guénaël METTRAUX, *« Le « viol » en droit international à la lumière de la jurisprudence du Tribunal Pénal International pour l'ex-Yougoslavie : quelques aspects »,* in Denis SALAS (dir.), *Victimes de guerre en quête de justice,* Paris, L'Harmattan, 2004, p. 122.

3. Jean-Baptiste JEANGENE VILMER, *Op.cit.,* p. 77.

1. Définition de la réparation collective

La réparation collective n'est pas définie par les textes internationaux comme le Statut de la CPI, mais il s'agit pourtant de toute réparation bénéficiant à plusieurs personnes, à un groupe, à une communauté, tout projet communautaire, par exemple la mise en place d'un nouveau service, la construction d'une école, d'un hôpital, d'un orphelinat. Dans le Statut de la CPI, trois formes de réparation sont prévues : la restitution, l'indemnisation, la réhabilitation. La restitution et la réhabilitation peuvent être collectives. On peut restituer par exemple, un bien à usage collectif et le fournir dans le but de réhabiliter plusieurs personnes ou une communauté particulière : un service médical, juridique, social qui sera utile à tous. Il est par contre plus difficile de voir dans quelle mesure l'indemnisation pourrait être collective, si l'on parle de personnes physiques. L'indemnisation des personnes morales est par nature collective, puisque donner de l'argent à une organisation revient à en donner à un ensemble d'individus réunis par une cause particulière, sans pour autant que la somme en question soit répartie entre eux.

Il faut noter que la plupart des crimes internationaux les plus graves sont commis dans des communautés économiquement pauvres. Cette pauvreté peut être la raison d'organiser une réparation collective sous forme de développement économique.

2. Choix de la cour pénale internationale : réparation collective et réparation individuelle

La règle 97 du Règlement de procédure et de preuve de la CPI permet à la Cour de choisir entre deux types de réparations, individuelle ou collective. Par contre, elle donne priorité à la réparation individuelle tandis que la réparation collective reste exceptionnelle. La Cour est-elle parfaitement libre de choisir la réparation individuelle ou collective ? Pas exactement, car selon la règle 97, le choix de la Cour doit se faire selon le critère suivant « l'ampleur du dommage, de la perte ou du préjudice ». Cette formulation reste vague, car le concept de l'ampleur du dommage est indistinct et l'on ne sait comment le conceptualiser. Ce terme démontre-t-il cependant la gravité (interprétation qualitative) ou le nombre de personnes qu'il touche (interprétation quantitative) ?

À l'échelle internationale, il est possible de recourir à la réparation individuelle, comme à la réparation collective. Les raisons justifiant le recours à la réparation collective sont les suivantes : premièrement, les ressources de la personne condamnée sont insuffisantes pour indemniser individuellement chacune des nombreuses victimes ; deuxièmement, c'est la communauté prise dans son ensemble qui a été touchée, c'est donc collectivement que doit se faire la réparation.

Pour justifier la réparation individuelle, Jean-Baptiste JEANGENE VILMER argumente que la réparation collective ne bénéficie pas à certaines victimes, comme par exemple celles qui sont à l'étranger. On peut imaginer le cas d'un orphelin ayant fui son pays après les événements et étant réfugié à l'étranger dans une famille d'accueil : il ne bénéficiera pas de l'hôpital, de l'école ou de l'orphelinat que l'on construit dans son pays d'origine. On peut alors lui fournir une réparation individuelle [1].

En considérant les raisons qui justifient la réparation collective, il nous semble que ce type de réparation convient à la pluralité de victimes pour les crimes internationaux les plus graves. Cependant, l'impossibilité de la réparation entière des victimes de masse et les défauts de la réparation de ce genre de victimes nous conduit à imaginer les moyens d'empêcher la commission de ces infractions. Un moyen de prévention est donc l'incrimination des actes préparatoires à ces infractions et le transfert du concept d'infraction-obstacle dans ce domaine. Au-delà de la pluralité des victimes, le principe de l'imprescriptibilité est une autre différence entre le droit international pénal et le droit pénal interne. Mais comment ces différences s'expriment-elles ?

Section 4. Imprescriptibilité

La prescription désigne une durée au-delà de laquelle des poursuites pénales pour un crime ne sont plus possibles. Il semblerait que la prescription ne soit pas un acte de volonté comme l'amnistie ou la grâce. « Elle n'exprime pas le pardon des hommes, seulement l'oubli du temps, qui garantit l'impunité des crimes après un certain délai, depuis les faits (prescription de « l'action publique » qui empêche toute poursuite), ou depuis la condamnation (prescription de la peine qui ne sera plus mise à exécution) » [2].

En matière pénale, une infraction est imprescriptible lorsque la poursuite de l'infraction ou l'exécution de la peine ne peuvent être paralysées par le

1. Jean-Baptiste JEANGENE VILMER, *Op.cit.*, p. 81.

2. Mireille DELMAS-MARTY, *« Le crime contre l'humanité, les droits de l'homme, et l'irréductible humain »*, RSC, 1994, p. 487.

seul écoulement du temps [3]. En effet, dans le domaine du droit pénal, les crimes graves ne peuvent pas être oubliés, et on ne peut discuter sur l'impunité de ces crimes après un certain délai. Le principe de l'imprescriptibilité est donc prévu pour certains crimes comme le crime contre l'humanité.

A. Imprescriptibilité à l'échelle internationale

Dans le domaine international, il existe les crimes internationaux les plus graves qui touchent la communauté internationale et l'humanité entière. En conséquence, la société humaine n'oublie jamais de sanctionner les auteurs de ces crimes impardonnables. C'est pourquoi le principe de l'imprescriptibilité est un principe très important et courant dans le domaine du droit international pénal. En effet, le droit international, en règle générale, ne connaît pas la prescription en dehors des instruments qui la prévoient expressément [4]. En revanche, cette institution n'est pas expressément réglementée par les Statuts du TPIY et du TPIR. Il est cependant admis que le droit international coutumier ne reconnaît aucune limite temporelle à la poursuite des crimes internationaux les plus graves (génocide, crime contre l'humanité, crime de guerre et crime d'agression).

L'imprescriptibilité du crime de guerre et du crime contre l'humanité est énoncée pour la première fois le 20 décembre 1945, dans l'article II § 5 de la loi N° 10 du Conseil de contrôle allié [5]. Selon cet article : « dans aucun procès ou aucune poursuite pour des crimes précités, l'accusé n'aura le droit d'invoquer le bénéfice d'une prescription accomplie durant la période du 30 janvier 1933 au 1er juillet 1945. De même, il ne sera pas admis que fasse obstacle, tant au procès qu'à la peine, une immunité, grâce ou amnistie accordée sous le régime nazi ».

L'imprescriptibilité est en outre expressément prévue dans le Statut de la CPI. Elle est également garantie par la Convention de l'ONU sur l'imprescriptibilité des crimes de guerre et des crimes contre l'humanité du 26 novembre 1968, ainsi que par la Convention européenne sur

---

3. Anne-Marie LA ROSA, *Dictionnaire de droit international pénal,* Paris, PUF, 1998, p. 50.

4. *Ibid.*

5. La loi N° 10 du Conseil de contrôle allié pour l'Allemagne a été promulguée le 20 décembre 1945 pour donner effet à la Déclaration de Moscou de 1943, à l'Accord de Londres de 1945 et au Statut du TMIN. Elle devait aussi fournir une base juridique uniforme sur tout le territoire allemand pour juger des criminels autres que les grands criminels traduits devant le TMIN.

l'imprescriptibilité des crimes contre l'humanité et des crimes de guerre, Strasbourg, 25 janvier 1974.

1. Imprescriptibilité dans les conventions internationales

À l'échelle internationale existent des textes qui expriment le principe d'imprescriptibilité, textes dont s'inspire le Statut de la CPI. Ces textes internationaux sont : le Statut du TMIN, la décision de l'Assemblée générale de l'O.N.U. du 3 décembre 1968, la Convention sur l'imprescriptibilité des crimes de guerre et des crimes contre l'humanité du 26 novembre 1968, et la Convention européenne sur l'imprescriptibilité des crimes contre l'humanité et des crimes de guerre du 25 janvier 1974 [6]. La Convention de l'ONU du 26 novembre 1968 sur l'imprescriptibilité des crimes de guerre et des crimes contre l'humanité énonce que : « Constatant que l'application aux crimes de guerre et aux crimes contre l'humanité des règles de droit interne relatives à la prescription des crimes ordinaires inquiète profondément l'opinion publique car elle empêche que les personnes responsables de ces crimes ne soient poursuivies et châtiées. Reconnaissant qu'il est nécessaire et opportun d'affirmer en droit international, au moyen de la présente Convention, le principe de l'imprescriptibilité des crimes de guerre et des crimes contre l'humanité, et d'en assurer l'application universelle, sont convenus de ce qui suit ». De plus, l'article 4 de cette Convention prévoit que : « les États parties à la présente Convention s'engagent à prendre, conformément à leurs procédures constitutionnelles, toutes mesures législatives ou autres qui seraient nécessaires pour assurer l'imprescriptibilité des crimes visés aux articles premier et second de la présente Convention, tant en ce qui concerne les poursuites qu'en ce qui concerne la peine ; là où une prescription existerait en la matière, en vertu de la loi ou autrement, elle sera abolie ». Cette Convention, selon Anne-Marie LA ROSA [7], contrairement à la Convention du Conseil de l'Europe, aurait un effet rétroactif, en ce qu'elle prévoit dans son article IV, que « là où une prescription existerait en la matière, en vertu de la loi ou autrement, elle sera abolie ».

Les États ayant ratifié ces Conventions ne sont pas nombreux. Certains s'interrogent sur l'existence effective d'une règle de droit international coutumier selon laquelle le crime de guerre, le crime contre la paix et le crime contre l'humanité seraient imprescriptibles. D'autres justifient plutôt le faible taux de ratification par l'imprécision de ces deux instruments qui définissent notamment de manière trop large et juridiquement trop

---

6. Isabelle FOUCHARD, *Op. cit.*, p. 16.

7. Anne-Marie LA ROSA, *Op.cit.*, p. 52.

indistincte les crimes visés et qui, pour la Convention des Nations Unies, institue une rétroactivité trop absolue.

2. Imprescriptibilité dans le statut de la CPI

Au-delà des conventions internationales, le Statut de la CPI, qui s'inspire de ces textes, présente aussi le principe de l'imprescriptibilité à l'échelle internationale. En effet, il existe trois points importants dans le Statut de la CPI qui sont :
1- la complémentarité, c'est-à-dire la primauté des juridictions nationales sur celle de la Cour,
2- la compétence de la Cour subsidiaire à celle des instances étatiques,
3- le principe de l'imprescriptibilité prévu dans l'article 29 du Statut de la CPI.

Selon l'article 29 du Statut de la CPI : « les crimes relevant de la compétence de la Cour ne se prescrivent pas ». En effet, cet article s'inspire des textes précédents, notamment de la Convention de l'ONU du 26 novembre 1968 sur l'imprescriptibilité des crimes de guerre et des crimes contre l'humanité. En revanche, nous remarquons que cet article exprime le principe de l'imprescriptibilité pour tous les crimes relevant de la compétence de la Cour. Selon l'article 5 de la CPI, ces crimes sont : le génocide, le crime contre l'humanité, le crime de guerre et le crime d'agression. En effet, le Statut de la CPI développe le domaine du principe de l'imprescriptibilité, et démontre qu'outre le crime contre l'humanité et le crime de guerre prévus par les conventions précédentes, le génocide et le crime d'agression sont aussi imprescriptibles et impardonnables.

En résumé, il est à noter qu'aujourd'hui les quatre crimes internationaux les plus graves qui, selon le préambule du Statut de la CPI, touchent l'ensemble de la communauté internationale et peuvent menacer la paix, la sécurité et le bien-être du monde, sont des crimes impardonnables et la dimension du temps ne peut jouer un rôle pour empêcher de sanctionner les criminels de ces infractions.

B. Imprescriptibilité en droit pénal interne

En droit pénal interne, existe la notion de prescription ; mais il faut considérer que « la prescription n'est pas une institution universelle. Des systèmes juridiques, comme par exemple les droits anglo-saxons, ne la connaissent pas ou du moins ne lui donnent pas un caractère général » [8]. En d'autres termes, la prescription des infractions, au niveau national, n'est ni une règle absolue, ni une règle générale. Certaines législations la reconnaissent mais fixent, pour les infractions graves, un délai plus long que dans le cas d'infractions mineures. La Grande-Bretagne et les États-Unis ne connaissent la prescription que pour de petites infractions. Quant à la Russie, elle ne la prend en compte que pour les crimes les plus graves. De plus, de nombreux pays de droit écrit comme le Danemark, l'Italie ou encore l'Autriche, n'accordent à la prescription qu'une place minime.

En considérant les différents systèmes internes, il semblerait que l'imprescriptibilité soit plutôt prévue pour les crimes plus graves internationaux nationalisés, comme le crime contre l'humanité dans le CP français. Autrement dit, la gravité de certains crimes oblige le législateur interne à prévoir pour eux une certaine imprescriptibilité ; mais ces crimes restent plutôt des crimes internationaux absorbés par le champ pénal interne.

1. Imprescriptibilité en droit pénal français

L'article 213-5 du CP français, entré en vigueur le 1er mars 1994 et qui reprend la loi de 1964, disposait que : « l'action publique relative aux crimes prévus par le présent « sous-titre » (L. n° 2004-800 du 6 août 2004, art. 28-I), ainsi que les peines prononcées, sont imprescriptibles ». L'imprescriptibilité est en effet prévue dans cet article « tendant à constater l'imprescriptibilité des crimes contre l'humanité » [9]. Cet article a été abrogé par l'article 3 de la loi n°2017-242 du 27 février 2017. Cependant, le dernier alinéa de l'article 133-2 du CP français maintient l'imprescriptibilité desdites infractions en ces termes : « par dérogation au premier alinéa du présent article, les peines prononcées pour les crimes mentionnés aux articles 211-1 à 212-3 du présent code sont imprescriptibles ». L'imprescriptibilité prévue dans le CP français est toutefois limitée à certains crimes internationaux les plus graves comme le crime contre l'humanité. Par conséquent, en droit pénal français, les crimes internationaux les plus graves sont différents en matière d'imprescriptibilité. Mais quelles en sont les différences ?

Le Conseil constitutionnel, dans sa décision N° 98-408 DC du 22 janvier 1999, a énoncé « qu'aucune règle, ni aucun principe de valeur constitutionnelle n'interdit l'imprescriptibilité des crimes les plus graves qui

8. J.-F. ROULOT, *« La répression des crimes contre l'humanité par les juridictions criminelles en France »*, RSC, juillet-septembre 1999, p. 549.

9. M. MASSE, *« Les crimes contre l'humanité dans le nouveau code pénal »*, RSC, Avr.-Juin 1994, p. 383.

touchent l'ensemble de la communauté internationale ». Le Statut de la CPI considère quatre crimes comme les crimes plus graves qui touchent l'ensemble de la communauté internationale : le génocide, le crime contre l'humanité, le crime de guerre et le crime d'agression. En considérant la décision du Conseil constitutionnel et le concept des crimes plus graves dans le Statut de la CPI, il semblerait qu'en droit pénal français, on puisse appliquer le principe de l'imprescriptibilité aux quatre crimes internationaux les plus graves ; tandis que, selon certains, le crime contre l'humanité serait imprescriptible et non le crime de guerre. Quelles en sont les raisons ?

Mireille DELMAS-MARTY explique que « c'est en 1964 que fut votée à l'unanimité en France une loi tendant à constater – [loi déclarative] ce qui veut dire qu'il s'agissait déjà là d'un principe général du droit international – l'imprescriptibilité des crimes contre l'humanité, désormais principe international de droit écrit, avec la Convention de l'ONU de 1968 et la Convention européenne de 1974, qui, l'une et l'autre, associent à l'imprescriptibilité des crimes contre l'humanité celle des crimes de guerre. Crimes que la France avait très consciemment écartés, notamment en raison des guerres coloniales (elle n'a d'ailleurs ratifié aucune des deux conventions internationales) » [10]. Cette idée ressort également des écrits de Claude LOMBOIS, selon lequel : « les crimes de guerre sont prescriptibles tandis que les crimes contre l'humanité ne le sont pas » [11]. Donc, « si la France s'est toujours refusée à ratifier les textes internationaux prescrivant l'imprescriptibilité des crimes de guerre, et ce de manière rétroactive, les raisons s'en trouvent notamment dans les guerres de décolonisation » [12].

2. Imprescriptibilité dans les autres systèmes pénaux internes

L'incrimination des crimes les plus graves par le droit pénal interne l'oblige à d'accepter les principes liés à cette incrimination. L'imprescriptibilité est un principe lié à cette catégorie d'incrimination que nous remarquons aujourd'hui dans certains systèmes pénaux internes.

---

10. Mireille DELMAS-MARTY, *« Le crime contre l'humanité, les droits de l'homme, et l'irréductible humain »*, RSC, 1994, p. 488.

11. C. LOMBOIS, *« Droit pénal international, Crimes contre l'humanité et crime de guerre »*, RSC, 1987, p. 937.

12. Claire SAAS, *« La nécessaire adaptation du droit français au Statut de Rome »*, AJ Pénal, 2007, p. 269.

2.1. Droit pénal allemand

Le paragraphe 5 du CP allemand consacre l'importante règle de l'imprescriptibilité des crimes prévus par le code. Cet article modifie les dispositions du droit interne en la matière. Ainsi, « l'article 78 du titre 2 du CP allemand prévoit l'imprescriptibilité seulement pour l'assassinat et le génocide, les autres infractions graves se prescrivant de 20 à 30 ans, y compris les crimes de guerre qui désormais sont imprescriptibles à l'instar de toutes les autres infractions prévues par le code de droit international » [13].

2.2. Droit pénal belge

L'article 21 du Code d'instruction criminelle belge prévoit le principe d'imprescriptibilité. Selon Philippe KEUBOU « Le seul mérite de la loi belge reste le maintien de la règle de l'imprescriptibilité en matière des atteintes au droit international humanitaire d'une part, et d'autre part l'exclusion totale de la justification fondée sur l'ordre du supérieur hiérarchique qui constitue en France et en Allemagne une cause d'irresponsabilité lorsque l'ordre n'est pas manifestement illégal » [14].

2.3. Droit pénal italien

En droit pénal italien, tous les crimes passibles d'emprisonnement à vie sont imprescriptibles. Les crimes internationaux les plus graves comme le génocide, le crime contre l'humanité, le crime de guerre et le crime d'agression sont donc imprescriptibles en droit pénal italien. L'arrêt du 22 juillet 1997 du Tribunal militaire de Rome, dans le cadre de l'affaire de Priebke et Hass, confirme l'imprescriptibilité des crimes internationaux en droit italien. Accusé en Italie pour violence avec meurtre contre des nationaux, Priebke est retrouvé en Argentine et extradé vers l'Italie qu'en 1995. Le 1er août 1996, il est relâché pour cause de prescription des crimes qui lui sont reprochés. Ce jugement est néanmoins renversé par la cour suprême de cassation italienne le 15 octobre 1996. Le Tribunal militaire de Rome rend son jugement sur le fond le 22 juillet 1997. Preuve que lesdits crimes ne sont pas prescrits, il condamne Priebke à quinze ans d'emprisonnement et Hass à dix ans et huit mois. Ce jugement est confirmé par la Cour d'appel militaire du 7 mars 1998, et ensuite par la Cour suprême italienne de cassation.

---

13. Philippe KEUBOU, « *Adaptation des législations internes aux exigences de la Convention de Rome : Etude comparative du Cameroun et de quelques pays européens* », RSC, Octobre/Décembre 2004, p. 849.

14. Philippe KEUBOU, *Op. cit.*, p. 853.

En plus de ces droits pénaux, il existe encore des droits pénaux internes qui prévoient le principe d'imprescriptibilité. Par exemple, le CP suisse, dans son article 101 prévoit l'imprescriptibilité du génocide, du crime contre l'humanité et du crime de guerre [15]. De même, l'article 93 du CP danois, les articles 130-135 du CP espagnol font varier la prescription en fonction de la durée de la peine. Enfin, certaines législations excluent toute prescription : c'est la règle dans les pays du Common Law [16].

L'étude du principe d'imprescriptibilité à l'échelle internationale, en comparant avec les droits pénaux internes, montre que les crimes les plus graves comme le génocide et le crime contre l'humanité ne restent pas dans le cadre du droit international pénal mais entrent en droit pénal interne. Le concept d'infraction-obstacle peut être applicable afin d'empêcher ces infractions. Nous avons ainsi présenté quatre différences entre le droit pénal interne et le droit international pénal. Une autre grande différence entre ces courants juridiques est le concept de légitime défense. À cet égard, quelles en sont les différences en matière de légitime défense?

Section 5. Légitime défense

La légitime défense est l'une des raisons d'exonération de la sanction soit en droit pénal interne, soit en droit international pénal. « La légitime défense apparaît comme contrepoids du monopole étatique ou communautaire de la force légitime. Plus l'utilisation de la force individuelle est limitée, plus la légitime défense se développe ; moins elle est limitée, et moins la légitime défense n'apparaît. C'est pourquoi la légitime défense est une exception à l'interdiction de recourir à la violence. Si le recours à la violence est licite au niveau des règles primaires, nul besoin de développer une exception… qui n'existe pas » [17].

Émile GIRAUD a décrit le concept de légitime défense en expliquant que « le problème de la légitime défense est étroitement lié au problème de la légitimité de la guerre. Si la guerre est licite, au point de vue juridique, l'attaque comme la défense est également légitime. En droit, la notion de légitime défense n'a, alors, guère de sens. Pour que la défense soit légitime,

---

15. Antonio CASSESE, D. SCALIA et V. THALMANN, *Les grands arrêts de droit international pénal*, Paris, Dalloz, 2010, p.122.

16. Anne-Marie LA ROSA, *Op.cit.*, p. 50.

17. Robert KOLB, *« La légitime défense des Etats au XIXe siècle et pendant l'époque de la Société des Nations »*, in Rahim KHERAD (dir), *Légitimes défenses*, Poitiers, LGDJ, 2007, p. 27.

il faut que l'attaque soit légitime » [18]. Il nous paraît que la légitime défense existe lorsqu'un membre d'une société quelconque est menacé dans sa vie ou dans ses biens et réagit, par la force, contre cette menace. Dans ce cas, le recours à la force ne sera pas sanctionné. Cette définition est tirée du droit interne, mais la notion étudiée s'applique également à l'échelle internationale [19]. MONTESQUIEU, dans le titre II du livre X de l'esprit des Lois, explique que « la vie des États est comme celle des hommes. Ceux-ci ont le droit de tuer dans le cas de la défense naturelle ; ceux-là ont le droit de faire la guerre pour leur propre conservation ».

Il faut néanmoins considérer que les aspects liés à la légitime défense dans les domaines interne, européen et international sont différents. En droit pénal interne, n'existe que la légitime défense individuelle, tandis que le droit international pénal, nourri par le droit pénal interne et le droit international public, présente deux sortes de légitime défense : individuelle et collective. Ainsi, la légitime défense collective peut être considérée comme une action préventive. Or comment conceptualiser la légitime défense dans ces différents domaines ?

A. Légitime défense dans l'espace

Pour étudier la légitime défense, l'espace est une dimension importante, et ce thème est développé en droit pénal interne, comme en droit européen et en droit international. Autrement dit, il peut être étudié à l'échelle interne, à l'échelle européenne et à l'échelle internationale.

1. Légitime défense en droit pénal interne

La légitime défense fait partie des notions qui permettent d'affirmer que le droit pénal est une branche du droit présentant des concepts qui lui sont propres [20]. Pour Caroline DUPARC « si la notion de légitime défense est présente dans d'autres matières, c'est par emprunt au droit pénal. L'emprunt ne se fait parfois qu'à titre de comparaison à des institutions déjà connues par les autres disciplines » [21].

---

18. Émile GIRAUD, *« La théorie de la légitime défense »,* RCADI, vol. 49, 1934-III, p. 692.

19. Jean DELIVANIS, *« La légitime défense en droit international public moderne »,* Paris, Librairie générale de droit et de jurisprudence, 1971, p. 3.

20. Caroline DUPARC, *« La légitime défense : contours d'une notion de droit pénal »,* in Rahim KHERAD (dir), *Légitimes défenses,* Poitiers, LGDJ, 2007, p. 83.

21. *Ibid.,* p. 83.

En droit pénal français, la légitime défense, qui est toujours individuelle, recouvre les actes d'un individu qui a agi raisonnablement pour se défendre ou pour défendre autrui. Les articles 122-5 et 122-6 du CP français, ainsi que les articles 328 et 329 de l'ancien Code, l'ont prévu. Selon l'article 122-5 du CP : « n'est pas pénalement responsable la personne qui, devant une atteinte injustifiée envers elle-même ou autrui, accomplit, dans le même temps, un acte commandé par la nécessité de la légitime défense d'elle-même ou d'autrui, sauf s'il y a disproportion entre les moyens de défense employés et la gravité de l'atteinte. N'est pas pénalement responsable la personne qui, pour interrompre l'exécution d'un crime ou d'un délit contre un bien, accomplit un acte de défense, autre qu'un homicide volontaire, lorsque cet acte est strictement nécessaire au but poursuivi dès lors que les moyens employés sont proportionnés à la gravité de l'infraction ». Il faut préciser qu'en raison de la généralité des termes de cet article et de la nature objective de la légitime défense, « il ne fait guère de doute qu'elle bénéficie à la personne morale dont le représentant a agi dans les conditions prévues par les textes précités » [22].

La condition posée par cet article, s'agissant de « l'atteinte » est que celle-ci présente un caractère injuste. Dès lors qu'elle est injustifiée, toute atteinte, sur soi-même ou sur un tiers, peut être suivie d'une défense légitime. Le terme très générique « d'atteinte » permet d'englober toutes les formes d'attaques ou d'agression dont résulte un danger physique sans être nécessairement un péril de mort [23], ou même un danger moral. L'atteinte doit cependant présenter une certaine gravité, ce qui n'est pas le cas d'une simple atteinte à l'honneur. Il faut considérer que la défense doit être concomitante à l'atteinte et proportionnée à la gravité de celle-ci. En effet, ces conditions sont les deux aspects d'une exigence plus évidente qui est que la défense doit être nécessaire. Par contre, cette défense peut consister en des actes de nature très diverse [24].

En considérant le deuxième alinéa de l'article 122-5 du CP français, il nous semble qu'en plus de la légitime défense des personnes, le législateur français a prévu la légitime défense des biens. Autrement dit, la légitime défense peut s'appliquer en cas d'infraction dirigée non contre une personne, mais contre un bien. Par exemple, en droit pénal français, il est possible d'user de violence pour se défendre contre un voleur. Il faut considérer que « toute forme d'atteinte aux biens ne justifie pas une défense légitime, contrairement à ce qui est prévu pour la légitime défense des personnes » [25].

---

22. Frédéric DESPORTES et Francis LE GUNEHEC, *Op.cit.*, p. 698.
23. Voir l'arrêt de la Chambre criminelle de la Cour de cassation du 22 mai 1959.
24. Frédéric DESPORTES et Francis LE GUNEHEC, *Op.cit.*, p. 701.
25. *Ibid.*, p.704.

Il apparaît qu'aux termes de l'article 122-5 du CP, la légitime défense des biens ne s'avère en effet possible que « pour interrompre l'exécution d'un crime ou d'un délit contre un bien » [26].

Ainsi, la légitime défense des biens connaît une double particularité. D'une part, la condition de proportionnalité est formulée de façon positive, contrairement à ce qui est prévu pour la légitime défense des personnes. En effet, lorsque l'acte réactif concerne un bien, la condition est plus sévère; et si l'acte de défense a pour objet la protection des personnes, l'agent est dispensé d'apporter la preuve de l'absence de disproportion. D'autre part, l'homicide volontaire est exclu expressément des actes pouvant être justifiés. Quoi qu'il en soit, le décès de celui qui a porté atteinte à un bien, ne mènera pas nécessairement au rejet de la prétention justificative, dans la mesure où l'homicide volontaire n'est pas la seule qualification possible des faits en cette circonstance ; ce qui est déterminant est donc de savoir si l'intéressé avait eu l'intention de tuer [27]. Il faut noter qu'au-delà du droit pénal interne, la légitime défense est entrée dans les domaines européen et international où son concept a évolué.

2. Légitime défense en droit européen

L'article 15 de la Convention européenne des droits de l'homme peut être considéré comme la raison justificative et la référence textuelle de la légitime défense à l'échelle européenne. Selon cet article, la condition de la légitime défense est la proportionnalité des actes. En effet, l'action des États dans leur défense trouve ses limites dans l'idée de proportionnalité, les États pouvant déroger à la Convention mais dans la stricte mesure ou la situation l'exige. A cet effet, la CEDH s'est montrée compréhensive laissant une certaine liberté aux États. La CEDH, dans l'arrêt du 26 mai 1993, Brannigan et McBride, a utilisé le mot de proportionnalité [28].

Il faut aussi observer que l'article 15 de la Convention européenne des droits de l'homme considère que les mesures prévues pour la légitime défense ne doivent pas être « en contradiction avec les autres obligations découlant du droit international ». Selon la jurisprudence de la Cour européenne des droits de l'homme, comme l'arrêt du 10 juillet 1984, Kathleen Steward c/Royaume-Uni, il résulte que la Cour exige la condition de proportionnalité par rapport à la légitime défense. Cette condition sera examinée « au regard du danger pour les vies humaines et l'intégrité

26. *Ibid.*, p.704.

27. Caroline DUPARC, *Op. Cit.*, p. 98-99.

28. Voir CEDH 26 mai 1993, *Brannigan et McBride*, A n° 258-B, p. 52 § 54.

corporelle » [29]. Dans plusieurs affaires, la Cour est amenée à examiner leur déroulement avec attention car la tentation de l'État est d'invoquer la légitime défense. Par exemple, en 2004, la Cour a condamné la Turquie alors que cet État avait invoqué la légitime défense [30]. Il s'agissait d'une opération contre le mouvement kurde du PKK [31]. Des coups de feu avaient été tirés initialement du village dans la direction des forces de l'ordre. Celles-ci avaient répliqué. La cour a jugé que cette réaction ne présentait pas un degré de force disproportionné. Elle était absolument nécessaire pour protéger la vie. En revanche, examinant la suite des opérations dans le village, la Cour conclura à la violation des articles 2, 3 et 8 de la Convention.

Dans l'affaire du 28 mars 2006, Pezrk c/Turquie, la Cour a estimé qu'il y avait urgence, car il s'agissait de prévenir une attaque armée menée par trois suspects. Ainsi, l'opération visait à « assurer la défense de toute personne contre la violence illégale » et aussi d « effectuer une arrestation régulière ». On soulignera que, dans de tels cas, il s'agit d'opérations complexes où la légitime défense n'est qu'une des conditions d'exonération que cherchent à invoquer les Etats défendeurs. La légitime défense n'a souvent qu'un caractère collatéral. La Cour s'interroge aussi sur la proportionnalité des actes commis. Elle constate que le premier coup de feu est venu de l'intérieur et qu'en raison des informations qu'avaient les policiers, il était nécessaire de pénétrer dans l'habitation. La Cour a jugé qu'il avait été nécessaire de tirer jusqu'à ce que les suspects ne puissent plus riposter.

Il faut noter qu'en droit européen et notamment dans des affaires de la CEDH, on a considéré les deux sortes de légitime défense : individuelle et collective, sans les distinguer. Par exemple dans l'arrêt du 6 avril 2004, Ahmad Özkan et autres c/Turquie, le concept de légitime défense a pris un caractère collectif. Ainsi, l'arrêt du 1er avril 2004, Roivas c/France, considère la légitime défense mais au sens individuel. Selon cet arrêt, un mineur avait été interpellé dans le cadre d'une affaire de vol avec effraction. Au cours de la garde à vue, un fonctionnaire de police donne au mineur un coup de genou dans les testicules ce qui nécessite une opération. Le policier est condamné par le tribunal correctionnel. Mais il va invoquer la légitime défense et sera relaxé par la cour d'appel. Or à aucun moment, le mineur n'avait frappé le policier et le coup porté n'était ni nécessaire, ni proportionné au comportement du mineur. La Cour de Strasbourg va condamner la France à l'unanimité pour traitement inhumain et dégradant, estimant que le policier

---

29. Voir CEDH 10 juillet 1984, *Kathleen Steward c/Royaume-Uni*.

30. Voir CEDH 6 avril 2004, *Ahmad Özkan et autres c/Turquie*.

31. Le parti des travailleurs du Kurdistan (PKK), formé en 1978 par Abdullah ÖCALAN, est une organisation armée. Il est actif surtout en Turquie, Syrie, Iran et s'implante de plus en plus en Irak.

n'a pas répliqué de façon raisonnable et soulignant que le mineur, sans arme, était à l'intérieur d'un commissariat. Dans cet arrêt, la légitime défense est considérée au sens individuel. Mais, il faut préciser que la légitime défense à l'échelle européenne, est estimée individuelle ou collective sans claire distinction, contrairement à ce qui existe à l'échelle internationale et notamment dans l'article 51 de la Charte de l'ONU.

3. Légitime défense en droit international pénal

Nous avons vu le sens de la légitime défense en droit pénal interne et en droit pénal européen. Ce sens diffère en droit international pénal. Dans ce domaine, existent des expressions comme « légitime défense collective ou légitime défense préventive » que l'on ne trouve pas à l'échelle interne. L'article 31 du Statut de la CPI prévoit les motifs d'exonération de la responsabilité pénale. Selon § c du 1er alinéa de cet article : « ...une personne n'est pas responsable pénalement si, au moment du comportement en cause : ...elle a agi raisonnablement pour se défendre, pour défendre autrui ou, dans le cas des crimes de guerre, pour défendre des biens essentiels à l'accomplissement d'une mission militaire, contre un recours imminent et illicite à la force, d'une manière proportionnée à l'ampleur du danger qu'elle courait ou que couraient d'autre personnes ou les biens protégés. Le fait qu'une personne ait participé à une opération défensive menée par des forces armées ne constitue pas en soi un motif d'exonération de la responsabilité pénale au titre du présent alinéa... ». En observant ce paragraphe, il résulte que la légitime défense est prévue pour les personnes et les biens. Par contre, la légitime défense des biens est prévue dans le cadre du crime de guerre et pendant la guerre.

En droit international pénal, outre la légitime défense individuelle, existe une autre sorte de légitime défense dite collective, issue du domaine du droit international public. La légitime défense à l'échelle internationale constitue « une exception, susceptible de suspendre l'effet obligatoire du droit étatique internationalement illicite » [32]. En considérant cette idée, il semblerait qu'il y ait donc une différence de nature entre la légitime défense du droit international et celle du droit interne.

DELIVANIS critique cette idée, en expliquant qu'il ne semble pas que « ce soit la nature de la légitime défense qui diffère entre le droit interne et le droit international mais bien les moyens de sanction de ces droits eux-mêmes. Le fondement et la nature du droit de se défendre contre une agression injuste sont semblables dans les deux droits, il s'agit, dans les deux

32. DINH, *« La légitime défense d'après la charte des N.U. »*, R.G.D.I.P., 1948, p. 223.

cas, d'une mesure supplétive de police essentiellement provisoire ; mais la puissance de police que la légitime défense permet de remplacer diffère selon que l'on se place dans le domaine interne ou dans le domaine international »[33]. Cependant, une des grandes différences entre le droit interne et le droit international en matière de légitime défense, est son concept collectif.

B. Légitime défense collective

Du point de vue historique, le concept de légitime défense, à l'échelle internationale, a évolué en trois phases. - Premièrement, au XIXème siècle (jusqu'en 1919), la légitime défense se définit par une double négation. Elle n'est ni l'exception, ni la règle, ne formant pas systématiquement une exception étroitement définie à une interdiction générale d'user de la force. À cette époque, la légitime défense est déterminée dans chaque traité d'alliance ou autre accord de sécurité selon les orientations propres à ces textes. - Deuxièmement, à l'époque de la S.d.N., la légitime défense tend vers l'exception et l'unité. Peu à peu, sur toile de fond de l'utilisation de la force dans le Pacte de la S.d.N. de 1919 et dans les textes qui l'ont suivi, la légitime défense vient se placer comme une exception admise à l'interdiction. - Troisièmement, depuis la Charte de l'ONU, la légitime défense se caractérise désormais par son « exceptionnalisme » marqué et son unité. La Charte de l'ONU condamne généralement toute utilisation unilatérale de la force, sauf avec l'autorisation du Conseil de sécurité ou en légitime défense, individuelle ou collective[34].

Aujourd'hui la légitime défense, en droit international public, est prévue dans l'article 51 de la Charte des Nations Unies. Selon cet article : « aucune disposition de la présente Charte ne porte atteinte au droit naturel de légitime défense, individuelle ou collective, dans le cas où un membre de l'ONU est l'objet d'une agression armée, jusqu'à ce que le Conseil de sécurité ait pris les mesures nécessaires pour maintenir la paix et la sécurité internationales. Les mesures prises par les membres dans l'exercice de ce droit de légitime défense sont immédiatement portées à la connaissance du Conseil de sécurité et n'affectent en rien le pouvoir et le devoir qu'à le Conseil, en vertu de la présente Charte, d'agir à tout moment de la manière qu'il juge nécessaire pour maintenir ou rétablir la paix et la sécurité internationales ».

---

33. J. DELIVANIS, *La légitime défense en droit international public moderne – le droit international face à ses limites*, Paris, L.G.D.J., 1971, p. 43.

34. Pour étudier les trois phases de la légitime défense, voir Robert KOLB, *« La légitime défense des Etats au XIXe siècle et pendant l'époque de la Société des Nations »*, in Rahim KHERAD (dir), *Légitimes défenses*, Poitiers, LGDJ, 2007, p. 67-68.

D'après DELIVANIS, la légitime défense collective est une création de la Charte de l'ONU. Il explique qu'elle a posé ce concept et tente de s'attacher à le définir [35] alors que la légitime défense collective loin d'être une création originale de la Charte existait déjà en droit international classique. L'article 16 du Pacte de la S.d.N. confirme notre idée en disant que « ...si un membre de la Société recourt à la guerre contrairement aux engagements pris... il est ipso facto considéré comme ayant commis un acte de guerre contre tous les autres membres de la Société... ». En effet, cet article repose sur le concept de sécurité collective prévu par le Pacte, et présente la légitime défense collective bien avant la Charte de l'ONU.

Il semblerait que l'article 51 de la Charte permette l'emploi de la force seulement en réaction à une « agression armée », et à condition que soient observées les normes de procédure qui prescrivent que le Conseil de sécurité soit immédiatement informé de l'action armée en légitime défense. Cette disposition peut faire l'objet d'une interprétation restrictive et signifie comme le soutient KELSEN que « la légitime défense ne peut pas s'exercer dans le cas d'une violation autre des intérêts légalement protégés d'un État membre » [36]. Il faut qu'il y ait agression et ce n'est que dans ce cas, et uniquement, afin de réprimer éventuellement cette violation de la prohibition du recours à la force, que le droit de légitime défense peut s'exercer. L'agression prévue dans la Charte est une agression armée et la Charte exclue toutes les autres formes d'agression économique ou idéologique qui tendent à se multiplier depuis la seconde guerre mondiale [37].

L'agression peut être accomplie non seulement par un autre État, comme l'estime la CIJ [38], mais encore par un autre sujet de droit international (tel qu'un groupe insurrectionnel ou un mouvement de libération nationale), ou même par un groupe terroriste basé sur le territoire d'un État souverain. Que le droit de légitime défense puisse s'exercer aussi en réponse à une attaque terroriste est entre autres confirmé par le fait qu'après les actes terroristes du 11 septembre 2001 contre les États-Unis, le Conseil de sécurité, dans ses résolutions 1386 du 12 septembre 2001 et 1373 du 28 septembre 2001, réaffirma « le droit inhérent de légitime défense individuelle et collective » par rapport aux actes terroristes.

---

35. J. DELIVANIS, *Op.cit.,* p. 148.

36. Voir J. DELIVANIS, *La légitime défense en droit international public moderne – le droit international face à ses limites,* Paris, L.G.D.J., 1971, p. 52. Il cite l'idée de KELSEN dans son ouvrage: H. KELSEN, *The law of the U.N.*, London, Stevens et son Ltd., 1952, p. 797- 798.

37. J. DELIVANIS, *Op.cit.,* p. 52.

38. Voir l'arrêt de la CIJ, *Nicaragua c/Etats-Unis d'Amérique*, 1986, p. 104, § 195.

La CIJ a exprimé, dans plusieurs affaires [39], que l'exercice de la légitime défense est soumis, en vertu du droit international coutumier, aux doubles conditions de nécessité et de proportionnalité [40]. En effet, les conditions prévues pour la légitime défense individuelle, comme la nécessité et la proportionnalité, sont applicables dans le cadre de la légitime défense collective. Autrement dit, on ne peut pas appliquer la légitime défense collective sans en considérer les conditions prévues. Mais comment définir ces conditions ? Nous essaierons de les étudier au travers de la jurisprudence internationale comme dans les affaires de la CIJ.

1. Principe de proportionnalité

Le principe de proportionnalité de la légitime défense collective est reconnu depuis le 31 juillet 1928 dans la sentence arbitrale Naulilaa [41] entre le Portugal et l'Allemagne. En effet, ce principe est admis de longue date en droit international, tant par la doctrine et la jurisprudence, que par la pratique. Cette règle a été réaffirmée de manière constante notamment par la CIJ qui a rappelé, dans une affaire, la formulation de la CDI. Dans cet arrêt, les juges estiment qu'« une condition importante est que les effets d'une contre-mesure doivent être proportionnés aux dommages subis compte tenu des droits en cause » [42] ; la Cour a ainsi insisté sur la formulation positive du principe de proportionnalité, ce qui doit être salué « étant donné qu'une éventuelle formulation négative aurait laissé aux États une marge d'appréciation trop importante qui risquerait de priver le principe de sa raison d'être » [43].

Définir négativement la proportionnalité revient à admettre que la contre-mesure ne doit pas être manifestement ni excessivement disproportionnée. « La marge de manœuvre laissée à la disposition des États est donc

39. Voir l'arrêt de la CIJ, *Nicaragua c/Etats-Unis d'Amérique*, 1986, p. 103, § 194. L'avis Consultatif relatif à la Licéité de la menace ou de l'emploi d'armes nucléaires, 1996(I), P.245, § 41. L'arrêt de la CIJ, *des plates-formes pétrolières,* 2003, p. 35-37, § 73-77.

40. Antonio CASSESE, « *Commentaire de l'article 51 de la Charte des Nations Unies* », in Jean-Pierre COT et Alain PELLET, *La Charte des Nations Unies, Commentaire article par article (I)*, Paris, Economica, 3ème éd.,2005, p. 1333.

41. Cet arrêt a reconnu la responsabilité de l'Allemagne à raison des dommages causés dans les colonies portugaises du sud de l'Afrique.

42. Voir l'arrêt de la CIJ, Projet Gabcikovo-Nagymaros (Hongrie/Slovaquie), 25 septembre 1997.

43. Linos-Alexandre SICILIANOS, « *Sanctions institutionnelles et contre-mesures : tendances récentes* », in Laura PICCHIO FORLATI et Linos-Alexandre SICILIANOS (dir.), *Les sanctions économiques en droit international,* Lieden/Boston, Martinus Nijhoff Publishers, 2004, p. 51.

relativement importante car seul l'abus de droit sera sanctionné. Dans ce sens, la proportionnalité devient un critère-limite, d'ampleur très réduite, plutôt qu'un critère-condition, fondant de manière autonome les contre-mesures, tend à accréditer l'idée qu'une certaine disproportion est acceptable en droit international » [44].

A l'inverse, une définition positive de la proportionnalité, à l'instar de celle retenue par la CDI et par la CIJ, réduit les possibilités d'actions offertes aux États. « Une définition positive de la proportionnalité comporte donc un risque moins important de perturbation des relations internationales et dans d'autres domaines du droit dans lesquels la proportionnalité est pertinente (par exemple la légitime défense). Il est normal d'exprimer cette condition en termes positifs, même si, dans ces domaines aussi, ce qui est proportionnel n'est pas quelque chose qui peut être déterminé avec précision. C'est dans cet esprit que la proportionnalité du droit de légitime défense a toujours été pensée. Avant l'avènement conventionnel du droit de légitime défense, le principe de proportionnalité était donc déjà érigé en règle de droit international, et c'est logiquement qu'il a été réaffirmé à de nombreuses reprises suite à la création de l'ONU » [45]. Outre le principe de proportionnalité, le principe de nécessité est aussi essentiel pour appliquer la légitime défense collective comme la légitime défense individuelle. Toutefois, quel en est le sens ?

2. Principe de nécessité

Le principe de nécessité, comme une condition de la légitime défense collective, se développe avec la jurisprudence. Dans l'affaire Activités militaires et paramilitaires au Nicaragua du 27 juin 1986, relative à la nécessité, la CIJ observe que « les mesures prises par les États-Unis en décembre 1981 (ou au plus tôt en mars de cette année-là...) ne peuvent être considérées comme correspondant à une nécessité propre à justifier leur action en réplique à l'assistance que le Nicaragua aurait apportée à l'opposition armée au Salvador. Ces mesures n'ont été adoptées et n'ont commencé à produire leurs effets que plusieurs mois après que la grande offensive de l'opposition armée au Salvador contre le gouvernement de ce pays eut été totalement repoussée (janvier 1981) et que son action se fut

44. Robert KOLB, *« La proportionnalité dans le cadre des contre-mesures et des sanctions – essai de clarification conceptuelle »*, in Laura PICCHIO FORLATI et Linos-Alexandre SICILIANOS (dir.), *Les sanctions économiques en droit international*, Lieden/Boston, Martinus Nijhoff Publishers, 2004, p. 430-431.

45. Julien DETAIS, *« Les critères du droit de légitime défense dans la jurisprudence de la Cour Internationale de Justice »*, in Rahim KHERAD (dir), *Légitimes défenses*, Poitiers, LGDJ, 2007, p. 152.

trouvée très considérablement affaiblie en conséquence. Le péril majeur pour le gouvernement salvadorien a ainsi pu être écarté sans que les États-Unis aient déclenché leurs activités au Nicaragua et contre lui » [46]. De ce passage, il ressort de manière implicite que le principe de nécessité suppose que l'agression armée soit en train de produire des effets. Il serait donc impossible d'invoquer la légitime défense au motif d'une agression armée terminée. Dans ce cas précis, il ne s'agirait plus d'une action fondée sur l'article 51 de la Charte, mais plutôt de représailles armées, actes formellement interdits par le droit international. Il parait néanmoins difficile de conclure que la Cour ait tenté de dégager des règles générales en vue de préciser le concept de nécessité. Il s'agit de savoir à qui revient la compétence première d'appréciation du caractère nécessaire de l'action en légitime défense. La réponse à cette question trouve son origine dans le droit coutumier qui considère l'État attaqué comme étant le plus à même de déterminer la nécessité de se défendre. Le droit de légitime défense est donc soumis à l'appréciation unilatérale des Etats et à leur subjectivité.

Le principe de nécessité est limité par un autre concept qui est le principe d'immédiateté [47]. En effet, la nécessité de se défendre devient contestable si l'État qui l'invoque prétend que la réponse peut être différée dans le temps. Si la réponse n'est pas immédiate, la menace ne semble pas si dangereuse et le doute s'installe alors quant à la nécessité d'y répondre par la force armée. Non repris explicitement par la jurisprudence de la CIJ, l'immédiateté paraît faire partie intégrante du principe de nécessité. Il faut noter que la doctrine est sur ce point également unanime et bien avant l'adoption de la Charte des Nations Unies et de l'article 51, il était déjà considéré que la légitime défense « est le droit qui appartient à quiconque est attaqué de riposter sur le champs » [48]. C'est le moyen d'agir au jour, à l'heure, à la minute où se produit l'agression brutale que la rapidité des moyens techniques peut rendre redoutable. En prenant la précaution de rappeler les conditions coutumières de mise en œuvre du droit de légitime défense, la Cour a tenu à préciser la portée de l'article 51 de la Charte. En y faisant explicitement référence dans ses décisions, elle entend également réaffirmer que le respect des conditions conventionnelles est indispensable à la légalité d'une action armée fondée sur le droit de légitime défense [49].

46. Voir l'arrêt de la CIJ, *Activités militaires et paramilitaires au Nicaragua et contre celui-ci,* 27 juin 1986.

47. Julien DETAIS, *Op. cit.,* p.161.

48. Linos-Alexandre SICILIANOS, *Les réactions décentralisées à l'illicite – Des contre-mesures à la légitime défense*, Paris, L.G.D.J., 1990, p. 204.

49. Julien DETAIS, *Op.cit.,* p. 161.

Aujourd'hui, à l'échelon international et dans le cadre de la légitime défense, un nouveau thème est caractérisé, celui de la légitime défense préventive. Elle se définit comme la réaction avant l'action. Ce concept nous montre que le droit international pénal s'oriente vers l'idée de prévention. Donc, l'infraction-obstacle, qui est basée sur le concept de prévention, peut se présenter en droit international pénal.

3. Légitime défense préventive

Selon Clemenceau : « une nation qui veut faire la guerre est toujours en état de légitime défense ». Cette phrase montre bien la notion de légitime défense préventive. En effet, dès lors que l'on admet le concept d'agression indirecte, on ne peut rejeter l'idée de légitime défense préventive, c'est-à-dire s'exerçant en l'absence d'une agression armée préalable. Ce concept doit certes être écarté dans le cadre d'une interprétation restrictive, effectuée au travers des termes de l'article 51 de la Charte [50].

Il résulte que ce nouveau concept de légitime défense peut être dangereux pour la paix et la sécurité internationales, parce que les États membres de la communauté internationale peuvent être agressés au nom de la légitime défense préventive. Ainsi, on ne peut jamais imaginer et mesurer la proportionnalité, qui est une condition nécessaire à la légitime défense, parce que l'action préventive sera toujours commise avant l'acte criminel. Autrement dit, la réaction sera toujours avant l'action.

Selon Olivier CORTEN et François DUBUISSON, pour justifier l'attaque contre l'Irak, les américains ont inventé la doctrine de la légitime défense préventive. En effet, ce concept a constitué l'argument juridique essentiel avancé par les États-Unis en vue de justifier du déclenchement de l'opération « Justice sans limite », bientôt rebaptisée « Liberté immuable » [51]. « Cette doctrine américaine, si elle devait être retenue, signifierait donc que la légitime défense serait possible non seulement dans le cas où un État membre est victime d'une agression armée, mais aussi lorsqu'un État serait menacé par des réseaux terroristes ou des États dictatoriaux détenant des armes de destruction massive d'une agression éventuelle et probable bien que non encore survenue » [52].

---

50. J. DELIVANIS, *Op.cit.*, p. 141.

51. Olivier CORTEN et François DUBUISSON, *« Opération « Liberté immuable » : une extension abusive du concept de légitime défense »*, RGDIP, 2002, p. 52.

52. F. NGUYEN ROUAULT, *« L'intervention armée en Irak et son occupation au regard du droit international »*, RGDIP, 2003, T. 107, N4, p. 851.

De plus, il apparaît que la légitime défense préventive est fondamentalement contraire aux règles du droit international ; car « elle instaurerait un unilatéralisme total, une complète subjectivité du système international susceptible d'aucun contrôle. Elle consisterait à légaliser des représailles armées et de surcroît à titre préventif » [53]. La création du concept de légitime défense préventive a commencé avant les attentats du 11 septembre 2001. Ce n'est qu'à partir de ces événements, qu'il a été utilisé pour justifier des actions préventives contre le terrorisme. En effet, la légitime défense préventive a été utilisée avant ces attentats souvent pour justifier des actes commis pour empêcher le crime d'agression. Par exemple, en 1950, lors des débats du Conseil de sécurité sur l'affaire du Cachemire, l'occupation de ce territoire par les forces armées pakistanaises fut justifiée par le représentant du Pakistan comme une mesure de légitime défense, nécessaire à la protection de son pays. Une éventuelle occupation du territoire, contestée par l'Inde, aurait rendu impossible la défense du Pakistan contre une menace d'agression de son voisin [54]. De même, « les attaques d'Israël en 1967 contre l'Égypte, en 1975 contre les camps palestiniens au Liban et en 1981 (même si dans le cas de l'attaque israélienne contre l'Égypte, en 1967, les Nations Unies ne condamnent pas le caractère préventif de l'action armée israélienne, cette circonstance ne paraît pas décisive sur le plan juridique, car d'importantes considérations politiques sont à la base de l'attitude de la majorité des membres des Nations Unies) qui datent d'avant 2001 et dans toutes les affaires, existait une action préventive contre l'agression, tandis qu'aujourd'hui, elle est prévue contre le terrorisme, mais toujours justifiée par l'article 51 de la Charte des Nations Unies.

En ce qui concerne le raid israélien du 2 décembre 1975 contre des camps palestiniens au Liban, le Ministre israélien de la défense avait affirmé le 3 décembre 1975 qu'il s'agissait d'une action préventive, car les raids visaient à prévenir des attaques de sabotage contre Israël. Tous les membres du Conseil la condamnèrent, non seulement les pays socialistes et ceux du Tiers Monde, mais aussi les pays occidentaux : les États-Unis, le Japon, la Suède, la France, l'Italie, le Royaume-Uni ; et si à la fin, aucune résolution de condamnation ne fut approuvée à cause du veto des États-Unis, c'était seulement dû au fait que cet État jugea non justifiée l'absence d'une condamnation identique de l'action des terroristes » [55]. Selon Antonio CASSESE, les motivations de cette condamnation semblent avoir été

---

53. *Ibid.*, p. 851-852.

54. J. DELIVANIS, *Op.cit.*, p. 143.

55. Antonio CASSESE, « *Commentaire de l'article 51 de la Charte des Nations Unies* », in Jean-Pierre COT et Alain PELLET, *La Charte des Nations Unies, Commentaire article par article (I)*, Paris, Economica, 3ème éd., 2005, p. 1337.

synthétiquement résumées dans la déclaration du délégué libanais : « (Israël) a déclaré que son agression n'était pas une action punitive mais une action préventive. C'est là une méthode dangereuse à suivre dans la vie internationale. Est-ce que les États vont être autorisés à déterminer eux-mêmes ce qui peut être qualifié « d'action préventive » ? S'il en était ainsi, cela conduirait le monde à la loi de la jungle, ce qui est loin de l'ordre international fondé sur les principes de la Charte des Nations Unies » [56]. Il existe également d'autres actes à l'échelle internationale, comme l'attaque israélienne de 1981 contre le réacteur nucléaire irakien, qui dénoncent la dangerosité de la légitime défense préventive, et la création de ce concept avant l'attaque américaine contre l'Irak.

La légitime défense préventive, dans certains cas, est devenue un instrument pour justifier d'actes comme l'agression, la guerre et la torture. Cependant peut-on faire la guerre et utiliser la torture au nom de la légitime défense ? La légitime défense préventive « est encore interdite par la Charte [des Nations Unies], surtout en considération des risques d'abus auxquels elle se prête » [57]. Mais, selon certains internationalistes comme Antonio CASSESE « un élargissement de la légitime défense est sans doute nécessaire en une époque où les technologies, notamment nucléaires, mettent des armes de destruction de masse à la portée des groupes terroristes » [58].

Il souligne que la communauté internationale a accepté les argumentations juridiques des États qui ont agressé d'autres États au nom de la légitime défense, par exemple, « Israël (lors de ses attaques contre les camps palestiniens au Liban), l'Afrique du Sud (pour justifier ses actes contre les camps et les troupes de la SWAPO en Angola et ses raids en Zambie et au Lesotho) et la Rhodésie du Sud (pour justifier ses raids au Botswana et en Zambie). Ces trois États ont affirmé que la violation des droits souverains de l'État attaqué par eux, était justifiée par le fait que ce dernier avait toléré ou soutenu activement des actions terroristes (de guérilleros) contre le territoire et les biens des États auteurs de l'attaque.

Un examen attentif des débats au sein du Conseil de sécurité, qui se sont déroulés entre 1960 et 1980 à la suite des attaques armées de ces trois États contre des pays voisins, démontre que non seulement tous les pays en voie de développement et les pays socialistes les ont jugés contraires à la Charte, mais que ce jugement a été clairement formulé aussi par les pays

56. *Ibid.*, p. 1337-1338.

57. Mireille DELMAS-MARTY, *« Le paradigme de la guerre contre le crime : légitimer l'inhumain ? »*, RSC, Juillet/Septembre 2007, p. 468.

58. Mireille DELMAS-MARTY, *« Le paradigme de la guerre contre le crime : légitimer l'inhumain ? »*, RSC, Juillet/Septembre 2007, p. 469.

occidentaux, y compris les États-Unis et le Royaume-Uni. En règle générale, les pays occidentaux ont déclaré explicitement que les incursions armées et les raids militaires effectués par Israël, l'Afrique du Sud ou la Rhodésie du Sud étaient à condamner et ont presque toujours ajouté que les raisons de cette condamnation n'étaient pas seulement politiques, mais qu'elles se basaient aussi sur le fait que ces attaques constituaient des violations de la souveraineté territoriale de l'État attaqué et étaient donc contraires à la Charte » [59].

Aujourd'hui, le concept de légitime défense préventive est considéré dans le cadre de l'action préventive, de la guerre contre le crime, de la guerre contre le terrorisme et de la torture préventive. En effet, il existe des États qui la défendent pour justifier leurs actes à l'échelle internationale. Donc, à l'occasion du 60ème anniversaire de l'ONU, le secrétaire général a chargé un groupe de personnalités de haut niveau de rédiger un texte traitant divers aspects de la réforme des Nations Unies. Ce texte, publié en 2004, explique que : « traditionnellement, en droit international, un État menacé peut lancer une opération militaire à condition que l'agression dont il est menacé soit imminente, qu'il n'y ait pas d'autre moyen d'écarter la menace et que l'intervention militaire soit proportionnée. Le problème se pose dans le cas où sans être imminente, la menace en question est présentée comme réelle, par exemple en cas d'acquisition, dans une intention censément hostile, des moyens de fabriquer des armes nucléaires. Un État peut-il, sans saisir le Conseil de sécurité, revendiquer dans ces conditions le droit d'intervenir, en état de légitime défense par anticipation, non pas simplement selon le principe de précaution (en cas de menace imminente ou proche), mais préventivement (en cas de menace non imminente ou non proche) ? » [60].

Le groupe de personnalités de haut niveau répond à cette question par la négative. Il explique la notion de guerre préventive comme recouvrant le droit de s'attaquer à des États dangereux [61]. Au contraire, il assure que la légitime défense est admise dans le cadre de menace imminente, en application d'un principe de précaution dont la teneur n'est pas autrement précisée. Ainsi, le Secrétaire général de l'ONU, dans son rapport publié en mars 2005, explique que « les menaces imminentes sont pleinement couvertes par l'article 51 de la Charte, qui garantit le droit naturel de

59. Antonio CASSESE, *« Commentaire de l'article 51 de la Charte des Nations Unies »*, in Jean-Pierre COT et Alain PELLET, *La Charte des Nations Unies, Commentaire article par article (I)*, Paris, Economica, 3ème éd., 2005, p. 1343-1344.

60. Voir l'ONU, 2004, A/59/565, § 188.

61. Olivier CORTEN, *« Le débat sur la légitime défense préventive à l'occasion des 60 ans de l'ONU : Nouvelles revendications, oppositions persistantes »*, in Rahim KHERAD (dir.), *Légitimes défenses*, Poitiers, LGDJ, 2007, p. 217.

légitime défense de tout État souverain, dans le cas où il est l'objet d'une agression armée. Les juristes ont reconnu depuis longtemps que cette disposition couvre les attaques imminentes, ainsi que celles qui ont déjà eu lieu » [62].

La doctrine a critiqué l'idée de la légitime défense anticipative [63] en expliquant qu'elle ne pouvait se fonder ni sur les textes existants (l'article 51 ne prévoyant une situation de légitime défense qu'« en cas d'agression armée », et non de simple menace), ni sur une coutume qui se serait développée après l'adoption de la Charte des Nations Unies [64]. En effet, le groupe de personnalités de haut niveau a adopté, au sujet de la légitime défense, une position qui était loin de refléter le droit international alors en vigueur. En revanche, les États membres de l'ONU avaient des points de vue différents sur ce sujet. Les États-Unis, ses alliés et la Russie ont justifié l'idée de légitime défense anticipative et ont fait ainsi référence à l'expression du droit naturel. Mais de nombreux États ont critiqué cette sorte de légitime défense. Ils ont estimé que cette idée était contraire à l'article 51 de la Charte qui ne couvre en aucun cas des attaques imminentes, le droit international ne conférant aucune légitimité à la dangereuse doctrine de l'action préventive [65].

L'étude des divergences entre droit international pénal et droit pénal interne nous montre qu'elles sont des expressions communes, mais recouvrant des concepts différents. Ces différences de concept peuvent freiner la conceptualisation et la reconnaissance de l'infraction-obstacle en droit international pénal, le concept d'infraction-obstacle étant lié à certaines expressions comme le principe de légalité. De plus, il existe des spécificités du droit international pénal qui le différencient du droit pénal interne. L'analyse de ces spécificités nous aide à mieux connaître le domaine international afin d'y intégrer le concept d'infraction-obstacle.

---

62. Voir l'ONU, 2004, A/59/565, § 124.

63. Selon Olivier CORTEN il n'existe pas de définition juridique contraignante qui distingue les notions de légitime défense « préventive », « préemptive » ou « anticipative ».

64. Olivier CORTEN, *Op.cit.*, p. 218.

65. Voir la Déclaration des représentants de l'Iran, de l'Algérie, de la Biélorussie, de l'Indonésie, du Pakistan, de l'Egypte, de l'Inde, de la Turquie à l'occasion des 60 ans de l'ONU.

2

Spécificités du droit international pénal

Le droit international pénal intègre la sanction pénale et ses effets dans le champ international. Mais ce dernier présente des principes comme la souveraineté et l'immunité pouvant être des obstacles au droit international pénal. Ces principes empêchent donc l'incrimination internationale et à l'évidence, l'incrimination de l'infraction-obstacle en serait influencée.

Section 1. Souveraineté

Au sens littéral, souveraineté vient du mot « souverain », en latin, *superanus* ou *supremus*, qui signifie le plus élevé, suprême [66]. Autrement dit, être souverain signifie « dominer », être placé au sommet. Néanmoins, le concept de souveraineté est-il toujours le même ou a-t-il évolué avec le temps ? De plus, constitue-t-il une limite d'incrimination de l'infraction-obstacle en droit international pénal ?

A. Concept de souveraineté

Pour étudier le concept de souveraineté, il faut considérer son évolution historique et sa définition actuelle.

1. Evolution historique

Du point de vue historique, il existe deux opinions concernant la souveraineté. Selon la première, « la souveraineté existe en tant que fait bien

66. Florence CHALTIEL, *La souveraineté de l'État et l'Union européenne L'exemple français : Recherches sur la souveraineté de l'État membre,* Paris, LGDJ, 2000, p. 2.

avant BODIN [67], dès le XIVème siècle, les royaumes avancés auraient possédé les caractéristiques de la souveraineté (indépendance extérieure et suprématie interne) propres à l'État moderne. La chose aurait existé avant le mot. Selon l'autre opinion, minoritaire, le mot existe avant la chose qui n'apparaîtrait qu'avec BODIN » [68]. Mais, il faut noter que l'usage médiéval du mot souveraineté n'a rien à voir avec l'usage moderne et étatique actuel. En effet, le même terme revêt des significations différentes correspondant à des notions distinctes.

En réalité, le mot souveraineté exprime un superlatif dès son émergence au XIIIème siècle. « Dans un sens large est souverain celui qui, comme le baron ou le Roi, peut, dans sa sphère de domination donnée et reconnue, décider indépendamment d'autrui » [69]. L'adjectif souverain désigne un pouvoir qui n'admet aucun supérieur. « Ce sens hyperbolique du mot apparaît dans les rares cas d'utilisation du mot recensés : non seulement Dieu détient cette qualité souveraine en qualité de souverain père ou de prêtre souverain, mais aussi les autorités séculières, le Roi comme les barons » [70].

En revanche, le sens moderne de souveraineté se définit comme le pouvoir suprême de l'État sur les personnes qui entrent dans le cercle de sa domination. De fait, elle s'oppose à la notion médiévale de souveraineté. La souveraineté de l'État moderne rompt avec la constitution du Moyen Age qui repose, dans sa structure interne, sur le principe constitutionnaliste du consentement entre le roi et les États pour ce qui concerne les décisions politiques essentielles, et dans sa structure externe, sur l'existence d'une République chrétienne témoignant de la domination de l'Église sur les royaumes. Par conséquent, si on définit l'État comme « une unité de domination effective de façon permanente et par ses propres moyens (…), dont les contours sont, spatialement et personnellement, nettement dessinés, il n'existe pas encore au moyen Age. A cette époque, les royaumes ont, par opposition à l'État moderne, une puissance limitée à l'intérieur, par les innombrables titulaires de pouvoir et à l'extérieur, par l'Église et l'Empereur » [71]. Ils n'ont pas une souveraineté moderne qui réalise la concentration des pouvoirs et la clôture des systèmes juridiques étatiques entre eux.

---

67. Jean Bodin, né en 1529 à Angers et mort en 1596 à Laon, jurisconsulte, philosophe et théoricien politique français, influença l'histoire intellectuelle de l'Europe par la formulation de ses théories économiques et de ses principes du « bon gouvernement ».

68. Olivier BEAUD, *La puissance de l'État*, Paris, PUF, 1994, p. 35.

69. *Ibid.*, p. 38.

70. *Ibid.*, p. 38.

71. *Ibid.*, p. 43.

La naissance de la souveraineté moderne ou étatique s'exprime dans l'interprétation qu'en a donnée Jean BODIN dès 1576, dans les six livres de sa République. Pour BODIN, il ne s'agit pas du tout de prendre en considération l'origine du pouvoir souverain. Selon lui, toute puissance politique s'est toujours acquise et installée par la violence et la contrainte, au gré des forces en présence, des circonstances et du hasard toujours présent. Il s'agit de transformer une puissance politique de fait, liée aux circonstances, en institution souveraine durable, reconnue en droit dans la communauté politique [72]. Il explique que la République est un droit de gouvernement de plusieurs messages avec une puissance souveraine. Par République, il entend toute la communauté politique où règne l'ordre, quel qu'en soit le régime (monarchie, aristocratie, gouvernement populaire), où le Souverain dispose du pouvoir suprême, d'un pouvoir tout puissant assurant la paix dans l'État. Cette souveraineté est absolue, c'est-à-dire absoute de la puissance des lois ; ce qui signifie que le Souverain est au-dessus des lois puisqu'il les fait, et cette souveraineté est perpétuelle. Le Souverain dispose des personnes, des biens et de tout l'État à son bon plaisir [73]. En effet, la souveraineté absolue fait partie de tout acte de gouvernement : elle est strictement fonctionnelle. Elle intervient comme décision en dernier ressort. Le Souverain ne saurait donc se lier les mains et il est clair que ce pouvoir souverain de décider en dernier ressort, ne peut être ni divisé, ni partagé, ni transmis, ni délégué, sous peine d'inefficacité, d'impuissance et de désordre.

Il n'empêche que cette souveraineté n'est pas sans limite. BODIN rappelle que le Souverain est soumis aux lois de Dieu et aux lois de nature communes à tous les peuples, ainsi qu'aux lois propres de l'État. Le Prince souverain impose la justice et la maintient. Il existe une grande différence entre l'idée de BODIN et celle de Thomas HOBBES [74] qui est, au milieu du XVIIème siècle, le premier fondateur de la théorie de l'État moderne. Selon Hobbes, « l'institution de la République n'est pas donnée, elle est justifiée. Il explique que le Commonwealth est fondé sur un contrat de chacun avec

---

72. Raymond POLIN, *« Le concept de souveraineté et ses conséquences internationales »,* in Roland DRAGO (dir.), *Souveraineté de l'État et interventions internationales,* Dalloz, 1996, p. 5.

73. *Ibid.,* p. 6.

74. Thomas Hobbes, philosophe anglais, né le 5 avril 1588 à Westport, Angleterre, et mort le 4 décembre 1679 à Hardwick Hall, dans le Derbyshire, Angleterre. Son œuvre majeure, le Léviathan, eut une influence considérable sur la philosophie politique moderne, par sa conceptualisation de l'état de nature et du contrat social, conceptualisation qui fonde les bases de la souveraineté. Quoique souvent accusé de conservatisme excessif (par Arendt et Foucault notamment), ayant inspiré des auteurs comme Maistre et Schmitt, le Léviathan eut aussi une influence considérable sur l'émergence du libéralisme et de la pensée économique libérale du XXe siècle, et sur l'étude des relations internationales et de son courant rationaliste dominant : le réalisme.

chacun, qui institue le Souverain et lui confère une puissance irrésistible, un pouvoir absolu : le Souverain, qui n'a point été partie au contrat, n'est pas tenu même par lui » [75].

Après HOBBES, ROUSSEAU développe le concept de souveraineté par son idée de contrat social. « Le contrat social constitue bien la République, c'est-à-dire un corps moral et politique, par l'aliénation de tous les pouvoirs de chacun à toute la communauté, mais c'est celle-ci qui forme une personne publique. Ce corps moral et collectif a un moi commun ; cet être moral a une volonté et cette volonté, qui est générale, tend par nature au bien-être du tout. C'est le corps politique, le peuple lui-même, qui constitue le souverain et sa souveraineté qui s'exprime par sa volonté, qui est proprement général » [76]. La souveraineté comporte les mêmes attributs, les mêmes fonctions et les mêmes réquisits que chez Hobbes, mais cette fois-ci, c'est en vertu même de la nature de son institution par le contrat original. En effet, comme chez Hobbes, la souveraineté est inaliénable. Elle ne peut être ni divisée, ni partagée, ni déléguée. Le souverain est un être collectif qui ne peut être représenté que par lui-même. Par contre, Rousseau prend conscience de la difficulté de sa doctrine et de son application. Il pose la question : « comment une multitude aveugle, qui ne sait pas ce qu'elle veut, serait-elle capable de mettre en place un système de législation ? [77] ». C'est pourquoi, le législateur intervient ; mais il ne peut s'imposer qu'en faisant parler les Dieux. Il n'existerait donc pas de souveraineté populaire possible. Il n'a jamais existé de véritable démocratie et il n'en existera jamais. Il y faudrait un peuple de dieux, la souveraineté demeurant absolue.

Après avoir suivi la construction historique du concept de souveraineté pour traiter des problèmes de la constitution d'une autorité politique légitime et efficace, nous devons maintenant observer les idées de LOCKE et de Montesquieu. Locke n'emploie pas le mot de souveraineté et ne se préoccupe pas davantage de ses réquisits classiques. Dès lors, il admet que le pouvoir politique se délègue, se transmet, se divise, se partage, se représente. Il le définit comme limité, temporaire, sujet à contrôle et à révision, ce qui n'empêche pas ceux qui ont reçu mission, mais aussi fonction, de gouverner, de décider en dernier ressort et de façon efficace. Non seulement Locke évite le mot, mais il écarte l'idée de souveraineté et de pouvoir tout puissant car, si un conflit irréductible éclate entre gouvernés et gouvernants, il laisse à la force le pouvoir de décider de l'issue.

75. Raymond POLIN, *Op. cit.*, p. 7.

76. Raymond POLIN, *Op. cit.*, p. 8.

77. *Ibid.*, p. 8.

MONTESQUIEU, en systématisant les idées de Locke, présente la doctrine de la distinction des trois pouvoirs, législatif, exécutif et judiciaire, ainsi que leur séparation. Pour lui aussi, l'autorité politique non seulement est divisible et partageable, mais, de plus, elle doit être partagée. Le concept de souveraineté, grâce notamment aux idées de Locke et de Montesquieu, a trouvé son siège légitime, non pas dans une personne individuelle ou publique, mais dans un système d'institutions qui constitue l'État moderne.

HEGEL, héritier, à cet égard, plus encore de Locke et de Montesquieu que de Rousseau et de KANT, s'était élevé très clairement contre la conception d'une souveraineté populaire que la pratique de la Révolution française avait contribué à répandre, mais aussi à en révéler les pires manifestations [78]. Selon Hegel, le peuple ne prend de sens et de fonction qu'en tant qu'institution de l'État, dans la mesure où il est encadré, animé, géré par des institutions : l'exécutif, le législatif, le judiciaire, et par une administration de haut niveau, l'état universel. Le peuple à lui seul n'est qu'une masse informe à l'évolution contingente où le hasard, les circonstances ont une grande part. Mais par sa diversité inorganisée, par la multiplicité des intérêts et des avis des individus qui le composent, l'opinion publique laissée à elle-même, qui est le moyen par lequel le peuple s'exprime, par lequel il choisit ses représentants, peut avoir un pouvoir de naïveté, de bon sens immédiat, de modération. Dans l'opinion publique, le pouvoir de rejet l'emporte sur le pouvoir de projet. C'est bien là l'important, car elle constitue alors l'indispensable contre-pouvoir à la pratique excessive du pouvoir, le contre-pouvoir par excellence. Les consultations périodiques de l'opinion publique, gardées à l'abri de l'influence des factions, ont ainsi une place décisive dans l'État.

C'est l'État lui-même qui est, dans la complexité et l'unité de ses institutions, le titulaire de la souveraineté. C'est à travers l'État, ensemble d'institutions, que la notion de souveraineté, réalité historique fondée sur une longue culture, exerce son autonomie et requiert son indépendance, cette indépendance qu'elle tourne vers le monde extérieur, vers les autres nations[79]. Mais, en considérant l'évolution historique du concept de souveraineté, comment peut-on vraiment la définir, et quelle en est son essence même ?

78. Raymond POLIN, *Op. cit.*, p. 11.

79. *Ibid.*, p.11-12.

2. Notion de souveraineté

Pour analyser la notion de souveraineté, nous étudierons sa définition et la distinction qui existe entre souveraineté interne et souveraineté externe.

2.1. Définition

La souveraineté de l'État se définit comme « un pouvoir suprême, incontestable et indivisible » [80]. Michel TROPER explique que « la souveraineté est d'abord la qualité d'un être qui n'a pas de supérieur. En ce sens, la souveraineté est la qualité d'un État, qui n'est soumis à aucune puissance extérieure ou intérieure. Qu'un État souverain puisse néanmoins être soumis au droit international ne comporte nulle contradiction, parce que cette soumission résulte seulement de sa propre volonté. On peut donc dire que la souveraineté se définit par la soumission au seul droit international et qu'elle comporte à l'intérieur le pouvoir de tout faire. Dans un deuxième sens, la souveraineté est l'ensemble des pouvoirs ou des compétences que peut exercer cet État. On appelle aussi cet ensemble, puissance d'État » [81]. Au-delà de la définition de souveraineté, étudier la souveraineté interne et externe nous aide à mieux en saisir le concept.

---

80. Dominique MAILLARD DESGREES DU LOÛ, *« Rapport introductif »*, in Dominique MAILLARD DESGREES DU LOÛ (dir.), *Les évolutions de la souveraineté*, Paris, Montchrestien, 2006, p. 4.

81. Michel TROPER, *« Comment la Constitution de 1958 définit la souveraineté nationale ? »*, in *La Constitution de 1958 a quarante ans*, http://www.conseil-constitutionnel.fr/dossier/quarante/q05.htm. M. Michel TROPER, dans son article *« La souveraineté comme principe d'imputation »*, in Dominique MAILLARD DESGREES DU LOÛ (dir.), *Les évolutions de la souveraineté*, Paris, Montchrestien, 2006, p. 73-75, considère la souveraineté comme le principe d'imputation et explique que « le recours à un concept de souverain comme point d'imputation des règles juridiques est nécessaire à toute théorie juridique qui admet que le droit est un ensemble de commandements obligatoires. Il ne s'agit pas seulement pour une telle théorie, en dépit de ce qu'on croit généralement, de donner à ces règles une légitimité, mais simplement de les définir. C'est ainsi que John Austin définit les règles comme des commandements émanant du souverain ou dérivées directement ou indirectement d'un commandement du souverain... Le souverain quant à lui est défini comme celui, individu ou collège, à qui l'on a l'habitude d'obéir et qui n'obéit habituellement à personne. L'imputation est nécessaire pour justifier l'exercice du pouvoir législatif, mais aussi la production de normes *infra* législatives. Si une décision n'est que le produit d'un syllogisme dont la prémisse majeure est la loi, alors elle est imputable elle-aussi au pouvoir législatif et donc au souverain. C'est ce qu'exprime la devise des débuts de la Révolution française la nation, la loi, le roi ou aujourd'hui au nom de la loi ou encore au nom du peuple français ».

2.2. Souveraineté : interne et externe (indépendance)

La souveraineté est divisée en deux formes : la souveraineté interne ou la souveraineté dans l'État, la souveraineté externe ou la souveraineté de l'État. La souveraineté externe ou internationale est aussi nommée indépendance. L'expression indépendance pour exprimer la souveraineté n'est pas récente. Au XIXème siècle, chez certains auteurs comme Luigi Taparelli d'Azeglio [82], la souveraineté est une autorité qui ne dépend pas, c'est-à-dire indépendante d'un supérieur. En effet, « cette notion de souveraineté est matérielle et non purement formelle, le pouvoir qu'elle incarne étant au service du bien commun et donc de l'idée de justice. De ce point de vue, la souveraineté est le pouvoir de gouverner la communauté parfaite, mais non un pouvoir absolu. C'est par ailleurs un pouvoir suprême dans son ordre, *in suo ordine*, ce qui laisse une marge à un pouvoir spirituel. Et si vers l'extérieur la souveraineté est indépendance de l'État, il ne s'agit nullement d'une indépendance par rapport à tout ordre normatif supérieur, mais par rapport à une autre société indépendante » [83].

Aujourd'hui, les auteurs ne sont pas unanimes quant au choix des termes souveraineté et indépendance. « Les uns soutiennent que dans son sens externe ou international, le mot souveraineté est au fond synonyme d'indépendance. Pour les autres, souveraineté et indépendance sont deux expressions distinctes. Certains sont en faveur du terme souveraineté, tandis que d'autres lui préfèrent celui d'indépendance » [84]. Cette querelle terminologique n'est pas dénuée de tout intérêt ; bien au contraire, elle pose la question de la dualité ou de l'unité du concept de souveraineté. En cela, il ne s'agit pas seulement d'une différence de mots, mais aussi de contenu. Pour un courant minoritaire, la souveraineté extérieure ou l'indépendance est distincte de la souveraineté intérieure, et c'est par un véritable abus de langage que les deux idées sont réunies sous le même nom. L'inconsistance de cette thèse est mise en exergue par nombre d'auteurs. Ainsi, on peut dire que « l'indépendance implique souveraineté ; souveraineté est le support de l'indépendance et ne peut pas exister sans elle ; indépendance implique égalité avec les autres États. Qui dit souverain, dit indépendant. Il serait donc suffisant d'adopter un de ces termes. L'histoire, la tradition et la valeur pratique du terme se prononcent en faveur du terme souveraineté qui couvre

---

82. Luigi Taparelli d'Azeglio, philosophe italien, né le 24 novembre 1793 à Torino et mort le 21 septembre 1862 à Rome.

83. Antonio TRUYOL SERRA, *« Souveraineté »*, Arch. Philo. Droit, 1990, T. 35, p. 318.

84. Rahim KHERAD, *« La souveraineté de l'Irak à l'épreuve de l'occupation »*, in Dominique MAILLARD DESGREES DU LOÛ (dir.), *Les évolutions de la souveraineté*, Paris, Montchrestien, 2006, p. 142.

et le pouvoir suprême à l'intérieur et l'indépendance à l'extérieur » [85]. En effet, du point de vue historique, « l'acquisition d'un pouvoir, à l'intérieur, est toujours allée de pair avec la lutte pour l'indépendance contre les ennemis extérieurs... il semble donc contraire à la logique et à l'expérience historique de parler d'une dualité de processus pour justifier une prétendue souveraineté externe, distincte et autonome de la souveraineté interne » [86].

Il existe toujours un lien entre deux catégories de souveraineté ; car, « la souveraineté interne, qui signifie la domination à l'intérieur du territoire, présuppose la souveraineté internationale qui exclut le pouvoir de domination d'un État tiers, de même que la souveraineté internationale implique la souveraineté interne pour pouvoir être effective »[87]. P.-M. DUPUY considère que « l'indépendance est à la fois la condition et le critère de la souveraineté... On peut donc dire à la fois que, si l'indépendance est le critère de la souveraineté, la souveraineté est le garant de l'indépendance. Lorsqu'elle est reconnue à une entité étatique, elle emporte du même coup obligation pour les États tiers de se comporter à son égard comme ils souhaitent que leurs pairs agissent à leur propre égard. Ils doivent en particulier s'abstenir de s'immiscer aussi bien dans la conduite des relations internationales que celles des affaires intérieures de ce nouveau souverain » [88].

Il existe une idée selon laquelle la souveraineté internationale n'est pas comme un vrai pouvoir. Elle est donc comme une qualité du pouvoir que le droit international reconnaît par ailleurs à l'État. « Si cette qualité est de n'être pas soumise à un pouvoir supérieur, alors elle s'analyse comme une liberté, la liberté qu'a l'État de faire ce qui est en son pouvoir. Le sens d'une telle liberté doit être précisé, si l'on veut percevoir la signification juridique de la souveraineté internationale prise comme institution légale et non comme pur fait » [89].

L'étude du concept de souveraineté, et la comparaison entre souveraineté interne et externe nous montre la spécificité de ce concept à l'échelle internationale. Cette spécificité aboutit à l'indépendance de l'Etat par rapport aux autres Etats. Si l'on considère l'indépendance absolue, elle peut être un

---

85. M.-S. KOROWICZ, *Organisation internationale et souveraineté des Etats membres*, Pédone, Paris, 1961, p. 81.

86. F. FARDELLA, *« Le dogme de la souveraineté de l'Etat. Un bilan »*, Arch. Philo. Droit, 1997, p. 127.

87. Olivier BEAUD, *La puissance de l'Etat*, Paris, PUF, 1994, p. 17.

88. P.-M. DUPUY, *« L'unité du droit international »*, RCADI, 2002, Vol. 297, p. 95.

89. J. COMBACAU, *« Pas une puissance, une liberté : la souveraineté internationale de l'Etat »*, Pouvoir, 1993, n° 67, p. 51.

obstacle à l'incrimination de l'infraction-obstacle en droit international pénal car l'Etat, en faisant référence à l'indépendance absolue, peut rejeter toutes les incriminations qui limitent sa souveraineté. À l'heure actuelle, certains concepts, comme celui de souveraineté duale, modifient l'indépendance absolue. Nous analyserons la souveraineté duale et son sens particulier de la souveraineté, différent du sens traditionnel.

B. Souveraineté duale dans différents contextes

Pour étudier la souveraineté duale, nous observerons le sens de la souveraineté aux États-Unis et au niveau européen. Dans ces domaines, le concept de souveraineté n'est pas absolu, mais relatif. De fait, aux États-Unis, chaque État est indépendant et il n'existe pas de souveraineté étatique comme dans d'autres pays, ou bien, au niveau européen, outre la souveraineté étatique existe la souveraineté européenne.

1. Cas des États-Unis

Il est rare de trouver dans les ouvrages américains, le mot souveraineté et s'il s'y trouve, il se rattache à la notion d'État au sens fédéral du terme. En effet, l'utilisation, déjà délicate, du terme souveraineté dans un État unitaire, pose encore plus de difficultés dans un système fédéral.

1.1. Histoire de la souveraineté aux Etats-Unis

D'un point de vue historique, le mot souveraineté n'est pas précis dans les textes américains. Par exemple, la Déclaration d'Indépendance des Etats-Unis du 4 juillet 1776 [90] ne contient pas le terme. Seul le deuxième article de la Confédération du 15 novembre 1777 [91] exprime que « chaque État conserve sa souveraineté, sa liberté et son indépendance ».

---

90. Déclaration d'indépendance des Etats-Unis : texte politique par lequel les treize colonies britanniques d'Amérique du Nord ont fait sécession au Royaume-Uni le 4 juillet 1776. Ce texte est marqué par l'influence de la philosophie des Lumières.

91. Les Articles de la Confédération sont un document élaboré le 15 novembre 1777 par le second Congrès continental, réunion des treize colonies devenues ainsi des Etats constituants les Etats-Unis. Ce document est le premier traité qui organise les treize Etats en une confédération.

La notion de souveraineté est contraire à une grande partie de la tradition anglo-saxonne [92]. Les débats américains sur la souveraineté commencent vers la fin du XVIIIème siècle, et la première grande décision rendue par la Cour suprême des États-Unis dans ce domaine, est la décision Chisholm v. Georgia, en 1793. Dans cette affaire, le juge Wilson proclame qu'eu égard aux fins de l'Union, la Géorgie n'est pas un État souverain. Le juge Jay, quant à lui affirme que la souveraineté passe de la Couronne britannique aux peuples des colonies. Il tient à ce que la souveraineté soit celle du peuple, mais il affirme que la souveraineté de la nation réside dans le peuple de la nation, cependant que la souveraineté résiduelle de chaque État appartient au peuple de chaque État.

Ainsi, le juge Iredell, développe la thèse de la souveraineté dualiste: les États-Unis sont souverains quant aux pouvoirs cédés et chaque Etat de l'Union l'est quant aux pouvoirs réservés. Par contre, « la notion américaine de la souveraineté ne paraît pas univoque. Aux partisans de la souveraineté indivisible s'opposent ceux de la souveraineté partagée ou plus précisément dualiste » [93]. Certains auteurs comme Alexis DE TOCQUEVILLE [94], dans son ouvrage « De la démocratie en Amérique », pensent aussi que la souveraineté est double, divisée, partagée ou encore, suivant le vocabulaire employé, dualiste. Ainsi, dans plusieurs décisions de la Cour suprême américaine, on peut observer cette notion de souveraineté dualiste. Dans l'affaire United States v. Butler en 1936, le juge Roberts confirme que « la forme de gouvernement américaine est dualiste, et que dans chaque État, il existe deux gouvernements : l'État et les États-Unis, enfin que l'Union fédérale ait un gouvernement aux pouvoirs délégués » [95].

Paradoxalement, les partisans de la souveraineté dualiste sont des partisans d'une souveraineté indivisible: celle du peuple [96]. Mais de quel peuple s'agit-il ? Le peuple américain entendu comme un tout ou le peuple de chacun des États ? Pour répondre à ces questions, il faut étudier l'affaire U.S. Term limits, Inc. V. Thornon de 1995, selon laquelle le juge Stevens proclame que la souveraineté appartient au peuple des États-Unis. Le juge

---

92. Jean-Philippe FELDMAN, *« La conception américaine de la souveraineté »,* in Dominique MAILLARD DESGREES DU LOÛ (dir.), *Les évolutions de la souveraineté*, Paris, Montchrestien, 2006, p. 83.

93. *Ibid.,* p. 84.

94. Alexis DE TOCQUEVILLE, né à paris le 29 juillet 1805 et mort à Cannes le 16 avril 1859, philosophe politique, homme politique, historien, précurseur de la sociologie et écrivain français. Il est célèbre pour ses analyses de la Révolution française, de la démocratie américaine et de l'évolution des démocraties occidentales en général.

95. Jean-Philippe FELDMAN, *Op. cit.,* p. 88.

96. *Ibid.,* p. 96.

Kennedy rappelle que le peuple des États-Unis constitue une nation. En revanche, le juge Thomas, dans son opinion, précise que la notion de souveraineté populaire n'efface pas les frontières des Etats, mais plutôt les suit à la trace. Selon lui, le système américain de gouvernement repose sur un principe fondamental, à savoir que tous les pouvoirs proviennent du consentement du peuple. Il précise aussitôt que la source ultime du pouvoir constitutionnel est le consentement du peuple de chacun des États, et non pas celui d'un peuple indifférencié de la nation entendue comme un tout [97]. En résumé, la notion américaine de souveraineté nous montre que nous pouvons imaginer l'exercice de la souveraineté du peuple divisée entre deux niveaux de gouvernement : celui du gouvernement fédéral et celui des États. Dans ce concept, il faut observer, non seulement les théories de la fédération et du fédéralisme, mais aussi celles de l'État fédéral.

1.2. Etat fédéral

L'État fédéral est défini comme l'existence de plusieurs États dans un État. Cette définition nous montre que les notions d'État fédéral et de souveraineté absolue semblent logiquement antinomiques, car « la première évoque l'idée de pluralisme, à la fois juridique et politique, et la seconde celle d'unicité du pouvoir et de monisme juridique » [98]. C'est pourquoi, dans le cadre de l'État fédéral, nous pouvons seulement imaginer la souveraineté duale présentée comme « une double souveraineté ou une souveraineté divisée ou partagée ou encore une souveraineté restreinte » [99].

Les pères fondateurs du fédéralisme ou de l'État fédéral, comme James MADISON [100], considèrent le fédéralisme comme « le meilleur gardien de la liberté, de la sûreté, du bonheur des hommes » [101]. Il explique que le fédéralisme est « le dernier espoir de la véritable liberté sur la face de cette terre » [102]. Dans cette perspective, le fédéralisme est la réponse au problème

97. *Ibid.*

98. Olivier BEAUD, *« Fédéralisme et souveraineté, Notes pour une théorie constitutionnelle de la fédération »,* Revue du droit public, n° 114, 1998, p. 86.

99. *Ibid.*, p. 88.

100. Né dans le comté de King George en Virginie durant l'année 1751 et mort en 1836, James Madison fut l'un des grands hommes politiques des Etats Unis d'Amérique. Reconnu comme l'un des principaux auteurs de la Constitution, il y apporta des principes fondamentaux en particulier pour la séparation des pouvoirs exécutif, judiciaire et législatif. Il occupa le poste de ministre des affaires étrangères puis s'en suivit l'accession à la présidence des Etats-Unis.

101. Olivier BEAUD, *Op. cit.*, p. 94.

102. *Ibid.*, p. 94.

typiquement américain de savoir comment créer une grande république capable de laisser la place à des États membres démocratiquement gouvernés. Le fédéralisme serait donc, à ce titre, une institution typique de la démocratie constitutionnelle.

Il est vrai que l'État fédéral et la démocratie se sont historiquement rejoints, mais il n'empêche qu'ils ne sont pas synonymes. La démocratie est ce qu'on appelle une forme de gouvernement, alors que le fédéralisme est plutôt une forme d'État. En effet, le seul point de rencontre entre fédéralisme et démocratie est l'idée de pluralisme. Le fédéralisme est conçu « dans une perspective plus dynamique, comme l'organisation efficace de la diversité et plus largement relié au pluralisme des sociétés industrielles modernes » [103].

Le terme de souveraineté a plusieurs significations, et nous étudierons ses trois significations importantes liées au concept de fédération : la souveraineté comme puissance publique (étatique), la souveraineté décisionniste et la souveraineté démocratique. Il en résulte que la souveraineté comme puissance publique ou la souveraineté étatique n'est pas compatible avec la construction fédérale. Pour Olivier BEAUD « vue de l'extérieur, la fédération ressemble à un sujet normal de droit international. Mais, à l'intérieur, il lui manque le pouvoir suprême de domination sur l'ensemble du territoire puisqu'elle se heurte à l'existence des États membres dont elle doit respecter les droits. De même, les États membres ne sont pas souverains parce qu'ils ont abandonné des fragments de leur puissance publique, que ce soit dans le domaine des relations extérieures, ou même dans l'administration intérieure (droit d'ingérence de la Fédération dans leurs affaires intérieures) » [104]. De plus, la souveraineté est définie dans la conception décisionniste comme un pouvoir suprême et absolu de commandement exercé par une seule personne (le souverain). Cette conception de souveraineté est développée par Carl Schmitt [105]. Il nous semble que cette définition de la souveraineté ne puisse se présenter dans le cadre de l'Etat fédéral qui relativise le pouvoir ; le pouvoir suprême et absolu n'existant plus.

La troisième signification de la souveraineté, liée au concept de fédéralisme, est la souveraineté du peuple ou la souveraineté démocratique. En effet, il y aurait homologie entre démocratie et fédéralisme ce dont la manifestation la plus nette serait l'expérience américaine. Pour justifier la

103. *Ibid.,* p. 96.

104. *Ibid.,* p. 105-6.

105. Carl Schmitt, né le 11 juillet 1888 et mort le 7 avril 1985, un juriste constitutionnaliste, théoricien et professeur de droit, philosophe et intellectuel catholique allemand. Dès 1933, il s'engage dans le parti nazi et se veut le juriste officiel du IIIème Reich.

souveraineté du peuple dans une Fédération, la puissance publique se divise entre Fédération et États membres et, comme nous l'avons expliqué, on présente la double souveraineté ou la souveraineté partagée. Mais, selon Olivier BEAUD, il existe une contradiction entre fédéralisme et souveraineté. Il précise que « l'idée de souveraineté du peuple est indissociable de l'idée d'État-nation. Or, qui dit État-nation dit précisément État unitaire, ou dans le meilleur des cas, État fédéral. Par conséquent, dès qu'on l'utilise, on tombe inévitablement dans un schéma unitaire, incompatible avec l'esprit et le régime de la fédération » [106]. Outre la souveraineté du contexte américain, qui démontre la possibilité de la souveraineté non-absolue, duale et partagée, la souveraineté à l'échelle européenne exprime aussi cette conception.

2. Le cas européen

Le concept de souveraineté à l'échelle européenne est également un concept dualiste. En effet, « un premier niveau de souveraineté s'exerce au niveau européen, avec une primauté du droit européen sur la loi nationale, avec des attributs de la souveraineté tels la monnaie ou encore le droit de rendre la justice. Un deuxième niveau existe et s'exerce au niveau national par la souveraineté de la Constitution nationale sur l'ensemble des autres normes » [107]. Il semblerait que la souveraineté européenne diffère, dans certains cas, de la souveraineté duale américaine. La souveraineté européenne est plus une souveraineté commune qu'une souveraineté unique car, dans ce domaine, s'il existe une pluralité de peuples et de nations, il n'existe pas d'Etat central et de supra-nation. En effet, « le préfixe « co » contribue à la redéfinition de la souveraineté. Coexercice de la souveraineté, collégialité, co-administration sont les maîtres-mots de cette souveraineté collective » [108]. Pour analyser la souveraineté collective à l'échelle européenne, on peut évoquer le système politique de la polyarchie. Dans ce système politique, présenté par le politologue américain Robert DAHL [109], il existe une pluralité de centres de décision et de pouvoir.

---

106. Olivier BEAUD, *Op. cit.*, p. 120.

107. Florence CHALTIEL, *« La souveraineté vue par l'Union européenne »*, in Dominique MAILLARD DESGREES DU LOÛ (dir.), *Les évolutions de la souveraineté*, Paris, Montchrestien, 2006, p. 201.

108. Florence CHALTIEL, *La souveraineté de l'État et l'Union européenne L'exemple français : Recherches sur la souveraineté de l'État membre*, Paris, LGDJ, 2000, p. 467.

109. Robert Alan DAHL, né le 17 décembre 1915 à Inwood, mort le 5 février 2014 à Hamden, professeur émérite de science politique à l'Université Yale et ancien président de l'American Political Science Association.

En considérant le concept de polyarchie, on peut imaginer la souveraineté polyarchique. Dans ce sens de souveraineté, l'État n'est plus l'unique centre de décision, mais il est omniprésent dans le droit communautaire et de l'Union. Cette sorte de dédoublement de l'État est révélée par la mise en œuvre des principes de souveraineté collective. La notion de polyarchie réside dans l'initiative partagée, entre les États membres et la commission, concernant certains aspects de la coopération intergouvernementale. Cette initiative apparaît comme un témoin fort de la souveraineté duale dans le cadre intergouvernemental.

Mais peut-on imaginer ce dualisme et cette souveraineté commune à l'échelle internationale ? C'est-à-dire ajouter à la souveraineté des peuples des différentes nations, la souveraineté de la communauté internationale. Pour étudier la souveraineté duale au niveau international, il semblerait qu'il faille analyser le concept de souveraineté interne et externe ou internationale ; parce que pour Antonio TRUYOL SERRA « si plusieurs États décident de s'unir pour constituer un État fédéral, ils perdent leur souveraineté internationale [leur indépendance] » [1].

C. Cas particulier : souveraineté sous l'occupation

La souveraineté sous l'occupation montre le concept relatif de souveraineté. Le cas de l'Irak en est un exemple clair. En effet, la souveraineté irakienne dans la situation d'occupation ne peut être analysée qu'en fonction de l'acception de la dualité du concept de souveraineté. La reconnaissance de l'indépendance de l'Irak et sa souveraineté interne sont intimement liées. Toutes les Résolutions adoptées par le Conseil de sécurité affirment que l'Irak demeure, en dépit de l'occupation, indépendant sur le plan international et souverain sur le plan interne.

Du point de vue historique, aux XVIème et XVIIème siècles, l'occupation opérait le transfert de souveraineté à la puissance occupante. Mais à la fin du XIXème et au début du XXème siècle, l'occupation n'est plus considérée comme un état de droit, mais un état de fait. L'occupation ne peut donc plus être translative de souveraineté. En revanche, « cet état de fait peut construire certaines conséquences juridiques et c'est précisément pour sanctionner celles-ci qu'est intervenu le règlement de La Haye annexé à la convention IV du 8 octobre 1907 dont la section III (art. 42 à 56) est consacrée à l'autorité militaire sur le territoire de l'État ennemi » [2].

---

1. Antonio TRUYOL SERRA, *« Souveraineté »,* Arch. Philo. Droit, 1990, T. 35, p. 323.

2. Ch. ROUSSEAU, *Le droit des conflits armés*, Paris, Pédone, 1983, p. 135.

La Résolution 1472 du 28 mars 2003 du Conseil de sécurité constate l'existence d'une occupation militaire et demande l'application de dispositions de droit international en la matière. Cette résolution est souvent étudiée dans le cadre de la guerre en Irak pour plusieurs raisons. « Premièrement, en qualifiant sans ambages d'occupation l'action militaire de la coalition, elle discrédite corrélativement sa nature libératrice. Deuxièmement, l'exigence de l'application des dispositions de droit international signifie que les puissances occupantes sont soumises à l'obligation de respecter les conventions relatives au droit des conflits armés et au droit international humanitaire, en particulier la Convention IV de La Haye de 1907 ainsi que les Conventions de Genève de 1949, elles-mêmes complétées par le protocole I de Genève de 1977. En effet, le Règlement annexé à la Convention IV de La Haye, dans ses articles 42, 43 et 48, dispose qu'en stationnant sur le sol ennemi, le belligérant n'en acquiert pas le pouvoir souverain. Ceci est repris et développé par la doctrine et la jurisprudence » [1].

La principale conséquence de l'occupation de guerre dépend de la manière dont l'occupant exerce les compétences territoriales. Alain PELLET explique que « l'occupation apparaît comme une situation de fait, temporaire, qui justifie l'exercice par l'occupant de compétences territoriales étendues sur le territoire occupé, mais qui n'entraîne aucun transfert de souveraineté en sa faveur. Ces deux éléments, l'un positif – une situation de fait justifiant l'exercice de compétences territoriales – l'autre négatif – le non-transfert de souveraineté – sont indissociables et sont, l'un et l'autre, des conditions nécessaires pour qu'il y ait occupation : en l'absence de contrôle effectif du territoire par l'armée ennemie, le régime juridique ne s'applique pas davantage que si la souveraineté change de titulaire et passe de l'occupé à l'occupant ; telle est l'essence même de l'institution juridique qu'est l'occupation » [2].

L'étude de la souveraineté, notamment des exemples comme celui de la souveraineté duale ou de la souveraineté sous l'occupation, nous montre qu'elle ne peut s'imaginer que relative car elle n'est jamais un concept absolu. En effet, la souveraineté, au sens relatif, ne peut pas être un obstacle d'incrimination de « l'infraction-obstacle » à l'échelle internationale. Autrement dit, on peut incriminer les violations des normes internationales

1. Rahim KHERAD, *« La souveraineté de l'Irak à l'épreuve de l'occupation »*, in Dominique MAILLARD DESGREES DU LOÛ (dir.), *Les évolutions de la souveraineté*, Paris, Montchrestien, 2006, p. 145.

2. Alain PELLET, *« La destruction de Troie n'aura pas lieu »*, The Palestine Yearbook of international Law, 1987/88, Vol. IV, p. 54.

sans effacer la souveraineté. Outre la souveraineté, l'immunité est considérée comme un obstacle d'incrimination en droit international pénal. Comment peut-on alors la définir et constitue-t-elle vraiment un obstacle ? Ou, en droit international pénal actuel, existe-t-il des principes pouvant limiter et relativiser cet obstacle ?

Section 2. Immunité

L'immunité est un terme juridique, employé en droit interne et international. Selon le dictionnaire pratique du droit humanitaire, l'immunité est une « prérogative reconnue à certaines personnes afin de leur permettre d'exercer leurs fonctions en toute liberté et à l'abri de toute pression, y compris judiciaire. L'immunité de juridiction permet ainsi à ceux qui en bénéficient d'éviter les poursuites judiciaires. Elle concerne notamment les diplomates, le personnel des Nations Unies, les parlementaires, mais aussi les membres de gouvernement ou les chefs d'État et de gouvernement »[1]. La fonction des dirigeants politiques et des personnels de l'ONU est donc considérée comme une fonction primordiale que ces derniers doivent pouvoir exercer sans entrave judiciaire. En effet, il n'existe aucun texte de droit international qui reconnaisse les immunités des chefs d'État et de gouvernement. Au niveau international, les immunités des chefs d'État et de gouvernement résultent de la coutume et s'apparentent aux immunités diplomatiques. Mais cette immunité doit-elle être absolue ?

Cette immunité n'est jamais absolue, car « elle est plus souvent limitée aux actes commis dans l'exercice de fonctions officielles et pour la durée de cet exercice. L'immunité peut également être levée en cas de crimes internationaux les plus graves, par les organes politiques et judiciaires qui contrôlent ces différentes fonctions officielles » [2]. Aujourd'hui, il existe, contre l'immunité absolue, des obstacles qui la limitent, ainsi que différents types d'immunité. Avant d'étudier ces termes, il nous semble nécessaire d'analyser la notion de dirigeant politique car ces derniers bénéficient souvent de ce concept pouvant leur permettre d'échapper à leur responsabilité juridique.

---

1. Françoise BOUCHET-SAULNIER, *Dictionnaire pratique du droit humanitaire*, Paris, La Découverte, 2006, p. 301.

2. *Ibid.*, p. 301

A. Bénéficiaires de l'immunité

Le droit, soit international, soit interne, n'a jamais consacré une expression pour désigner l'ensemble des différents dirigeants politiques [1]. Les quelques initiatives entreprises en ce sens se sont en effet toujours heurtées à la difficulté de délimiter le cercle des personnes concernées et de désigner par une même expression des personnes pouvant avoir des statuts très différents. Cela explique notamment que, lors de l'élaboration de traités internationaux, l'on se soit contenté de formules vagues ou incomplètes, ou ou basé sur des énumérations plutôt que sur des définitions d'ensemble, ou l'on ait carrément renoncé à mentionner certaines catégories.

Il faut considérer que « l'absence d'une expression générale pour désigner l'ensemble des dirigeants politiques n'a pas empêché le droit international de conférer un statut particulier à trois catégories d'entre eux. Depuis toujours, la place la plus importante, et de loin, est accordée au chef d'État. Jusqu'au XIXème siècle, la doctrine dominante et la jurisprudence internationale assimilaient l'État à la personne de son chef. Aujourd'hui, bien que la grande majorité des États connaissent des systèmes politiques qui limitent fortement les pouvoirs de leurs chefs par rapport au passé, ceux-ci gardent de nombreuses attributions, du moins formelles, en matière de relations internationales : – premièrement, comme l'a confirmé en 1996 la CIJ, « tout chef d'État est présumé pouvoir agir au nom de l'État dans ses relations internationales » [2]. Cette présomption se trouve à l'art. 7 al. 21 etc. de la Convention de Vienne du 23 mai 1969 sur le droit des traités, qui prévoit qu'en vertu de leurs fonctions et sans avoir à produire de pleins pouvoirs, ils sont considérés comme représentant leur pays pour tous les actes relatifs à la conclusion d'un traité. Cette compétence est du reste rappelée dans la très grande majorité des constitutions nationales ; – deuxièmement, en matière de relations internationales, c'est très souvent au chef d'État qu'il incombe de nommer les agents de son pays, ainsi que de recevoir les envoyés étrangers ; – troisièmement, enfin, c'est lui qui, la plupart du temps, détient le droit de décider du recours à la force armée. Le corollaire de ce droit est le commandement des forces armées, qui est une fonction traditionnelle du chef d'État et qui se retrouve également aujourd'hui dans de très nombreux pays [3].

---

1. Alvaro BORGHI, *L'immunité des dirigeants politiques en droit international,* Paris, Bruxelles, Genève, LGDJ, Bruylant, Helbing et Lichtenhahn, 2003, p.13.

2. Affaire relative à l'Application de la convention pour la prévention et répression du crime de génocide, Arrêt sur les exceptions préliminaires du 11 juillet 1996.

3. Alvaro BORGHI, *Op.cit.,* p. 15-17.

Les deux autres catégories de dirigeants politiques auxquels le droit international accorde une place particulière sont le chef de gouvernement et le ministre des affaires étrangères. Toutefois, les compétences qu'il reconnaît à ces deux organes sont beaucoup plus restreintes que celles qu'il attribue au chef d'État. Cependant, que recouvrent les notions de chef d'État, de chef de gouvernement et de ministre des affaires étrangères ? De même, peut-on définir d'autres notions de dirigeants politiques ?

1. Notion de dirigeants politiques

L'expression « dirigeant politique » est générale et englobe le chef d'Etat, le chef de gouvernement et le ministre des affaires étrangères.

1.1. Notion de chef d'État

Le chef d'État est défini comme l'organe exerçant les plus hautes fonctions au sein d'un État [1]. Les États, en tant que personnes juridiques, sont reconnus comme étant les sujets du droit international. Par contre, ils ne peuvent exercer leurs compétences que par l'intermédiaire d'organes composés d'individus. Les chefs d'État ne font pas exception à ce principe ; il est donc clair que, contrairement à ce qui était accepté par le passé, ils ne peuvent plus être considérés comme l'incarnation de leur pays, mais uniquement comme des organes de ceux-ci, habilités à les représenter et à exprimer leur volonté sur la scène internationale.

En droit international, existe le principe de la détermination interne du chef d'État. Ce principe signifie qu'il faut faire appel à l'organisation interne d'un État pour savoir qui détient cette qualité, et que cette détermination est opposable aux autres sujets de droit international [2]. C'est l'organe qui exerce les plus hautes fonctions au sein de celui-ci, qui devra être considéré comme son chef. Cette liberté laissée aux États par le droit international entraîne parfois des différences considérables entre eux. En plus du chef d'État, le chef de gouvernement est aussi considéré comme dirigeant politique.

---

1. Alvaro BORGHI, *Op.cit.*, p. 18.
2. *Ibid.*, p. 21.

1.2. Notion de chef de gouvernement

Le chef de gouvernement se définit comme l'organe d'un État exerçant cette fonction d'après le droit interne de cet État [1]. Les éléments constitutifs de cette définition présentent de nombreuses analogies avec ceux de la notion de chef d'État. D'une part, comme celui-ci, le chef de gouvernement est un organe, et l'organe d'un État. D'autre part, la détermination de l'organe ayant la qualité de chef de gouvernement se fonde sur le principe de la détermination interne.

En pratique, il existe trois situations afin de distinguer le chef de gouvernement : – la première est celle où il n'existe pas de chef de gouvernement, et où les décisions au sein de l'autorité investie du pouvoir exécutif se prennent de manière collégiale. Tel est notamment le cas de la Suisse ; – la deuxième est celle où il existe un organe qui exerce les fonctions de chef de gouvernement, tout en revêtant simultanément la qualité de chef d'État. Le cas le plus connu est celui des États-Unis, auquel il faut ajouter la majorité des pays d'Amérique latine, et plusieurs États africains ; - la troisième est celle où il existe un organe qui exerce les fonctions de chef de gouvernement, distinctement de celui auquel est attribuée la qualité de chef d'État. En effet, c'est uniquement dans cette situation que la notion de chef de gouvernement acquiert un sens dans le domaine des relations internationales, puisque, dans les pays où un même organe détient les qualités de chef d'État et de chef de gouvernement, il ne sera désigné que comme chef d'État [2]. Outre le chef d'État et le chef de gouvernement, le ministre des affaires étrangères est également considéré comme dirigeant politique.

1.3. Notion de ministre des affaires étrangères

En droit international, le ministre des affaires étrangères peut être défini comme l'organe d'un État chargé de manière générale des relations avec l'étranger. C'est lui qui apparaît comme l'intermédiaire entre les États, la plupart de ses compétences externes découlant directement du droit international. Cependant, le chef d'État, le chef de gouvernement et le ministre des affaires étrangères ne sont pas les seuls dirigeants politiques ; il existe d'autres personnages qui jouent aujourd'hui un rôle important sur la scène internationale en tant que dirigeants politiques. Par exemple, certains ministres sont souvent appelés à représenter et à engager leur État pour ce qui a trait aux matières de leur compétence. Toutefois, en vertu de la liberté

1. Alvaro BORGHI, *Op.cit.*, p. 36.

2. *Ibid.*, p. 37.

dont jouissent les États concernant leur organisation politique interne, ceux-ci peuvent conférer des pouvoirs analogues à d'autres personnes sans leur attribuer la qualité de ministre. Après avoir étudié la notion de dirigeant politique et en avoir reconnu les principaux représentants, des questions demeurent : tous les dirigeants politiques, dans toutes les situations, bénéficient-ils du principe d'immunité ? Ou est-ce que l'immunité concerne uniquement le chef d'État, notamment le chef d'État en fonction ?

2. Immunité du chef d'État

Deux sortes d'immunité du chef d'État peuvent être soulignées : l'immunité du chef d'État en fonction et l'immunité de l'ancien chef d'État. Pourquoi le chef d'État bénéficie-t-il de cette immunité ? Uniquement pendant sa fonction ou au-delà ? Pour justifier l'immunité du chef d'État, plusieurs théories sont élaborées. Les premières s'appuient sur le caractère sacré du chef d'État. L'origine de ces théories s'inspire plutôt des idées de « quelques philosophes de l'Antiquité ou du Moyen Age qui attribuaient une origine divine non seulement à l'autorité en soi, mais aussi au droit qu'avait telle caste ou tel personnage particulier d'exercer le pouvoir » [1]. Au-delà de la théorie du caractère sacré, Hugo GROTIUS [2] pose, dès 1625, les bases juridiques de la théorie d'exterritorialité, reposant sur la fonction selon laquelle, l'agent diplomatique doit être réputé absent du territoire où il réside en réalité. C'est à cette théorie que la plupart des auteurs du XIXème siècle et même certains du début du XXème, ont recours pour fonder le statut privilégié des chefs d'État. Par la suite, la nécessité de recourir à une telle fiction pour justifier d'un traitement privilégié pour les chefs d'État et autres agents de l'État se trouvant à l'étranger, paraît superflue et cette théorie perd toute sa raison d'être [3].

La troisième théorie élaborée pour justifier l'immunité du chef d'État est celle du caractère représentatif. Cette théorie, bien formulée par Alexandre MARIGNHAC [4], affirme « qu'il soit souverain absolu ou constitutionnel, empereur, roi, prince, régent de royaume ou président de République, le chef de l'État a, en tout cas, un caractère représentatif, ce qui signifie qu'il personnifie, dans les rapports avec les autres nations, l'autorité souveraine de

1. Alvaro BORGHI, *Op.cit.*, p. 44.

2. Hugo Grotius, né le 10 avril 1583 à Delft et mort le 28 août 1645 à Rostock, un juriste des Provinces-Unies (aujourd'hui Pays-Bas) posa les fondements du droit international, lui-même fondé sur le droit naturel.

3. lvaro BORGHI, *Op.cit.*, p. 49.

4. Alexandre MARIGNHAC, né le 1857 et mort le 1927, juriste français et professeur de droit international public à l'Université de Toulouse.

son pays à l'extérieur. (...) Les chefs d'État ont (...) un caractère représentatif comme les agents diplomatiques (...), mais avec cette différence importante que ces derniers ne représentent leur pays que vis-à-vis de l'État auprès duquel ils sont accrédités et n'ont, par suite, droit aux immunités diplomatiques que dans leurs rapports avec cet État, tandis que le chef d'État représente son pays vis-à-vis de tous les États sans exception , et est, dès lors, investi des prérogatives consacrées par le droit international au regard de tous les États faisant partie de la communauté internationale » [1].

La quatrième théorie, plus récente, est celle de l'intérêt de la fonction. Cette théorie est construite sur l'idée que les privilèges et immunités du chef d'état sont fondés sur les seules nécessités de l'exercice indépendant de la fonction diplomatique. Elle exprime que le destinataire de ceux-ci n'est pas l'agent diplomatique lui-même, mais bien l'État pour lequel il agit. La Convention sur les missions spéciales [2], dans son préambule, adopte la théorie de l'intérêt de la fonction en déclarant que « le but des privilèges et immunités concernant les missions spéciales est non pas d'avantager des individus mais d'assurer l'accomplissement efficace des fonctions de celles-ci en tant que missions ayant un caractère représentatif de l'État ».

Au-delà de cette Convention, la jurisprudence internationale, notamment les décisions de la CIJ, mentionne l'extension de cette théorie aux chefs d'État. Par exemple, la CIJ, dans son arrêt rendu le 14 février 2002 dans l'affaire du Mandat d'arrêt du 11 avril 2000, admet cette théorie pour délimiter la portée de l'immunité que le droit international reconnaît aux ministres des affaires étrangères, lavant ainsi tous les doutes quant à son extension aux dirigeants politiques [3]. Ainsi, la Résolution de l'Institut de droit international du 26 août 2001 sur les immunités de juridiction et de l'exécution du chef d'État ou de gouvernement en droit international, s'appuie sur l'applicabilité de la théorie de l'intérêt de la fonction au chef d'État, et affirme qu' « un traitement particulier doit être accordé au chef d'État ou de gouvernement, en tant que représentant de cet État, non pas dans son intérêt personnel, mais parce qu'il lui est nécessaire pour exercer ses fonctions et assumer ses responsabilités de manière indépendante et efficace, dans l'intérêt bien compris tant de l'État concerné que de la communauté internationale dans son ensemble ».

Selon cette théorie, l'immunité présente deux aspects. Le premier est une immunité matérielle et le second, une immunité personnelle. Par conséquent, le chef d'État, pendant la durée de ses fonctions, bénéficie de ces immunités,

1. Alvaro BORGHI, *Op.cit.*, p. 49.

2. La Convention de l'ONU sur les missions spéciales du 8 décembre 1969.

3. Alvaro BORGHI, *Op.cit.*, p. 52.

alors que seule l'immunité matérielle subsiste lorsque ses fonctions prennent fin. Par contre, cette construction connaît deux exceptions : premièrement, il y a des cas où même un chef d'État en fonction n'est protégé que par rapport à des actes accomplis dans l'exercice de ses fonctions. Son immunité personnelle ne concerne pas ses actes privés, dans la mesure où l'exercice des fonctions officielles n'est pas compromis par l'action intentée ; deuxièmement, il existe des situations où un chef d'État commet des actes qui présentent une gravité telle au regard du droit international, qu'il n'est pas justifié qu'il soit protégé par une immunité quelconque, qu'elle soit matérielle ou personnelle. Par exemple, en matière de crimes internationaux les plus graves, comme le génocide ou le crime contre l'humanité, on ne peut prendre en compte l'immunité du chef d'État. Cette exception nous dirige vers le principe d'absence d'immunité en matière de crimes internationaux.

B. Principe d'absence d'immunité en matière de crimes internationaux

D'un point de vue historique, depuis la première guerre mondiale et à la suite d'agressions préméditées, le concept d'immunité pénale des chefs d'État a commencé à changer. En effet, la commission d'agressions contraires aux lois et coutumes de guerre développe l'idée selon laquelle le principe des nécessités de guerre ne peut pas justifier toutes sortes d'actions. De même, le principe de la souveraineté de l'État et de l'immunité de ses organes ne peut pas mettre les responsables de tels actes au-dessus de toute loi, de tout jugement et de toute sanction.

1. Principe d'absence d'immunité en droit international pénal

L'article 227 du Traité de Versailles du 28 juin 1919 déclare que « les puissances alliées et associées mettent en accusation publique Guillaume II de Hohenzollern, ex-empereur d'Allemagne, pour offense suprême contre la morale internationale et l'autorité sacrée des traités. Un Tribunal spécial sera constitué pour juger l'accusé en lui assurant les garanties essentielles du droit de la défense... », mais cet article ne fut jamais mis en œuvre. De même, la deuxième guerre mondiale avec le Statut du TMIN et du TMIT développe le principe d'absence d'immunité en matière de crimes internationaux. Selon l'article premier de l'Accord de Londres du 8 août 1945, « un Tribunal Militaire International sera établi après consultation avec le Conseil de Contrôle en Allemagne pour juger les criminels de guerre dont les crimes sont sans localisation géographique précise, qu'ils soient accusés individuellement, ou à titre de membre d'organisations ou de groupements, ou à ce double titre ». L'article 7 de cet Accord dispose que « la situation officielle des accusés, soit comme chef d'État, soit comme hauts fonctionnaires, ne sera considérée ni comme une excuse absolutoire, ni comme un motif à diminution de la peine ».

Le TMIN, dans sa décision du 1er octobre 1946, réaffirme les principes de responsabilité individuelle, d'absence d'immunité en matière de crimes internationaux et de l'inadmissibilité du fait justificatif tiré de l'obéissance au supérieur hiérarchique ou à la loi pour ce qui a trait à de tels actes, dans un passage devenu historique et que la doctrine cite par ailleurs très souvent comme étant la première formulation de ces principes : « on a fait valoir que le droit international ne vise que les actes des États souverains et ne prévoit pas de sanctions à l'égard des délinquants individuels (...) Il est surabondamment prouvé que la violation du droit international fait naître des responsabilités individuelles. Ce sont des hommes, et non des entités abstraites, qui commettent les crimes dont la répression s'impose, comme sanction du droit international. (...) Le principe du droit international qui, dans certaines circonstances, protège les représentants d'un État, ne peut pas s'appliquer aux actes condamnés comme criminels par le droit international. Les auteurs de ces actes ne peuvent invoquer leur qualité officielle pour se soustraire à la procédure normale ou se mettre à l'abri de châtiment. (...) Une idée fondamentale du Statut est que les obligations internationales qui s'imposent aux individus priment sur leur devoir d'obéissance envers l'État dont ils sont ressortissants. Celui qui a violé les lois de la guerre ne peut, pour se justifier, alléguer le mandat qu'il a reçu de l'État, du moment que l'État, en donnant ce mandat, a outrepassé les pouvoirs que lui reconnaît le droit international » [1]. Cette décision montre que le TMIN refuse l'immunité aux chefs d'Etat et aux autres représentants d'Etat dont les actes sont considérés comme criminels par le droit international. En effet, cette décision développe l'idée d'absence d'immunité en matière de crimes internationaux.

Après avoir étudié la genèse du principe d'absence d'immunité en matière de crimes internationaux, il nous faut maintenant répondre à ces questions : ce principe est-il resté dans le domaine international ? Si oui, quels sont ses rôle et place en droit international pénal actuel ? Pour répondre à ces questions, il faut analyser les procédures conduites devant les tribunaux internationaux comme le TPIY, le TPIR et la CPI.

Le Statut du TPIY, dans son article 7, expose ce principe. L'alinéa 2 de cet article confirme la responsabilité des chefs d'État ou de gouvernement ou de hauts fonctionnaires, qui par-delà les chefs militaires, sont les hauts responsables politiques et autres supérieurs civils investis d'une autorité. La

1. Procès des grands criminels de guerre devant le tribunal militaire international de Nuremberg, 14 novembre 1945 – 1er octobre 1946, Vol. I, Nuremberg 1947, p. 234 et s.

jurisprudence du Tribunal a présenté plusieurs principes qui permettent d'attribuer à des dirigeants politiques la responsabilité d'actes commis par d'autres personnes. Elle a en premier lieu confirmé la règle posée dans certains jugements de l'après-guerre selon laquelle, d'une part, le lien de subordination ne doit pas forcément relever du domaine militaire et, d'autre part, le rapport supérieur-subordonné ne doit pas forcément avoir une base juridique, un lien de subordination de facto étant suffisant pour fonder la responsabilité du supérieur hiérarchique: « pour que le principe de la responsabilité du supérieur hiérarchique soit applicable, il faut que le supérieur contrôle effectivement les personnes qui violent le droit international humanitaire, autrement dit qu'il ait la capacité matérielle de prévenir et de sanctionner ces violations » [2]. Elle a ainsi précisé que le lien de subordination ne devait pas forcément être direct, pour autant que le supérieur hiérarchique exerce effectivement un contrôle sur ses subordonnés [3], et que, par conséquent, le critère du contrôle effectif exercé par le supérieur hiérarchique implique que plusieurs personnes peuvent être tenues responsables du même crime, commis par un même subordonné.

Le Statut du TPIR se présente comme celui du TPIY en sa totalité. C'est pourquoi, il a aussi précisé le principe d'absence d'immunité en matière de crimes internationaux, dans son article 6 alinéa 2.

Ainsi, l'alinéa 1 de l'article 27 du Statut de la CPI montre que « le présent Statut s'applique à tous de manière égale, sans aucune distinction fondée sur la qualité officielle de chef d'État ou de gouvernement, de membre d'un gouvernement ou d'un parlement, de représentant élu ou d'agent d'un État, n'exonère en aucun cas de la responsabilité pénale au regard du présent Statut, pas plus qu'elle ne constitue en tant que telle un motif de réduction de la peine ». Selon l'alinéa 2 de cet article, « les immunités ou règles de procédure spéciales qui peuvent s'attacher à la qualité officielle d'une personne, en vertu du droit interne ou du droit international, n'empêchent pas la Cour d'exercer sa compétence à l'égard de cette personne ».

En plus de l'article 27 du Statut de la CPI, son article 98 traite du principe d'immunité. Pour interpréter l'article 98 et montrer son lien avec l'article 27, plusieurs idées sont avancées. Par exemple, pour Alvaro BORGHI la notion d'État tiers, dans l'article 98, désigne uniquement les États non-parties [4].

---

2. *Le Procureur c/Delalic et al.*, Affaire n° IT-96-21, Jugement du 16 novembre 1998, § 378. Voir également *Le procureur c/Aleksovski*, Affaire n° IT-95-14/1, Jugement du 25 juin 1999, § 75 et s. *Le Procureur c/Blaskic*, Affaire n° IT-95-14, Jugement du 3 mars 2000, § 300. *Le procureur c/Kunarac et al.*, Affaire n° IT696-23 et IT-96-23/1, Jugement du 22 février 2001, § 406.

3. *Le procureur c/Blaskic*, Affaire n° IT-95-14, Jugement du 3 mars 2000, § 301.

4. Alvaro BORGHI, *Op.cit.*, p. 274.

Ainsi, il affirme que l'un des effets de la combinaison des articles 27 et 98 serait de rendre obligatoire de remise d'un chef d'État par son propre État, alors que cette remise pourrait être paralysée si ce même chef d'État était à l'étranger. En effet, si l'article 98 alinéa 1 ne remet pas en question les principes contenus à l'article 27, il pourrait, en pratique, avoir pour conséquence l'impossibilité pour la Cour d'exercer sa compétence à l'égard de la personne concernée [5].

Il résulte que la portée de l'article 98 alinéa 1 du Statut de la CPI devrait en théorie être très réduite concernant les dirigeants politiques. En effet, elle pourrait tout au plus s'entendre uniquement des chefs d'États non-parties toujours en fonction. Si, de plus, on considérait que même les États non-parties ne pouvaient se prévaloir de cette disposition pour contrecarrer les principes consacrés à l'article 27 (interprétation qui semble aujourd'hui majoritaire), sa portée se trouverait réduite à néant. Toutefois, en pratique, la portée de l'article 98 alinéa 1 est loin d'être claire, et il est indéniable que les divergences dans l'interprétation de cette disposition pourraient mettre les États dans des situations difficiles et risquer de compromettre leurs relations internationales. Cela explique que certains pays, tout en partageant l'idée qu'on ne devrait en théorie pas pouvoir invoquer l'article 98 alinéa 1 pour éluder les effets de l'article 27, aient décidé de donner la compétence de se prononcer définitivement sur des questions relatives aux immunités, à leurs autorités politiques, et non à leurs autorités pénales [6]. Toutefois, le principe d'absence d'immunité est-il applicable devant les tribunaux internes ou pouvons-nous le considérer seulement à l'échelle internationale et devant la justice internationale ?

2. Principe d'absence d'immunité en droit national

Le principe d'absence d'immunité est toujours en vigueur en matière de crimes internationaux, soit à l'échelle interne, soit au niveau international. En conséquence, dès qu'il existe un crime le plus grave international comme le génocide ou le crime contre l'humanité, si le tribunal interne a la compétence de juger ces crimes, il peut appliquer ce principe comme un tribunal international. L'exemple évident de cette circonstance est l'affaire Pinochet qui montre la possibilité d'appliquer ce principe devant les tribunaux internes bien qu'il existe des arguments opposés à son applicabilité aux procédures conduites devant les tribunaux nationaux.

---

5. Alvaro BORGHI, *Op.cit.*, p. 275.

6. *Ibid.*, p. 277.

L'article 2 de la Résolution de l'Institut de droit international du 26 août 2001 sur les immunités de juridiction et d'exécution du chef d'État ou de gouvernement en droit international, dispose qu'« en matière pénale, le chef d'État bénéficie de l'immunité de juridiction devant le tribunal d'un État étranger pour toute infraction qu'il aurait pu commettre, quelle qu'en soit la gravité ». Cet article présente l'immunité pénale absolue du chef d'État et rejette le principe d'absence d'immunité en matière pénale et devant le tribunal d'un État étranger. L'État peut donc, appliquer ce principe par rapport aux dirigeants de son pays.

Pour justifier cet article et le rejet de ce principe, on affirme qu'il est né à l'échelle internationale, et que pour la première fois, les tribunaux internationaux, comme le TMIN, l'ont adopté. De plus, pour son application devant les tribunaux nationaux, il se réfère aux problèmes pouvant résulter, du point de vue des relations internationales, à la mise en accusation d'un dirigeant politique par une juridiction étrangère. Pour répondre à ces justifications et montrer l'applicabilité de ce principe à l'échelon national, il faut noter que ce principe existait déjà de manière générale et les tribunaux internationaux n'ont été qu'un moyen de le mettre en œuvre. Dans le domaine interne, la question de l'absence d'immunité ne pouvait se poser en pratique, parce que les États n'étaient pas matériellement compétents pour poursuivre des crimes perpétrés à l'étranger. Mais aujourd'hui, où des systèmes permettant la poursuite de tels crimes ont été adoptés dans de nombreux États, il n'y a pas de raison de ne pas l'appliquer. Dans la jurisprudence nationale, existent plusieurs affaires qui démontrent ce principe. Parmi elles, la décision rendue par la Chambre des Lords dans l'affaire Pinochet, les arrêts rendus par la Cour d'appel de Paris et par la Cour de cassation française dans l'affaire Kadhafi sont les plus importantes.

2.1. Décision de la Chambre des Lords dans l'affaire Pinochet

Dans la première décision de la Chambre des Lords du 25 novembre 1998, ces derniers avaient raisonné de manière classique pour déterminer la portée de l'immunité de l'ancien chef d'État chilien. Mais dans leur deuxième décision, contrairement à la première, ils ont refusé l'immunité en estimant que celle-ci ne s'étendait pas aux crimes internationaux, dont faisait partie la torture. Pour justifier cette idée, la plupart d'entre eux s'étaient basés sur la valeur de jus cogens reconnue à l'interdiction de commettre ces crimes.

Selon l'article 53 de la Convention de Vienne du 23 mai 1969 sur le droit des traités « une norme impérative du droit international général est une norme acceptée et reconnue par la communauté internationale des États dans son ensemble en tant que norme à laquelle aucune dérogation n'est permise et qui ne peut être modifiée que par une nouvelle norme du droit international général ayant le même caractère ». Ainsi, le TPIY, par rapport à l'interdiction de la torture, affirme qu'en raison de l'importance « des valeurs qu'il protège, [le principe interdisant la torture] est devenu une norme impérative ou jus cogens, c'est-à-dire une norme qui se situe dans la hiérarchie internationale à un rang plus élevé que le droit conventionnel et même que les règles du droit coutumier ordinaire. La conséquence la plus manifeste en est que les États ne peuvent déroger à ce principe par le biais de traités internationaux, de coutumes locales ou spéciales ou même de règles coutumières générales qui n'ont pas la même valeur normative » [7].

En considérant la Convention de Vienne et la Jurisprudence du TPIY, nous pouvons accepter la décision de la Chambre des Lords qui se réfère à jus cogens pour justifier l'absence d'immunité. Mais de quelle sorte d'immunité s'agit-il ? Pour répondre à cette question, les Lords ont traité non pas l'immunité *ratione personae* dont bénéficient les anciens chefs d'État, mais l'immunité *ratione personae* que le droit international reconnaît au chef d'État en fonction. Il semblerait que celle-ci ne soit pas plus considérée comme norme impérative que celle-là, de sorte que le raisonnement des Lords aurait dû les conduire à nier également l'immunité *ratione personae* des chefs d'État en fonction. Or, ils rejetèrent à l'unanimité cette hypothèse, certains d'entre eux précisant expressément que, dans le cas d'espèce, Pinochet aurait bénéficié de l'immunité s'il avait encore été en fonction [8].

Cette décision est critiquée par certains auteurs qui précisent que les arguments donnés par les juges pour refuser l'immunité *ratione materiae* auraient également dû les pousser à exclure l'immunité *ratione personae*. Selon le commentaire de Emmanuel DECAUX, « les Law lords ont écarté toute référence à une immunité du chef de l'État en tant que telle, qu'il s'agisse d'un ancien chef d'État ou d'un chef d'État en exercice. En effet, ce qui est en cause, ce n'est pas un « acte détachable » des fonctions (...), mais bien au contraire un « crime international » par nature, incriminé en fonction du droit international de la responsabilité. (...) C'est cette nature du crime qui empêche toute immunité, et non le fait que le chef de l'État aurait quitté le pouvoir ou que son crime serait privatisé, voire banalisé » [9]. En effet, selon Emmanuel DECAUX, la gravité du crime international est la base du principe d'absence d'immunité. C'est pourquoi, que le chef d'État soit en fonction ou non, la gravité du crime reste la même. Outre cette décision,

---

7. TPIY, *Le procureur c/Furundzija*, Affaire n° IT-95-17/1, Jugement du 10 décembre 1998, §153.

8. Alvaro BORGHI, *Op.cit.*, p. 294.

9. Emmanuel DECAUX, *« Les gouvernants »,* in ASCENSIO H. et al., *Droit international pénal*, Paris, A. Pédone, 2000, p. 183.

l'affaire Kadhafi, devant la justice pénale française, pose bien le problème de l'immunité du chef d'État devant les tribunaux nationaux.

2.2. Affaire Kadhafi en droit pénal français

L'affaire Kadhafi a eu pour objet un attentat perpétré par des terroristes libyens, le 19 septembre 1989, contre un appareil DC10 de la compagnie aérienne UTA, ayant causé la mort de 170 personnes au-dessus du désert du Ténéré (Niger). Après quelques années, le Conseil de sécurité de l'ONU, dans sa résolution du 10 mars 1999, exigea la coopération de l'État libyen dans cette affaire.

Le 11 mars 1999, six ressortissants libyens, auteurs directs de l'attentat, ont été jugés et condamnés par contumace à la réclusion criminelle à perpétuité par la Cour d'assises de Paris. Le 16 juin 1999, l'association SOS-Attentats [10] et les familles des victimes ont déposé plainte avec constitution de partie civile contre Kadhafi, auprès du Tribunal de grande instance de Paris. Toutefois, pouvait-on juger un chef d'État en fonction ? Le 6 octobre 1999, le juge Bruguière, magistrat antiterroriste, a décidé d'instruire la plainte pour complicité d'homicide volontaire déposé contre Kadhafi en relation avec l'attentat du DC10 d'UTA. Le parquet a fait appel de cette ordonnance en invoquant le droit coutumier qui s'oppose à l'engagement de poursuite à l'encontre d'un chef d'État en exercice. Le juge a motivé sa décision en considérant qu'il « ne résultait d'aucune disposition du code de procédure pénale, du code pénal ou de conventions internationales ou de traités ratifiés par la France, une quelconque immunité des chefs d'État en exercice qui les soustrairaient aux poursuites pénales dont ils pourraient faire l'objet » [11]. De même, le Ministère public a fait appel de cette décision en invoquant le droit coutumier, qui s'opposerait selon lui, à l'engagement de poursuites à l'encontre d'un chef d'État en exercice [12].

Le 20 octobre 2000, la Chambre d'Accusation de la Cour d'Appel de Paris, contrairement à ce que prétendait le juge d'instruction, a affirmé que « l'immunité de juridiction des chefs d'État étranger (...) a toujours été

10. L'association SOS-Attentats a été créée, le 24 janvier 1986. Ses principaux objectifs sont : la défense et la protection des droits de toutes les victimes du terrorisme, la fin de toute forme d'impunité, la lutte contre la raison d'Etat, systématiquement invoquée et la lutte contre le terrorisme par la voie judiciaire.

11. Chronique des faits internationaux, France/Libye, Indemnisation des victimes de l'attentat contre le DC 10 d'UTA et poursuites contre le chef de l'État libyen, Revue Général de Droit International Public, 1999, p. 955-957.

12. *Ibid.*

admise par la société internationale y compris par la France, les juridictions françaises de l'ordre judiciaire ayant, comme la doctrine, constamment reconnu l'existence de cette immunité de juridiction ». Elle reconnaît cependant des limites à ce principe, en se référant notamment aux statuts des tribunaux pénaux internationaux et à la Convention internationale sur l'élimination et la répression du crime d'apartheid. Elle estime que « cette immunité, à l'origine absolue, comporte depuis la fin de la seconde guerre mondiale des limites ; (...) en effet, de nombreuses conventions internationales ratifiées par la France (...) ont écarté cette immunité, pour les crimes plus graves, crimes contre l'humanité, de génocide, d'apartheid et de guerre ». Elle conclut donc, qu'« aucune immunité ne saurait couvrir des faits de complicité d'homicides volontaires et de destruction de biens par substance explosive ayant entraîné la mort, en relation avec une entreprise terroriste, consistant pour un chef d'État, à avoir ordonné l'explosion d'un avion de ligne transportant 170 civils ».

La Cour de cassation, dans son arrêt du 13 mai 2001, suit l'avis du Ministère public et fait référence au droit coutumier pour justifier le principe de l'immunité du chef d'État. Elle estime que « la coutume internationale s'oppose à ce que les chefs d'État en exercice puissent, en l'absence de dispositions internationales contraires s'imposant aux parties concernées, faire l'objet de poursuites devant les juridictions pénales d'un État étranger » [13]. La Cour ajoute que « Encourt la cassation la chambre d'Accusation qui dit y avoir lieu à informer dans une procédure mettant en cause un chef d'État en exercice alors qu'en l'état du droit international, le crime dénoncé, quelle qu'en soit la gravité, ne relève pas des exceptions au principe ci-dessus énoncé » [14]. En effet, la Cour suggère qu'elle lui aurait refusé l'immunité si les crimes desquels il est accusé, avaient fait partie des exceptions. Cet arrêt peut être considéré comme un grand pas en avant dans la reconnaissance de la possibilité d'appliquer le principe d'absence d'immunité en matière de crimes internationaux, aux procédures conduites devant des juridictions nationales, bien que les termes vagues utilisés par la Cour ne permettent pas d'en tirer de conclusions sûres [15].

De même, l'affaire du Ministre des affaires étrangère de la République démocratique du Congo, Abdulaye Yerodia Ndombasi, devant le Tribunal Belge, montre l'application du principe d'absence d'immunité en droit interne, bien que la décision de la CIJ fût contraire à celle du tribunal belge. Le 11 avril 2000, en application de la loi relative à la répression des violations graves du droit international humanitaire, un juge d'instruction

13. N° 00-87.215, Bull. Cass., Chambre Criminelle, 2001, p. 218.

14. *Ibid.*

15. Alvaro BORGHI, *Op.cit.,* p. 299.

près du Tribunal de première instance de Bruxelles, émit un mandat d'arrêt international par défaut à l'encontre du Ministre des affaires étrangères de la République démocratique du Congo pour crimes contre l'humanité et crimes constituant des infractions graves aux conventions de Genève de 1949 et aux Protocoles additionnels à ces Conventions.

2.3. Affaire Yerodia devant le tribunal belge

Le 17 octobre 2000, la République démocratique du Congo dépose au Greffe de la CIJ une requête introductive, dans laquelle elle demande à celle-ci « de dire que le Royaume de Belgique devra annuler le mandat d'arrêt international (...) décerné le 11 avril 2000 » [16]. Dans sa requête, elle affirme que « l'exclusion (...) de l'immunité du ministre des affaires étrangères en exercice constitue une violation de l'immunité diplomatique du ministre des affaires étrangères d'un État souverain » [17].

La Cour Internationale de Justice, dans sa décision du 14 février 2002, se réfère premièrement au principe selon lequel « il est clairement établi en droit international que, de même que les agents diplomatiques et consulaires, certaines personnes occupant un rang élevé dans l'État, telles que le chef de l'État, le chef du gouvernement ou le ministre des affaires étrangères, jouissent dans les autres États d'immunité de juridiction, tant civiles que pénales » [18]. Toutefois, elle précise qu'« il ne s'agit que d'examiner l'immunité de juridiction pénale et l'inviolabilité d'un ministre des affaires étrangères en exercice » [19]. La Cour base son raisonnement sur la théorie de l'intérêt de la fonction. Elle explique que « les immunités reconnues au ministre des affaires étrangères ne lui sont pas accordées pour son avantage personnel, mais pour lui permettre de s'acquitter librement de ses fonctions pour le compte de l'État qu'il représente » [20]. Ainsi, elle précise que « les fonctions d'un ministre des affaires étrangères sont telles que, pour toute la durée de sa charge, il bénéficie d'une immunité de juridiction pénale et d'une inviolabilité, totales, à l'étranger, et que celles-ci protègent l'intéressé contre tout acte d'autorité de la part d'un autre État qui ferait obstacle à l'exercice de ses fonctions » [21].

---

16. Requête introductive d'instance enregistrée au Greffe de la Cour Internationale de Justice le 11 octobre 2000, p. 2.

17. *Ibid.*, p. 12.

18. CIJ, L'arrêt du 14 février 2002, Affaire de *la République démocratique du Congo c. Belgique*, n° 51.

19. *Ibid.*

20. *Ibid.*, n° 53.

21. *Ibid.*, n° 54.

Les analyses de la Cour démontrent qu'elle pose le principe d'immunité absolue pour les ministres des affaires étrangères en fonction. Par contre, elle présente une exception pour le cas où de telles personnes seraient soupçonnées d'avoir commis des crimes de guerre ou des crimes contre l'humanité. Elle tient à souligner que « l'immunité de juridiction dont bénéficie un ministre des affaires étrangères en exercice ne signifie pas qu'il bénéficie d'une impunité au titre de crimes qu'il aurait pu commettre, quelle que soit leur gravité. (…) L'immunité de juridiction peut certes faire obstacle aux poursuites pendant un certain temps ou à l'égard de certaines infractions; elle ne saurait exonérer la personne qui en bénéficie de toute responsabilité pénale » [22]. Pour compléter ce principe, elle énumère les circonstances dans lesquelles l'immunité, dont bénéficie en droit international un ministre des affaires étrangères, ne fait pas obstacle à ce que sa responsabilité pénale soit recherchée, à savoir lorsqu'il comparaît en justice dans son propre pays, lorsque l'État qu'il représente ou représentait décide de lever son immunité, lorsque l'intéressé, après avoir cessé d'occuper le poste de ministre des affaires étrangères, ne bénéficie plus dans un État tiers d'aucune immunité en vertu du droit international et, enfin, lorsqu'il fait l'objet de poursuites devant une juridiction pénale internationale, pour autant que celle-ci soit compétente [23].

Le principe d'absence d'immunité en matière de crimes internationaux, ainsi que la lutte contre l'impunité des auteurs de ces crimes se trouvent diminués par cette décision de la CIJ mais plusieurs arguments nous montrent que la communauté internationale s'oriente vers la limitation de cette immunité. Premièrement, l'évolution du droit international pénal, de la jurisprudence du TPI, ainsi que les travaux de la Commission du droit international nous permettent de penser à l'existence du principe d'absence d'immunité. Deuxièmement, l'évolution des droits de l'homme et des instruments de protection de cette branche juridique est incompatible avec le concept absolu d'immunité. Enfin, un système garantissant l'immunité aux dirigeants politiques en fonction, mais non pas aux anciens dirigeants politiques, encouragerait les gouvernants qui commettent les crimes les plus graves, à rester au pouvoir et à perpétrer d'autres actes de ce genre.

En considérant ces raisons, il semblerait qu'aujourd'hui nous ne pouvions concevoir une immunité absolue, car elle semble limitée et cette limitation augmente tous les jours. En effet, l'immunité se réduit de deux façons différentes : premièrement, le concept de dirigeant politique se limite au chef d'État en fonction. Autrement dit, l'ancien chef d'État, le premier ministre, le ministre des affaires étrangères etc. ne peuvent pas être considérés comme

22. *Ibid.*, n° 60.

23. *Ibid.*, n° 61.

des dirigeants politiques. Deuxièmement, l'immunité en matière de crimes internationaux les plus graves n'est plus acceptée, et le principe d'absence d'immunité s'impose. Cette spécificité du droit international pénal ne peut donc être un obstacle à la reconnaissance de l'infraction-obstacle à l'échelle internationale.

Le droit international pénal dépasse les frontières internes et se présente à l'échelle internationale. Ce caractère du droit international pénal lui confère des spécificités issues du droit international. Elles le différencient donc du droit pénal interne. Le sens international de la souveraineté qui se définit comme la souveraineté externe ou l'indépendance, ainsi que l'interprétation internationale du principe d'immunité en sont des exemples. L'étude de ces spécificités nous montre que, par des principes comme la souveraineté duale et l'absence d'immunité en matière de crimes internationaux les plus graves, elles n'ont pas un caractère absolu. Le concept tout relatif de ces spécificités les empêche de freiner la conceptualisation de l'infraction-obstacle à l'échelle internationale.

Conclusion de la deuxième partie

Il existe donc des différences entre le droit pénal interne et le droit international pénal selon lesquelles, l'incrimination de l'infraction-obstacle varie. Par conséquent, on ne peut donner la même signification à l'incrimination de l'infraction-obstacle selon le domaine concerné. Ces différences, qui aboutissent à la différence d'incrimination d'infraction-obstacle, portent sur le principe de la légalité, sur le caractère massif des crimes internationaux les plus graves, sur la pluralité d'auteurs et de victimes, sur l'imprescriptibilité et sur la légitime défense. Le droit international pénal s'oriente vers le système anglo-saxon selon lequel la jurisprudence est plus importante que le texte. Donc, dans cette branche juridique, le principe de la légalité est vaste et large, et au contraire du droit pénal interne, coexistent plusieurs sortes d'interprétations. De plus, l'infraction internationale, notamment l'infraction la plus grave, a un caractère massif qui nous dirige vers l'idée de pluralité d'auteurs et de victimes, ainsi que vers l'imprescriptibilité de cette catégorie d'infraction. Dans ce domaine, la légitime défense peut se définir d’un point de vue préventif appelé légitime défense préventive, tandis que la légitime défense reste avant tout une réponse à un acte criminel. Les différences ainsi mises en lumière nous montrent que l’incrimination, tout comme la notion d’infraction-obstacle, divergent selon que l’on se positionne au plan interne ou international.

Au-delà des différences entre ces deux domaines, il existe des principes, comme la souveraineté et l'immunité qui s’opposent à l'incrimination de l'infraction-obstacle internationale. Il faut donc les relativiser, afin de faciliter l'incrimination. La souveraineté, considérée en deux catégories interne et externe (indépendance) présente l'indépendance de l'État souverain à l'échelle internationale. Si on la considère absolue, cette indépendance empêche le droit international pénal d'incriminer l'infraction-obstacle. En effet, le droit international pénal ne peut intervenir à l'échelle interne sans violer la souveraineté de l'État. Pour résoudre cet obstacle, il faut essayer de relativiser la souveraineté. L'exemple remarquable de souveraineté relative est la souveraineté duale des États-Unis ou de la Communauté européenne. Aux États-Unis, chaque État souverain est indépendant mais persiste une souveraineté centrale ; en Europe également, au-delà des États souverains, demeure la souveraineté européenne.

Outre la souveraineté, le principe d'immunité peut être également considéré comme une autre limite à l'incrimination de l'infraction-obstacle à l'échelle internationale. Selon ce principe, le dirigeant politique, en tant que représentant du pays détient l'immunité de juger. De plus, le concept de dirigeant politique n'étant pas clairement défini, il ne doit pas être élargi mais plutôt limité au chef d'État en fonction. De même, en matière de crime international, existe le principe d'absence d'immunité selon lequel le principe d'immunité ne fonctionne plus si le chef d'État est accusé de crimes internationaux. Nous avons vu que le concept de crime international n'était pas très précis mais à l'évidence, il ne recouvrirait pas seulement les quatre crimes internationaux les plus graves ; le principe d'absence d'immunité concernerait donc aussi les autres crimes internationaux. Nous remarquons que malgré les divergences entre le droit international pénal et le droit pénal interne, ainsi que les spécificités du droit international pénal, nous pouvons analyser le concept d'infraction-obstacle, comme acte préparatoire, aux infractions internationales. Toutefois, en acceptant la possibilité d'instaurer ce concept à l'échelle internationale, existe-il des prémisses de cette catégorie d'infractions en droit international pénal ?

Troisième partie

Prémisses de la reconnaissance de « l'infraction-obstacle » à l'échelle internationale

Dans la partie précédente, nous avons étudié les divergences entre droit international pénal et droit pénal interne ainsi que les spécificités internationales qui peuvent empêcher la reconnaissance de l'infraction-obstacle dans le domaine international. Mais il faut admettre qu'il existe déjà des exemples d'infraction-obstacle en droit international pénal que nous essaierons de dévoiler en troisième partie. En effet, nous avons constaté qu'en matière de crimes internationaux les plus graves, l'auteur n'est jamais un individu isolé. Les crimes internationaux les plus graves nécessitent une pluralité et une diversité d'auteurs. Certains préparent, d'autres commandent, d'autres encore exécutent les ordres et commettent directement ces crimes. La préparation des crimes internationaux les plus graves fait donc partie de la commission de ce genre d'infraction et l'infraction-obstacle, qui en est un acte préparatoire, est présente dans ce champ. Pour étudier les infractions-obstacles internationales, selon la classification de l'infraction internationale que nous avons adoptée dans la première partie ; nous analyserons premièrement les infractions-obstacles des crimes internationaux les plus graves, deuxièmement, nous chercherons cette catégorie d'infractions parmi les infractions communes au droit international pénal et au droit pénal interne.

1

Infractions-obstacles aux crimes internationaux les plus graves

Les crimes internationaux les plus graves , selon le statut de la CPI, sont le crime de génocide, le crime contre l'humanité, le crime de guerre et le crime d'agression. Selon les Statuts des TMIN et TMIT, outre ces infractions, demeure le crime contre la paix qui ne doit pas être confondu avec le crime d'agression. Le crime contre la paix se définit comme l'acte préparatoire à l'agression, et en cela, il touche à l'ensemble de la communauté internationale et peut entrer dans la catégorie des crimes internationaux les plus.

En considérant les crimes internationaux les plus graves, leurs définitions et les jurisprudences des tribunaux internationaux les concernant, il apparaît que le crime contre la paix et l'agression, la production, le stockage et l'utilisation de certaines armes sont des infractions pouvant être étudiées en tant qu'actes préparatoires aux autres crimes internationaux les plus graves. Autrement dit, ces actes semblent être des infractions-obstacles aux autres infractions les plus graves internationales.

Section 1. Crime contre la paix

Le crime contre la paix est un crime le plus grave international présent dans l'arsenal répressif international pendant la deuxième guerre mondiale. Aujourd'hui, il n'est plus dans les textes internationaux où il est remplacé par le crime d'agression. Il faut noter que le crime contre la paix et l'agression sont différents et autonomes, et nous avons déjà précisé qu'ils ne devaient pas être confondus bien que certains auteurs, comme Robert KOLB [24] et

---

24. Robert KOLB, *Droit international pénal*, Bruxelles et Bale, Bruylant et Helbing Lichtenhahn, 2008, p. 166.

A. T. LEMASSON [25], considèrent ces expressions comme équivalentes. Selon la définition de ces deux infractions, que nous allons étudier, il semblerait que le crime contre la paix (le crime d'agression) soit commis avant l'acte d'agression et constitue ainsi l'ensemble des actes préparatoires à l'acte d'agression. A.-T. LEMASSON confirme cette idée en expliquant que « le crime contre la paix est une infraction-obstacle. En effet, briser la paix mondiale ne nuit pas à la dignité de l'homme mais ce comportement dangereux annonce des violations graves et quasi systématiques du droit humanitaire » [26]. Dans le domaine international, outre l'expression crime contre la paix, existe un autre thème juridique qui est le crime contre la paix et la sécurité de l'humanité ; ces deux expressions devant rester distinctes.

A. Crime contre la paix et crime contre la paix et la sécurité de l'humanité

Le crime contre la paix et la sécurité de l'humanité se définit comme une « catégorie d'infractions internationales de caractère particulièrement grave qui portent atteinte à la communauté internationale » [27]. L'expression du crime contre la paix et la sécurité de l'humanité est une expression générale, qualifiant les crimes touchant aux fondements mêmes de la société humaine. Leur gravité peut découler soit du caractère de l'acte incriminé, soit de l'étendue de ses effets, soit du mobile de l'auteur, soit de plusieurs de ces éléments. Quel que soit le facteur qui permette de déterminer la gravité de l'acte, c'est cette gravité même qui constitue l'élément essentiel du crime contre la paix et la sécurité de l'humanité, crime caractérisé par son degré d'horreur et de barbarie, crime qui détruit les fondements mêmes de la société humaine.

L'origine de l'expression crime contre la paix et la sécurité de l'humanité [28] se trouve dans le rapport que le juge américain Francis Biddle a adressé le 9 novembre 1946 au président Truman et dans lequel il a indiqué que « le moment semblait venu de réaffirmer les principes de Nuremberg dans le cadre d'une codification générale des crimes contre la paix et la sécurité de l'humanité » [29]. Le 15 novembre 1946, la délégation américaine

---

25. Aurélien-Thibault LEMASSON, *« Le crime contre la paix ou crime d'agression »*, RSC, Avril/Juin 2006, p. 275.

26. *Ibid.,* p. 282.

27. Jean SALMON (dir.), *Dictionnaire de droit international public,* Bruxelles, Bruylant, 2001, p. 285.

28. Voir Anne-Marie LA ROSA, *Dictionnaire de droit international pénal*, Paris, PUF, 1998, p. 14-17.

29. *Ibid.,* p. 14.

présenta une proposition en ce sens à l'Assemblée générale de l'ONU, qui a adopté le texte de la Résolution 95 (I), le 11 décembre 1946. Aux termes de cette Résolution, elle invitait la CDI à considérer comme une question d'importance capitale les projets visant à formuler, dans le cadre d'une codification générale des crimes contre la paix et la sécurité de l'humanité ou dans le cadre d'un projet de Code de droit criminel international, les principes reconnus dans le Statut du TMIN et dans l'arrêt de ce tribunal. Le 21 novembre 1947, l'Assemblée générale de l'ONU demandait à la CDI de préparer un projet de code des crimes contre la paix et la sécurité de l'humanité.

Par la suite, la CDI a effectivement présenté un projet de code des crimes contre la paix et la sécurité de l'humanité, mais ce projet posait problème autour du thème de l'agression. Après la définition de l'agression par la Résolution 3314 (XXIX) du 14 décembre 1974 de l'Assemblée générale de l'ONU, la CDI a repris ses travaux sur le projet de code des crimes contre la paix et la sécurité de l'humanité dès 1981, et finalement en 1996, elle a adopté le projet définitif d'un ensemble de 20 articles. Selon les articles 16, 17, 18, 19 et 20 de ce projet, sont considérés comme crime contre la paix et la sécurité de l'humanité : l'agression, le génocide, les crimes contre l'humanité, les crimes contre le personnel de l'ONU et le personnel associé et les crimes de guerre. Mais les crimes contre la paix et la sécurité de l'humanité n'y sont pas définis.

Avant le projet définitif de 1996, la CDI a présenté un projet dès 1991, afin de définir douze catégories de crimes contre la paix et la sécurité de l'humanité: agression (art. 15), menace d'agression (art. 16), intervention dans les activités intérieures ou extérieures d'un État (art. 17), domination coloniale et autres formes de domination étrangère (art. 18), génocide (art. 19), apartheid (art. 20), violations systématiques ou massives des droits de l'homme (art. 21), crimes de guerre d'une exceptionnelle gravité (art. 22), recrutement, utilisation, financement et instruction de mercenaires (art. 23), terrorisme international (art. 24), trafic illicite de stupéfiants (art. 25), dommages délibérés et graves à l'environnement (art. 26) [30]. En considérant les infractions prévues par ce projet, nous observons quelques infractions supprimées de la liste du projet définitif ; par exemple la menace d'agression, pouvant être considérée comme une infraction-obstacle au crime d'agression, n'existe plus dans le projet définitif. Selon la CDI, cette réduction des crimes avait pour but de parvenir à un consensus international [31].

---

30. Voir l'Annuaire de la CDI, 1991, Vol. II, 2e partie, p. 100-102.

31. Voir le rapport de la CDI sur les travaux de sa quarante-huitième session (6 mai-26 juillet 1996), p. 29.

En analysant le projet définitif de 1996 et le Statut de la CPI, nous constatons que les infractions prévues par ce projet sont aussi prévues par le Statut dans le cadre des crimes internationaux les plus graves nonobstant deux différences : premièrement, les crimes contre le personnel des Nations Unies et le personnel associé ne sont pas prévus par le Statut de la CPI, tandis que l'article 19 du projet définitif de 1996 prévoit cette infraction comme une catégorie de crime contre la paix et la sécurité de l'humanité. Le concept de ce dernier apparaît donc plus large que le concept de crime le plus grave international prévu par le préambule du Statut de la CPI. Le crime le plus grave international concerne l'ensemble des crimes prévus dans le Statut de la CPI comme le crime de génocide, le crime contre l'humanité, le crime de guerre et le crime d'agression ; deuxièmement, en comparant l'article 16 du projet avec les articles 17, 18, 19 et 20, nous constatons que cet article ne définit pas le crime d'agression, mais remet en cause la responsabilité d'un individu pour un crime commis par un État. L'article 16 du projet proclame que « tout individu qui, en qualité de dirigeant ou d'organisateur, prend une part active dans, ou ordonne, la planification, la préparation, le déclenchement ou la conduite d'une agression commise par un État, est responsable de crime d'agression ». L'article 8bis du Statut de la CPI, quant à lui, définit ce crime.

Ces différences nous montrent que les concepts de crime contre la paix et la sécurité de l'humanité, et crime contre la paix sont distincts. En effet, le crime contre la paix (le crime d'agression) apparaît comme une catégorie du crime contre la paix et la sécurité de l'humanité, ce dernier s'avérant plus large que le crime contre la paix. Outre l'expression « paix et sécurité de l'humanité », existe l'expression « paix et sécurité internationales », qui recouvrent également deux sens différents. La première présente un domaine vaste qui concerne non seulement les actes commis par un État contre un autre État mais aussi les actes commis contre les peuples, les populations, les groupes nationaux, ethniques, raciaux ou religieux (génocide). La seconde est synonyme de non-belligérance et s'applique à des rapports pacifiques entre les États, chacun évitant un comportement de nature à porter atteinte à la paix et la sécurité internationales.

B. Notion de crime contre la paix

Le crime contre la paix est défini par l'article 6 (a) du Statut du TMIN, l'article 5 (a) du TMIT et l'article 2, §1, lettre a), de la Loi de Contrôle N° 10. Selon l'article 6 (a) du Statut du TMIN, le crime contre la paix se définit comme « la direction, **la préparation**, le déclenchement ou la poursuite d'une guerre d'agression, ou d'une guerre en violation des traités, assurances ou accords internationaux, ou la participation à un plan concerté ou à un complot pour l'accomplissement de l'un quelconque des actes qui précèdent ». L'article 5 (a) du TMIT formule une définition comparable.

En considérant la définition du crime d'agression dans le premier paragraphe de l'article 8bis du Statut de la CPI, nous constatons qu'il se définit comme le crime contre la paix. Il existe seulement quelques nuances entres ces deux infractions. Ce paragraphe dispose que « aux fins du présent Statut, le crime d'agression s'entend du fait, pour une personne qui est effectivement en mesure de contrôler ou de diriger l'action politique ou militaire d'un Etat, de planifier, de préparer, de déclencher ou de commettre un acte d'agression, qui par ses caractéristiques, sa gravité et son ampleur, constitue une violation manifeste de la Charte des Nations Unies ». Selon ce paragraphe, la direction, la planification, la préparation, le déclenchement ou la commission d'un acte d'agression est reconnu en tant que crime d'agression. Nous remarquons donc que ce crime se définit comme le crime contre la paix, quelques nuances existant entre les définitions de ces infractions. Le crime contre la paix se définit, quant à lui, comme « ...la poursuite d'une guerre d'agression ou d'une guerre en violation des traités, assurances ou accords internationaux... » ; tandis que le crime d'agression se définit comme « ...la commission d'un acte d'agression... ».

Il faut aussi mentionner que la définition du crime contre la paix retenue dans les statuts des tribunaux militaires internationaux n'est pas le résultat d'un long processus d'élaboration. Car, contrairement aux autres crimes relevant de la compétence de ces tribunaux, ce n'est que tardivement, au cours de la deuxième guerre mondiale, qu'apparut la nécessité de poursuivre les responsables du déclenchement de la guerre [32]. Selon la définition du crime contre la paix, il existe quatre catégories d'actes pour caractériser cette infraction. Ces actes sont: la direction, la préparation, le déclenchement et la poursuite de la guerre. Parmi ces comportements, la préparation est un acte préalable pouvant être considéré comme une infraction-obstacle.

La définition du crime contre la paix démontre que cette infraction recouvre l'ensemble des actes préparatoires d'une guerre d'agression ou d'une guerre en violation des traités, assurances, ou accords internationaux. La guerre d'agression, présentée comme l'acte d'agression dans l'article 8bis du Statut de la CPI, est l'ensemble des actes prévus par la Résolution 3314 (XXIX) du 14 décembre 1974 de l'Assemblée générale de l'ONU. En revanche la « guerre en violation de traités, assurances ou accords internationaux », qui établit la deuxième partie de la définition du crime

---

32. Rafaëlle MAISON, *La responsabilité individuelle pour crime d'État en droit international public*, Bruxelles, Bruylant, 2004, p. 30.

contre la paix, n'est pas définie par les textes internationaux. Selon Rafaëlle MAISON « devant les tribunaux militaires internationaux de Nuremberg et de Tokyo, la question s'est posée de savoir si cette incrimination pouvait, à elle seule, donner lieu à des condamnations pénales » [33]. Elle explique que les juridictions ont considéré comme inutile la sanction de la guerre conduite en violation d'engagements internationaux. Mais, dans le même temps, ces mêmes juridictions ont conclu d'un instrument conventionnel spécifique, le pacte de Paris, les premiers éléments permettant d'identifier la conduite constitutive d'une guerre d'agression. En effet, cette conduite constitutive concerne les actes préparatoires à l'acte de crime d'agression.

Dans le procès de Nuremberg et devant le TMIN, existent des actes d'accusation contre le crime contre la paix qui confirment nôtre idée selon laquelle le crime contre la paix constitue un acte préparatoire aux crimes comme l'agression. Par exemple, selon un acte d'accusation devant le TMIN « les accusés conçurent, préparèrent, déclenchèrent et menèrent des guerres d'agression qui furent aussi des guerres faites en violation de traités internationaux » [34]. Cet acte d'accusation nous montre que dans le procès des criminels devant le TMIN, le crime contre la paix est considéré comme une infraction-obstacle à la guerre d'agression et aux guerres faites en violation de traités internationaux, car il est l'acte préparatoire de ces crimes. Ainsi, le TMIN a-t-il confirmé l'acte d'accusation de l'infraction-obstacle en estimant que « certains des accusés ont préparé et mené des guerres d'agression contre douze nations et sont donc coupables de ces crimes. Il n'y a pas lieu de traiter en détail la question de la violation de traités ni d'examiner dans quelle mesure ces guerres furent aussi des « guerres menées en violation de traités, d'accords ou de garanties d'un caractère international » [35].

En considérant ces exemples, nous observons que cet acte d'accusation considère le crime contre la paix en tant qu'acte préparatoire des guerres d'agression ou des guerres faites en violation de traités internationaux. Pour qualifier les traités internationaux, Mme Rafaëlle MAISON les décrit comme « des traités multilatéraux relatifs au recours à l'arbitrage, à l'ouverture des hostilités ou aux droits des États neutres, des traités de garantie mutuelle, des traités bilatéraux ou des garanties unilatérales de non agression. En ce qui concerne l'obligation générale de ne pas recourir à la guerre, seul le pacte de Paris du 27 août 1928 est expressément visé ; celui de la Société des Nations est écarté, l'Allemagne s'en étant retirée en octobre

33. Rafaëlle MAISON, *Op.cit,* p. 33.

34. Procès des grands criminels de guerre devant le TMIN, 1947, Tome 1, Acte d'accusation, p. 31 et 44.

35. *Ibid.*, p. 228.

1933 »[36]. Au-delà du crime contre la paix, il existe l'expression « agression », présentée par la Résolution 3314 (XXIX) du 14 décembre 1974 de l'Assemblée générale de l'ONU. Les différents textes internationaux ont traité ce même concept mais en termes différents tels « l'acte d'agression » (article 8bis du Statut de la CPI), « la guerre d'agression »(l'article 6 (a) du Statut du TMIN, article 5 (a) du TMIT et article 2, §1, lettre a), de la Loi de Contrôle N° 10).

Section 2. Agression

Dans le langage juridique international, des expressions telles que crime contre la paix, crime d'agression, guerre d'agression, acte d'agression et enfin agression, sont utilisées et dans certains cas confondues sans observer et distinguer leurs sens. Nous avons déjà expliqué que le concept de crime contre la paix était différent de l'acte d'agression et qu'il constituait l'ensemble des actes préparatoires au crime d'agression. De plus, l'article 8bis du statut de la CPI, distingue deux expressions voisines : crime d'agression et acte d'agression. Dans le cadre de d'agression, nous essaierons d'étudier ces termes pour savoir si l'agression peut être considérée comme une infraction-obstacle aux autres crimes internationaux les plus graves ou non. Mais pour les analyser, il faut tout d'abord connaître le sens du mot agression.

A. Notion et origine de l'agression

Le mot agression, qui selon René-Jean DUPUY [37] est l'un des mots qui font peur, nous met en présence d'un agresseur, défini comme « celui qui attaque le premier »[38]. Selon cette définition simple, deux éléments sont nécessaires pour réaliser une agression : premièrement le fait d'attaquer et deuxièmement le fait que l'agresseur serait celui qui le premier a eu recours à l'attaque. Le dictionnaire Larousse ajoute à cette définition, l'expression « sans provocation », où il définit l'agresseur comme celui qui attaque le premier sans répondre à une provocation. Dans cette définition de l'agression, existe le troisième élément : la provocation.

---

36. Rafaëlle MAISON, *Op.cit.*, p. 33-34.

37. René Jean DUPUY, *« L'illusion juridique »,* in Mélanges offerts à Guy LADREIT DE LACHARRIERE, Paris, Masson, 1989, p. 245-257.

38. Josette REY-DEBOVE et Alain REY (dir.), *Le petit Robert, Dictionnaire alphabétique et analogique de la langue française,* Paris, éd. Le Robert, 2013, p. 52.

Il faut noter que « de nombreux spécialistes renommés, tels que les professeurs Cherif Bassiouni, Claus Kress, Antonio Cassese, William Schabas et bien d'autres faisant autorité, soutiennent que l'agression est déjà un crime selon la loi internationale coutumière, ainsi assujetti à la compétence universelle en tant que norme impérative ne connaissant aucune exception »[39]. L'agression serait donc un crime reconnu par le droit international pénal bien qu'en raison de causes politiques, elle ne soit ni prévue ni présentée par les textes internationaux. En effet, les États puissants, surtout soucieux de préserver leur propre pouvoir, ont toujours hésité à accepter l'idée que l'agression soit un crime international devant être puni. Il faut ajouter à cela que le terme d'agression, considérée comme un crime, ne s'entend ni d'une agression idéologique ou économique, ni d'une agression indirecte, mais d'une agression armée directe.

B. Agression idéologique, économique et indirecte

L'agression idéologique ou économique présente la théorie d'une agression sans recours à la force armée. On peut donc distinguer l'agression armée de l'agression idéologique ou économique. L'agression économique pourrait inclure des pratiques telles que le boycott, l'inscription d'un État sur une liste noire, les restrictions commerciales, l'embargo, les quotas ou les contingentements, les mesures tarifaires. L'absence de ce genre de mesures parmi les actes constitutifs de l'agression ou plus largement du recours à la force tient à ce que de tels actes peuvent permettre à un État d'exercer son contrôle ou son emprise sur un autre, sans pour autant agir en violation du droit international.

Outre la distinction précédente, existe une autre distinction de l'agression selon laquelle l'agression directe se distinguerait de l'agression indirecte. Dans le cadre de l'agression indirecte, les États font indirectement ce que le droit international interdit de faire directement. L'article 3g) de la Résolution 3314 de l'Assemblée générale de l'O.N.U., que nous étudierons, définit l'agression indirecte comme « l'envoi par un État ou en son nom de bandes ou de groupes armés, de forces irrégulières ou de mercenaires qui se livrent à des actes de force armée contre un autre État d'une gravité telle qu'ils équivalent aux actes énumérés ci-dessus, ou le fait de s'engager de manière substantielle dans une telle action ». Dans cet article, nous discernons quelques conditions pour qu'un État soit responsable d'une agression indirecte. Par exemple, ses actes doivent recouvrir une gravité telle qu'ils équivalent à des actes classiques d'agression.

39. Benjamin B. FERENCZ, *« Pour mettre un terme à l'impunité du crime d'agression »*, RSC, Octobre/Décembre 2009, n° 4, p. 743.

Pour René-Jean DUPUY, il existe une différence entre l'agression directe et l'agression indirecte. L'agression directe est dirigée contre le territoire, alors que l'agression indirecte est conduite contre le gouvernement [1]. Au-delà de cette définition, des expressions comme « légitime défense préventive » et « guerre contre le terrorisme » démontrent le concept d'agression indirecte, et se justifient dans le cadre de cette catégorie d'agression.

Suite à l'attentat du 11 septembre 2001, le représentant des États-Unis au Conseil de sécurité a manifesté l'intention de son pays de répondre à ces attentats en affirmant : « nous ne ferons pas de distinction entre les terroristes qui ont commis ces actes et ceux qui leur donnent asile ». Cette parole nous montre comment les dirigeants américains ont considéré les États qui ont donné asile aux terroristes : comme les complices des attentats terroristes du 11 septembre 2001. Ces États ont donc été estimés comme agresseurs indirects ; en vertu de quoi, les américains ont attaqué l'Afghanistan et l'Irak. Ils ont ainsi justifié ces attaques et se sont depuis installés dans ces pays. Pour les États-Unis, l'Afghanistan et l'Irak ont préparé la situation pour que des groupes terroristes puissent commettre les attentats. Ils auraient donc facilité la commission de ces infractions mais de façon indirecte.

Olivier CORTEN et François DUBUISSON, dans leur article « Opération « liberté immuable » : une extension abusive du concept de légitime défense », contestent le concept d'agression indirecte dans cet exemple et présentent deux autres hypothèses sur les relations entre l'État afghan et l'organisation terroriste Al-Qaïda. Soit le régime Taliban contrôlait cette organisation, mais ce contrôle ne suffit pas à signifier une agression ; soit, l'on peut considérer à l'inverse, que ce sont les Talibans et l'État afghan qui étaient contrôlés par Al-Qaïda ou encore qu'aucun des deux groupes ne contrôlait véritablement l'autre [2]. Selon eux, on ne peut donc pas en conclure que l'État afghan ait commis un crime d'agression de manière indirecte.

Au contraire, si l'on considère l'exemple des attentats du 11 septembre 2001 comme une agression indirecte, la réaction des américains face à cet événement indique que l'agression indirecte peut être considérée comme une infraction-obstacle. Selon le discours du représentant des États-Unis au Conseil de sécurité, les États qui ont donné asile aux terroristes, sont

---

1. René-Jean DUPUY, *« Agression indirecte et intervention sollicitée à propos de l'affaire libanaise »*, AFDI, Vol. 5, 959, p. 458.

2. Olivier CORTEN et François DUBUISSON, *« Opération « liberté immuable » : une extension abusive du concept de légitime défense »*, R.G.D.I.P., 2002-1, p. 69.

considérés comme criminels. Cet acte des États a pu être commis avant ou après l'attentat. S'il est commis avant l'attentat, il peut être considéré comme un acte préparatoire, c'est-à-dire une infraction-obstacle aux attentats terroristes. De plus, ce discours démontre la responsabilité de l'État à l'échelle internationale. Autrement dit, les États peuvent être responsables d'actes criminels internationaux tels les actes terroristes. Il faut également noter que l'agression prévue dans le Statut de la CPI et dans les autres textes du droit international pénal va dans le sens de l'agression directe. Soit, en droit international pénal, cette expression implique une agression directe, armée. De plus, comme nous l'avons expliqué, l'agression idéologique, économique ou agression indirecte ne rentrent pas dans ce domaine, bien que cette dernière puisse également être étudiée comme infraction-obstacle.

C. Agression armée (directe)

Du point de vue historique, dès 1919, nous voyons le terme d'agression apparaître dans les textes juridiques. Le traité de Versailles, dans son article 231, avait fixé le principe de la responsabilité civile de l'Allemagne et de ses alliés en raison de l'agression dont ils s'étaient rendus coupables. L'article 429 de ce texte utilise également le terme d'agression. Le Pacte de la S.d.N. n'emploie qu'une fois le mot agression dans son article 10, et d'une façon plutôt incidente : l'accent y est mis sur l'adjectif extérieure qui l'accompagne bien plus que sur le terme lui-même. Il faut aussi mentionner que pour certains juristes la définition de l'agression est différente de celle de la guerre d'agression. L'agression est une notion plus large, et pour Jean DIAMANDESCO « elle couvre toutes les hypothèses de guerres d'agression, tandis que la guerre d'agression a un sens plus limité, plus restreint du fait que pour qu'il y ait guerre d'agression il faut une agression suivie d'un état de guerre » [1].

Pour ce juriste, l'agression et la guerre d'agression sont des crimes internationaux. La doctrine implique que le recours à la guerre d'agression constitue un crime international. De plus, il explique que c'est une erreur de qualifier uniquement de crime la guerre d'agression et de laisser de côté l'agression elle-même. Les deux actes ont la même nature illicite et s'ils se distinguent à certains points de vue, il y a entre eux sous le rapport de l'illicéité, une similitude [2].

---

1. Jean DIAMANDESCO, *Le problème de l'agression dans le droit international public actuel*, Paris, A. Pédone, 1935, p. 32.

2. *Ibid.*, p. 34.

Le premier document dans lequel on trouve une condamnation formelle de la guerre d'agression, qualifiée de crime international, est le Projet de Traité d'assistance mutuelle de 1923. C'est à partir de ce projet de Traité que la guerre d'agression recevant le qualificatif de crime international se présente comme une manifestation de criminalité collective. Selon l'article premier du Projet, la guerre d'agression constitue un crime international. Cet article présente également l'engagement des parties contractantes de ne pas se rendre coupable de ce crime. En revanche, ce projet ne contient, dans ses articles consécutifs, aucune définition et aucune tentative de préciser les éléments de l'infraction visée à l'article premier.

Il faut noter que ce Projet ne put être adopté, en raison des divergences qui séparaient les États et des nombreuses controverses que ses dispositions soulevèrent. L'année suivante, c'est-à-dire en 1924, le Protocole de Genève incrimina la guerre d'agression. Selon ce Protocole, la guerre d'agression devenait une infraction à la solidarité internationale et partant un crime international. Le préambule du Protocole explique ainsi que « animés de la ferme volonté d'assurer le maintien de la paix générale et la sécurité des peuples dont l'existence, l'indépendance ou les territoires pourraient être menacés ; reconnaissant la solidarité qui unit les membres de la communauté internationale ; affirmant que la guerre d'agression constitue une infraction à cette solidarité et un crime international ... ».

Au-delà de ces textes, la Résolution de la huitième Assemblée de la S.d.N. du 24 septembre 1927, interdit la guerre d'agression et la présente comme un crime international. Nous voyons ainsi que dès 1919, le terme d'agression entre dans le langage juridique, et en 1927 avec le Traité de Versailles, la guerre d'agression se qualifie. D'ailleurs, la première définition d'agression apparaît en février 1933 lorsque, dans le cadre de la conférence sur le désarmement, le représentant soviétique dépose un « projet de définition de l'agression » qui sera repris par la suite dans des traités de non-agression conclus entre l'URSS et d'autres États. Il en est ainsi de la Convention pour la définition de l'agression du 3 juillet 1933 entre la Russie d'une part, et l'Afghanistan, l'Estonie, la Lettonie, la Perse, la Pologne, la Roumanie et la Turquie d'autre part, et des conventions similaires entre la Russie et divers autres États. Le projet soviétique constitue la principale source d'inspiration de définition de l'agression et il exerce une influence déterminante sur les débats ayant abouti en 1974 à la définition de l'agression.

Dès la fin des années 1960, l'ONU décide de s'engager dans l'élaboration d'une telle définition, la Conférence de San Francisco [1] n'ayant pas réussi à s'accorder sur une définition acceptable pour tous les États. Elle créa à cet effet un Comité Spécial en application de sa Résolution 2330 (XXII) du 18 décembre 1967. Ce Comité soumit un rapport comprenant le projet de définition de l'agression « adopté par consensus par ledit Comité et recommandé pour adoption à l'Assemblée générale ». Celle-ci l'adopta, également par consensus, à sa XXIXème session, le 14 décembre 1974.

D. Agression dans la Résolution 3314 (XXIX) de l'ONU

Jusqu'en 1974, la recherche d'une définition officielle et universelle de l'agression est artificiellement empêchée par des blocages politiques. Avec la Résolution 3314 (XXIX) de 1974 de l'ONU, ce crime trouve une définition officielle. Cette Résolution comprend une annexe intitulée « définition de l'agression » comportant 8 articles précédés d'un long préambule en 10 points qui ne sont pas tous consacrés à la définition stricto sensu.

Le préambule de cette Résolution présente les principales raisons qui ont rendu nécessaire la définition de l'agression. Ces raisons sont au nombre de trois. Premièrement, l'exigence du maintien de la paix et de la sécurité internationales : en effet, un des buts essentiels de l'ONU est de maintenir la paix et la sécurité internationales, de prendre toute mesure collective efficace en vue de prévenir et d'écarter toute menace à la paix et de réprimer tout acte d'agression ou de rupture de la paix [2]. Deuxièmement, la particularité du crime d'agression pour l'Assemblée générale : « l'agression est la forme la plus grave et la plus dangereuse de l'emploi illicite de la force, qui renferme, étant donné l'existence de tous les types d'armes de destruction massive, la menace possible d'un conflit mondial avec toutes ses conséquences catastrophiques, et qu'il convient donc à ce stade de donner une définition de l'agression » [3]. Troisièmement, la portée dissuasive de la définition selon l'Assemblée générale : « l'adoption d'une définition de l'agression devrait avoir pour effet de décourager un agresseur éventuel, faciliterait la constatation des actes d'agression et l'exécution des mesures propres à

---

1. La Conférence de San Francisco, se déroulant dans la ville du même nom, a été initiée par les Etats-Unis et a regroupé 51 Etats, du 25 avril au 26 juin 1945 afin d'établir une alliance commune. C'est à l'issue de la Conférence de San Francisco que naquit l'ONU, avec la signature de la Charte des Nations Unies.

2. Préambule de la Résolution 3314 (XXIX) de 1974 de l'ONU, § 1.

3. *Ibid.*, § 5.

réprimer et permettrait de sauvegarder les droits et intérêts légitimes de la victime et de venir à son aide » [1].

La Résolution 3314 (XXIX) de 1974 de l'ONU définit l'agression mixte. En premier lieu, elle la définit de manière générale puis elle en donne une définition énumérative. En effet, à travers cette Résolution, la notion d'agression embrasse toutes les hypothèses de recours illicites à la force. L'article premier de la Résolution présente la définition générale ou conceptuelle de l'agression. Selon cet article, l'agression entend « l'emploi de la force armée par un État contre la souveraineté, l'intégrité territoriale ou l'indépendance politique d'un État, ou de toute autre manière incompatible avec la Charte des Nations Unies » [2]. Cette définition se présente de façon générale : par exemple, l'expression « l'emploi de la force armée » sans aucune précision sur son ampleur, pourrait signifier tout l'emploi de la force armée par un État contre un autre État.

Cette définition large et générale de l'agression se précise dans les autres articles de la Résolution. Selon l'article 2 de la Résolution « l'emploi de la force armée en violation de la Charte par un État agissant le premier constitue la preuve suffisante à première vue d'un acte d'agression, bien que le Conseil de sécurité puisse conclure, conformément à la Charte, qu'établir qu'un acte d'agression a été commis ne serait pas justifié compte tenu des autres circonstances pertinentes, y compris le fait que les actes en cause ou leurs conséquences ne sont pas d'une gravité suffisante » [3]. En effet, cet article énumère les critères permettant de qualifier un emploi de la force armée d'agression : le premier en est la violation de la charte. Par conséquent, l'emploi de la force ne doit pas entrer dans les cas autorisés par l'acte constitutif de l'organisation mondiale. Le deuxième critère est l'autorité, c'est-à-dire que l'État qui fait usage de la force armée doit avoir agi le premier. En fait, ce deuxième critère conditionne le critère précédent, dans la mesure où en agissant le premier, l'État en cause viole la Charte, car dans le cas contraire il serait dans l'exercice de son droit de légitime défense. Le troisième critère est la gravité des faits, autrement dit, les actes en cause ou leurs conséquences doivent être d'une gravité suffisante.

L'article 3 de la Résolution (XXIX) de l'ONU de 1974 énumère une série d'actes de force qui constituent des actes d'agression. Cet article explique que « l'un quelconque des actes ci-après, qu'il y ait eu ou non déclaration de guerre, réunit, sous réserve des dispositions de l'article 2 et en conformité avec elles, les conditions d'un acte d'agression :

---

1. *Ibid.*, § 9.
2. L'article premier de la Résolution 3314 (XXIX) de 1974 de l'ONU.
3. L'article 2 de la Résolution 3314 (XXIX) de 1974 de l'ONU.

a) l'invasion ou l'attaque du territoire d'un État par les forces armées d'un autre État, ou toute occupation militaire, même temporaire, résultant d'une telle invasion ou d'une telle attaque, ou toute annexion par l'emploi de la force du territoire ou d'une partie du territoire d'un autre État ;
b) le bombardement, par les forces armées d'un État, du territoire d'un autre État, ou l'emploi de toutes armes par un État contre le territoire d'un autre État ;
c) le blocus des ports ou des côtes d'un État par les forces armées d'un autre État ;
d) l'attaque par les forces armées d'un État contre les forces armées terrestres, navales ou aériennes, ou la marine et l'aviation civiles d'un autre État ;
e) l'utilisation des forces armées d'un État qui sont stationnées sur le territoire d'un autre État avec l'accord de l'État d'accueil, contrairement aux conditions prévues dans l'accord ou toute prolongation de leur présence sur le territoire en question au-delà de la terminaison de l'accord ;
f) le fait pour un État d'admettre que son territoire, qu'il a mis à la disposition d'un autre État, soit utilisé par ce dernier pour perpétrer un acte d'agression contre un État tiers ;
g) l'envoi par un État ou en son nom de bandes ou de groupes armés, de forces irrégulières ou de mercenaires qui se livrent à des actes de force armée contre un autre État d'une gravité telle qu'ils équivalent aux actes énumérés ci-dessus, ou le fait de s'engager d'une manière substantielle dans une telle action »[1].

L'article 3 et les cas qu'il énumère confirment le caractère large et extensif de la définition d'agression dans cette Résolution. Cet article adopte en effet des expressions comme invasion, attaque, occupation militaire, annexion, bombardement, blocus des ports et des côtes.

1. Attaque du territoire d'un État par les forces armées d'un autre État

Dans le cadre de la définition de l'agression, l'attaque du territoire d'un État par les forces armées d'un autre État, évoque une situation où les forces armées en question exercent, au moyen de matériels militaires, une violence dans un but offensif contre des objectifs militaires d'un État. Mais il se peut aussi qu'elle soit menée, dans certains cas, sans distinction entre les objectifs militaires et les personnes ou les biens civils. Une attaque armée provoque nécessairement des dommages, soit aux seuls objectifs militaires ciblés, soit incidemment à des personnes ou à des biens civils.

1. L'article 3 de la Résolution 3314 (XXIX) de 1974 de l'ONU.

L'attaque, qui peut être considérée comme agression, est toujours une attaque armée. Ainsi, elle se distingue d'une simple incursion armée, par la durée et l'ampleur de cette dernière: « l'incursion est une pénétration momentanée, très limitée dans le temps, dans le territoire d'un État par des éléments des forces armées d'un autre État, ou des bandes armées appuyées ou non par ce dernier généralement avec des moyens militaires limités. L'attaque armée crée un état de guerre entre les États en conflit; elle est en général d'une plus grande ampleur avec une durée des opérations plus grande qui la rapproche de l'invasion, et qui a généralement des conséquences sur les relations diplomatiques entre les États concernés, même si l'on ne peut soutenir que de telles conséquences constituent un critère essentiel. Afin d'éviter de traduire clairement la différence entre une attaque armée et une incursion armée, mieux vaut parler d'une attaque armée de grande ampleur dans le cas de l'agression » [1].

La jurisprudence de la CIJ confirme la distinction entre l'attaque armée et une simple opération militaire. Par exemple, dans l'affaire des Activités militaires et paramilitaires, la CIJ observe cette distinction et précise qu'« on peut considérer comme admis que, par agression armée il faut entendre non seulement l'action des forces armées régulières à travers une frontière internationale mais encore l'envoi par un État ou en son nom de bandes ou de groupes armés, de forces irrégulières ou de mercenaires qui se livrent à des actes de force armée contre un autre État d'une gravité telle qu'ils équivalent (entre autres) à une véritable agression armée accomplie par des forces régulières, ou [au] fait de s'engager d'une manière substantielle dans une telle action » [2]. La CIJ confirme cette jurisprudence dans l'affaire des Plates-formes pétrolières [3] à propos d'attaques contre les forces navales et la marine des États-Unis.

De ce fait, la définition de l'attaque armée nous montre que cet acte peut être étudié comme acte préparatoire à un crime de guerre. En effet, dans la majorité des cas, pour commettre ce crime contre un État, une attaque armée est nécessaire, sauf dans le cas de guerre civile où le crime de guerre sans attaque armée existe au sens de crime d'agression. De plus, l'attaque armée peut être considérée comme acte préparatoire aux autres catégories d'agression comme l'invasion et l'occupation car il faut bien attaquer un État pour l'envahir et l'occuper. Comment imaginer l'invasion et l'occupation d'un pays sans aucune attaque contre ce même pays ? Par conséquent, l'attaque armée se présente comme une infraction-obstacle à l'invasion et à l'occupation.

---

1. Maurice KAMTO, *L'agression en droit international*, Paris, A. Pédone, 2010, p. 24.
2. Voir CIJ, *Recueil,* 1986, p. 103, § 195.
3. Voir CIJ, Arrêt du 6 novembre 2003.

2. Invasion

Selon l'article 3 de la Résolution 3314(XXIX) de 1974 de l'ONU, l'invasion peut être considérée comme une sorte d'agression. Le TMIN a expliqué le concept d'invasion pour démontrer les actes d'agression du régime nazi contre l'Autriche et la Tchécoslovaquie. Pour ce tribunal « il convient d'avoir à l'esprit que le terme invasion dénote ou implique l'usage de la force. Dans le cas présent, la force utilisée est la force militaire. Dans l'élaboration de cette définition, nous pouvons certainement prendre le mot invasion dans son acception habituelle. Et nous présumons que les auteurs de la définition ont également utilisé ce terme dans le même sens. Dans le Dictionnaire Webster, on trouve la définition suivante : ...le fait d'envahir, et plus particulièrement, pénétrer de façon hostile, par la guerre, dans les territoires et les domaines d'autrui ; l'incursion d'une armée dans un but de conquête ou de pillage » [1].

Le dictionnaire de droit international présente deux définitions de l'invasion : premièrement, en faisant référence au règlement concernant les lois et coutumes de guerre sur terre, annexé à la Convention de La Haye (IV) de 1907 article 2, où il définit l'invasion comme : « l'irruption des forces armées sur le territoire d'un État étranger » [2]. Il distingue ainsi la notion d'invasion de celle d'occupation. Deuxièmement, il fait référence à la Résolution 3314(XXIX) de 1974 de l'ONU, et définit l'invasion comme acte constitutif d'une rupture de la paix ou d'un acte d'agression.

Pour Charles ROUSSEAU l'invasion et l'occupation sont différentes et il les distingue ainsi : « l'invasion, irruption brutale de l'ennemi sur le territoire de l'adversaire, prépare la voie à l'occupation, c'est-à-dire à l'installation plus ou moins durable mais essentiellement temporaire de l'autorité militaire ennemie. Alors que l'occupation correspond à une situation juridique spécifique, l'invasion n'est qu'un phénomène militaire, qui ne pose que les problèmes habituels à la conduite des hostilités » [3]. En observant la différence entre ces deux termes, il explique que « le terme d'invasion implique une opération militaire, tandis que l'occupation suppose l'exercice

---

1. Maurice KAMTO, *Op.cit.*, p. 26.

2. Jean SALMON (dir.), *Dictionnaire de droit international public*, Bruxelles, Bruylant, 2001, p. 612.

3. Charles ROUSSEAU, *Le droit des conflits armés*, Paris, A. Pédone, 1983, p. 134.

d'une autorité effective par l'État ennemi, à l'exclusion de celle du gouvernement établi » [1].

L'invasion s'entend d'une pénétration offensive et massive des forces armées d'un État étranger dans un but d'occupation, d'annexion, de pillage ou de prise de butin, ou bien de recherche de concessions stratégico-militaires voire diplomatiques. En considérant cette notion d'invasion, nous constatons qu'elle est comme un acte préparatoire à l'occupation, à l'annexion, au pillage ou à la prise de butin, ou à la recherche de concessions. Autrement dit, l'invasion s'applique dans un but d'occupation, d'annexion, de pillage ou de prise de butin, de recherche de concessions. Elle se présente donc comme une infraction-obstacle à la commission d'occupation, d'annexion, de pillage ou de prise de butin. Maurice KAMTO confirme cette idée en disant que « l'invasion armée débouche le plus souvent sur une occupation militaire et quelques fois sur une annexion territoriale » [2].

3. Occupation militaire

Selon l'article 3 a) de la Résolution 3314(XXIX) de 1974 de l'ONU, l'occupation militaire résulte de l'invasion ou de l'attaque du territoire d'un État par les forces armées d'un autre État. Cette catégorie de crime d'agression est donc toujours le résultat d'une attaque armée ou d'une invasion, et ces dernières sont comme des actes préparatoires ou des infractions-obstacles à l'occupation.

Le dictionnaire de droit international public définit l'occupation comme « l'action d'un État qui établit et exerce son autorité, dans une mesure variable suivant les situations, sur un territoire qui ne fait pas partie de son territoire métropolitain » [3]. Puis il la divise en trois catégories qui sont: l'occupation de guerre, l'occupation d'un territoire en vue d'en acquérir la souveraineté et l'occupation étrangère. La première se définit comme un « terme désignant un cas particulier d'occupation, résultant d'une invasion, de l'installation effective, mais de caractère essentiellement provisoire, des forces armées d'un belligérant sur tout ou partie du territoire ennemi en temps de guerre » [4]. Cette sorte d'occupation implique donc une occupation militaire considérée comme une catégorie d'agression résultant d'une invasion.

---

1. *Ibid.*

2. Maurice KAMTO, *Op.cit.,* p. 28.

3. Jean SALMON (dir.), *Dictionnaire de droit international public*, Bruxelles, Bruylant, 2001, p. 775.

4. *Ibid.,* p. 776.

La définition d'occupation militaire s'inspire de l'article 42 du Règlement annexé à la Convention de La Haye (IV) de 1907. Il dispose qu'un « territoire est considéré comme occupé lorsqu'il se trouve placé de fait sous l'autorité de l'armée ennemie. L'occupation ne s'étend qu'aux territoires où cette autorité est établie en mesure de s'exercer ». Cet article nous montre que l'occupation est un état résultant des actes préparatoires comme l'invasion ou l'attaque armée car sa réalisation implique un territoire militairement occupé et placé sous l'autorité de l'armée ennemie. À l'évidence, cette dernière pénètre sur le territoire d'un autre pays par invasion ou attaque armée qui sont comme des infractions-obstacles à l'occupation.

4. Annexion

L'annexion résulte d'un acte formel dont la contestation par l'État, dont une partie du territoire est annexée, peut mener à un conflit armé. Selon le dictionnaire de droit international public, il s'agit d'un « acte unilatéral par lequel un État incorpore à son territoire tout ou partie du territoire d'un autre État » [1]. L'article 3 alinéa a) de la Résolution 3314 présente l'annexion par l'emploi de la force du territoire d'un autre État. L'annexion résulte dans ce cas de la conquête territoriale. Ce concept de l'annexion présente l'acquisition d'un territoire à la suite d'un conflit armé, « lorsque suite à la cessation des hostilités l'un des États reste en possession d'une partie du territoire de l'autre et établit sa souveraineté sans que soit intervenu un traité de paix » [2].

L'annexion par la conquête ou la force est considérée comme un mode d'acquisition du territoire. La déclaration des Nations Unies du 24 octobre 1970 relative aux principes du droit international touchant les relations amicales affirme que « le territoire d'un État ne peut faire l'objet d'une acquisition par un autre État à la suite de recours à la menace ou à l'emploi de la force ; et nulle acquisition territoriale obtenue par la menace ou l'emploi de la force ne sera reconnue comme légale » [3]. Par conséquent, toute acquisition territoriale obtenue par la conquête et l'annexion est illicite et constitue un acte d'agression.

Un exemple d'annexion par la force du territoire d'un État, est l'annexion du Koweït par l'Irak en 1990. Le 2 août 1990, les irakiens envahissent le

1. Jean SALMON (dir.), *Op.cit.,* p. 65.

2. V. P. DAILLER et A. PELLET, *Droit international public*, Paris, LGDJ, 7ème éd., 2002, pp. 536 - 537.

3. Nations Unies, Assemblée Générale, *Résolution 2625 (XXV),* 24 Octobre 1970.

Koweït et proclament l'annexion de ce pays. Dès le 9 août 1990, le Conseil de sécurité, dans sa Résolution 662 (1990), décide que « l'annexion du Koweït par l'Irak, quel qu'en soient la forme et le prétexte, n'a aucun fondement juridique et est nulle et non avenue » ; et il demande « à tous les États, organisations internationales et institutions spécialisées de ne pas reconnaître cette annexion et de s'abstenir de toute mesure et de tout contact qui pourraient être interprétés comme une reconnaissance implicite de l'annexion » [1]. Après six semaines de conflit armé opposant les forces coalisées aux forces irakiennes soit du 15 janvier au 2 mars 1991, le Conseil de sécurité instaure un cessez-le-feu provisoire par sa Résolution 687 (1991). Ce document fixe une des obligations à la charge de l'Irak.

En étudiant le sens du terme annexion, nous constatons que cette catégorie du crime d'agression, comme l'occupation, résulte d'une attaque ou d'une invasion. Autrement dit, pour réaliser l'annexion d'un pays, il faut nécessairement l'attaquer. L'attaque ou l'invasion constituent donc des infractions-obstacles à l'annexion.

5. Bombardement d'un territoire

Selon l'article 3, b) de la Résolution 3314 (XXIX), le bombardement, par les forces armées d'un État, du territoire d'un autre État, ou l'emploi de toutes armes par un État contre le territoire d'un autre État est considéré comme crime d'agression. Le bombardement « s'entend d'une attaque au moyen de l'envoi à distance sur un objectif déterminé de projectiles d'une certaine puissance de destruction » [2]. L'emploi de toutes armes par un État contre le territoire d'un autre État peut se faire par d'autres moyens que le bombardement, comme par exemple des engins motorisés tels que véhicules blindés, chars d'assaut, armes légères montées sur véhicules, etc. Les armes employées peuvent consister également en armes chimiques, bactériologiques, fumigènes ou incendiaires non élaborées sous formes de bombes ; car le mot bombardement, sous-entendant le mot bombe, celui-ci ne peut se produire autrement qu'au moyen de celui-là.

L'exemple de cette catégorie de crime d'agression est le bombardement du réacteur nucléaire irakien par Israël le 7 juin 1981. Israël tenta de justifier cette attaque d'un site nucléaire, par deux principaux arguments. Premièrement, Israël a argué que les deux pays étaient en état de guerre, car il peut y avoir état de guerre sans acte de belligérance. Deuxièmement, il a justifié son acte dans le cadre de l'article 51 de la Charte des Nations Unies

1. Nations Unies, *S/Résolution 662* (1990) du 9 août 1990, RGDIP, 1990, p. 835.

2. Maurice KAMTO, *Op. cit.*, p. 36.

et a prétendu user de son droit inhérent de légitime défense. Au regard des déclarations israéliennes, un tel argument ne pouvait l'emporter.

En effet, ces deux arguments sont irrecevables en droit international car, « si on devait justifier l'état de guerre aux seules déclarations des dirigeants d'un pays pour agir de la sorte, Israël serait fondé aujourd'hui à utiliser la force armée contre l'Iran de [l'ex-Président] Ahmadinejad qui, depuis son élection à la présidence de son pays en 2004, n'a cessé de proférer des menaces contre l'État d'Israël dont il a dit à plusieurs reprises qu'il n'a pas sa place au Proche-Orient et devrait donc, selon lui, être rayé de la carte » [1]. Il nous semble donc que les deux États, Israël et l'Irak, n'étaient pas en état de guerre. De plus, pour justifier de tels actes par la légitime défense, il s'agirait d'en respecter les règles, et le bombardement du territoire d'un État par les forces armées d'un autre État ne peut être licite et entrer dans le cadre de la légitime défense. L'article 25 du Règlement concernant les lois et coutumes de la guerre sur terre, annexé à la Convention de La Haye (IV) du 18 octobre 1907 explique qu'il est « interdit d'attaquer ou de bombarder, par quelque moyen que ce soit, des villes, villages, habitations, bâtiments qui ne sont pas défendus ». L'article 26 fait même obligation au commandant des troupes attaquantes de « faire tout ce qui dépend de lui pour en avertir les autorités de l'État concerné avant d'entreprendre le bombardement, sauf le cas d'attaque de vive force ». Nous voyons donc que le bombardement du réacteur nucléaire irakien par l'État d'Israël ne peut pas être justifié par les principes du droit international comme l'état de guerre et la légitime défense. Par conséquent, nous considérons cet acte comme un acte d'agression prévu par l'article 3 b) de la Résolution 3314 des Nations Unies. Autre exemple, qui assimile le bombardement au crime d'agression, est le bombardement massif des forces armées israéliennes sur le territoire libanais durant l'été 2006; sauf si, comme Maurice KAMTO, nous considérons ces deux pays « dans le cadre d'un état de guerre permanent » [2].

Pour classer le bombardement dans une catégorie de crime d'agression, l'existence d'armes et de bombes est nécessaire car le bombardement du territoire d'un État le requiert. La production et le stockage de certaines armes [3] peuvent donc être considérés comme des actes préparatoires et des infractions-obstacles au bombardement.

---

1. Maurice KAMTO, *Op.cit.*, p. 37.

2. *Ibid.*, p. 39.

3. Voir la troisième section de ce chapitre.

6. Blocus des ports ou des côtes d'un État par les forces armées d'un autre État

L'article 3 c) de la Résolution 3314 (XXIX) des Nations Unies présente une autre catégorie d'agression, selon laquelle le blocus des ports ou des côtes d'un État par les forces armées d'un autre État est considéré comme une agression. Cet article ne prévoit que le blocus maritime comme une agression, tandis qu'il existe d'autres types de blocus afin d'isoler totalement l'État concerné. Ainsi, nous ne voyons aucune raison de limiter le blocus au cadre maritime et de négliger les blocus aériens et terrestres en tant qu'agression. Dans l'affaire de Lockerbie par exemple, la Libye a connu un blocus aérien et militaire, sur la base de la Résolution 748 du Conseil de sécurité, adoptée le 31 mars 1992.

Le blocus est un acte qui permet d'isoler totalement l'État concerné. Il peut donc être un acte préparatoire aux autres catégories d'agression que nous avons déjà vues. Autrement dit, pour attaquer ou envahir un État, l'État hostile bloque les ports ou les côtes de ce pays à l'aide de ses forces armées. Cette hypothèse nous dirige vers l'idée d'infraction-obstacle et nous pouvons considérer le blocus comme l'infraction-obstacle à l'attaque militaire et à l'invasion. Contrairement à cette théorie, l'attaque ou l'invasion peuvent être aussi considérées comme des actes préparatoires au blocus. C'est-à-dire que l'État hostile attaque un autre État ou l'envahit puis bloque ses ports ou ses côtes. Il en résulte que l'attaque militaire ou l'invasion ont pour fin de bloquer les ports ou les côtes d'un État. Cette idée présente l'attaque militaire ou l'invasion comme infraction-obstacle au blocus. En considérant ces hypothèses, nous conclurons qu'entre le blocus et les autres sortes d'agression, il existe une réciprocité et chaque acte peut être considéré comme l'acte préparatoire et l'infraction-obstacle des autres.

7. Attaque par les forces armées d'un État contre les forces terrestres, navales ou aériennes, ou la marine et l'aviation civile d'un autre État

L'article 3 d) de la Résolution 3314 (XXIX) des Nations Unies présente l'attaque par les forces armées d'un État contre les forces armées terrestres, navales ou aériennes, ou la marine et l'aviation civile d'un autre État comme une catégorie d'agression. En comparant cette sorte d'agression avec la catégorie présentée dans le paragraphe a) de cet article, nous constatons que, dans les deux catégories, existe une attaque par les forces armées d'un État, mais alors que dans le paragraphe a) cette attaque était dirigée contre le territoire d'un État, dans ce paragraphe, elle est dirigée contre les forces terrestres, navales ou aériennes, ou contre la marine et l'aviation civile d'un autre État. Pour réaliser cette catégorie d'agression, telle l'attaque militaire, la construction et le stockage d'armes peuvent être des infractions-obstacles car pour lancer des forces armées contre les forces armées terrestres, navales ou aériennes d'un Etat, des armes sont nécessaires ; une attaque sans arme ne pouvant se concevoir.

8. Utilisation des forces armées d'un État stationnées sur le territoire d'un autre État avec l'accord de l'État d'accueil, contrairement aux conditions prévues dans l'accord ou toute prolongation de leur présence au-delà de la terminaison de l'accord

Il existe des exemples qui démontrent cette catégorie d'agression : l'utilisation des forces armées françaises basées en Côte d'Ivoire, dans le cadre de la crise politico-militaire qu'affronte ce pays depuis 2002 et l'action des forces armées ougandaises en République démocratique du Congo. Le 24 décembre 1999, le général Robert Guéï est porté au pouvoir à la suite d'un coup d'État qui contraint le Président déchu à l'exil en France. Un autre coup d'État est organisé le 18 septembre 2000, et le général s'autoproclame président à l'issue du scrutin présidentiel d'octobre 2000. Mais le 26 octobre, son principal adversaire, Laurent Gbagbo, est investi de la fonction présidentielle. Les partis politiques écartés du scrutin présidentiel par le président Guéï contestent la légalité de l'élection et la légitimité du président Gbagbo. En dépit des efforts de ce dernier pour apaiser la situation, une partie de l'armée ivoirienne se mutine dans la nuit du 18 au 19 septembre 2002 alors que le président Gbagbo est en visite officielle à Rome.

Le conflit ivoirien est un conflit interne, mais il dépasse ses propres frontières car la Côte d'ivoire se trouve dans une situation de conflit armé mené par des forces internes avec l'aide et l'assistance de pays étrangers. Pour Maurice KAMTO, il s'agit d'un conflit interne internationalisé, et il explique que « l'implication multiforme de certains pays voisins, dont le contrôle effectif d'au moins un d'entre eux sur les rebelles baptisés « forces nouvelles », ne faisant aucun doute pour les autorités ivoiriennes comme pour la communauté internationale » [1]. Le président ivoirien a sollicité l'aide de la France arguant en particulier du fait que son pays était l'objet d'une agression extérieure. L'ONU, dans la Résolution du 4 février 2003, a présenté l'idée du conflit internationalisé, et le Conseil de Sécurité a expliqué qu'il invitait « tous les États voisins de la Côte d'Ivoire à soutenir le processus de paix en évitant toute action de nature à porter atteinte à la

1. Maurice KAMTO, *Op.cit.*, p 46.

sécurité et à l'intégrité territoriale de la Côte d'Ivoire, en particulier le passage de groupes armés et de mercenaires au travers de leurs frontières et la circulation et la prolifération illicite dans la région d'armes notamment de petites armes légères » [1].

Entre la République de Côte d'Ivoire, la République du Dahomey, la République du Niger, d'une part, et la République française, d'autre part, existe un accord de défense conclu le 24 avril 1960. Selon l'article premier de cet accord, les quatre États parties « se prêtent aide et assistance mutuelle pour préparer et assurer leur défense. L'article 2 dispose que les trois Républiques africaines signataires, qui « ont la responsabilité de leur défense intérieure et extérieure » peuvent demander à la République française une aide dans des conditions définies par des accords spéciaux ».

La France a installé des troupes militaires en Côte d'Ivoire, à la base militaire de Port-Bouët près de l'aéroport d'Abidjan. Ces troupes sont chargées de mettre en œuvre, en cas de besoin, les accords de défense entre la France et la Côte d'Ivoire. Aussi, en refusant de les mettre au service de l'État ivoirien confronté à des difficultés de « défense intérieure et extérieure », et en les utilisant en revanche pour assurer une mission de police militaire consistant à protéger les ressortissants français de Côte d'Ivoire en proie à la violence des « jeunes patriotes », la France a utilisé ses forces armées stationnées en Côte d'Ivoire avec l'accord de ce pays, contrairement aux conditions prévues dans les accords de défense. Cet exemple démontre l'application de cette catégorie de crime d'agression. Mais peut-on établir un lien entre cette catégorie d'agression et le concept d'infraction-obstacle ?

Pour réaliser cette catégorie d'agression, la présence des forces armées d'un État stationnées sur le territoire d'un autre État est nécessaire, bien qu'elles soient utilisées de façon contraire aux conditions prévues dans l'accord entre les deux États. Dans ce cas, trois conditions sont réunies: la présence des forces armées d'un État, le stationnement de ces forces armées sur le territoire d'un autre État, l'utilisation de ces forces armées de façon contraire aux conditions prévues dans l'accord. En considérant ces conditions, nous constatons qu'afin d'équiper des forces armées, la construction et le stockage d'armes est indispensable. Ces actes peuvent donc être considérés comme des actes préparatoires ou des infractions-obstacles à cette catégorie d'agression. En outre, ce type d'agression peut également être considéré comme une infraction-obstacle aux autres catégories de crimes d'agression que nous avons déjà étudiées. Par exemple,

1. Résolution 1464 du Conseil de sécurité soutenant l'accord de Linas-Marcousis, 4 février 2003, § 11.

l'utilisation de forces armées de façon contraire aux conditions prévues peut aboutir au bombardement, à l'attaque contre les forces armées. Cette sorte de crime d'agression devient donc un acte préparatoire ou une infraction-obstacle aux autres catégories du crime d'agression.

9. Fait pour un État d'admettre que son territoire, mis à disposition d'un autre État, soit utilisé par ce dernier pour perpétrer un acte d'agression contre un État tiers

Cette catégorie d'agression présente plutôt l'idée de complicité entre deux États, dans la réalisation de ce crime. Dans la doctrine, l'agression se distingue de deux façons : l'agression directe et l'agression indirecte [1]. L'agression directe consiste en une intervention des forces armées d'un pays contre un autre. Tandis que l'agression indirecte se définit comme « l'envoi par un État ou en son nom, de bandes ou de groupes armés, de forces armées ou de mercenaires qui se livrent à des actes de force armée contre un autre État » [2]. Dans cette catégorie d'agression, l'acte du premier État constitue une agression indirecte et celui du deuxième une agression directe. Le premier État n'attaque pas l'autre, mais il prépare la situation, puisque le second commet le crime d'agression contre un État tiers. Il existe donc ici deux États agresseurs. Le premier met son territoire à disposition du deuxième qui commet l'acte d'agression contre un État tiers. En effet, l'acte du premier État est comme un acte préparatoire à l'agression et en cela, semble une infraction-obstacle.

10. Envoi par un État ou en son nom de bandes ou de groupes armés, de forces irrégulières ou de mercenaires qui se livrent à des actes de force armée contre un autre État d'une gravité telle qu'ils équivalent aux actes énumérés ci-dessus, ou le fait de s'engager d'une manière substantielle dans une telle action

Cette catégorie d'agression commence par le mot « envoi » qui vient du verbe envoyer. Ce verbe se définit comme « faire aller, faire parvenir, adresser, expédier ou transmettre » [3]. Ce terme évoque donc un mouvement ou un déplacement d'un lieu à un autre et selon cet alinéa, le mouvement ou le déplacement doit être exécuté par l'État ou en son nom. Toujours selon cet

1. Narcisse MOUELLE KOMBI, *La guerre Préventive et le droit international*, Paris, Dianoïa, Première édition, Septembre 2006, p. 101- 106.

2. *Ibid.*, p. 103.

3. Josette REY-DEBOVE et Alain REY (dir.), *Le Petit Robert, Dictionnaire alphabétique et analogique de la langue française*, Paris, Millésime, 2013, p. 899.

alinéa, il s'agit de bandes ou de groupes armés ayant le soutien d'un État qui les envoie commettre des actes graves équivalents d'agression contre un autre État. Deux conditions sont donc présentes : premièrement, l'acte d'un État qui envoie des bandes et des groupes armés contre un autre État et deuxièmement, les actes graves de ces bandes et groupes armés tel un acte d'agression.

Ces deux conditions prévues pour réaliser cette catégorie d'agression nous conduisent vers le concept d'infraction-obstacle. En effet, l'envoi de bandes ou de groupes armés peut être considéré comme acte préparatoire aux actes graves comme le terrorisme, commis par eux contre un autre État. C'est-à-dire un État envoie bandes et groupes armés et prépare ainsi la situation pour qu'ils puissent commettre des actes graves contre un autre État. Cet alinéa incrimine l'envoi de bandes ou de groupes armés par un État et non pas les actes de ces groupes. Autrement dit, il incrimine l'acte de l'État en tant qu'infraction-obstacle ; en revanche, cet acte doit aboutir aux actes graves équivalents à l'agression.

L'exemple de cette catégorie d'agression rappelle les actes perpétrés le 11 septembre 2001 aux États-Unis par des membres du réseau terroriste Al-Qaïda. En invoquant l'alinéa g) de l'article 3 de la Résolution 3314, les États-Unis ont justifié l'exercice de leur droit de légitime défense contre l'Afghanistan. Pour les États-Unis, Al-Qaïda est un groupe terroriste, né en Afghanistan, ayant commis des attentats terroristes contre les États-Unis. Ces derniers auraient ainsi le droit d'user de leur droit de légitime défense contre l'Afghanistan. Dans cet exemple, préparer et envoyer Al-Qaïda à l'étranger peut être considéré comme un acte préparatoire et une infraction-obstacle aux actes terroristes de ce groupe aux Etats-Unis.

Il semblerait que cet exemple soit inefficace à illustrer cette catégorie d'agression, car l'État afghan n'a pas préparé et envoyé Al-Qaïda à l'étranger. Sans doute, le siège de ce groupe terroriste se trouve-t-il sur le territoire de l'Afghanistan mais il n'y aurait aucun lien entre ce groupe et l'État afghan. Selon cet alinéa, l'État aurait dû détenir un rôle essentiel et avoir envoyé le groupe terroriste commettre ces actes graves, équivalents à une agression. Ainsi, cet alinéa incrimine-t-il l'acte de l'État et non pas l'acte de bandes et de groupes armés.

Dans l'article 3 de la Résolution 3314, nous avons énuméré les actes d'agression, mais cette énumération n'est pas limitative. En effet, l'article 4 de cette Résolution nous rappelle que « l'énumération des actes ci-dessus n'est pas limitative et le Conseil de sécurité peut qualifier d'autres actes d'agression conformément aux dispositions de la Charte ». Cet article considère donc le Conseil de sécurité comme un organisme législatif susceptible de codifier les nouvelles catégories d'agression. Outre la Résolution 3314, le Statut de la CPI présente également le crime d'agression. Ce statut est le seul texte récent à présenter cette infraction. Elle se trouve en effet exclue de la compétence des autres tribunaux pénaux internationaux comme le TPIY et le TPIR. A l'origine, le crime d'agression était prévu par l'article 5 du Statut de la CPI sans définition. D'après Robert KOLB, il était donc « un crime dormant » [1] or aujourd'hui il est défini par l'article 8bis du Statut de la CPI.

E. Agression dans le Statut de la CPI

L'article 5 du Statut de la CPI précise les crimes relevant de la compétence de la Cour. Ces crimes sont : le crime de génocide, les crimes contre l'humanité, les crimes de guerre et le crime d'agression. Les articles suivants définissent les trois premiers crimes. En revanche, le dernier crime, soit le crime d'agression, n'était pas défini par le Statut jusqu'au 11 juin 2010. Lors de la conférence de Kampala, ce crime fut défini dans le cadre de l'article 8bis du Statut. Cet article dispose que : « 1. Aux fins du présent Statut, le crime d'agression s'entend du fait, pour une personne qui est effectivement en mesure de contrôler ou de diriger l'action politique ou militaire d'un État, de planifier, de préparer, de déclencher ou de commettre un acte d'agression qui par ses caractéristiques, sa gravité et son ampleur, constitue une violation manifeste de la Charte des Nations Unies ».

2. A la fin du paragraphe 1, l'acte d'agression s'entend de l'emploi de la force armée par un État contre la souveraineté, l'intégrité territoriale ou l'indépendance politique d'un autre État, ou de toute autre manière incompatible avec la Charte des Nations Unies. L'un quelconque des actes ci-après, qu'il y ait eu ou non déclaration de guerre, réunit, conformément à la Résolution 3314 (XXIX) de l'Assemblée générale en date du 14 décembre 1974, les conditions d'un acte d'agression :
a) l'invasion ou l'attaque du territoire d'un État par les forces d'un autre État, ou toute occupation militaire, même temporaire, résultant d'une telle invasion ou d'une telle attaque, ou toute annexion par l'emploi de la force du territoire ou d'une partie du territoire d'un autre État ;
b) le bombardement, par les forces armées d'un État, du territoire d'un autre État, ou l'emploi de toutes armes par un État contre le territoire d'un autre État ;
c) le blocus des ports ou des côtes d'un État par les forces armées d'un Autre État ;

---

1. Robert KOLB, *Droit international pénal,* Bruxelles et Bâle, Bruylant et Lichtenhahn, 2008, p. 166.

d) l'attaque par les forces armées d'un État contre les forces armées terrestres, navales ou aériennes, ou la marine et l'aviation civiles d'un autre État ;
e) l'utilisation des forces armées d'un État qui sont stationnées sur le territoire d'un autre État avec l'accord de l'État d'accueil, contrairement aux conditions prévues dans l'accord ou toute prolongation de leur présence sur le territoire en question au-delà de la terminaison de l'accord ;
f) le fait pour un État d'admettre que son territoire, qu'il a mis à la disposition d'un autre État, soit utilisé par ce dernier pour perpétrer un acte d'agression contre un État tiers ;
g) l'envoi par un État ou en son nom de bandes ou de groupes armés, de forces irrégulières ou de mercenaires qui se livrent à des actes de force armée contre un autre État d'une gravité telle qu'ils équivalent aux actes énumérés ci-dessus, ou le fait de s'engager d'une manière substantielle dans une telle action »[2].

L'article 8bis du Statut de la CPI utilise deux expressions : le crime d'agression et l'acte d'agression. Dans le cadre du crime d'agression, celui-ci s'applique à l'ensemble des actes d'un individu, souvent d'un dirigeant politique. En comparant le crime d'agression défini par cet article avec la définition du crime contre la paix, nous trouvons d'importantes similitudes.

L'article 6 (a) du Statut du TMIN, l'article 5 (a) du Statut du TMIT et l'article 2, §1, lettre a) de la Loi de Contrôle N° 10, définissaient le crime contre la paix en tant que « la direction, la préparation, le déclenchement ou la poursuite d'une guerre en violation des traités, assurances ou accords internationaux, ou la participation à un plan concerté ou à un complot pour l'accomplissement de l'un quelconque des actes qui précèdent ». Cette définition est pour ainsi dire calquée sur l'article 8bis pour définir le crime d'agression commis par un individu.

Au-delà de la formule « crime d'agression », pour expliquer la deuxième expression, soit « l'acte d'agression », l'article 8bis s'inspire encore de l'article premier de la Résolution 3314 (XXIX) des Nations Unies selon lequel « l'emploi de la force armée par un État contre la souveraineté, l'intégrité territoriale ou l'indépendance politique d'un État, ou de toute autre manière incompatible avec la Charte des Nations Unies… » est considéré comme un acte d'agression. Il énonce ensuite les conditions de l'acte d'agression lesquelles sont déjà prévues par l'article 3 de la Résolution 3314. En effet, l'article 8bis est une réunion de l'article 6 (a) du Statut de Nuremberg et des articles premier et troisième de la Résolution 3314, présentant l'agression comme un comportement individuel-étatique.

2. L'article 8bis du Statut de la CPI.

Pourquoi cet article définit-il l'agression sous les deux termes de crime d'agression et d'acte d'agression ?

Pour répondre à la question précédente, il faut considérer que l'agression ne peut être commise par un individu et ce sont les États ou les groupes soutenus par un État qui la commettent. En revanche, le droit international pénal ne prévoit pas la responsabilité pénale des personnes morales et ne reconnaît que celle de l'individu. Selon le § 1 de l'article 25 du Statut de la CPI « la Cour est compétente à l'égard des personnes physiques en vertu du présent Statut ». Il apparaît que cette limite de la responsabilité en droit international pénal a amené les auteurs de l'article 8bis à prévoir deux titres: le crime d'agression et l'acte d'agression. Cette façon de définir l'agression a laissé la possibilité de présenter la responsabilité pénale d'un individu face au crime d'agression, en même temps que l'agression se définissait comme l'acte d'un État.

Nous remarquons que l'article 8bis du Statut de la CPI définit le crime d'agression en tant que crime contre la paix, lequel est spécifié par le Statut de Nuremberg et de Tokyo. Nous avons déjà précisé que le crime contre la paix était comme une infraction-obstacle à l'acte d'agression. A.-T. LEMASSON confirme cette idée et explique que « le crime contre la paix est une infraction-obstacle. En effet, briser la paix mondiale ne nuit pas à la dignité de l'Homme mais ce comportement dangereux annonce des violations graves et quasi systématiques du droit humanitaire »[3]. Par conséquent, le crime d'agression, selon la nouvelle définition de l'article 8bis du Statut de la CPI, constitue l'acte préparatoire ou l'infraction-obstacle à l'acte d'agression.

L'article 8bis définit le crime d'agression par les termes contrôler, diriger, planifier, préparer, déclencher ou commettre un acte d'agression, si bien que l'auteur du crime d'agression contrôle, dirige, planifie, prépare, déclenche ou commet un acte d'agression. Parmi ces actes, planifier, préparer et déclencher l'acte d'agression peuvent être considérés comme des actes préparatoires à l'acte d'agression. Autrement dit, ces actes seront commis avant un acte d'agression pour le préparer. Par conséquent, le crime d'agression présenté par le Statut de la CPI est une infraction-obstacle qui empêche l'acte d'agression, ayant une définition équivalente à l'agression prévue par la Résolution 3314 de l'Assemblée générale des Nations Unies.

---

3. Aurélien-Thibault LEMASSON, *« Le crime contre la paix ou crime d'agression »*, RSC, Avril/Juin 2006, p. 282.

F. Lien entre agression et crime contre la paix

L'article 5 de la résolution 3314 de l'Assemblée générale des Nations Unies nous présente la guerre d'agression comme une catégorie de crime contre la paix. Selon cet article « 1. Aucune considération de quelque nature que ce soit, politique, économique, militaire ou autre, ne saurait justifier une agression. 2. Une guerre d'agression est un crime contre la paix internationale. L'agression donne lieu à une responsabilité internationale. 3. Aucune acquisition territoriale ni aucun avantage spécial résultant d'une agression ne sont licites ni ne seront reconnus comme tels ».

L'alinéa premier de cet article explique la gravité de la guerre d'agression. Ce crime est tellement grave qu'on ne pourra jamais en justifier la commission pour des raisons politiques, économiques, militaires ou autres. Le deuxième alinéa de cet article montre le lien entre guerre d'agression et crime contre la paix. Selon cet alinéa, la guerre d'agression est une sorte de crime contre la paix internationale. Il en résulte que la guerre d'agression n'est pas indépendante du crime contre la paix, et que ce dernier recouvre un sens plus large que la guerre d'agression. Il faut considérer que l'expression utilisée par cet alinéa est la « guerre d'agression » et non pas le « crime d'agression ». Mais quel est le lien entre cette dernière expression et le crime contre la paix ?

Pour montrer le lien entre le crime contre la paix et le crime d'agression il faut observer l'article 6 (a) du Statut de Nuremberg et l'article 5 (a) du Statut de Tokyo. Le crime contre la paix, comme nous l'avons déjà vu, se définit par les Statuts de Nuremberg et de Tokyo comme « la direction, la préparation, le déclenchement ou la poursuite d'une guerre d'agression, ou d'une guerre en violation des traités, assurances ou accords internationaux, ou la participation à un plan concerté ou à un complot pour l'accomplissement de l'un quelconque des actes qui précèdent ». Nous avons étudié la définition du crime d'agression avec l'article 8bis du Statut de la CPI. Selon l'alinéa premier de cet article, « aux fins du présent Statut, le « crime d'agression » s'entend du fait, pour une personne qui est effectivement en mesure de contrôler ou de diriger l'action politique ou militaire d'un État, de planifier, de préparer, de déclencher ou de commettre un acte d'agression qui par ses caractéristiques, sa gravité et son ampleur, constitue une violation manifeste de la Charte des Nations Unies ».

En considérant ces articles, nous constatons que la définition du crime d'agression et celle du crime contre la paix sont similaires et demeurent seulement de légères nuances entre ces définitions :

a) avant de définir le crime d'agression, l'article 8bis du Statut de la CPI présente l'auteur de ce crime comme dirigeant politique ou militaire d'un

État, tandis que sur ce sujet, l'article 6 (a) du Statut de Nuremberg et l'article 5 (a) du Statut de Tokyo restent muets ;
b) dans la définition du crime d'agression, existent deux expressions « planifier » et « commettre » non prévues dans la définition du crime contre la paix ;
c) selon l'article 8bis du Statut de la CPI, le crime d'agression est l'ensemble des actes préparatoires à l'acte d'agression. L'acte d'agression est défini par l'article 8bis du Statut de la CPI, article qui fait référence à la Résolution 3314 des Nations Unies pour définir l'acte d'agression ; tandis que le crime contre la paix, selon sa définition, regroupe l'ensemble des actes préparatoires aux guerre d'agression, guerre en violation des traités, assurances ou accords internationaux. Ces dernières expressions sont différentes de l'acte d'agression ; par conséquent, le crime d'agression, dans sa définition récente, et le crime contre la paix sont différents et ne recouvrent pas la même infraction.

Pour conclure, il faut préciser que les expressions comme crime d'agression, guerre d'agression et crime contre la paix ont des définitions différentes qui ne doivent pas être confondues. Le crime contre la paix regroupe l'ensemble des actes préparatoires ou infractions-obstacles à la guerre d'agression ; mais pas au crime d'agression. Ce dernier se définit comme le crime contre la paix mais il existe de légères nuances entre ces deux expressions. Il en résulte que, le crime d'agression recouvre aussi l'ensemble des actes préparatoires ou infractions-obstacles à l'acte d'agression ou à la guerre d'agression. En considérant les définitions précédentes, le lien entre ces infractions se formule ainsi :
a) le crime contre la paix et le crime d'agression sont similaires, mais ils qualifient deux infractions indépendantes et autonomes, comportant de légères nuances et ne devant pas être confondues ;
b) le crime contre la paix se définit comme l'ensemble des actes préparatoires à la guerre d'agression. Il est donc une infraction-obstacle à la guerre d'agression ;
c) le crime d'agression se définit comme l'ensemble des comportements préparatoires de dirigeant politique ou militaire se destinant à commettre un acte d'agression. Le crime d'agression est donc une infraction-obstacle à l'acte d'agression ;
d) il existe enfin, des expressions comme agression, crime d'agression, acte d'agression et guerre d'agression définies par les textes internationaux et ne devant pas être confondues.

G. Lien entre agression, crime contre l'humanité et crime de guerre

Le crime d'agression était une infraction grave dont la commission pouvait aboutir à la commission d'autres crimes internationaux plus graves, comme le crime de guerre et le crime contre l'humanité. Le crime d'agression peut donc être considéré comme l'infraction-obstacle à ces infractions.

1. Agression comme Infraction-obstacle au crime de guerre

Dans le domaine international, il existe deux expressions : la guerre et le conflit armé. Le premier se définit comme « la lutte armée entre groupes sociaux ou entre États en vue d'imposer par la force une volonté déterminée à l'adversaire » [4]. En effet, la guerre se présente comme un état ou une situation déclenchée par une confrontation armée entre deux ou plusieurs États ou par une simple déclaration à cet effet, auxquels s'applique un corps de règles de droit international distinct de celui applicable en temps de paix [5]. Avant et pendant la deuxième guerre mondiale les expressions comme guerre, droit de la guerre et crime de guerre étaient utilisées et, dans le langage juridique, l'expression conflit armé n'existait pas encore. C'est pourquoi le Statut de Nuremberg utilise le mot guerre et définit les crimes de guerre comme les violations des lois et coutumes de la guerre. Mais le concept de guerre décline après 1945 en faveur du concept plus large de conflit armé.

Le dictionnaire du droit international définit le conflit armé comme « le recours à la force armée entre États ou, au sein d'un État, soit entre les forces gouvernementales et un ou des groupes armés organisés, soit entre des groupes armés échappant au contrôle du gouvernement » [6]. La jurisprudence du TPIY confirme cette définition en expliquant qu'« un conflit armé existe chaque fois qu'il y a recours à la force armée entre États ou un conflit armé prolongé entre les autorités gouvernementales et des groupes armés organisés ou entre tels groupes au sein d'un État » [7]. Le conflit armé recouvre ainsi deux aspects : le conflit armé international et non-international. Le premier, également intitulé guerre interétatique, est une confrontation armée entre États même si l'état de guerre n'est pas proclamé. Il vise donc traditionnellement l'affrontement armé entre États, et il s'installe sur le plan international en dépassant les frontières de l'État. Le conflit armé non

4. Jean SALMON (dir.), *Dictionnaire de droit international public*, Bruxelles, Bruylant, 2001, p. 537.

5. *Ibid.*

6. *Ibid.*, p. 233.

7. TPIY, *Le Procureur c/Tadic*, Chambre d'appel, n° IT-94-1-AR72, § 70.

international présente un affrontement entre des groupes militairement organisés ou entre de tels groupes et le gouvernement, à l'intérieur d'un État. Dans cette catégorie de conflit armé, la lutte relève des affaires intérieures de l'État, et se présente comme une guerre civile. Nous avons observé que la guerre et le conflit armé étaient différents ; mais aujourd'hui le mot « guerre » est remplacé par l'expression « conflit armé » car le crime de guerre, dans sa définition récente, se définit comme un crime commis en violation du droit international humanitaire applicable durant le conflit armé. L'article 8 b) du Statut de la CPI confirme cette définition en présentant le crime de guerre comme des « violations graves des lois et coutumes applicables aux conflits armés internationaux dans le cadre établi du droit international ».

La définition du crime de guerre démontre que la présence d'un conflit armé est indispensable à la commission de ce crime, qu'il soit international ou pas. Nous avons également constaté que le conflit armé international ou guerre interétatique se présentait entre États. En conséquence, un État peut agresser un autre État, le conflit armé commence avec cette agression, puis se développe ensuite entre ces États. Dans ce cas, le crime d'agression est comme un acte préparatoire au conflit armé et évidemment au crime de guerre qui s'en suit. Par conséquent, le crime d'agression peut être considéré comme une infraction-obstacle au crime de guerre.

2. Agression comme Infraction-obstacle au crime contre l'humanité

Le crime contre l'humanité est défini par plusieurs textes internationaux comme les Statuts du TMIN (art.6, lettre c), du TPIR (art. 3), du TPIY (art. 5), et de la CPI (art.7). En outre, la définition de cette infraction a évolué dans ces textes, et nous allons voir que les premières définitions, comme celle du TMIN, sont plus simples que les dernières comme celle du Statut de la CPI. Dans les textes récents, existent des expressions menant à la notion d'infraction-obstacle, qui caractérisent l'attaque comme acte préparatoire à la commission du crime contre l'humanité, par exemple.

L'article 6 c) du Statut du TMIN, définit ainsi de tels actes : « les crimes contre l'humanité : c'est-à-dire l'assassinat, l'extermination, la réduction en esclavage, la déportation, et tout acte inhumain commis contre toute population civile avant ou pendant la guerre... ». Dans cette définition, il existe un lien entre le crime contre l'humanité et la guerre. En effet, la commission du crime contre l'humanité advient avant ou pendant la guerre. Le crime contre l'humanité peut donc être considéré comme une infraction-obstacle à la guerre d'agression ou inversement, la guerre ou le crime d'agression pouvant être considérés comme infraction-obstacle au crime contre l'humanité.

Le Statut du TPIY dans son article 5, définit le crime contre l'humanité comme les actes « commis au cours d'un conflit armé, de caractère international ou interne, et dirigés contre une population civile ». Dans cette nouvelle définition du crime contre l'humanité, l'expression conflit armé remplace le mot guerre. En effet, cet article renforce le lien entre crime contre l'humanité et conflit armé, en exigeant que ce crime soit commis au cours d'un conflit armé. Il en découle, selon cet article, que le conflit armé, qui peut être le résultat d'une agression, constitue un acte préparatoire au crime contre l'humanité. On peut alors imaginer le crime d'agression comme une infraction-obstacle au crime contre l'humanité.

Au-delà de la définition du crime contre l'humanité par le Statut du TPIY, le Statut du TPIR a fait évoluer cette notion. Dans son article 3 qui définit ce crime, celui-ci utilise l'expression « attaque généralisée et systématique ». Selon cet article : « le tribunal international pour le Rwanda est habilité à juger les personnes responsables des crimes suivants lorsqu'ils ont été commis dans le cadre d'une attaque généralisée et systématique dirigée contre une population civile... ». Cet article n'emploie pas le terme « conflit armé » car le cas du Rwanda, contrairement à celui de l'ex-Yougoslavie, comportait une lutte interne entre deux ethnies Hutus et Tutsis. En effet, au Rwanda, « le génocide et le crime contre l'humanité ont été commis parallèlement du conflit armé » [8], autrement dit, le conflit armé n'était pas un acte préparatoire au crime contre l'humanité mais avait lieu en même temps. En revanche, nous observons dans cet article, le terme « attaque » qui recouvre un acte préparatoire au crime contre l'humanité.

Ainsi, l'article 7 du Statut de la CPI présente l'attaque systématique et généralisée contre une population civile comme la condition de la commission du crime contre l'humanité. Cette attaque entend la commission répétée d'actes criminels non nécessairement liés à un conflit armé. Selon cet article, un crime contre l'humanité peut donc être commis en temps de paix comme en temps de guerre. En imaginant le crime contre l'humanité en temps de guerre ou de conflit armé, l'attaque prévue par l'article 7 peut être organisée par un État sur le territoire d'un autre État contre la population civile de ce dernier, et nous avons vu que l'attaque armée par un État contre un autre État était un acte d'agression. Alors, selon la définition de cet article, le crime contre l'humanité peut être commis suite à un acte

8. Rober KOLB, *Droit international pénal*, Bruxelles et Bâle, Bruylant et Helbing Lichtenhahn, 2008, p. 92-93.

d'agression, et ce dernier peut être une infraction-obstacle au crime contre l'humanité.

En considérant l'évolution de la définition du crime contre l'humanité dans les différents statuts des tribunaux internationaux du TMIN à la CPI, nous voyons que cette infraction est souvent précédée d'actes préparatoires tels que l'agression, la guerre, le conflit armé ou le crime contre la paix sauf dans le cas exceptionnel où elle est commise en temps de paix. Il existe donc souvent une agression, une guerre ou un conflit armé comme une infraction-obstacle au crime contre l'humanité.

La jurisprudence des tribunaux internationaux confirme également que le crime contre l'humanité, dans la plupart des cas, suit une agression, une guerre ou un conflit armé. Par exemple, le TPIY, dans l'affaire Tadic, souligne que : « la détermination des conditions d'applicabilité par la Chambre de première instance exposé ci-après est que, premièrement, l'expression « lorsqu'ils ont été commis au cours d'un conflit armé » requiert l'existence d'un conflit armé et d'un lien entre l'acte et le conflit » [9]. Dans cette décision, le TPIY démontre l'existence d'un conflit armé avant la commission du crime contre l'humanité. Il en résulte que le conflit armé, qui est souvent le résultat d'une agression, se présente comme un acte préparatoire au crime contre l'humanité.

La Chambre d'Appel du TPIY, dans l'affaire du Kunarac explique que, « en droit international coutumier, l'attaque peut précéder un conflit armé, se poursuivre après qu'il [ait] cessé ou continuer pendant celui-ci, sans forcément en faire partie. En outre, dans le contexte des crimes contre l'humanité, l'attaque ne se limite pas au recours à la force armée et comprend également tous mauvais traitements infligés à la population civile » [10]. Selon cette décision, le crime contre l'humanité se présente comme la continuation de la guerre et du conflit armé. Ces derniers et évidemment le crime d'agression, peuvent donc être analysés comme infractions-obstacles au crime contre l'humanité.

Outre le crime contre la paix et le crime d'agression, il existe une catégorie de crimes de guerre pouvant être considérée comme autant d'infractions-obstacles aux crimes internationaux les plus graves. En effet, la commission de ces crimes nécessite la possession d'armes. La production, le stockage et l'utilisation de certaines armes peuvent donc être des infractions-obstacles aux crimes comme le crime d'agression.

---

9. TPIY, *Le Procureur c/ Tadic*, 07.05.1997, La Chambre de Première instance, § 626.

10. TPIY, *Le Procureur c/Kunarac et Consort,* La Chambre d'Appel, 12.06.2002, § 86.

Section 3. Production, Stockage et Utilisation de certaines armes

La notion d'arme joue un rôle essentiel dans le domaine international, notamment dans certaines branches juridiques comme le droit international humanitaire et le droit international pénal. Imaginer la commission d'infractions internationales, dont les crimes internationaux les plus graves, sans arme, est en soi inconcevable. Par rapport à ce phénomène, il existe des actes criminalisés par le droit international pénal. Parmi eux, la production, le stockage et l'utilisation de certaines armes peuvent être étudiés comme des infractions-obstacles aux crimes internationaux les plus graves, tels que le crime de guerre et le crime d'agression.

A. Production et stockage d'armes bactériologiques et chimiques

La production et le stockage d'armes sont autant d'actes préparatoires à l'utilisation de ces armes. Autrement dit, employer des armes requiert inévitablement leur production et leur stockage. En effet, la production et le stockage constituent toujours des actes préalables à leur utilisation. Ce raisonnement induit que l'incrimination de la production et du stockage d'armes constitue de fait une infraction-obstacle à l'utilisation d'armes. En droit international pénal, ni la production ni le stockage d'armes ne sont incriminés. En effet, les Conventions de Genève et ses Protocoles additionnels ne les incriminent pas. En revanche, deux Conventions interdisent la fabrication, le stockage et évidemment l'utilisation de certaines armes et obligent ainsi les Etats à criminaliser ces comportements.

La première est la Convention des Nations Unies sur l'interdiction de la mise au point, de la fabrication et du stockage, de la destruction des armes bactériologiques (biologiques) ou à toxines, signée à Washington, Londres et Moscou le 10 avril 1972, et entrée en vigueur le 26 mars 1975. Le premier article de cette Convention affirme que chaque Etat partie à la présente Convention s'engage à ne jamais, et en aucune circonstance, mettre au point, fabriquer, stocker, ni acquérir d'une manière ou d'une autre, ni conserver : 1) des agents microbiologiques ou autres agents biologiques, ainsi que des toxines quels qu'en soient l'origine ou le mode de production, de types et en quantités qui ne sont pas destinés à des fins prophylactiques, de protection ou à d'autres fins pacifiques ; 2) des armes, de l'équipement ou des vecteurs destinés à l'emploi de tels agents ou toxines à des fins hostiles ou dans des conflits armés. Cet article interdit donc la fabrication et le stockage des armes bactériologiques (biologiques), et l'article IV de cette Convention oblige les Etats parties à proscrire ces comportements selon les procédures prévues par leur constitution.

En outre, la Convention des Nations Unies du 13 janvier 1993 sur l'interdiction des armes chimiques oblige les Etats parties à incriminer les comportements interdits par ladite Convention. Selon son article I, §1, chaque Etat partie à la présente Convention s'engage à ne jamais, en aucune circonstance :

a) mettre au point, fabriquer, acquérir d'une autre manière, stocker ou conserver d'armes chimiques, ou transférer, directement ou indirectement, d'armes chimiques à qui que ce soit ;

b) employer d'armes chimiques ;

c) entreprendre de préparatifs militaires quels qu'ils soient en vue de l'emploi d'armes chimiques ;

d) aider, encourager ou inciter quiconque, de quelque manière que ce soit, à entreprendre quelque activité que ce soit, interdite à un Etat partie en vertu de la présente Convention. Cet article interdit donc la fabrication et le stockage d'armes chimiques, et l'article VII de cette Convention oblige les Etats parties à incriminer ces comportements par leur droit pénal interne. La fabrication et le stockage d'armes chimiques sont donc considérés comme autant d'actes devant être criminalisés.

Ces deux Conventions démontrent la dangerosité de l'utilisation de certaines armes telles les armes biologiques, bactériologiques ou chimiques qu'il faut absolument empêcher en interdisant leurs actes préparatoires comme leur fabrication et leur stockage. L'incrimination de ces deux actes développe l'idée d'infraction-obstacle internationale, et peut être considérée comme l'infraction-obstacle à l'utilisation de certaines armes provoquant le crime de guerre. Outre la fabrication et le stockage de certaines armes, infractions-obstacles à l'utilisation-même de ces armes, ce délit, dans le cadre du crime de guerre, peut être considéré comme l'infraction-obstacle au crime d'agression, au génocide ou au crime contre l'humanité. En effet, comme nous l'avons déjà remarqué, la commission des crimes de masse comme le génocide ou le crime d'agression, sans utilisation d'armes est inconcevable. L'utilisation d'armes peut donc être une infraction-obstacle au génocide ou à l'agression.

A. Utilisation de certaines armes

Nous avons constaté qu'outre l'interdiction de la fabrication et du stockage des armes chimiques, la Convention sur l'interdiction de la mise au point, de la fabrication, du stockage, de l'emploi et de la destruction des armes chimiques, dans son article premier, interdit tout d'abord l'emploi de ces armes. L'utilisation des armes chimiques comme la fabrication et le stockage de ces armes est donc interdit, et cette Convention oblige les Etats parties à incriminer ce comportement par leur droit pénal interne.

La Convention sur l'interdiction de la mise au point, de la fabrication et du stockage, de l'emploi et de la destruction des armes chimiques, n'est pas le seul texte écrit qui interdise leur utilisation. A l'instar de leur fabrication et de leur stockage, et au-delà de cette Convention, existent d'autres textes internationaux qui interdisent et incriminent également l'utilisation de ces armes. Le Statut du TPIY, le projet de code des crimes contre la paix et la sécurité de l'humanité ainsi que le Statut de la CPI incriminent ce comportement. En effet, l'utilisation de certaines armes est non seulement interdite mais aussi criminalisée par ces textes. L'article 3 du Statut du TPIY, intitulé « violations des lois et coutumes de la guerre » affirme que « Le Tribunal international est compétent pour poursuivre les personnes qui commettent des violations des lois ou coutumes de la guerre. Ces violations comprennent, sans y être limitées : a) l'emploi d'armes toxiques ou d'autres armes conçues pour causer des souffrances inutiles ;... ». Cet article incrimine donc l'utilisation d'armes toxiques et la considère comme une infraction internationale.

Au-delà du Statut du TPIY, le Projet de code des crimes contre la paix et la sécurité de l'humanité, adopté par la Commission du droit international en 1996, incrimine le même acte que le Statut du TPIY. L'article 20 e) i) de ce Projet incrimine l'emploi d'armes toxiques ou d'autres armes conçues pour causer des souffrances inutiles, ceci dans le cadre de la violation des lois ou coutumes de la guerre. Nous constatons que le Statut du TPIY, ainsi que le Projet de code des crimes contre la paix et la sécurité de l'humanité, n'incriminent que l'emploi d'armes toxiques, sans interdire l'emploi d'autres catégories d'armes. De plus, ces deux textes n'utilisent pas l'expression « crime de guerre », et l'interdiction de l'emploi d'armes toxiques est présentée ici comme une violation des lois ou coutumes de la guerre et non pas comme un crime de guerre.

En plus de ces deux textes, le Statut de la CPI, dans son article 8, incrimine l'utilisation de certaines armes comme le crime de guerre. Cette incrimination est plus vaste que celle des derniers textes et couvre plusieurs catégories d'armes que nous allons étudier. Selon le paragraphe 2, b) de l'article 8, qui incrimine les violations graves des lois et coutumes applicables aux conflits armés internationaux, « XVII) le fait d'utiliser du poison ou des armes empoisonnées ; XVIII) le fait d'utiliser des gaz asphyxiants, toxiques ou assimilés et tous liquides, matières ou engins analogues ; XIX) le fait d'utiliser des balles qui se dilatent ou s'aplatissent facilement dans le corps humain, telles que des balles dont l'enveloppe dure ne recouvre pas entièrement le centre ou est percée d'entailles ; XX) le fait d'employer les armes, projectiles, matériels et méthodes de combat de nature à causer des maux superflus ou des souffrances inutiles ou à agir sans discrimination en violation du droit international des conflits armés, à condition que ces moyens fassent l'objet d'une interdiction générale et qu'ils soient inscrits dans une annexe au présent Statut, par voie d'amendement adopté selon les dispositions des articles 121 et 123 ». De surcroît, l'amendement à l'article 8 du Statut de la CPI, adopté le 10 juin 2010, lors de la conférence de révision de Kampala, ajoute, au paragraphe 2, e) de cet article, qui incrimine les violations graves des lois et coutumes applicables aux conflits armés ne présentant pas un caractère international, les points suivants, semblables aux points prévus par le paragraphe 2, b) du même article : « XIII) le fait d'employer du poison ou des armes empoisonnées ; XIV) le fait d'employer des gaz asphyxiants, toxiques ou similaires, ainsi que tous liquides, matières ou procédés analogues ; XV) le fait d'utiliser des balles qui s'épanouissent ou s'aplatissent facilement dans le corps humain, telles que des balles dont l'enveloppe dure ne recouvre pas entièrement le centre ou est percée d'entailles ».

L'étude de ces deux paragraphes de l'article 8 démontre l'interdiction d'utiliser certaines armes dans les conflits armés soit internationaux soit non-internationaux. Ces interdictions émanant du droit international humanitaire et du droit des conflits armés, sont entrées en droit international pénal en tant que crimes de guerre. Elles proscrivent d'utiliser du poison ou des armes empoisonnées, d'utiliser des gaz asphyxiants, toxiques ou assimilés et tout liquide, matière ou engin analogue, d'utiliser des balles qui se dilatent ou s'aplatissent facilement dans le corps humain et des armes de nature à causer des maux superflus ou des souffrances inutiles ou à agir sans discrimination en violation du droit international des conflits armés.

Ces interdictions, se présentant comme des crimes de guerre, peuvent être considérées comme des actes préparatoires aux autres crimes internationaux les plus graves tels : le crime d'agression, le crime contre l'humanité et le crime de génocide. Comme nous l'avons déjà constaté, la commission de ces crimes sans l'utilisation d'armes est quasiment impossible. Selon cette analyse, le crime de guerre peut donc constituer une infraction-obstacle aux autres crimes plus graves internationaux. Enfin, il apparaît que l'interdiction d'utiliser certaines armes, prévue par l'article 8 du Statut de la CPI, peut être étudiée en deux groupes : les interdictions générales et les interdictions spécifiques.

1. Interdictions générales

L'article 22 du Règlement de La Haye concernant les lois et coutumes de la guerre sur terre, du 18 octobre 1907, présente un principe général selon lequel les belligérants ne peuvent choisir de façon illimitée les moyens et méthodes de combat qu'ils entendent utiliser. Ce principe général nous conduit vers deux interdictions : l'interdiction d'utiliser des armes causant des maux superflus, et l'interdiction d'armes frappant sans discrimination.

Ces interdictions, prévues par le §2 b) XX) de l'article 8 du Statut de la CPI, proscrivent « le fait d'employer les armes, projectiles, matériels et méthodes de combat de nature à causer des maux superflus ou des souffrances inutiles ou à agir sans discrimination en violation du droit international des conflits armés, à condition que ces moyens fassent l'objet d'une interdiction générale et qu'ils soient inscrits dans une annexe au présent Statut, par voie d'amendement adopté selon les dispositions des articles 121 et 123 ».

1.1. Interdiction d'utiliser des armes causant des maux superflus

Des textes du droit international humanitaire comme la Déclaration de Saint-Pétersbourg de 1868, les Déclarations concernant les gaz asphyxiants et les balles qui s'épanouissent ainsi que les Règlements de La Haye du 1899 et l'article 35 paragraphe 2 du 1er Protocole additionnel de 1977, interdisent l'emploi de telles armes.

Cette interdiction est encadrée par des principes sous-jacents qui en démontrent les limites et la définissent ainsi [11] :

1) l'interdiction d'employer des armes causant des maux superflus vise à protéger les combattants et ceux qui participent directement aux hostilités. Il est rappelé qu'en droit international humanitaire, les civils bénéficient d'une protection absolue, doivent donc être protégés de toute attaque, et ne peuvent être l'objet de ce principe. Ce dernier concerne donc uniquement les combattants, dans un souci évident d'humanité ;

2) le deuxième principe sous-jacent de cette interdiction s'appuie sur la notion de « maux superflus ». En effet, cette expression recouvre les souffrances physiques et morales. Pour le justifier, on peut se référer au rapport d'experts du Comité International de la Croix-Rouge (CICR) de 1973 qui signale que « le constituant psychologique doit naturellement être inclus dans toute évaluation de la souffrance, mais comme il est, lui aussi, en grande partie subjectif, il ne peut pas raisonnablement être exprimé quantitativement » [12] ;

---

11. V. Jean D'ASPREMONT et Jérôme DE HEMPTINNE, *Droit international humanitaire,* Paris, A. Pédone, 2012, pp. 283-288.

12. CICR, *« Les armes de nature à causer des maux superflus ou à frapper sans discrimination »,* Rapport sur les travaux d'un groupe d'experts, Genève, 1973, §63.

3) « en règle générale, les maux causés par une arme dépendent moins de la manière avec laquelle cette arme est utilisée que de sa nature » [13]. En effet les maux déterminés par une arme sont liés à ses caractéristiques techniques et à sa nature ;
4) « le seuil à partir duquel des maux sont considérés comme superflus devrait être mesuré selon des paramètres médicaux aussi objectifs que possible » [14]. Ce principe nous montre que la manière de mesurer est relative aux paramètres médicaux ;
5) l'évaluation des maux superflus est dépendante de l'utilité militaire d'une arme. En effet, il s'agit de mesurer si les blessures ou les souffrances susceptibles d'être infligées par cet usage sont, ou non, excessives par rapport à l'avantage militaire escompté, le cas échéant, en le comparant à l'utilisation d'autres armes ;
6) l'interdiction des armes causant des maux superflus devrait s'appliquer à des armes dont l'utilisation n'est expressément prohibée ni par un traité ni par le droit international coutumier. Pour Éric DAVID « cette interdiction doit être assimilée à une interdiction générale et autonome s'appliquant donc à tout type d'armes, y compris à celles qui ne font l'objet d'aucune régulation » [15] ;
7) les armes qui rendent la mort inévitable sont interdites. Cette interdiction a été présentée pour la première fois par la Déclaration de Saint-Pétersbourg de 1868, développée ensuite en droit international humanitaire coutumier.

1.2. Interdiction d'armes frappant sans discrimination

Le § 4 de l'article 51 du 1er Protocole additionnel aux Conventions de Genève interdit l'utilisation d'armes « propres à frapper indistinctement des objectifs militaires et des personnes civiles ou des biens de caractère civil ». En outre, l'article 8, § 2, al. b), XX) du Statut de la CPI confirme cette interdiction, et y ajoute « le fait d'employer des armes, projectiles, matériels et méthodes de combat de nature à causer des maux superflus ou des souffrances inutiles ou à agir sans discrimination en violation du droit international des conflits armés, à condition que ces moyens fassent l'objet d'une interdiction générale et qu'ils soient inscrit dans une annexe au présent Statut, par voie d'amendement adopté selon les dispositions des articles 121 et 123 ».

---

13. Jean D'ASPREMONT et Jérôme DE HEMPTINNE, *Op. Cit.*, p. 284.

14. *Ibid.*

15. Éric DAVID, *Principes de droit des conflits armés,* Bruxelles, Bruylant, 2012, 5ème éd., pp. 361-370.

Pour analyser cette interdiction, il s'agit de considérer les trois principes présentés par Jean D'ASPREMONT et Jérôme DE HAMPTINNE [16]: premièrement, la sélectivité d'une arme dépend de la manière avec laquelle elle est employée. Ce principe montre la différence entre cette interdiction et l'interdiction d'employer des armes causant des maux superflus. Car dans cette dernière, les maux causés par une arme dépendent moins de la manière avec laquelle cette arme est utilisée que de sa nature. Deuxièmement, l'interdiction d'armes frappant sans discrimination recouvre, non seulement celles qui ne peuvent être dirigées contre un objectif militaire déterminé, mais également celles dont les effets ne peuvent être limités. Ce principe est basé sur le § 4 de l'article 51 du 1er Protocole additionnel selon lequel pour déterminer si une arme peut frapper sans discrimination deux conditions sont nécessaires : sa capacité à être dirigée vers un objectif militaire ; et la limitation de ses effets conformément aux exigences du droit humanitaire. Troisièmement, cette interdiction s'applique à des armes dont l'utilisation n'est expressément interdite ni par le droit international conventionnel ni par le droit international coutumier. Aux interdictions générales que nous avons présentées, s'ajoutent des interdictions spécifiques. En effet, le droit international humanitaire interdit l'utilisation d'une série de moyens de combat spécifiques dans le cadre des conflits armés internationaux et non internationaux.

2. Interdictions spécifiques

Le droit international humanitaire coutumier et diverses conventions interdisent aussi l'utilisation de certaines armes spécifiques dont : le poison ou les armes empoisonnées, les armes biologiques, les armes chimiques, les agents de lutte anti-émeute en tant que méthode de guerre, les herbicides dans des conditions bien précises, les balles qui s'épanouissent, les balles qui explosent à l'intérieur du corps employées à des fins antipersonnel, les armes dont l'effet principal est de blesser par des éclats non localisables par rayons X dans le corps humain, les pièges attachés ou associés d'une façon quelconque à des objets ou des personnes auxquels le droit humanitaire accorde une protection spéciale, ou à des objets susceptibles d'attirer des personnes civiles ; et les armes à laser spécifiquement conçues de telle façon que leur seule fonction de combat ou une de leurs fonctions de combat soit de provoquer la cécité permanente chez des personnes dont la vision est non améliorée.

Outre les interdictions générales prévues par l'article 8 du Statut de la CPI, cet article prévoit certaines des interdictions spécifiques tel le crime de

16. Jean D'ASPREMONT et Jérôme DE HEMPTINNE, *Op. cit.*, pp. 288-289.

guerre. Selon lui, le fait d'utiliser du poison ou des armes empoisonnées, le fait d'utiliser des gaz asphyxiants, toxiques ou assimilés et tout liquide, matière ou engin analogue, le fait d'utiliser des balles qui se dilatent ou s'aplatissent facilement dans le corps humain, telles les balles dont l'enveloppe dure ne recouvre pas entièrement le centre ou est percée d'entailles, sont considérés comme relevant du crime de guerre. Ces interdictions spécifiques, en tant que crime de guerre, peuvent être considérées comme des infractions-obstacles aux autres crimes plus graves internationaux comme le crime d'agression et le génocide.

Pour conclure il faut souligner que l'arme détient donc un rôle essentiel en droit international pénal, car imaginer la commission des crimes internationaux les plus graves tels que le crime d'agression et le crime de guerre sans arme, est inconcevable. Ce rôle et son importance nécessitent alors d'encadrer les comportements liés à ce phénomène. Aussi constatons-nous les interdictions prévues, telles l'interdiction de la production, du stockage et de l'utilisation de certaines armes, pour contenir ce phénomène. Ces interdictions, dans certains cas, sont incriminées par les textes internationaux tels le Statut du TPIY et celui de la CPI.

La fabrication et le stockage, que selon certaines conventions, les Etats parties sont obligés d'incriminer, sont autant d'actes préparatoires à l'utilisation de ces armes. Ces deux actes sont donc des infractions-obstacles à l'utilisation de certaines armes que le Statut du TPIY et celui de la CPI définissent comme crimes de guerre. Outre l'utilisation de certaines armes en tant que crime de guerre, peut être considérée comme telle, l'infraction-obstacle à d'autres crimes internationaux les plus graves comme le crime d'agression et le génocide dont la commission sans l'utilisation d'armes est impossible. Nous constatons que dans la catégorie des crimes internationaux les plus graves, il existe des infractions qui peuvent être considérées comme des actes préparatoires ou des infractions-obstacles aux autres crimes internationaux les plus graves. Le crime contre la paix ou le crime d'agression, l'acte d'agression et la production, le stockage et l'utilisation de certaines armes sont des exemples de cette catégorie d'infraction-obstacle internationale. Outre ces prémisses des crimes internationaux les plus graves, nous constatons des exemples d'infractions-obstacles communes au droit pénal interne et au droit international pénal.

2

Infractions-obstacles communes au droit international pénal et au droit interne

Au-delà des crimes internationaux les plus graves comme le crime contre la paix, le crime d'agression et le crime de guerre, il existe des infractions-obstacles internationales d'origine interne ou des infractions-obstacles présentes dans les deux domaines. Ces infractions-obstacles se classent selon deux catégories : les infractions-obstacles générales que l'on peut observer pour toute infraction internationale, et les infractions-obstacles spéciales prévues pour certaines infractions particulières.

Section 1. Infractions-obstacles générales

Certaines infractions communes du droit international pénal et du droit pénal interne peuvent être imaginées comme des actes préparatoires pour quasiment toutes les infractions. Par exemple, l'association de malfaiteurs et la provocation sont deux infractions pouvant être considérées comme les infractions-obstacles à toutes les infractions, sans être limitées à certaines infractions particulières. Elles ne sont donc pas les infraction-obstacles spécifiques à certaines infractions. En effet, elles sont des infractions-obstacles générales à toutes les infractions.

A. Association de malfaiteurs

Le dictionnaire Petit Robert définit une association comme « le groupement de personnes qui s'unissent en vue d'un but déterminé » [17]. Deux éléments apparaissent dans cette définition : le groupement et le but déterminé. L'expression « groupement » nous montre la nécessité de la

---

17. Josette REY-DEBOVE et Alain REY (dir.), *Le Petit Robert, Dictionnaire alphabétique et analogique de la langue française,* Paris, éd. Le Robert, 2013, p. 160.

présence d'un groupe d'individus pour fonder une association. De plus, ce groupe se réunit dans un but précis.

Du point de vue juridique, l'article 11 de la Convention européenne des droits de l'homme, l'article 20 de la Déclaration universelle des droits de l'homme et l'article 21 du Pacte international relatif aux droits civils et politiques proclament la double liberté d'association et de réunion. Cette liberté est donc un principe reconnu par les textes internationaux qui assurent aux individus le droit de s'associer et de se réunir. Le droit d'association démontre donc qu'on ne peut empêcher l'association d'individus sauf quand ils se réunissent dans le but illégitime de la commission d'une infraction. Dans ce cas, l'association devient une association de malfaiteurs en vue de commettre une infraction, et l'association de malfaiteurs constitue alors un acte préparatoire ou une infraction-obstacle à l'infraction projetée.

Depuis quelques décennies se développent de nouvelles formes de comportements criminels, commis par des groupes fortement structurés dans le cadre de la criminalité organisée. La condition nécessaire à ce genre d'infraction est l'association de malfaiteurs. Autrement dit, le concept de criminalité organisée est lié à la réunion de criminels ou à l'association de malfaiteurs. La criminalité organisée est un thème présent en droit pénal interne comme en droit international pénal. L'association de malfaiteurs liée à ce thème constitue donc un point commun entre le droit pénal interne et le droit international pénal.

Cette infraction est utile pour lutter contre les entreprises criminelles, avant même la commission des infractions projetées, ce qui montre que la participation à une association de malfaiteurs est une infraction-obstacle. Elle indique la volonté du législateur de lutter contre les personnes particulièrement dangereuses et qui le sont d'autant plus que les infractions envisagées sont graves. Cependant, comment peut-on définir une association de malfaiteurs ?

1. Définition de l'association de malfaiteurs

L'expression « association de malfaiteurs » est une expression ancienne. L'article 265 de l'ancien CP français l'incrimine. Il explique que « quiconque aura participé à une association formée ou à une entente établie en vue de la préparation, concrétisée par un ou plusieurs faits matériels, d'un ou de plusieurs crimes contre les personnes ou les biens, sera puni d'un emprisonnement de cinq à dix ans et pourra être interdit de séjour ». Le nouveau CP français, dans le cinquième titre de son quatrième livre intitulé « de la participation à une association de malfaiteurs » incrimine également l'association de malfaiteurs. Selon l'article 450-1 du CP, article premier de ce titre, « constitue une association de malfaiteurs tout groupement formé ou entente établie en vue de la préparation, caractérisée par un ou plusieurs faits matériels, d'un ou plusieurs crimes ou d'un ou plusieurs délits punis d'au moins cinq ans d'emprisonnement. Lorsque les infractions préparées sont des crimes ou des délits punis de dix ans d'emprisonnement, la participation à une association de malfaiteurs est punie de dix ans d'emprisonnement et de 150 000 euros d'amende. Lorsque les infractions préparées sont des délits punis d'au moins cinq ans d'emprisonnement, la participation à une association de malfaiteurs est punie de cinq ans d'emprisonnement et de 75 000 euros d'amende ».

A côté de l'article 450-1 du CP, l'article 222-14-2 dudit code, définit une infraction semblable à une association de malfaiteurs. Selon cet article : « le fait pour une personne de participer sciemment à un groupement, même formé de façon temporaire, en vue de la préparation, caractérisée par un ou plusieurs faits matériels, de violences volontaires contre les personnes ou de destructions ou dégradation de biens est puni d'un an d'emprisonnement et de 15 000 euros d'amende ». Contrairement à l'article 450-1 du CP, qui s'applique aux crimes et aux délits, cet article est seul applicable aux violences et aux destructions. Son avantage est qu'il ne prévoit aucun seuil de pénalité pour l'infraction à commettre, et ne pose donc pas le problème théorique d'application qui freine l'article 450-1 du CP. En revanche, son inconvénient est que cet article, « qui pour une raison inconnue n'a pas repris la formule consacrée tant pour la circonstance de bande organisée que pour l'association de malfaiteurs, exige un « groupement » donc certainement plus de deux personnes ; et les peines sont ridiculement basses (un an d'emprisonnement et 15 000 euros d'amende). Quoi qu'il en soit, ce texte est seul applicable aux violences et aux destructions » [18].

2. Eléments constitutifs de l'association de malfaiteurs : Infraction collective et acte préparatoire

Selon la définition de l'association de malfaiteurs, l'élément matériel de cette infraction est la présence d'un groupe formé ou d'une entente établie. Dans cet élément figurent deux expressions semblables : le groupe et l'entente bien qu'elles ne soient pas explicitées. La seule différence entre ces deux expressions est peut-être que le sens du terme « groupe » implique plus de structure que celui du terme « entente ».

---

18. Michèle-Lure RASSAT, *Droit pénal spécial, infractions du Code pénal*, Paris, Dalloz, 2011, 6ème éd., pp. 995-996.

Ces deux expressions démontrent que la participation à cette infraction est collective et qu'elle entre donc dans la catégorie d'infractions que la doctrine intitule « infractions collectives » avec pluralité de délinquants à titre d'élément constitutif. Les participants sont donc nombreux et « il n'est pas évident que deux suffisent » [19]. D'ailleurs, les participants à une association de malfaiteurs n'ont pas besoin d'être tous identifiés, du moment où l'on peut être sûr de leur existence et où chacun d'eux n'a nul besoin d'avoir participé à l'ensemble des préparatifs.

La définition de l'association de malfaiteurs nous indique encore que la loi réprime la simple appartenance à une association criminelle. « Positivement, cette appartenance doit être corroborée, concrétisée par des faits matériels ; négativement, cette appartenance est punie en elle-même sans qu'il soit nécessaire que les infractions projetées aient été commises ou tentées, sans même qu'il soit nécessaire que les associés aient le dessein de commettre telle infraction précise » [20].

Par ailleurs, le développement technologique élargit le concept d'association de malfaiteurs selon lequel les participants peuvent se rencontrer par mail, SMS, webcam etc. sans être ensemble. La présence et la réunion de tous les participants dans un même lieu n'est donc plus la condition nécessaire à l'existence d'une association de malfaiteurs.

En plus de cet élément, existe un autre critère constitutif de l'association de malfaiteurs, selon lequel le groupe ou l'entente se construit pour la préparation caractérisée d'un ou plusieurs faits matériels. En effet, les membres du groupe ne se réunissent pas pour exprimer seulement des idées communes, ils entendent préparer ainsi des infractions. Cette condition se réalise lorsque la préparation des infractions envisagées est matérialisée par le rassemblement, l'accumulation ou la préparation de matériel [21]. L'incrimination est encore constituée lorsque les différents membres du groupement ont opéré ensemble ou séparément des déplacements ou des repérages [22].

Autre élément pour réaliser une association de malfaiteurs : la préparation d'un ou plusieurs crimes ou délits punissables de plus de cinq ans d'emprisonnement. Cet élément précise que les participants à une association de malfaiteurs s'associent pour préparer d'autres infractions et constitue en cela un acte préparatoire. Par conséquent, cet élément confirme bien que

---

19. Michèle-Laure RASSAT, *Op. cit.*, p. 993.
20. Jean PRADEL, *Droit pénal général,* Paris, Cujas, 17ème éd., 2008-2009, p. 429.
21. Cass. Crim. 6 sept. et 13 nov. 1990.
22. Cass. Crim. 22 janv. 1986.

l'association de malfaiteurs est une infraction-obstacle aux autres infractions prévues par ses participants. Nous voyons donc que l'association de malfaiteurs est, en droit pénal français, une infraction-obstacle prévue pour empêcher d'autres infractions graves. De plus, existe la bande organisée qui se définit également comme une association de malfaiteurs.

3. Association de malfaiteurs et bande organisée : analogie ou divergence

Selon l'article 132-71 du CP, la définition d'une association de malfaiteurs correspond à la définition de bande organisée. Cet article dispose que « constitue une bande organisée au sens de la loi tout groupement formé ou toute entente établie en vue de la préparation, caractérisée par un ou plusieurs faits matériels, d'une ou plusieurs infractions ». Pour Michèle-Laure RASSAT « l'association de malfaiteurs est définie dans les mêmes termes que la circonstance de bande organisée dont elle ne diffère que par le résultat envisagé ou produit » [23].

En comparant la définition de l'association de malfaiteurs à celle de bande organisée, nous voyons qu'il existe une différence entre ces deux expressions. En effet, la bande organisée se définit de façon plus large que l'association de malfaiteurs. Selon l'article 132-71 du CP, l'objectif de la bande organisée est de préparer une ou plusieurs infractions, sans que la nature ou la gravité de celles-ci ne soient ni précisées ni limitées ; tandis que l'article 450-1 du CP précise la nature et la gravité de l'infraction pour définir l'association de malfaiteurs.

À l'exception de cette différence, l'association de malfaiteurs et la bande organisée recouvrent deux concepts analogues. Mais l'on peut imaginer la bande organisée « comme la circonstance aggravante de l'infraction que l'association de malfaiteurs avait en vue de commettre » [24]. C'est-à-dire qu'une infraction commise en bande organisée est un crime ou un délit commis par des participants à une association de malfaiteurs.

Pour Pascal LEMOINE, la distinction entre association de malfaiteurs et bande organisée est utile car il explique que « l'utilité peut apparaître, en réalité, à trois égards: d'abord, parce que, même si la liste des crimes ou délits dont elle constitue une circonstance aggravante a été allongée, la bande organisée ne constitue une circonstance aggravante que d'un nombre

23. Michèle-Lure RASSAT, *Op.cit.*, p. 993.

24. Frédéric DESPORTES et Francis LE GUNEHEC, *Droit pénal général*, Paris, éd. Economica, 16ème éd., 2009, p. 848.

limité de crimes ou délits, alors que le délit d'association de malfaiteurs correspond à une incrimination autonome, sous réserve que l'objectif poursuivi soit la préparation « d'un ou plusieurs crimes ou … délits punis d'au moins cinq ans d'emprisonnement ». Ensuite, parce que s'agissant de la preuve de l'existence de l'entente, la chambre criminelle a toujours considéré qu'elle résultait implicitement de la réunion des protagonistes, des actes préparatoires auxquelles la bande avait commencé à se livrer et de la persistance ou de la logistique du groupement ; aussi, lorsque l'infraction aura été commise ou tentée, les éléments de fait qui auraient été constitutifs du délit de participation à une association de malfaiteurs, généralement difficiles à établir dans l'absolu, deviendront ainsi ceux qui caractérisent la circonstance aggravante de bande organisée, et qu'ainsi le rapprochement des deux facilitera la preuve de chacun. Enfin, conséquence de ce qui précède, la chambre criminelle [de la Cour de Cassation] a toujours … jugé que ce délit [association de malfaiteurs] constitue une infraction indépendante du ou des crimes ...préparés ou commis par les membres de l'association » [25].

4. Organisation hiérarchique des membres du groupe

À la différence de l'article 222-34 du CP qui prévoit la pénalité aggravée pour « le fait de diriger ou d'organiser un groupement ... », ni l'article 132-71 ni l'article 450-1 du CP n'exigent une organisation hiérarchique des membres du groupement. Pour confirmer cette idée, dans plusieurs arrêts d'escroqueries en bande organisée [26], la Chambre criminelle a retenu que l'existence de la bande organisée découlait non pas d'une organisation hiérarchique mais d'une structure assignant à chacun un rôle spécifique et complémentaire à celui des autres, qui rendait l'intervention de chacun nécessaire et complémentaire à celle des autres. Aucune hiérarchie n'est donc requise et, contrairement à l'ancien CP français, aucun rôle n'a d'influence sur la peine.

MERLE et VITU, contrairement à l'idée précédente, définissent le terme de bande comme « supposant, parmi les individus assemblés, une organisation, c'est-à-dire la présence d'une structure hiérarchisée et

---

25. Pascal LEMOINE, *« Le délit d'association de malfaiteurs et la circonstance de bande organisée »,* Revue pénitentiaire et de droit pénal, 2007, p. 281.

26. Cass. Crim. 16 juin 1999, pourvoi n° 98-84.265, non publié ; Cass. Crim. 30 mai 2001, pourvoi n° 00-86.815, non publié ; Cass. Crim. 19 mai 2004, pourvoi n° 03-85.053, non publié ; Cass. Crim. 8 fév. 2006, pourvoi n° 05-83.603; Cass. Crim. 5 avril 2006, pourvoi n° 05-84.335, publié ; Cass. Crim. 8 novembre 2006, pourvoi n° 05-85.922, publié ; Cass. Crim. 10 septembre 2008, pourvoi n° 08-80.144, non publié.

disciplinée qui donne au groupement sa force et sa pérennité » [27]. Pour ces auteurs, la bande organisée suppose donc une distribution hiérarchisée des rôles attribués à chacun des membres qui la composent.

Il faut noter que son caractère hiérarchique ou pas ne change pas l'objectif de l'association de malfaiteurs et de la bande organisée ; elles constituent toujours des actes préparatoires aux infractions préparées. Par contre, pour qu'elles soient des infractions-obstacles, elles doivent être indépendantes des infractions préparées sinon elles seront, dans ce cas, considérées comme des tentatives à des infractions projetées.

5. Indépendance de l'infraction préparée : infraction-obstacle à l'infraction préparée

L'association de malfaiteurs est une infraction totalement autonome. La participation à une association de malfaiteurs est punie, en tant que telle, indépendamment de l'infraction projetée, c'est-à-dire que l'infraction-objectif soit réalisée ou pas. La jurisprudence française confirme cette autonomie de l'association de malfaiteurs [28]. Par exemple, la Chambre criminelle de la cour de Cassation, dans son arrêt du 11 juin 2008, énonce que l'association de malfaiteurs constitue une infraction indépendante du ou des crimes préparés ou commis par les membres du groupement, ce qui permet de les retenir cumulativement dans une même poursuite. Malgré l'idée de la cour de Cassation selon laquelle l'association de malfaiteurs est indépendante du crime préparé, Raphaële PARIZOT constate qu'« on ne peut nier que le comportement de participation à une association de malfaiteurs s'inscrit dans un rapport à l'infraction projetée. L'association de malfaiteurs ne peut exister sans infraction future. Celle-ci est le support de l'incrimination d'association de malfaiteurs, à tel point d'ailleurs que sa disparition dans la loi emporte la disparition de l'association de malfaiteurs. Ce lien est particulièrement patent en droit français, qui prend en compte, dans la peine encourue pour l'association de malfaiteurs, la gravité de l'infraction-objectif (art. 450-1 C.P. al. 2 et 3) » [29]. Selon elle, l'infraction préparée n'existe donc plus si l'association de malfaiteurs a été supprimée par le législateur.

---

27. R. MERLE et A. VITU, *Traité de droit criminel, Droit pénal spécial*, Paris, Cujas, 1982, T. 2, p. 1868, N° 2287.

28. Voir Cass. Crim., 8 février 1979, Bull. Crim., n° 58 et D., 1979, IR, p 528 ; Cass. Crim., 22 janvier 1986, Bull. Crim., n° 29 et Gaz. Pal., 16-18 décembre 1986, p 429, note Jean-Paul DOUCET ; Cass. Crim., 2 juillet 1991, Bull. Crim., n° 288 et Gaz. Pal. 1992, 1, Somm., p. 24.

29. Raphaële PARIZOT, *La responsabilité pénale à l'épreuve de la criminalité organisée, le cas symptomatique de l'association de malfaiteurs et du blanchiment en France et en Italie*, Paris, L.G.D.J., 2010, p. 51.

Contrairement à l'idée précédente, l'association de malfaiteurs semble être une infraction-obstacle à l'infraction projetée. Il s'agit donc de deux infractions autonomes et indépendantes et si, après le délit d'association de malfaiteurs, l'infraction projetée n'est pas commise, alors les prévenus/accusés seront jugés uniquement par rapport à l'association de malfaiteurs, sans retenir la deuxième infraction.

6. Association de malfaiteurs spéciale

Nous avons constaté que l'article 450-1 et l'article 222-14 du CP incriminaient l'association de malfaiteurs tandis que l'article 132-71 du CP incriminait pour sa part la bande organisée. En effet, ces trois articles incriminent l'organisation criminelle en général. En outre, le CP incrimine l'association de malfaiteurs pour certaines infractions spéciales. Autrement dit, pour certaines infractions caractérisées, comme le génocide, le crime contre l'humanité, les infractions d'eugénisme et le clonage reproductif, les infractions informatiques et les actes de terrorisme, le législateur retient une association de malfaiteurs spéciale.

6.1. Association de malfaiteurs pour les crimes internationaux les plus graves

Le génocide et le crime contre l'humanité, deux crimes internationaux les plus graves, sont incriminés par les articles 211-1 et 212-1 du CP français. Ce dernier n'incrimine pas le crime de guerre, mais dans son article 212-2, le CP incrimine les actes prévus par l'article 212-1 en temps de guerre. Autrement dit, il prévoit le crime contre l'humanité pendant la guerre, et non pas le crime de guerre.

La gravité du génocide et du crime contre l'humanité demande au législateur une attention particulière. Ainsi, l'article 212-3 du CP français proclame-t-il que « la participation à un groupement formé ou à une entente établie en vue de la préparation, caractérisée par un ou plusieurs faits matériels, de l'un des crimes définis par les articles 211-1, 212-1 et 212-2 est punie de la réclusion criminelle à perpétuité ». Dans cet article, figurent des termes comme « groupement formé » et « entente établie » ainsi que le terme « préparation » des infractions définies par les articles 211-1, 212-1 et 212-2. On perçoit donc les conditions requises pour caractériser une association de malfaiteurs, mais une association de malfaiteurs spéciale consacrée au génocide et au crime contre l'humanité. Cet article établit donc que l'association de malfaiteurs peut être considérée comme une infraction-obstacle aux crimes internationaux les plus graves. Par conséquent, le concept de l'infraction-obstacle, ainsi que celui d'association de malfaiteurs se présentent, en droit international pénal, au travers du droit pénal interne.

6.2. Association de malfaiteurs pour les infractions d'eugénisme et de clonage reproductif

Les crimes d'eugénisme et de clonage reproductif sont des infractions graves prévues par les articles 214-1, 214-2, 214-3 du CP français, dont la commission requiert une organisation criminelle. Par conséquent l'article 214-4 du CP français proclame que « la participation à un groupement formé ou à une entente établie en vue de la préparation, caractérisée par un ou plusieurs faits matériels, de l'un des crimes définis par les articles 214-1 et 214-2 est punie de la réclusion criminelle à perpétuité et de 7 500 000 euros d'amende ». En considérant l'article 214-4, nous distinguons les éléments constitutifs de l'association de malfaiteurs. Cet article prévoit la participation à un groupement formé ou à une entente établie, et l'objectif de cette participation est la commission des crimes prévue par les articles 214-1 et 214-2. Cet article définit donc l'association de malfaiteurs spéciale pour les crimes d'eugénisme et de clonage reproductif.

6.3. Association de malfaiteurs pour les actes de terrorisme

Le terrorisme est une infraction qui se présente dans les deux domaines interne et international. Le CP français, dans ses articles 421-1 à 422-7 prévoit le terrorisme et les infractions liées à ce crime. Parmi ces articles, l'article 421-2-1 du CP implique l'association de malfaiteur à l'acte de terrorisme. Il proclame ainsi que « constitue également un acte de terrorisme le fait de participer à un groupement formé ou à une entente établie en vue de préparation, caractérisée par un ou plusieurs faits matériels, d'un des actes de terrorisme mentionnés aux articles précédents ». Cet article incrimine donc la participation à un groupement formé ou à une entente établie, quand le but de cette participation est la commission d'actes terroristes. Nous constatons qu'il établit les conditions pour incriminer l'association de malfaiteurs spéciale dans le cadre du terrorisme. Le §2 de l'article 421-5 du CP français prévoit ainsi la sanction pour cette association en précisant que : « le fait de diriger ou d'organiser le groupement ou l'entente défini à l'article 421-2-1 est puni de vingt ans de réclusion criminelle et de 500 000 euros d'amende ». Outre l'association de malfaiteurs, existent, dans le cadre du terrorisme, d'autres infractions-obstacles comme le financement du terrorisme que nous étudierons dans la prochaine section.

6.4. Association de malfaiteurs pour le trafic de drogue

Le trafic de drogue est une infraction présente, comme le terrorisme, à l'échelle interne et internationale. La commission de cette infraction, comme les précédentes que nous avons étudiées, nécessite une organisation et un groupement, qui, s'ils sont empêchés, annulent le trafic de stupéfiants. Le législateur a donc incriminé l'organisation de cette infraction dans le cadre de l'association de malfaiteurs spéciale pour le trafic des stupéfiants. L'article 222-34 du CP français explique que « le fait de diriger ou d'organiser un groupement ayant pour objet la production, la fabrication, l'importation, l'exportation, le transport, la détention, l'offre, la cession, l'acquisition ou l'emploi « illicite » de stupéfiants est puni de réclusion criminelle à perpétuité et de 7 500 000 euros d'amende.

Les deux premiers alinéas de l'article 132-23 relatif à la période de sûreté sont applicables à l'infraction prévue par le présent article ». Cet article prévoit donc un « groupement » pour commettre des infractions incriminées par le CP, et liées au trafic de stupéfiants. Les deux conditions sont donc réunies pour réaliser une association de malfaiteurs spéciale, consacrée au trafic de stupéfiants. Une différence subsiste entre cet article et les articles précédents concernant l'association de malfaiteurs spéciale. Ces derniers incriminent le fait de « participer à un groupement », tandis que l'article 22-34 intéresse le fait « de diriger ou d'organiser un groupement ». Les articles précédents punissent donc les membres et les participants aux associations de malfaiteurs, tandis que cet article punit les dirigeants et les organisateurs d'associations de malfaiteurs.

6.5. Association de malfaiteurs pour les infractions informatiques

L'article 323-4 du CP français dispose que « la participation à un groupement formé ou à une entente établie en vue de la préparation, caractérisée par un ou plusieurs faits matériels, d'une ou de plusieurs des infractions prévues par (L. n° 2004-575 du 21 juin 2004, art. 46-II) « les articles 323-1 à 323-3-1 [ancienne rédaction : les articles 323-1 à 323-3] » est punie des peines prévues pour l'infraction elle-même ou pour l'infraction la plus sévèrement réprimée ». Cet article présente donc une association de malfaiteurs spéciale pour les infractions informatiques. Nous remarquons qu'il utilise, comme les articles précédents, les termes « participation, groupement formé, entente établie ». En revanche, ce groupement s'applique uniquement aux infractions informatiques prévues par les articles 323-1 à 323-3-1 du CP français. Nous avons ainsi étudié, en droit pénal français, deux expressions présentant un groupement afin de commettre des infractions. Ces deux expressions sont : l'association de malfaiteurs et la bande organisée. Existe de plus, l'association de malfaiteurs spéciale qui désigne le groupement pour quelques infractions spéciales déterminées par le législateur. Ces trois expressions illustrent donc le concept d'infraction-obstacle et sont prévues pour lutter contre les infractions dont la commission requiert toujours une organisation criminelle. Le droit pénal européen, quant à lui, emploie l'expression d'organisation criminelle pour définir ce concept.

7. Organisation criminelle : Association de malfaiteurs en droit pénal européen

Depuis le Traité d'Amsterdam [30] et le Conseil européen d'Amsterdam des 16 et 17 juin 1997, l'Union européenne s'est engagée dans la lutte contre la criminalité organisée. Depuis le 21 décembre 1998, elle a adopté un texte d'incrimination, intitulé « Action Commune 98/733/JAI », pour réprimer les différentes formes de participation à une organisation criminelle dans les États membres de l'Union européenne. De plus, le concept d'organisation criminelle en droit européen s'inspire de celui d'association de malfaiteurs en droit pénal français. L'article premier de l'Action Commune de 1998, toujours en vigueur, définit l'organisation criminelle comme « l'association structurée, de plus de deux personnes, établie dans le temps, et agissant de façon concertée en vue de commettre des infractions punissables d'une peine privative de liberté ou d'une mesure de sûreté privative de liberté d'un maximum d'au moins quatre ans ou d'une peine plus grave, que ces infractions constituent une fin en soi ou un moyen pour obtenir des avantages patrimoniaux, et, le cas échéant, influencer indûment le fonctionnement d'autorités publiques.

Les infractions visées au premier alinéa incluent celles visées à l'article 2 de la Convention Europol [31] ainsi que dans son annexe et qui sont passibles d'une peine au moins équivalente à celle prévue au premier alinéa ». En

---

30. Le traité d'Amsterdam a été signé le 2 octobre 1997 et est entré en vigueur le premier mai 1999. Son objectif était de créer un espace de liberté, de sécurité et de justice. Il a modifié le Traité instituant la Communauté européenne et le Traité sur l'Union européenne.

31. L'article 2 de la Convention Europol du 26 juillet 1995 dans son alinéa 3 proclame que « la compétence d'Europol pour une forme de criminalité ou pour des aspects spécifiques d'une forme de criminalité comprend en même temps : 1) le blanchiment de l'argent lié à ces formes de criminalité ou à leurs aspects spécifiques ; 2) les infractions qui leur sont connexes. Sont considérées comme connexes et prises en compte selon les modalités précisées aux articles 8 et 10 : les infractions commises pour se procurer les moyens de perpétrer les actes se trouvant dans le champ de compétence d'Europol ; les infractions commises pour faciliter ou consommer l'exécution des actes se trouvant dans le champ de compétence d'Europol ; les infractions commises pour assurer l'impunité des actes se trouvant dans le champ de compétence d'Europol ».

comparant l'article premier de l'Action Commune de 1998 avec l'article 450-1 du CP français présentant l'association de malfaiteurs, et l'article 132-71 du CP français concernant la bande organisée, nous remarquons les points communs entre les définitions d'organisation criminelle, d'association de malfaiteurs et celle de bande organisée. L'organisation criminelle est une association structurée, ayant plus de deux membres, établie afin de commettre des infractions passibles d'une peine privative de liberté ou d'une mesure de sûreté privative de liberté d'un maximum d'au moins quatre ans ou d'une peine plus grave. L'association de malfaiteurs se définit comme tout groupement formé ou entente établie en vu de la préparation, caractérisée par un ou plusieurs fait matériels, d'un ou plusieurs crimes ou d'un ou plusieurs délits punis d'au moins cinq ans d'emprisonnement. Pour définir la bande organisée, l'article 132-71 du CP français expose que « constitue une bande organisée au sens de la loi tout groupement formé ou toute entente établie en vue de la préparation, caractérisée par un ou plusieurs faits matériels, d'une ou plusieurs infractions ».

Dans ces trois expressions persiste la notion de groupe, car, selon leurs définitions, pour réaliser une organisation criminelle, la présence de plus de deux membres est requise. De plus, l'association de malfaiteurs et la bande organisée sont bien des groupements. De fait, le but d'une organisation criminelle, telle que l'association de malfaiteurs et la bande organisée, reste la commission des infractions prévues. L'organisation criminelle est donc un acte préparatoire et une infraction-obstacle. L'exemple de l'organisation criminelle en droit pénal européen et sa comparaison avec l'association de malfaiteurs et la bande organisée nous montre que le concept d'infraction-obstacle existe également en droit pénal européen. D'ailleurs dans la jurisprudence pénale internationale, subsiste le terme d'entreprise criminelle concernant l'association de malfaiteurs.

8. Entreprise criminelle commune : Association de malfaiteurs en droit international pénal

Nous avons vu que les infractions internationales, notamment celles les plus graves comme le génocide, le crime contre l'humanité et le crime d'agression, sont des crimes de masse avec pluralité de victimes et pluralité d'auteurs, toujours commis à l'échelle d'un territoire ou d'une population, sur une longue période. Cette pluralité et cette vaste échelle du crime de masse réclament une association ou une organisation criminelle que la doctrine et la jurisprudence internationale pénale intitulent entreprise criminelle commune. Nous allons voir que cette expression est équivalente aux expressions d'association de malfaiteurs et de bande organisée en droit pénal interne ainsi que d'organisation criminelle en droit pénal européen. L'entreprise criminelle commune peut donc être considérée comme un acte préparatoire et une infraction-obstacle aux crimes de masse. Après la deuxième guerre mondiale, la jurisprudence internationale a emprunté le concept d'entreprise criminelle commune de la jurisprudence des pays Commun Law, et le TPIY l'a élaboré pour la première fois dans l'arrêt Tadic II [32].

8.1. Définition d'entreprise criminelle commune

Cette expression est adoptée le 15 juillet 1999 par la Chambre d'Appel du TPIY dans l'arrêt Tadic II. La Chambre d' Appel a ainsi développé le concept d'entreprise criminelle commune pour démontrer la responsabilité collective et la multiplicité d'auteurs. Dans cet arrêt, la Chambre a condamné Dusko Tadic pour avoir commis des meurtres perpétrés dans un village, alors qu'aucune preuve matérielle de sa participation physique à ces crimes, n'a été apportée. Le TPIY définit l'entreprise criminelle commune comme « une forme de responsabilité pénale qui vise les actes commis par un groupe de personnes, là où ces personnes, tout en se concertant au sujet de la commission d'un crime, n'accomplissent pas tous les mêmes actes criminels. Chacune d'entre elles participe à l'activité criminelle de manière différente » [33] .

8.2. Eléments analogues entre Entreprise criminelle commune et Association de malfaiteurs

Dans la définition de l'entreprise criminelle commune, existent des éléments prouvant une analogie entre cette expression et l'association de malfaiteurs. Le premier élément en est la pluralité des membres. Autrement dit, une entreprise criminelle commune est toujours utilisée pour des crimes commis par un groupe de personnes. La présence d'un groupe est donc nécessaire pour réaliser une entreprise criminelle commune, et indispensable dans la commission de crimes de masse. Le deuxième élément est le but commun. La Chambre d'Appel du TPIY dans l'arrêt Tadic II le définit comme « un projet, dessein ou objectif commun qui consiste à commettre un des crimes visés dans le Statut ou en implique la perpétration ». Dans cette définition, le but commun n'est pas la commission du crime, mais un projet ou un objectif commun pour commettre ce crime. Le troisième élément consiste en la participation à une entreprise criminelle commune. Il faut

32. TPIY, *Le Procureur c/Tadic*, La Chambre d'Appel 15 juillet 1999.

33. Antonio CASSESE, D. SCALIA et V. THALMANN, *Les grands arrêts de droit international pénal,* Paris, Dalloz, 2010, p. 323.

considérer que la participation à une entreprise criminelle est distincte de la commission du crime. Autrement dit, si un individu participe à une entreprise criminelle commune sans toutefois participer à la commission du crime, il est néanmoins considéré comme criminel. Cette idée démontre ainsi que l'entreprise criminelle commune est un acte préparatoire et indépendant du crime principal. Elle peut donc être considérée comme une infraction-obstacle au crime principal. Le TPIY, dans son arrêt Tadic II, a confirmé cette idée en expliquant que « cette participation n'implique pas nécessairement la consommation d'un des crimes spécifiques repris dans les dispositions du Statut (meurtre, extermination, torture, viol, etc.) mais peut prendre la forme d'une assistance ou d'une contribution en vue de la réalisation du projet ou objectif commun ». Selon cette décision, si un individu a participé à la réalisation d'un projet criminel, sans participer à la commission des crimes prévus par le Statut, il sera considéré comme coupable. C'est-à-dire que l'entreprise criminelle commune apparaît comme un acte indépendant du crime et peut être considérée en cela, comme une infraction-obstacle aux crimes internationaux les plus graves dénommés crimes de masse.

Pour justifier l'indépendance des actes préparatoires, pouvant être considérés comme l'entreprise criminelle commune des crimes principaux et de la responsabilité de leurs auteurs, la jurisprudence pénale internationale peut nous éclairer. Pour exemple, dans l'arrêt Kvocka, le TPIY décide qu'il n'est pas nécessaire de démontrer que l'accusé a physiquement commis l'un des éléments matériels du crime [34]. Ainsi, dans l'arrêt Kronjelac, le TPIY indique que la présence de l'accusé, au moment où l'auteur principal a commis le crime, n'est pas obligatoire [35]. Si l'accusé a participé à une entreprise criminelle sans contribuer à la commission du crime, il sera donc condamné. Ces jurisprudences confirment l'idée selon laquelle l'entreprise criminelle commune est un acte préparatoire indépendant du crime principal, qui est toujours un crime de masse. Dans la jurisprudence pénale internationale, on peut donc analyser trois catégories d'entreprise criminelle commune, présentées par la jurisprudence pénale internationale, notamment dans l'arrêt Tadic II.

8.3. Trois types d'entreprises criminelles communes et comparaisons avec l'association de malfaiteurs

Le TPIY dans le § 220 de l'arrêt Tadic du 15 juillet 1999 présente trois catégories d'entreprise criminelle commune, et Antonio CASSESE, en

34. TPIY, *Le Procureur c/Kvocka*, 22.10.2001, § 99.

35. TPIY,*Le Procureur c/Krnojelac,* 17.09.2003, § 81.

considérant l'approche retenue dans cet arrêt, les dévoile ainsi : « 1- la responsabilité pour des actes qui sont commis par un autre co-auteur dans un objectif commun avec la même intention criminelle; dans ce cas, tous les co-auteurs ont la même intention délictueuse, même si chacun d'entre eux commet des actes différents pour la réalisation de cette intention ; 2- la responsabilité pour la participation à un plan commun dans un cadre institutionnel tel qu'un camp de concentration, un camp de détention, etc. ; 3 - la responsabilité pour les crimes commis par d'autres participants lorsque ces crimes ne font pas partie de l'action criminelle concertée mais constituent la conséquence prévisible de l'entreprise commune, alors même que l'accusé n'a pas passé d'accord avec ceux-ci en vue de leur commission » [36].

La première catégorie d'entreprise criminelle, intitulée « forme élémentaire », présente une commission collective de l'infraction au sens classique du terme. L'objectif du groupement est commun, et plusieurs individus participent à la commission de l'infraction en se partageant les tâches. Dans cette catégorie d'entreprise criminelle commune, tous les participants à la commission de l'infraction sont coupables et co-auteurs. Il n'existe donc pas ici d'auteur principal ni de complice. Cette forme d'entreprise criminelle commune présente une association de malfaiteurs où les participants à la commission de l'infraction partagent la même intention et le même but. Elle peut donc être considérée comme un acte préparatoire ou une infraction-obstacle à l'infraction principale.

La deuxième catégorie d'entreprise criminelle commune, présentée par le § 202 de l'arrêt Tadic, se nomme « forme systémique ou camp de concentration ». Ce paragraphe indique l'origine de cette catégorie en expliquant que « les affaires les plus représentatives de cette catégorie sont celles du Camp de concentration de Dachau, jugée par un tribunal des États-Unis siégeant en Allemagne, et de Belsen, jugée par un tribunal militaire britannique siégeant également en Allemagne » [37]. Selon le paragraphe 203

---

36. Antonio CASSESE et al., *Op. cit.*, pp. 323-324.

37. La Chambre d'Appel du TPIY dans le § 202 de l'arrêt *Tadic* du 15 juillet 1999 proclame que « La deuxième catégorie d'affaires est à de nombreux égards similaire à celle décrite ci-dessus et englobe ce qu'il est convenu d'appeler les affaires des camps de concentration. La notion de but commun a été appliquée dans les cas où les faits reprochés étaient supposés avoir été commis par des membres des unités militaires ou administratives chargées des camps de concentration, c'est-à-dire par des personnes agissant en application d'un plan concerté. Les affaires les plus représentatives de cette catégorie sont celles du Camp de concentration de *Dachau*, jugée par un tribunal des États-Unis siégeant en Allemagne et de *Belsen*, jugée par un tribunal militaire britannique siégeant également en Allemagne. Dans ces deux affaires, les accusés occupaient un poste d'un échelon relativement élevé dans la hiérarchie des camps de concentration. D'un point de vue général, ils étaient accusés d'avoir agi conformément à un but commun visant à tuer des prisonniers ou leur faire subir des mauvais traitements, commettant ainsi des crimes de guerre. Dans sa récapitulation de l'affaire de *Belsen*, l'assesseur a retenu les trois critères jugés nécessaires par l'Accusation pour établir la culpabilité des accusés : i) l'existence d'un système organisé visant à maltraiter les détenus et à commettre les divers crimes reprochés ; ii) le fait que les accusés avaient connaissance de la nature dudit système ; iii) le fait que les accusés aient d'une certaine manière

de cet arrêt cette forme systémique « est une variante de la première catégorie » [38]. La Chambre d'appel du TPIY considère, dans ce paragraphe, les accusés comme les coauteurs de mauvais traitements. De plus, elle démontre leur participation active dans la mise en œuvre d'un système répressif comme élément matériel. Du point de vue de l'élément moral (mens rea), la Chambre retient les critères suivants : « i) les accusés avaient connaissance de la nature du système et ii) ils avaient l'intention de contribuer à l'objectif commun concerté, consistant à maltraiter les détenus » [39]. Dans l'élément matériel de la deuxième catégorie se trouve le terme « participation » et le deuxième critère de son élément intentionnel se définit comme l'intention de contribuer à « l'objectif commun ». Ces éléments nous montrent que cette catégorie d'entreprise criminelle commune, comme la première catégorie, a des éléments constitutifs analogues à ceux de l'association de malfaiteurs. Cette catégorie peut donc être considérée comme acte préparatoire ou infraction obstacle aux infractions internationales.

La troisième catégorie d'entreprise criminelle commune, intitulée « forme élargie », découle du § 204 de l'arrêt Tadic [40]. Selon ce paragraphe, « la

---

directement participé à la mise en œuvre du système, c'est-à-dire qu'ils aient encouragé ou aidé ou de toute autre manière participé à la réalisation d'un but criminel commun. Il semble que plusieurs des accusés aient été explicitement condamnés sur la base de ces critères ».

38. La Chambre d'Appel du TPIY dans le § 203 de l'arrêt *Tadic* du 15 juillet 1999 proclame que « Cette catégorie d'affaires (qui ne s'applique manifestement pas aux faits en l'espèce) est en réalité une variante de la première catégorie examinée ci-dessus. Les accusés reconnus coupables ont été considérés comme les coauteurs de mauvais traitements compte tenu de la "position d'autorité" qu'ils occupaient objectivement dans le système concentrationnaire et du fait qu'ils avaient "le pouvoir de veiller sur les détenus et de leur permettre de vivre dans des conditions satisfaisantes", mais qu'ils ne l'avaient pas fait. Il semble que dans ces affaires, l'élément matériel (*actus reus*) requis était une participation active dans la mise en œuvre d'un système répressif, comme on pouvait le déduire du pouvoir que détenait chacun des accusés et des fonctions qu'il exerçait. L'élément moral (*mens rea*) comprenait les critères suivants : i) les accusés avaient connaissance de la nature du système et ii) ils avaient l'intention de contribuer à l'objectif commun concerté consistant à maltraiter les détenus. Il importe de remarquer que dans ces affaires, l'intention requise pouvait aussi être déduite de la position d'autorité que détenait le personnel du camp. En effet, il n'était pas réellement nécessaire de prouver l'intention requise lorsque le rang occupé par l'accusé ou l'autorité qu'il exerçait était en soi une indication qu'il avait connaissance du but commun et qu'il avait l'intention d'y contribuer. Tous les accusés ont été reconnus coupables de crimes de guerre pour les mauvais traitements infligés, bien que, naturellement, les peines prononcées à leur égard aient varié en fonction du degré de leur participation respective dans lesdits crimes ».

39. TPIY, *Tadic,* 15 juillet 1999, § 203.

40. La Chambre d'Appel du TPIY dans le § 204 de l'arrêt *Tadic* du 15 juillet 1999 déclare que « la troisième catégorie concerne les affaires de but commun dans lesquelles l'un des auteurs commet un acte qui, s'il ne procède pas du but commun, est néanmoins une conséquence naturelle et prévisible de sa mise en œuvre. Il peut s'agir par exemple d'une intention commune et partagée par un groupe d'expulser par la force les membres d'un groupe ethnique de leur ville, village ou région (en d'autres termes, de procéder à un "nettoyage ethnique"), avec pour conséquence qu'une ou plusieurs personnes soient tuées dans l'opération. Alors que le meurtre peut n'avoir pas été explicitement envisagé dans le cadre du but commun, il était néanmoins prévisible que l'expulsion de civils sous la menace des armes pouvait très bien se solder par la mort de l'un ou de plusieurs de ces civils. La responsabilité pénale de tous les participants à l'entreprise commune est susceptible d'être engagée quand le risque que des meurtres

troisième catégorie concerne les affaires de but commun dans lesquelles l'un des auteurs commet un acte qui, s'il ne procède pas du but commun, est néanmoins une conséquence naturelle et prévisible de sa mise en œuvre ». Cette forme s'applique donc « aux crimes non prévus dans le plan mais en constituent une conséquence naturelle et prévisible »[41]. En considérant la troisième catégorie d'entreprise criminelle commune, nous observons qu'il subsiste un groupement, mais les infractions commises ne sont pas celles prévues par l'objectif commun ; cette catégorie diffère donc par rapport à l'association de malfaiteurs. En revanche, elle peut aussi être considérée comme l'ensemble des actes préparatoires à l'infraction principale non prévus par le groupe, mais commise par lui.

8.4. Champ d'application d'entreprise criminelle commune

À l'étude de l'association de malfaiteurs en droit pénal français, nous avons constaté que cette infraction était prévue pour empêcher la commission d'infractions graves, nécessitant soit un groupement soit une entente établie entre plusieurs individus. Le champ d'application de l'association de malfaiteurs se limiterait donc aux infractions prévues par le Code Pénal et ne s'appliquerait pas à toutes les infractions ; tandis que, selon la jurisprudence pénale internationale, le champ d'application d'entreprise criminelle commune couvre l'ensemble des infractions les plus graves internationales. Le paragraphe 188 de l'arrêt Tadic explique, en effet, que le concept d'entreprise criminelle commune recouvre les crimes prévus par les articles 2, 3, 4 ou 5 du Statut du TPIY [42]. Ces articles présentent les infractions graves aux Conventions de Genève de 1949 [43], les violations des

---

soient commis était à la fois une conséquence prévisible de la réalisation du but commun et du fait que l'accusé était soit imprudent, soit indifférent à ce risque. Un autre exemple est celui d'un projet commun visant à expulser par la force des civils appartenant à un groupe ethnique donné en incendiant leurs habitations : si durant l'opération certains des participants à ce projet tuent des civils en mettant le feu à leur habitation, toutes les personnes ayant pris part au projet sont pénalement responsables de la mort de ces personnes, si cette fin était prévisible ».

41. Pascal BEAUVAIS et Ahmed F. KHALIFA, *« Les modes collectifs de participation à l'infraction »,* in Hervé ASCENSIO et al., Droit international pénal, Paris, A. Pédone, 2012, 2ème éd., p. 504.

42. La Chambre d'Appel du TPIY dans le § 188 de l'arrêt *Tadic* du 15 juillet 1999 proclame que « Cette disposition couvre d'abord et avant tout la perpétration physique d'un crime par l'auteur lui-même, ou l'omission coupable d'un acte requis en vertu d'une règle de droit pénal. Toutefois, on considère que la perpétration de l'un des crimes visés aux articles 2, 3, 4 ou 5 du Statut peut aussi revêtir la forme d'une participation à la réalisation d'un dessein ou d'un but commun ».

43. L'article 2 du Statut du TPIY présente les infractions graves aux Conventions de Genève de 1949. Selon cet article « le Tribunal international est habilité à poursuivre les personnes qui commettent ou donnent l'ordre de commettre des infractions graves aux Conventions de Genève du 12 août 1949, à savoir les actes suivants dirigés contre des personnes ou des biens protégés aux termes des dispositions de la Convention de Genève pertinente : a) l'homicide intentionnel ; b) la torture ou les traitements inhumains, y compris les expériences biologiques ; c) le fait de causer intentionnellement de grandes

lois ou coutumes de la guerre [44], le génocide [45], et les crimes contre l'humanité [46]. Selon cet arrêt, l'entreprise criminelle commune s'applique donc à toutes ces infractions. En comparant le champ d'application de l'entreprise criminelle commune avec celui de l'association de malfaiteurs, nous constatons que les deux champs sont similaires pour certains crimes. Par exemple, selon le paragraphe 188 de l'arrêt Tadic, l'entreprise criminelle commune, en vue de commettre le génocide et le crime contre l'humanité, crée la responsabilité pénale, et l'association de malfaiteurs, en vue de commettre les mêmes infractions, est considérée comme une infraction. Les points communs entre ces deux concepts convergent vers l'idée selon laquelle l'entreprise criminelle commune peut être considérée comme un acte préparatoire et évidemment une infraction-obstacle. Nous voyons donc qu'en droit international pénal, existe le concept d'acte préparatoire à une infraction ainsi que la responsabilité pénale correspondante. Il est donc possible de concevoir l'infraction-obstacle dans ce domaine.

---

souffrances ou de porter des atteintes graves à l'intégrité physique ou à la santé ; d) la destruction et l'appropriation de biens non justifiées par des nécessités militaires et exécutées sur une grande échelle de façon illicite et arbitraire ; e) le fait de contraindre un prisonnier de guerre ou un civil à servir dans les forces armées de la puissance ennemie ; f) le fait de priver un prisonnier de guerre ou un civil de son droit d'être jugé régulièrement et impartialement ; g) l'expulsion ou le transfert illégal d'un civil ou sa détention illégale ; h) la prise de civils en otages ».

44. L'article 3 du Statut du TPIY, pour définir les violations des lois ou coutumes de la guerre, proclame que « le Tribunal international est compétent pour poursuivre les personnes qui commettent des violations des lois ou coutumes de la guerre. Ces violations comprennent, sans y être limitées : a) l'emploi d'armes toxiques ou d'autres armes conçues pour causer des souffrances inutiles ; b) la destruction sans motif des villes et des villages ou la dévastation que ne justifient pas les exigences militaires ; c) l'attaque ou le bombardement, par quelque moyen que ce soit, de villes, villages, habitations ou bâtiments non défendus ; d) la saisie, la destruction ou l'endommagement délibéré d'édifices consacrés à la religion, à la bienfaisance et à l'enseignement, aux arts et aux sciences, à des monuments historiques, à des œuvres d'art et à des œuvres de caractère scientifique : e) le pillage de biens publics ou privés ».

45. Selon l'article 4 du Statut du TPIY « 1 Le Tribunal international est compétent pour poursuivre les personnes ayant commis le génocide, tel qu'il est défini au paragraphe 2 du présent article, ou l'un quelconque des actes énumérés au paragraphe 3 du présent article. 2. Le génocide s'entend de l'un quelconque des actes ci-après, commis dans l'intention de détruire, en tout ou en partie, un groupe national, ethnique, racial ou religieux, comme tel : a) meurtre de membres du groupe ; b) atteinte grave à l'intégrité physique ou mentale de membres du groupe ; c) soumission intentionnelle du groupe à des conditions d'existence devant entraîner sa destruction physique totale ou partielle ; d) mesures visant à entraver les naissances au sein du groupe ; e) transfert forcé d'enfants du groupe à un autre groupe. 3. Seront punis les actes suivants : a) le génocide ; b) l'entente en vue de commettre le génocide ; c) l'incitation directe et publique à commettre le génocide ; d) la tentative de génocide ; e) la complicité dans le génocide ». Le § b de la troisième partie de cet article criminalise "l'entente en vue de commettre le génocide". Donc, cet article criminalise l'association pour commettre le génocide comme une infraction indépendante du génocide.

46. L'article 5 du Statut du TPIY définit le crime contre l'humanité et il explique que « le Tribunal international est habilité à juger les personnes présumées responsables des crimes suivants lorsqu'ils ont été commis au cours d'un conflit armé, de caractère international o interne, et dirigés contre une population civile quelle qu'elle soit : a) assassinat ; b) extermination ; c) réduction en esclavage ; d) expulsion ; e) emprisonnement ; f) torture; g) viol ; h) persécutions pour des raisons politiques, raciales et religieuses ; i) autres actes inhumains ». La définition du crime contre l'humanité dans ce Statut est plus limitée que celle du Statut de la CPI, et couvre uniquement les crimes commis pendant le conflit armé.

8.5. Différences entre entreprise criminelle et association de malfaiteurs, bande organisée et organisation criminelle

De fait, il demeure une différence entre l'expression « entreprise criminelle commune » et les trois expressions que nous avons déjà étudiées : association de malfaiteurs, bande organisée et organisation criminelle. Les trois dernières sont définies par le législateur et par le texte, tandis que l'expression « entreprise criminelle commune » trouve son origine dans la jurisprudence des pays Commun Law comme le Royaume Uni, les États-Unis, le Canada et l'Australie. Le droit international pénal et sa jurisprudence internationale s'en sont donc inspirés. De plus, nous avons observé que l'association de malfaiteurs et la bande organisée en droit pénal français, ainsi que l'organisation criminelle en droit pénal européen, se définissaient comme des infractions indépendantes des infractions principales. Elles constituent donc des infractions-obstacles aux infractions principales alors que le TPIY, définit l'entreprise criminelle commune comme une forme de responsabilité pénale et non pas comme une infraction autonome. En effet, ce concept n'est pas encore incriminé et dépend de ce fait de l'infraction principale.

Nous avons également constaté que les auteurs des crimes internationaux les plus graves et leurs victimes étaient collectifs. Pour commettre ces crimes, la pluralité d'auteurs et celle de victimes nécessitent une organisation et une entreprise criminelle commune. Cette nécessité implique que le concept d'« entreprise criminelle commune » puisse être criminalisé en droit international pénal pour empêcher ces infractions, comme l'association de malfaiteurs et la bande organisée le sont en droit pénal interne et l'organisation criminelle en droit pénal européen. Autrement dit, il apparaît que les crimes internationaux les plus graves sont des infractions organisées, dont la commission est liée à une entreprise criminelle commune. Il semble donc nécessaire que ce comportement soit criminalisé en tant qu'infraction-obstacle, indépendamment du crime principal et non pas comme une sorte de responsabilité accessoire à la responsabilité principale. Au-delà de l'association de malfaiteurs, existe, dans les domaines interne et international, une autre expression juridique pouvant être considérée comme infraction-obstacle générale aux autres infractions. Cette expression est « la provocation » qui se présente en droit pénal interne comme une infraction, et en droit international pénal, dans le cadre de la responsabilité pénale individuelle.

B. Provocation

L'expression « provocation » vient du mot latin *provocatio* qui signifie « appel », et s'emploie dans plusieurs domaines. Dans le langage courant, la provocation peut se présenter comme « l'action de provoquer, d'inciter quelqu'un à quelque chose » [47]. Cette explication démontre que l'incitation se présente comme un synonyme de provocation, le terme « incitation » signifiant « action de pousser quelqu'un à quelque chose » [48].

1. Définition de la provocation

Les dictionnaires de la langue française définissent la provocation comme « le fait d'inciter impérativement quelqu'un à commettre une infraction » [49]. Cette définition prouve que le langage courant considère la provocation comme un terme de droit pénal et indique que l'objectif de l'incitation est la commission d'une infraction. Rappelons que cette expression ne se limite pas au droit pénal mais s'applique et s'utilise dans plusieurs branches juridiques telles le droit administratif, le droit international public et le droit international pénal. En droit international public le terme de provocation se définit comme « la conduite destinée à inciter un tiers à commettre un manquement au droit international » [50]; tandis que le droit administratif définit la provocation telle « l'action de forcer l'administration à prendre une décision en lui adressant une demande préalable » [51].

A côté du droit international public et du droit administratif, le rôle important de l'expression « provocation » se situe en droit pénal. Selon Jean-Paul DOUCET, le droit pénal considère la provocation comme « le fait d'inciter la population par des discours ou par des écrits à perpétrer une infraction » [52]. Dans cette définition, la provocation s'adresse à la population tandis qu'on peut également l'imaginer faite à un individu. De plus, cette définition ne présente que deux façons d'exercer une provocation, qui sont le discours et l'écrit, alors qu'il existe d'autres manières de provoquer. En revanche, pour Fabrice DEFFERRAD, la provocation est « une action

47. Josette REY-DEBOVE et Alain REY (dir.), *Le petit Robert, Dictionnaire alphabétique et analogique de la langue française,* Paris, éd. Le Robert, 2013, p. 2059.

48. *Ibid.,* p. 1300.

49. *Ibid.,* p. 2059.

50. Jean SALMON (dir.), *Dictionnaire de droit international public,* Bruxelles, Bruylant, 2001, p.910.

51. A. VAN LANG, G. GONDOUIN et V. INSERQUET-BRISSET, *Dictionnaire de droit administratif,* Paris, Sirey, Dalloz, 2012.

52. Jean-Paul DOUCET, *Le dictionnaire criminel,* 2013, ledroitcriminel.free.fr.

intentionnelle par laquelle une personne, par tout moyen légalement admis, entend influencer la raison d'autrui en vue d'y établir les conditions les plus favorables à la commission d'un agissement attentatoire à une valeur protégée »[53]. Dans cette définition, la provocation se présente comme une action intentionnelle, le provocateur et le provoqué étant deux individus distincts. Pour Franklin KUTY, la provocation signifie « le fait d'inciter directement quelqu'un à commettre une infraction, de faire naître la résolution criminelle ou simplement de la renforcer chez celui qui commet l'infraction, l'amenant ainsi à commettre un délit qu'autrement il n'aurait pas commis »[54]. Cette définition utilise le verbe inciter pour démontrer la notion de provocation, signifiant ainsi la proximité des deux termes. De plus, elle impliquerait que la provocation soit un acte direct et le provoqué, un individu. Il semblerait au contraire qu'elle puisse s'appliquer également de façon indirecte. Aussi, ne doit-elle pas se limiter à un acte individuel contre un seul individu, mais s'étendre à des personnes morales ou à des groupes. Bagher SHAMLOO définit la provocation comme « la suggestion d'un individu à un autre à la commission d'une infraction »[55]. Nous constatons que cette définition présente la provocation en droit pénal car son objectif est la commission d'une infraction. En outre, dans cette définition, le provocateur est présenté comme un individu, et non comme une collectivité, un groupe ou une personne morale. La personne provoquée y est désignée comme autre, signifiant autrui.

Avoir étudié les différentes définitions de la provocation dans les différents domaines juridiques démontre que malgré ces différences, subsistent trois points communs entre ces définitions. Premièrement, la provocation est un acte intentionnel, commis avec un caractère conscient et volontaire. On ne peut donc considérer un acte non-intentionnel et involontaire comme une provocation. Deuxièmement, la provocation établit un lien entre, au moins deux personnes, soit le provocateur et la personne provoquée. En revanche, on peut aussi imaginer la pluralité de provocateurs ou la pluralité des personnes provoquées ou à la fois, pluralité de provocateurs et de personnes provoquées. Ainsi, en droit international pénal, peut-on imaginer un dirigeant politique, tel le provocateur, qui inciterait la société à commettre une infraction comme le génocide et le crime d'agression. Le provocateur serait donc ici un individu tandis qu'existerait une « société provoquée ». Mais on peut aussi imaginer un parti politique qui, tels des provocateurs, inciteraient la société à commettre une infraction.

---

53. F. DEFFERRAD, *« La provocation »,* RSC, 2002, p. 233 et s.

54. Franklin KUTY, *Justice pénale et procès équitable. Notions générales. Garanties d'une bonne administration de la justice,* Bruxelles, Ed. Larcier, 2006, Vol. I, p. 537, n° 848.

55. Bagher SHAMLOO, *La provocation en droit pénal français et iranien,* Thèse, Montpellier, 2000, T. II, p. 412.

Le troisième point commun réside dans le résultat de la provocation, aboutissant toujours à une violation des normes qui peut être une infraction en droit pénal. Le troisième point commun entre les différentes définitions du terme « provocation » indique bien que la provocation en droit pénal, soit interne soit international, peut être considérée comme une infraction-obstacle aux infractions commises par la personne provoquée. En effet, sans y avoir été incité, l'auteur de l'infraction principale ne l'aurait pas commise. La provocation est donc un acte préparatoire à une infraction principale, et une infraction-obstacle à cette infraction.

1. Différentes formes de provocation en droit pénal

La provocation en droit pénal prend plusieurs formes [56]: la provocation à une infraction, la provocation à un acte non incriminé, les cas particuliers, la provocation considérée comme un délit distinct et la provocation comme une excuse de l'infraction (circonstances atténuantes).

2.1. Provocation à une infraction

En droit pénal français, la provocation à une infraction, qui est la forme classique, simple et directe de la provocation, se présente sous deux aspects : la provocation suivie d'effet et la provocation non suivie d'effet. Dans le cadre de la première formule, nous appréhenderons la provocation comme une forme de complicité punissable. Selon l'article 121-7 du C.P. français « est complice d'un crime ou d'un délit la personne qui sciemment, par aide ou assistance, en a facilité la préparation ou la consommation. Est également complice la personne qui par don, promesse, menace, ordre, abus d'autorité ou de pouvoir aura provoqué à une infraction ou donné des instructions pour la commettre ». Dans le cadre de la complicité, nous constatons que cet article incrimine plusieurs types de provocation, à savoir don, promesse, menace, ordre, abus d'autorité ou de pouvoir. En effet ces actes, présentés comme des provocations, peuvent être considérés comme des infractions-obstacles aux infractions principales. Car, selon l'article 121-6 du C.P. français [57], le provocateur, qui incite autrui par les actes prévus par l'article 121-7 C.P., sera puni comme auteur de l'infraction principale.

En plus de la provocation à une infraction, existe une autre catégorie de provocation qui explique les cas particuliers. La provocation à la dépendance

56. Bagher SHAMLOO, *Op. cit.*, p. 409-410.

57. L'article 121-6 du CP français explique que « sera puni comme auteur le complice de l'infraction, au sens de l'article 121-7 ».

aux stupéfiants, la provocation publique ou non publique à la haine et la provocation de l'infraction à l'autorité publique (désobéissance) peuvent être considérées comme les exemples de cette catégorie de provocation.

2.2. Provocation à la haine : point commun du droit international pénal et du droit pénal interne

L'incrimination de la provocation à la haine est la conséquence de la nécessité du respect de la dignité de l'être humain et du rôle préventif du droit pénal. En effet, cette incrimination se manifeste par la lutte contre le racisme. Le mot racisme se définit comme l'ensemble des théories et des croyances qui établissent une hiérarchie entre les races, entre les ethnies. En particulier, le racisme présente la doctrine politique fondée sur le droit pour une race (dite pure et supérieure) d'en dominer d'autres, et sur le devoir de soumettre les intérêts des individus à ceux de la race.

Dans le CP français, il existe deux formes de provocation à la haine qui sont la provocation publique à la haine, et la provocation non publique à la haine, représentées par l'alinéa 6 de l'article 24 de la loi du 29 juillet 1881 sur la liberté de la presse, modifié par la loi du 6 août 2012. Selon cet alinéa « ceux qui, par l'un des moyens énoncés à l'article 23, auront provoqué à la discrimination, à la haine ou à la violence à l'égard d'une personne ou d'un groupe de personnes à raison de leur origine ou de leur appartenance ou de leur non-appartenance à une ethnie, une nation, une race ou une religion déterminée, seront punis d'un an d'emprisonnement et de 45 000 euros d'amende ou de l'une de ces deux peines seulement ». L'alinéa 6 de l'article 24 traite de trois formes de provocation qui sont la provocation à la haine, la provocation à la discrimination et à la violence à l'encontre d'un individu ou d'un groupe. En d'autres termes, ces trois formes peuvent être individuelles ou publiques. De plus, cet alinéa présente les raisons mêmes de la provocation, pouvant être l'origine, l'appartenance ou la non-appartenance à une ethnie, une nation, une race, une religion déterminée.

D'après l'article 24, les moyens de provoquer sont prévus par l'article 23 de la loi du 29 juillet 1881 sur la liberté de la presse, modifié par la loi du 21 juin 2004. L'article 23 dispose que « Seront punis comme complices d'une action qualifiée crime ou délit ceux qui, soit par des discours, cris ou menaces proférés dans des lieux ou réunions publics, soit par des écrits, imprimés, dessins, gravures, peintures, emblèmes, images ou tout autre support de l'écrit, de la parole ou de l'image vendus ou distribués, mis en vente ou exposés dans des lieux ou réunions publics, soit par des placards ou des affiches exposés au regard du public, soit par tout moyen de communication au public par voie électronique, auront directement provoqué l'auteur ou les auteurs à commettre ladite action, si la provocation a été suivie d'effet. Cette disposition sera également applicable lorsque la provocation n'aura été suivie que d'une tentative de crime prévue par l'article 2 du code pénal ».

En considérant les articles 23 et 24 de la loi sur la liberté de la presse, ainsi que les différentes formes et les différents moyens de provocation prévus par ces articles, nous constatons que la provocation à la haine et à la discrimination, notamment sous leur forme publique, ne sont pas limitées au droit pénal interne, et peuvent aussi être considérées, en droit international pénal, comme des infractions-obstacles.

Les crimes internationaux les plus graves tels : le génocide, le crime contre l'humanité, le crime d'agression et le crime de guerre sont des crimes de masse dont la commission nécessite une pluralité d'auteurs et de victimes. En d'autres termes, pour commettre ces infractions existe toujours un groupe d'auteurs qui agit contre une collectivité de victimes. A l'origine de la mobilisation d'un groupe d'auteurs à commettre une infraction comme le génocide ou le crime contre l'humanité, se trouve souvent une provocation publique à la haine, à la violence ou à la discrimination en raison de l'origine, de l'appartenance ou de la non-appartenance du groupe victime à une ethnie, une nation, une race ou une religion déterminée.

À titre d'illustration, nous donnerons trois exemples. Premièrement, au cours de la Seconde guerre mondiale, sous prétexte de supériorité de la race aryenne, le parti nazi a incité la société allemande à la haine et à la violence à l'encontre du peuple juif. Deuxièmement, à l'occasion du conflit en ex-Yougoslavie, les dirigeants serbes ont incité la société à se développer en ex-Yougoslavie en raison de la prétendue supériorité de leur race. Troisièmement, le génocide du Rwanda et la guerre civile entre Hutu et Tutsi en raison de leurs appartenances ethniques, démontre que la provocation à la discrimination était à l'origine du crime. Autant d'exemples confirment l'idée selon laquelle, en droit international pénal, la provocation publique à la haine, à la violence ou à la discrimination peuvent aboutir à la commission des crimes internationaux les plus graves. Il faut noter qu'en droit international pénal, c'est souvent un dirigeant, soit militaire soit civil, qui joue le rôle de provocateur. En d'autres termes, avec des moyens tels que la presse, les médias et la propagande, le dirigeant provoque son peuple à commettre les crimes internationaux les plus graves ou incite ses subordonnés à commettre ces infractions. C'est pourquoi, en droit international pénal, le concept de provocation est présenté et développé dans le cadre de la responsabilité pénale du supérieur hiérarchique.

2.3. Provocation en droit international pénal : la responsabilité pénale du supérieur

En droit international pénal, dans le domaine des crimes internationaux les plus graves, la provocation est source même de responsabilité pénale individuelle. La responsabilité pénale individuelle ou la responsabilité pénale du supérieur hiérarchique sont codifiées par plusieurs textes internationaux tels la Convention pour la prévention et la répression du crime de génocide, les Statuts du TPIR, du TPIY et de la CPI, et le projet de Code des crimes contre la paix et la sécurité de l'humanité établi par la CDI.

L'article 3 de la Convention pour la prévention et la répression du crime de génocide dispose que « seront punis les actes suivants : a) le génocide ; b) l'entente en vue de commettre le génocide ; c) l'incitation directe et publique à commettre le génocide ; d) la tentative de génocide ; e) la complicité dans le génocide ». L'alinéa c) de cet article incrimine l'incitation directe et publique à commettre le génocide. Dans la définition de la provocation, nous avons déjà constaté que cette expression était synonyme du mot incitation. Cet alinéa incrimine donc la provocation au génocide, comme infraction-obstacle au génocide même.

Dans le même sens, l'article 3 de la Convention pour la prévention et la répression du crime de génocide, l'article 7 du Statut du TPIY incrimine la provocation aux crimes graves internationaux dans le cadre de la responsabilité pénale individuelle. D'après cet article «1. Quiconque a planifié, incité à commettre, ordonné, commis ou de toute autre manière aidé et encouragé à planifier, préparer ou exécuter un crime visé aux Articles 2 à 5 du présent Statut est individuellement responsable dudit crime. 2. La qualité officielle d'un accusé, soit comme chef d'État ou de gouvernement, soit comme haut fonctionnaire, ne l'exonère pas de sa responsabilité pénale et n'est pas un motif de diminution de la peine. 3. Le fait que l'un quelconque des actes visés aux Articles 2 à 5 du présent Statut a été commis par un subordonné ne dégage pas son supérieur de sa responsabilité pénale s'il savait ou avait des raisons de savoir que le subordonné s'apprêtait à commettre cet acte ou l'avait fait et que le supérieur n'a pas pris les mesures nécessaires et raisonnables pour empêcher que ledit acte ne soit commis ou en punir les auteurs. 4. Le fait qu'un accusé a agi en exécution d'un ordre d'un gouvernement ou d'un supérieur ne l'exonère pas de sa responsabilité pénale mais peut être considéré comme un motif de diminution de la peine si le Tribunal international l'estime conforme à la justice ».

Nous constatons que l'alinéa premier de cet article reconnaît pénalement responsable quiconque a planifié, incité à commettre, ordonné, commis ou de toute autre manière aidé et encouragé à planifier, préparer ou exécuter un crime visé aux Articles 2 à 5 du présent Statut. Cet alinéa incrimine donc l'incitation à commettre les crimes visés aux articles 2 à 5, les infractions graves aux Conventions de Genève de 1949, les violations des lois ou coutumes de la guerre, le génocide et les crimes contre l'humanité. Par conséquent, selon cet article, le provocateur à commettre ces crimes est pénalement responsable, et la provocation peut alors être considérée comme une infraction-obstacle à ces crimes. Selon l'alinéa 2 de cet article, le chef d'Etat et les dirigeants politiques ne peuvent profiter d'une immunité et sont pénalement responsables. S'ils provoquent, incitent ou ordonnent à leurs subordonnés de commettre les crimes prévus par ce Statut, ils seront donc pénalement responsables. Par conséquent, la provocation est toujours répréhensible dans le cadre de la responsabilité pénale individuelle bien qu'elle ne soit pas prévue comme une infraction dans ce Statut. Enfin, il nous faut souligner le fait que l'article 6 du Statut du TPIR reprend la formule de l'article 7 du Statut du TPIY.

Par ailleurs l'article 2 §3 f du projet de Code des crimes contre la paix et la sécurité de l'humanité, adopté par la CDI en 1996, dispose que « Un individu est tenu responsable d'un crime visé à l'article 17,18, 19 ou 20, si cet individu : ... f) Incite directement et publiquement un autre individu à commettre un tel crime, dans la mesure où ce crime a été effectivement perpétré ». Les articles 17, 18, 19 et 20 de ce projet incriminent le génocide, les crimes contre l'humanité, les crimes contre le personnel des Nations Unies et le personnel associé ainsi que les crimes de guerre. Ce projet incrimine donc l'incitation ou la provocation directe et publique à commettre les infractions prévues par ces articles.

En analysant la provocation prévue par le projet de Code des crimes contre la paix et la sécurité de l'humanité, nous constatons qu'il existe deux différences entre l'incrimination de la provocation par ce projet et les Statuts du TPIY et du TPIR. Premièrement, ce projet, comme la Convention pour la prévention et la répression du crime de génocide, n'incrimine que la provocation directe et publique. Autrement dit, d'après ce projet, la provocation indirecte ou individuelle ne sera pas punie, tandis que les Statuts du TPIY et du TPIR n'utilisent pas les mots directement et publiquement. La provocation prévue par ces textes peut donc être directe ou indirecte, publique ou individuelle. Le TPIR dans l'affaire Jean-Paul AKAYESU du 1er juin 2001, confirme que hormis le cas de provocation directe et publique à commettre le crime de génocide, l'incitation ou la provocation « ne doit pas nécessairement revêtir un caractère direct et public » [58]. En revanche, ce tribunal dans la même affaire, mais dans la décision de première instance du

58. TPIR, La Chambre d'Appel, *Le procureur c/Jean-Paul AKAYESU,* ICTR-96-4-A, Jugement, 1er juin 2001, §483.

2 septembre 1998 [59], précise que l'incitation ou la provocation à commettre le crime de génocide est constitutive d'infraction même lorsqu'elle n'est pas suivie d'effet, à condition qu'elle soit directe et publique. En d'autres termes selon le TPIR, la provocation directe et publique au génocide constitue le crime de génocide même lorsqu'elle n'est pas suivie d'effet. Cette décision démontre bien que la provocation directe et publique au génocide est une infraction indépendante de l'infraction principale et qu'elle constitue une infraction-obstacle au génocide. Deuxièmement, l'article 19 de ce projet incrimine les crimes contre le personnel de l'ONU et le personnel associé, tandis que cette infraction ne rentre pas dans le cadre des crimes internationaux les plus graves comme le génocide et le crime contre l'humanité ; les textes précédents ne l'ayant pas incriminée.

L'article 25 du Statut de la CPI, précisant la responsabilité pénale individuelle, dans son §3 b et e, dispose que « …3) aux termes du présent Statut, une personne est pénalement responsable et peut être punie pour un crime relevant de la compétence de la Cour si : a)…b) Elle ordonne, sollicite ou encourage la commission d'un tel crime, dès lors qu'il y a commission ou tentative de commission de ce crime ;… e) s'agissant du crime de génocide, elle incite directement et publiquement autrui à le commettre ». Selon le §3 b de cet article, une personne qui ordonne, sollicite ou encourage la commission d'un crime relevant de la compétence de la Cour, est pénalement responsable et peut être punie pour ce crime. Dans le §3 b les verbes utilisés sont : ordonner, solliciter et encourager ; ils impliquent donc une provocation, perpétrée entres autres par le supérieur hiérarchique qui incite ses subordonnés par l'ordre ou l'encouragement.

Il faut noter que, selon le §3 b, la personne qui provoque autrui à commettre les crimes prévus par le Statut de la CPI, peut être punie pour les crimes de génocide, crime contre l'humanité, crime de guerre et crime d'agression. En revanche, le §3 e) distingue le génocide des autres crimes, et précise que la provocation au génocide doit être directe et publique, alors que la provocation aux autres crimes prévus peut être directe ou indirecte, publique ou non-publique. Ainsi, l'article 211-2 du CP français incrimine la provocation publique et directe à commettre un génocide, et prévoit différentes peines selon que la provocation ait été suivie d'effet ou non. Cet article dispose que : « la provocation publique et directe, par tous moyens, à commettre un génocide est punie de la réclusion criminelle à perpétuité si cette provocation a été suivie d'effet. Si la provocation n'a pas été suivie d'effet, les faits sont punis de sept ans d'emprisonnement et de 100 000 € d'amende ».

---

59. TPIR, La décision de première instance, *Le procureur c/Jean-Paul AKAYESU,* ICTR-96-4-T, Jugement, 2 septembre 1998, § 562.

L'étude de la provocation, en droit international pénal et dans les textes internationaux, nous montre que la provocation à commettre les crimes internationaux les plus graves est une infraction autonome de ces crimes, et que son auteur sera puni indépendamment de l'auteur principal. La provocation est donc une infraction-obstacle aux crimes internationaux les plus graves, bien qu'elle se présente dans le cadre de la responsabilité pénale individuelle et non pas comme une infraction autonome et indépendante. Nous avons constaté que l'association de malfaiteurs et la provocation étaient deux concepts que le droit pénal interne considérait comme deux infractions-obstacles générales, et que le droit international pénal présentait dans le cadre de la responsabilité pénale. Mais ces deux expressions possèdent des définitions dans les deux domaines interne et international. Outre ces infractions-obstacles générales pouvant être étudiées ; existent pour toute infraction, des infractions-obstacles spéciales, difficiles à cerner, sauf dans le cas de certaines infractions spécifiques. Mais elles peuvent être aussi les témoins de la présence du concept d'infraction-obstacle en droit international pénal.

Section 2. Infractions-obstacles spéciales

L'infraction-obstacle spéciale est une expression que nous utiliserons pour présenter des infractions communes au droit pénal interne et international prévues en tant qu'actes préparatoires à certaines infractions spéciales. Par exemple, le financement du terrorisme et le trafic de drogue constituent des actes préparatoires au terrorisme et à la consommation de drogue, prévues pour en empêcher la commission.

A. Financement du terrorisme

Le terrorisme est une infraction grave, envisagée en tant que criminalité collective [60]. En droit pénal français, le terrorisme est entré dans le cadre des infractions constitutives d'une criminalité organisée [61]. Le deuxième titre du quatrième livre du CP français le définit ainsi dans le cadre des crimes et délits contre la nation, l'État et la paix publique [62].

---

60. Michel MASSE, *« La criminalité terrorisme »*, RSC, Janvier/Mars 2012, p.89.

61. *Ibid.*, p. 90.

62. Selon l'article 421-1 du CP français les actes de terrorisme sont : « 1° Les atteintes volontaires à la vie, les atteintes volontaires à l'intégrité de la personne, l'enlèvement et la séquestration ainsi que le détournement d'aéronef, de navire ou de tout autre moyen de transport, définis par le livre II du présent code; 2° Les vols, les extorsions, les destructions, dégradations et détériorations, ainsi que les infractions en matière informatique définis par le livre III du présent code; 3° Les infractions en matière de groupes de combat et de

Une des caractéristiques de la criminalité terroriste est sa dimension internationale [63]. En droit international pénal, outre le droit pénal interne, le terrorisme est une infraction ancienne. Les deux premières conventions internationales consacrées à la répression pénale des actes de terrorisme ont été adoptées à l'époque de la S.d.N., en 1937, sans jamais entrer en vigueur. Aujourd'hui, à l'échelle internationale, coexistent différents textes comme des Conventions sectorielles universelles [64], des Conventions régionales [65], des Résolutions de l'Assemblée générale de l'ONU [66], des Résolutions du Conseil de sécurité de l'ONU [67] et deux Conventions européennes qui présentent le terrorisme. De plus, la doctrine internationale essaie d'établir un rapprochement entre terrorisme et crime contre l'humanité qui est un des crimes internationaux les plus graves [68].

Ainsi, avec le tribunal spécial pour le Liban, nous observons les premiers pas vers une compétence des juridictions pénales internationales en matière de terrorisme. Ce tribunal, crée par un accord entre l'ONU et le Liban, est compétent pour juger les personnes responsables de l'attentat du 14 février 2005 ayant entraîné la mort de l'ancien Premier ministre libanais Rafic Hariri et de vingt et une autres personnes.

---

mouvements dissous définis par les articles 431-13 à 431-17 et les infractions définies par les articles 434-6 et 441-2 à 441-5; 4° Les infractions en matière d'armes, de produits explosifs ou de matière nucléaires... ; 5° Le recel du produit de l'une des infractions prévues aux 1° à 4° ci-dessus; 6° Les infractions de blanchiment prévues au chapitre IV du titre II du livre III du présent code; 7° Les délits d'initié prévus à l'article L. 465-1 du code monétaire et financier ».

63. Michel MASSE, *Op.cit.*, p. 91.

64. Il existe seize traités antiterroristes universels. Ces traités ont été élaborés et conclus au sein de l'ONU et de certaines institutions spécialisées. Concernant leur contenu, les conventions antiterroristes universelles ne prévoient pas de sanction pénale pour les actes de terrorisme et ce sont les États qui organisent la répression.

65. Plusieurs conventions antiterroristes ont été rédigées par des Organisations internationales comme l'Organisation de la Conférence Islamique (OCI), l'Organisation de l'Unité Africaine (OUA), la Ligue des États Arabes (LEA), le Conseil de l'Europe.

66. À partir des années 1970, l'Assemblée a adopté un grand nombre de résolutions contre le terrorisme. Les Résolutions 3034 (1972), 31/102 (1976), 32/147 (1977), 34/145 (1979), 36/109 (1981), 38/130 (1983), 40/61 (1985), 42/159 (1987), 44/29 (1989) traitent de la lutte antiterroriste.

67. Le Conseil de sécurité s'est imposé comme un acteur de premier plan dans la lutte contre le terrorisme depuis les années quatre-vingt-dix, dans le cadre du chapitre VII de la charte des Nations Unies.

68. Mireille DELMAS-MARTY, Les forces imaginantes du droit (I). Le relatif et l'universel, Paris, éd. Du Seuil, 2004, p. 289; Mireille DELMAS-MARTY, *« Les crimes internationaux peuvent-ils contribuer au débat entre universalisme et relativisme des valeurs ? »*, in Antonio CASSESE et M. DELMAS-MARTY (dir.), *Crimes internationaux et juridictions internationales,* PUF, 2002, p. 62 et s.

Pour Michel MASSÉ, « il existe, depuis quelques décennies, de fortes interactions normatives, d'une part, entre le droit interne et le droit international, d'autre part, entre les différentes sources du droit international (droit international général et droit européen), enfin entre les deux branches du droit européen (Conseil de l'Europe et Union européenne). Dans ces échanges, le terrorisme joue aujourd'hui le rôle moteur qui était celui du trafic de stupéfiants dans les années 1960-1980 » [69]. De ce fait, le terrorisme se retrouve dans différents domaines juridiques tels que le droit pénal interne, le droit européen et le droit international pénal.

La présence du terrorisme dans ces différentes sphères (interne, européenne et internationale) démontre l'importance, la gravité et la multiplicité des actes de terrorisme. En effet, l'humanité actuelle est victime de ces actes et nous voyons régulièrement des attentats terroristes dans le monde entier. En outre, le développement technologique et scientifique a élargi considérablement le domaine du terrorisme et il existe de nouvelles formes de terrorisme dans le cadre « d'actions terroristes extraordinaires » [70] ou hyperterrorisme qui pourraient avoir des conséquences massives. Les attaques bioterroristes et le terrorisme nucléaire sont autant d'exemples de ces nouvelles formes. Par conséquent le terrorisme est d'ores et déjà considéré comme une criminalité subversive [71] qui représente l'une des plus graves menaces contre la paix et la sécurité internationale [72].

La gravité et le nombre des actes terroristes nécessitent d'en empêcher la commission et non d'en sanctionner seulement les auteurs. Une des façons de les combattre est d'incriminer leurs actes préparatoires, tout en déterminant leurs infractions-obstacles. Le terrorisme est une infraction collective qui se définit dans le domaine de la criminalité organisée. Cette dernière requière les capitaux et le financement indispensables pour commettre cette catégorie d'infraction. Le financement du terrorisme peut donc être considéré comme un acte préparatoire et une infraction-obstacle au terrorisme que le législateur interne et international ont incriminé afin d'empêcher la commission du terrorisme. Le préambule de la Convention internationale du 9 décembre 1999 pour la répression du financement du terrorisme confirme cette idée en déclarant que « le nombre et la gravité des actes de terrorisme international sont fonction des ressources financières que les terroristes peuvent obtenir ». Nous allons à présent étudier cette infraction comparée en droit pénal français et en droit international pénal

69. Michel MASSÉ *« La criminalité terrorisme »*, RSC, Janvier/Mars 2012, p. 104.

70. Julie ALIX, *Terrorisme et droit pénal, Étude critique des incriminations terroristes*, Paris, Dalloz, 2010, p. 551.

71. Michel MASSÉ, *Op. cit.*, p. 104.

72. Résolution 1535 du Conseil de sécurité de l'ONU du 26 mars 2004.

pour davantage dévoiler le concept d'infraction-obstacle en droit international pénal.

1. Financement du terrorisme en droit pénal français

Suite aux attentats survenus aux États-Unis le 11 septembre 2001, le législateur français, comme dans plusieurs autres pays pouvant être la cible des tels actes, a prévu des infractions pour empêcher les actes de terrorisme. Autrement dit le législateur français a considéré le terrorisme comme une infraction grave dont il fallait prévenir la commission. Pour ce faire, « la loi du 15 novembre 2001 complète la liste des incriminations terroristes par trois qualifications destinées à lutter spécifiquement contre le financement du terrorisme » [73]. L'infraction du financement du terrorisme est donc née dans un contexte préventif et peut être considérée comme l'acte préparatoire ou l'infraction-obstacle au terrorisme.

Le deuxième titre du quatrième livre du CP français prévoit le terrorisme et les infractions liées au terrorisme. Dans ce titre, l'article 421-2-2 définit l'infraction du financement du terrorisme en proclamant que « constitue également un acte de terrorisme le fait de financer une entreprise terroriste en fournissant, en réunissant ou en gérant des fonds, des valeurs ou des biens quelconques ou en donnant des conseils à cette fin, dans l'intention de voir ces fonds, valeurs ou biens utilisés ou en sachant qu'ils sont destinés à être utilisés, en tout ou partie, en vue de commettre l'un quelconque des actes de terrorisme prévus au présent chapitre, indépendamment de la survenance éventuelle d'un tel acte ». Cet article considère donc le financement du terrorisme comme un acte de terrorisme intrinsèque. Autrement dit, selon cet article, le fait de financer une entreprise terroriste constituerait en soi un acte terroriste. Le financement, en tant qu'acte préparatoire, serait donc considéré comme un acte principal de terrorisme. De plus, l'expression l'entreprise terroriste nous montre que cet article considère uniquement le financement du terrorisme collectif, sans s'intéresser au financement du terrorisme individuel prévu par l'article 434-6 du CP.

L'article 421-2-2 du CP français liste également les modalités de financement du terrorisme à savoir : fournir, réunir ou gérer des fonds, des valeurs ou des biens utilisés. En outre, sont aussi criminalisés les conseils donnés à cette fin ; ce qui montre toute l'importance du vaste élément matériel de cette infraction en droit pénal français par rapport au droit international pénal que nous étudierons dans le prochain paragraphe. En revanche, ces actes doivent être commis en vue de la réalisation d'un

73. Julie ALIX, *Op. cit.*, p. 131.

quelconque acte de terrorisme. L'intention de commettre un acte terroriste est donc nécessaire pour que les actes prévus par l'article 421-2-2 soient qualifiés d'infraction. Cette condition nous montre que les actes prévus par cet article sont comme des actes préparatoires mais indépendant des actes terroristes. Il s'agit donc des infractions-obstacles au terrorisme.

En plus de l'article 421-2-2 du CP français, l'article 434-6 de ce code prévoit également l'incrimination du financement du terrorisme, mais de manière implicite. Il semble que deux différences subsistent entre ces deux articles. Premièrement selon l'article 434-6 « le fait de fournir à la personne auteur ou complice d'un crime « ou d'un acte de terrorisme puni d'au moins dix ans d'emprisonnement » un logement, un lieu de retraite, des subsides, des moyens d'existence ou tout autre moyen de la soustraire aux recherches ou à l'arrestation est puni de trois ans d'emprisonnement et de 45 000 euros d'amende. Les peines sont portées à cinq ans d'emprisonnement et à 75 000 euros d'amende lorsque l'infraction est commise de manière habituelle ». Dans cet article, nous remarquons l'emploi du verbe « fournir » et non pas celui du verbe « financer ». En effet, le législateur prévoit « fournir un logement, un lieu de retraite, des subsides, des moyens d'existence ou tout autre moyen de la soustraire aux recherches ou à l'arrestation » afin de commettre un acte terroriste, comme l'élément matériel de cette infraction. L'incrimination du financement du terrorisme par cet article est donc implicite. Deuxièmement, la personne auteur ou complice du financement du terrorisme est considérée ici comme un individu et non pas comme une entreprise terroriste. Autrement dit, dans cet article, le législateur considère plutôt le terrorisme individuel et non pas le terrorisme collectif.

Au-delà du CP français, le Code Monétaire et financier, dans son sixième titre du cinquième livre, intitulé « Obligations relatives à la lutte contre le blanchiment des capitaux, le financement des activités terroristes et les loteries, jeux et paris prohibés », examine le financement du terrorisme sans toutefois le définir. Contrairement au CP, on ignore comment le présente le législateur. Dans son ensemble, il faut considérer le terrorisme comme un concept ayant dépassé les frontières des Etats. Son financement, dépendamment de ses méfaits et comme acte préparatoire à celui-ci, se développe dans le domaine international. Cette présence confirme l'idée que le concept d'infraction-obstacle évolue en droit international pénal.

2. Financement du terrorisme à l'échelle internationale

Depuis les événements du 11 septembre 2001, le financement du terrorisme international, comme à l'échelle du droit pénal interne, est devenu un sujet inévitable. Bien qu'avant ces événements, la Convention du 9 décembre 1999 pour la répression du financement du terrorisme, adoptée par l'Assemblée générale de l'ONU, ait développé l'idée de la lutte contre le financement du terrorisme.

Le financement du terrorisme international est plus vaste qu'à l'échelle interne, pour deux raisons. Premièrement, il peut être commis par deux catégories d'acteurs : les États et les groupements privés, tandis que le financement du terrorisme en droit pénal interne est toujours commis par des individus ou des groupes d'individus. En effet, « le rôle des États dans l'encouragement ou la mise à disposition de moyens, y compris de financement, du terrorisme international correspond à une réalité »[74]. Dans le domaine international, les États peuvent donc être considérés comme des acteurs du financement du terrorisme. Soit un État peut être directement l'auteur d'un acte terroriste, soit il peut donner refuge à des terroristes ou le territoire d'un État peut être le centre des actes terroristes sans qu'il les contrôle. Parmi ces trois sortes de comportement, le premier est plus courant et le rôle d'État peut s'avérer plus actif, comme le confirme l'article 2 de la Convention internationale pour la répression du financement du terrorisme de 999. En outre, selon la résolution 49/60 du 17 février 1995 de l'Assemblée générale de l'ONU « les États doivent également remplir les obligations que leur impose la Charte des Nations Unies et d'autres dispositions du droit international dans la lutte contre le terrorisme et sont instamment priés de prendre des mesures efficaces et résolues, conformément aux dispositions applicables du droit international et aux normes internationales relatives aux droits de l'homme, pour éliminer rapidement et définitivement le terrorisme international, et en particulier : a) De s'abstenir d'organiser, de fomenter , de faciliter, de financer, d'encourager ou de tolérer des activités terroristes et de prendre les mesures pratiques voulues pour que leur territoires ne servent pas à des installations ou à des camps d'entraînement de terroristes, ni à la préparation ou à l'organisation d'actes terroristes à l'encontre d'autres États ou de leurs ressortissant ».

Ainsi la Résolution 1269 du 19 octobre 1999 du Conseil de sécurité s'appuie sur ce sujet en expliquant que « l'élimination des actes de terrorisme international, y compris ceux dans lesquels sont impliqués des États, constitue une contribution essentielle au maintien de la paix et de la sécurité internationales ». Il existe également d'autres résolutions spécifiques de l'ONU visant à prévenir certains États contre le terrorisme. Par exemple la Résolution 1044 du 31 janvier 1996 du Conseil de sécurité demande au Gouvernement soudanais de se conformer sans plus attendre aux demandes de l'organisation de l'unité africaine tendant à ce qu'il … « b) renonce à

---

74. Yas BANIFATEMI, *« La lutte contre le financement du terrorisme international »*, AFDI, Vol. 48, 2002, p. 104.

aider, soutenir et faciliter des activités terroristes, ainsi que donner asile ou refuge à des éléments terroristes, et respecte pleinement, dans ses relations avec ses voisins et les autres pays, les principes de la Charte de l'ONU et de la Charte de l'Organisation de l'Unité africaine ». L'autre exemple est la résolution 748 du 31 mars 1992 du Conseil de sécurité qui oblige l'État libyen « à cesser de manière définitive toute forme d'action terroriste et toute assistance aux groupes terroristes et qu'il doit rapidement, par des actes concrets, montrer sa renonciation au terrorisme ». Ces exemples nous montrent que la présence de l'État dans le financement et la commission du terrorisme international est indubitable. En revanche, le terrorisme d'État n'est pas un concept simple pouvant facilement apparaître dans les textes internationaux. En effet, ces textes, notamment la Convention de 1999, considèrent « les actes commis par des « personnes », en mettant charge des États parties des mesures relevant de la prévention et de la sanction d'actes commis par celles-ci » [75].

La deuxième raison, qui explore le vaste domaine du financement du terrorisme international par rapport à son équivalent interne, réside dans les sources du financement du terrorisme mêm e. Ces sources peuvent être étudiées en deux catégories : les sources illicites et les sources licites. La résolution 1373 du 28 septembre 2001 du Conseil de sécurité proclame que « les liens étroits existant entre le terrorisme international et la criminalité transnationale organisée, la drogue illicite, le blanchiment d'argent, le trafic d'armes et le transfert illégal de matières nucléaires, chimiques, biologiques et autres présentant un danger mortel ». Les États membres du GAFI [76], dans leurs rapports, ont annoncé que la principale source de fonds illégaux provenait en premier lieu du trafic de stupéfiants, avant les divers types de fraude (bancaire et financière, fiscale, taxe sur la valeur ajoutée, hypothèque vente à distance, etc.) [77].

Parallèlement aux sources illicites de financement du terrorisme international, il existe des modes licites qui sont plutôt des financements étatiques. En effet, les dons et contributions volontaires à des organismes à

75. Yas BANIFATEMI, *Op. cit.*, p. 107.

76. Le Groupe d'action financière (GAFI) est un organisme intergouvernemental créé en 1989 par les Ministres de ses états membres. Les objectifs du GAFI sont l'élaboration des normes et la promotion de l'efficace application de mesures législatives, réglementaires et opérationnelles en matière de lutte contre le blanchiment de capitaux, le financement du terrorisme et les autres menaces liées pour l'intégrité du système financier international. Le Groupe d'action financière est donc un organisme d'élaboration des politiques qui s'efforce de susciter la volonté politique nécessaire pour effectuer les réformes législatives et réglementaires dans ces domaines.

77. Voir le rapport sur les typologies du blanchiment de capitaux, GAFI, 1999-2000, 3 février 2000, p. 13.

vocation religieuse, culturelle, éducative ou sociale peuvent être détournés et entrer dans cette catégorie de financement. Ainsi, « Zakât », concept présent dans la tradition islamique selon lequel les musulmans paient un tribut au titre de la solidarité, peut être utilisé au bénéfice de la société civile. Il peut être comparé à l'impôt dans la société actuelle. En revanche, Zakât, qui doit être utilisé pour le développement de la société musulmane, est devenu, dans certains cas, une source de financement des actes terroristes, justifiés par un autre concept islamique intitulé « Djihad » (issu du mot Djahd qui signifie « essayer » dans le sens de « développer la société musulmane » et non pas des mots Harb et Ghetal qui signifient « guerre » ; Djihad ne signifie donc pas « guerre et violence »).

Nous remarquons que les sources de financement du terrorisme à l'échelle internationale sont plus nombreuses et plus diverses que leurs équivalents internes. Des États nourrissent ces sources en finançant ainsi le terrorisme international. C'est pourquoi le financement du terrorisme international est comparable à une infraction large et les différentes institutions internationales soit étatiques comme l'Union Européenne, l'ONU, le Conseil de sécurité de l'ONU, le GAFI et le TRACFIN [78] soit privées comme le Groupe Egmont [79] ou le groupe de Wolfsberg [80] ont développé ce thème dans leurs travaux, et ont ainsi établi plusieurs textes internationaux traitant du financement du terrorisme et le criminalisant.

De tous les textes internationaux rédigés soit par les organisations internationales comme l'ONU soit par les groupes privés, la Convention de 1999 de l'ONU pour la répression du financement de terrorisme en est le

---

78. Organisme français créé le 9 mai 1990 en tant que cellule de renseignement financier (article L561-3 du Code Monétaire et Financier), TRACFIN (cellule de Traitement du Renseignement et Action contre les Circuits Financiers clandestins) est au cœur de la lutte contre le financement du terrorisme et demeure un instrument clé de la prévention depuis le début de son activité le 13 février 1991. TRACFIN est un service administratif rattaché au ministère des Finances et appartient au pôle ministériel de lutte contre les circuits financiers clandestins. Le rôle de TRACFIN est essentiel : il recueille, traite et diffuse les informations relatives aux circuits financiers clandestins et au blanchiment d'argent; et, reçoit et enrichit les déclarations de soupçon des personnes qui y sont assujetties. Agissant comme un filtre, il les transmet, après expertise, au Procureur de la République (excepté en matière de fraude fiscale) s'il estime qu'une infraction est constituée.

79. Le Groupe Egmont est un organisme informel des agences gouvernementales spécialisées dans la lutte contre le blanchiment mis en place en 1995, spécialisé dans la coordination des renseignements d'ordre financier et regroupant les cellules gouvernementales de renseignements financiers.

80. Le groupe de Wolfsberg d'établissements financiers est fondé par douze grandes banques internationales, et selon sa déclaration sur la répression du financement du terrorisme, il s'engage à participer à la lutte contre le terrorisme et le financement du terrorisme.

plus important. Ainsi, elle définit bien le concept du financement du terrorisme à l'échelle internationale. En effet, le projet de cette Convention a été déposé par la France en juillet 1998 à la suite des attentats perpétrés contre les ambassades américaines de Dar-es-Salam (Tanzanie) et de Nairobi (Kenya). L'article 2 de cette convention définit le financement du terrorisme et prévoit que « commet une infraction au sens de la présente Convention toute personne qui, par quelque moyen que ce soit, directement ou indirectement, illicitement et délibérément, fournit ou réunit des fonds dans l'intention de les voir utilisés ou en sachant qu'ils seront utilisés, en tout ou en partie, en vue de commettre : a) un acte qui constitue une infraction au regard et selon la définition de l'un des traités énumérés en annexe ; b) tout autre acte destiné à tuer ou blesser grièvement un civil, ou toute autre personne qui ne participe pas directement aux hostilités dans une situation de conflit armé lorsque, par sa nature ou son contexte, cet acte vise à intimider une population ou à contraindre un gouvernement ou une organisation internationale à accomplir ou à s'abstenir d'accomplir un acte quelconque ».

Cet article présente également l'élément matériel du financement du terrorisme international qui est de fournir ou réunir des fonds dans l'intention de les voir utilisés ou en sachant qu'ils seront utilisés, en tout ou en partie, en vue de commettre les actes terroristes, prévus par cet article. En effet, il incrimine des actes comme fournir ou réunir des fonds qui sont des actes préparatoires au terrorisme. Par conséquent selon cet article, le financement du terrorisme international est une infraction-obstacle au terrorisme international. La préhension du financement du terrorisme par le droit pénal interne ou par le droit international pénal, a donc le même objectif : la prévention et la lutte contre le terrorisme. Ce point commun entre le droit pénal interne et le droit international pénal confirme donc l'existence du concept d'infraction-obstacle en droit international pénal.

Il faut également considérer que la Convention pour la répression du financement du terrorisme engage les États parties à incriminer dans leur droit pénal, les infractions qu'elle prévoit. Par conséquent le droit pénal interne, dans le domaine du financement du terrorisme, suit le même processus que le droit international pénal. L'article 4 de cette convention précise cet engagement des États en disant que « chaque État Partie prend les mesures qui peuvent être nécessaires pour : a) Ériger en infractions pénales au regard de son droit interne les infractions visées à l'article 2 ; b) Punir ces infractions de peines appropriées compte tenu de leur gravité ». En outre, selon l'article 5 de cette convention, les États peuvent prévoir la responsabilité civile ou administrative des personnes morales. Donc, concernant le financement du terrorisme international, coexistent deux formes de responsabilité : la responsabilité des personnes physiques, qui est responsabilité pénale et celle des personnes morales, responsabilité civile ou administrative.

Il a été enfin constaté que le financement du terrorisme, qui est comme un acte préparatoire et une infraction-obstacle au terrorisme, se présentait tant en droit pénal interne qu'en droit international pénal. Le concept d'infraction-obstacle existe donc bel et bien en droit international pénal, et mérite d'être ainsi dévoilé. Au-delà du financement du terrorisme, se trouve également une catégorie d'infractions présente dans les domaines interne et international, démontrant l'existence du concept d'infraction-obstacle à ces deux échelles. Cette catégorie d'infractions présente la production, l'importation, l'exportation, le transport, la détention, l'offre, la cession, l'acquisition ou l'emploi illicite de drogue, réunis plutôt sous le vocable de « trafic de drogue ». Le domaine juridique, quant à lui, utilise deux termes quasiment identiques : « stupéfiant et drogue ». La plupart des dictionnaires juridiques les définissent de même manière et ils les considèrent équivalents [81]. Dans les textes soit internes soit internationaux, le terme le plus utilisé est stupéfiant. Pour exemple, le CP français en droit pénal interne et la Convention Unique sur les stupéfiants en droit international pénal emploient le terme stupéfiant. En revanche, la Convention sur les substances psychotropes utilise le terme de « substances psychotropes » terme différent de celui de « stupéfiant ». Pour sa part, la Convention des Nations Unies contre le trafic illicite de stupéfiants et de substances psychotropes utilise les deux termes de « stupéfiants » et de « substances psychotropes ». Dans le prochain paragraphe nous opterons pour le titre « trafic de drogue » qui englobe les termes de trafic de stupéfiants et de trafic de substances psychotropes.

B. Trafic de drogue

L'expression trafic de drogue recouvre le trafic de substances psychotropes et le trafic de stupéfiants. Le terme trafic signifie « commerce » [82], mais du point de vue juridique, celui-ci recouvre, selon les différents textes, les activités suivantes : culture, fabrication, vente, achat, etc. Le concept de trafic est donc vaste et relatif aux textes qui présentent le phénomène.

Le terme stupéfiant se définit comme « substance toxique agissant sur le système nerveux, soit comme narcotique, soit comme euphorisant et dont

81. Voir Jean-Paul DOUCET, *Dictionnaire du droit criminel*, ledroitcriminel.free.fr.

82. Josette REY-DEBOVE et Alain REY (dir.), *Le petit Robert, Dictionnaire alphabétique et analogique de la langue française*, Paris, éd. Le Robert, 2013, p. 2592.

l'usage provoque une dépendance »[83]. Du point de vue juridique, cette expression présente « l'ensemble des substances ou plantes classées comme telles par voie réglementaire (Code Santé Publique), parce que reconnues vénéneuses et de nature à provoquer chez l'utilisateur une sorte d'ivresse intoxicante»[84]. Il faut considérer que le concept de stupéfiant se développe avec le temps et sa définition évolue car la liste des substances classées comme stupéfiants progresse sans cesse.

Les effets négatifs de la consommation de stupéfiants, soit individuels soit sociaux, obligent le droit pénal interne et le droit international pénal, à incriminer certains actes liés à ce phénomène, afin de le réduire. Ces actes peuvent être liés à la culture, à la production et au trafic de stupéfiants. En effet, ce sont des points communs au droit pénal interne et au droit international pénal, reconnus comme actes préparatoires à la consommation de stupéfiants, et semblent-ils infractions-obstacles à cette même consommation.

1. Trafic de drogue en droit pénal français

Le CP français, dans le cadre des crimes et délits contre les personnes, intitule la quatrième section du chapitre second du deuxième titre « du trafic de stupéfiants ». Il incrimine donc les comportements liés au trafic de stupéfiants dans les articles 222-34 au 222-43-1, et présente les actes considérés comme rattachés à ledit trafic. Selon l'article 222-35 du CP français « la production ou la fabrication illicites de stupéfiants sont punies de vingt ans de réclusion criminelle et de 7 500 000 euros d'amende. Ces faits sont punis de trente ans de réclusion criminelle et de 7 500 000 euros d'amende lorsqu'ils sont commis en bande organisée ». Nous constatons que cet article incrimine la production ou la fabrication illicite de stupéfiants, mais peut-on limiter le concept de trafic à ces deux actes ? En effet, le CP français ne se limite pas à la production et à la fabrication prévues par l'article 222-35. Il expose aussi, dans son article 222-36, que « l'importation ou l'exportation illicites de stupéfiants sont punies de dix ans d'emprisonnement et de 7 500 000 euros d'amende… ». L'importation et l'exportation illicites de stupéfiants sont donc deux actes incriminés par cet article dans le cadre du trafic de stupéfiants.

Outre ces deux articles, l'article 222-37 proclame que « le transport, la détention, l'offre, la cession, l'acquisition ou l'emploi illicites de stupéfiants sont punis de dix ans d'emprisonnement et de 7 500 000 euros d'amende. Est

83. *Ibid.*, p. 2442.

84. CORNU Gérard (dir.), *Vocabulaire juridique*, Paris, PUF, 9e éd., 2011, p. 981.

puni des mêmes peines le fait de faciliter, par quelque moyen que ce soit, l'usage illicite de stupéfiants, de se faire délivrer des stupéfiants au moyen d'ordonnances fictives ou de complaisance, ou de délivrer des stupéfiants sur la présentation de telles ordonnances en connaissant leur caractère fictif ou complaisant… ». Dans cet article, le transport, l'offre, la cession, l'acquisition ou l'emploi illicite de stupéfiants sont des actes incriminés dans le cadre du trafic de drogue.

L'étude de ces trois articles démontre que le CP français donne un concept large du trafic de stupéfiants couvrant plusieurs actes tels : la production, la fabrication, l'importation, l'exportation, le transport, la détention, l'offre, la cession, l'acquisition ou l'emploi illicites de stupéfiants. Au-delà du droit pénal interne, le trafic de stupéfiants est incriminé par le droit international pénal en tant qu'infraction internationale conventionnelle.

2. Trafic de drogue : Infraction internationale par mode d'incrimination

Nous avons déjà remarqué que les infractions internationales pouvaient être classées selon deux catégories : les infractions internationales par nature et les infractions internationales par mode d'incrimination. Les infractions par mode d'incrimination, contrairement aux infractions comme le crime contre l'humanité ou le génocide, ne sont pas de nature internationale mais certaines conventions internationales les incriminent. Le trafic de stupéfiants entre dans cette catégorie. Les trois Conventions internationales suivantes l'ont d'ailleurs incriminé.

2.1. Convention Unique sur les stupéfiants

La Convention Unique sur les stupéfiants, signée à New York le 30 mars 1961, entrée en vigueur en 1964, constitue le principal texte de droit international en matière de stupéfiants. Cette convention est qualifiée d'« unique » car elle remplace plusieurs Conventions précédentes, notamment la Convention de la Haye de 1912 sur l'opium, les Conventions de Genève de 1925 et de 1931 sur les drogues manufacturées, ainsi que certains protocoles marquant la phase de transfert des compétences de la S.D.N. à l'ONU en matière de contrôle des stupéfiants. Il existe d'ailleurs quatre tableaux annexes à cette Convention, qui listent des stupéfiants ou des préparations. Les stupéfiants et les préparations prévus par ces tableaux ne sont pas limités et une nouvelle substance ou préparation peut y être intégrée conformément à la procédure définie à l'article 3 de ladite Convention, fixant le rôle de la Commission des stupéfiants, du Conseil économique et social de l'ONU et de l'Organisation Mondiale de la Santé [85].

L'article premier de cette Convention définit les expressions employées par le texte. Parmi elles, nous remarquons le sens des termes « stupéfiant et trafic de stupéfiants ». Selon le § j) de cet article le terme stupéfiant désigne toute substance des Tableaux I et II, qu'elle soit naturelle ou synthétique et ces tableaux sont annexés à la Convention. « L'appartenance au tableau I dépend de critères de comparaison par rapport à trois substances de base (morphine, cocaïne et cannabis), et l'appartenance au tableau II dépend de

85. L'article 3 de la Convention Unique sur les stupéfiants, dénommé « Modifications du champ d'application du contrôle » proclame que « 1. Si une Partie ou l'Organisation mondiale de la santé est en possession de renseignements qui, à son avis, rendent nécessaire de modifier l'un ou l'autre des Tableaux, elle adressera au Secrétaire général une notification accompagnée de tous les renseignements pertinents à l'appui de celle-ci. 2. Le Secrétaire général communiquera cette notification et les renseignements qu'i jugera pertinents aux Parties, à la Commission et, si la notification a été adressée par une Partie, à l'Organisation mondiale de la santé. 3. Si une notification se rapporte à une substance qui n'est pas déjà inscrite au Tableau I ou au Tableau II, i) Toutes les Parties examineront, compte tenu des renseignements disponibles, la possibilité d'appliquer provisoirement à la substance toutes les mesures de contrôle applicables aux stupéfiants du Tableau I ; ii) En attendant sa décision, prise en vertu du sous-paragraphe iii) du présent paragraphe, la Commission peut décider que les Parties appliquent provisoirement à ladite substance toutes les mesures de contrôle applicables aux stupéfiants du Tableau I. Les Parties appliqueront provisoirement ces mesures à la substance en question ; iii) Si l'Organisation mondiale de la santé constate que cette substance peut donner lieu à des abus analogues et produire des effets nocifs analogues à ceux des stupéfiants du Tableau I ou du Tableau II, ou qu'elle est transformable en un stupéfiant, elle en avisera la Commission, et celle-ci pourra alors décider, selon la recommandation de l'Organisation mondiale de la santé, que cette substance sera inscrite au Tableau I ou au Tableau II. 4. Si l'Organisation mondiale de la santé constate qu'une préparation ne peut, en raison des substances qu'elle contient, donner lieu à des abus ni produire d'effets nocifs (paragraphe 3) et que le stupéfiant qu'elle contient n'est pas facilement récupérable, la Commission, selon la recommandation de l'Organisation mondiale de la santé, pourra inscrire cette préparation au Tableau III. 5. Si l'Organisation mondiale de la santé constate qu'un stupéfiant du Tableau I est particulièrement susceptible de donner lieu à des abus et de produire des effets nocifs (paragraphe 3) et que ce danger n'est pas compensé par des avantages thérapeutiques appréciables que ne posséderaient pas des substances autres que celles du Tableau IV, la Commission peut, selon la recommandation de l'Organisation mondiale de la santé, inscrire ce stupéfiant au Tableau IV. 6. Lorsqu'une notification a trait à un stupéfiant du Tableau I ou du Tableau II ou à une préparation du Tableau III, la Commission, mise à part l'action prévue par le paragraphe 5, peut, selon la recommandation de l'Organisation mondiale de la santé, modifier l'un ou l'autre des Tableaux, soit : *a)* En transférant un stupéfiant du Tableau I au Tableau II ou du Tableau II au Tableau I ; ou *b)* En rayant un stupéfiant ou une préparation, selon le cas, d'un Tableau. 7. Toute décision de la Commission prise en application du présent article sera communiquée par le Secrétaire général à tous les États Membres de l'Organisation des Nations Unies, aux États non membres Parties à la présente Convention, à l'Organisation mondiale de la santé et à l'Organe. La décision prendra effet à l'égard de chaque Partie à la date de réception de la communication susvisée, et les Parties prendront alors toutes mesures requises par la présente Convention. 8. *a)* Toute décision de la Commission de modifier un tableau sera soumise à l'examen du Conseil si une Partie en fait la demande dans les quatre-vingt-dix jours qui suivront la réception de la notification de la décision. Cette demande sera présentée au Secrétaire général avec tous renseignements pertinents à l'appui. *b)* Le Secrétaire général communiquera copie de cette demande et des renseignements pertinents à la Commission, à l'Organisation mondiale de la santé et à toutes les Parties, qu'il invitera à présenter leurs observations dans les quatre-vingt-dix jours. Toutes les observations reçues seront soumises à l'examen du Conseil. *c)*Le Conseil pourra confirmer, modifier ou annuler la décision de la Commission ; il statuera en dernier ressort. Sa décision sera notifiée à tous les États Membres de l'Organisation des Nations Unies, aux États non membres Parties à la présente Convention, à la Commission, à l'Organisation mondiale de la santé et à l'Organe ».

critères de comparaison par rapport à deux autres substances de références (codéine et dextropropoxyphène) » [86].

D'après le § l) de l'article premier de cette Convention, l'expression trafic illicite désigne la culture ou tout trafic de stupéfiants contraires aux buts de la présente Convention. Nous constatons donc que le concept large de trafic de stupéfiants adopté par ce texte, recouvre ainsi la culture des stupéfiants. En d'autres termes, le trafic incriminé par cette Convention n'est pas seulement l'exportation et l'importation des stupéfiants, mais aussi leur culture, considérée comme élément constitutif du trafic des stupéfiants. Pour limiter ce trafic de stupéfiants, les articles 21 à 35 de cette Convention réglementent la production, la fabrication, le commerce et la détention des stupéfiants. Selon les articles 22 à 28, la culture du pavot à opium, du cocaïer [87] et de la plante de cannabis est limitée. Les articles 29 et 30 obligent les Etats parties à exiger que la fabrication, le commerce et la distribution des stupéfiants se réalisent sous licence ou par une entreprise d'Etat. De plus, selon l'article 31, les Etats parties doivent contrôler les importations et les exportations de stupéfiants. L'étude de cette Convention démontre que le concept de l'expression « trafic » est large et couvre la culture des stupéfiants. Ce dernier est donc une infraction-obstacle à la consommation de stupéfiants. Au-delà de cette Convention existe la Convention sur les substances psychotropes comme autre source d'interdiction du trafic des stupéfiants dans le domaine international.

2.2. Convention sur les substances psychotropes

La Convention du 21 février 1971 sur les substances psychotropes est un texte international important dans le domaine du trafic de stupéfiants, plaçant les substances psychotropes sous contrôle international. Le préambule de cette Convention expose les objectifs des Etats parties à établir cette Convention. Il proclame que « les parties, soucieuses de la santé physique et morale de l'humanité, préoccupées par le problème de santé publique et le problème social qui résultent de l'abus de certaines substances psychotropes, déterminées à prévenir et à combattre l'abus de ces substances et le trafic illicite auquel il donne lieu, considérant qu'il est nécessaire de prendre des mesures rigoureuses pour limiter l'usage de ces substances à des fins légitimes, reconnaissant que l'utilisation des substances psychotropes à des fins médicales et scientifiques est indispensable et que la possibilité de se

---

86. André DECOURRIER, *Les drogues dans l'Union Européenne, Le droit en question,* Bruxelles, Bruylant, 1996, p. 139.

87. Une plante d'Amérique du Sud de la famille des Erythoxylacées. Elle joue un rôle important dans la culture andine, à travers ses utilisations rituelles ou médicinales.

procurer des substances à ces fins ne devrait faire l'objet d'aucune restriction injustifiée, croyant que pour être efficaces les mesures prises contre l'abus de ces substances doivent être coordonnées et universelles, reconnaissant la compétence de l'ONU en matière de contrôle des substances psychotropes et désirant que les organes internationaux intéressés exercent leur activité dans le cadre de cette organisation, convaincues qu'une convention internationale est nécessaire pour réaliser ces fins, conviennent de ce qui suit… ». Les objectifs de cette Convention sont bien de protéger la santé physique et morale de l'humanité en limitant l'usage des substances prévues par cette Convention, afin d'en combattre l'abus et le trafic illicite. A cet effet, la Convention interdit le trafic illicite. Selon le préambule, il apparaît comme un acte préparatoire à la consommation de stupéfiants, et à ce titre, doit être contrôlé. Il peut être considéré comme une infraction-obstacle à l'usage de ces substances.

L'article 20 de cette Convention prévoit les mesures contre l'abus de substances psychotropes. Selon cet article « 1. Les Parties prendront toutes les mesures susceptibles de prévenir l'abus des substances psychotropes et d'assurer le prompt dépistage ainsi que le traitement, l'éducation, la post-cure, la réadaptation et la réintégration sociale des personnes intéressées ; elles coordonneront leurs efforts à cette fin. 2. Les Parties favoriseront, autant que possible, la formation d'un personnel pour assurer le traitement, la post-cure, la réadaptation et la réintégration sociale des personnes qui abusent de substances psychotropes. 3. Les Parties aideront les personnes qui en ont besoin dans l'exercice de leur profession à acquérir la connaissance des problèmes posés par l'abus des substances psychotropes et par sa prévention, et elles développeront aussi cette connaissance parmi le grand public s'il y a lieu de craindre que l'abus de ces substances ne se répande très largement ». L''article 20 suit une politique criminelle préventive afin de « prévenir l'abus de substances psychotropes ». Il demande aux Etats parties de favoriser « la formation de leurs personnels, la réadaptation et la réintégration sociales des usagers de substances psychotropes », ainsi que l'information des professionnels et du grand public. Cet article démontre que l'objectif de la Convention du 21 février 1971, sur les substances psychotropes, est la prévention de la consommation de ces substances afin de protéger « la santé physique et morale de l'humanité ».

Un tel objectif, dans le cadre de la politique criminelle préventive, illustre qu'en effet, la lutte contre le trafic illicite, prévue par l'article 21 de cette Convention, est une infraction-obstacle à l'usage des substances psychotropes. Autrement dit, l'incrimination du trafic illicite est prévue afin d'empêcher la consommation même de ces substances. L'article 21 proclame que « Compte dûment tenu de leurs régimes constitutionnel, juridique et administratif, les Parties : a) assureront sur le plan national la coordination de l'action préventive et répressive contre le trafic illicite; à cette fin elles pourront utilement désigner un service approprié chargé de cette coordination ; b) s'assisteront mutuellement dans la lutte contre le trafic illicite des substances psychotropes, et en particulier transmettront immédiatement aux autres Parties directement intéressées, par la voie diplomatique ou par l'intermédiaire des autorités compétentes qu'elles auront désignées à cet effet, copie de tout rapport qu'elles auraient adressé au Secrétaire général en vertu de l'article 16 à la suite de la découverte d'une affaire de trafic illicite ou d'une saisie ; c) coopéreront étroitement entre elles et avec les organisations internationales compétentes dont elles sont membres afin de mener une lutte coordonnée contre le trafic illicite ; d) veilleront à ce que la coopération internationale des services appropriés se réalise par des voies rapides et e) s'assureront que, lorsque des pièces de procédure sont transmises entre des pays pour l'exercice d'une action judiciaire, la transmission soit effectuée par des voies rapides à l'adresse des instances désignées par les Parties; cette disposition ne porte pas atteinte au droit des Parties de demander que les pièces de procédure leur soient envoyées par la voie diplomatique ».

Le § a) de l'article 21 prévoit « l'action préventive et répressive contre le trafic illicite ». La prévention et la répression sont donc deux éléments importants de cette Convention, et la réunion de ces deux éléments aboutit au concept d'infraction-obstacle. En d'autres termes, l'application du concept d'infraction-obstacle nécessite la prévention par l'incrimination des actes préparatoires. A travers cette Convention, nous remarquons donc la présence du concept d'infraction-obstacle dans le cadre du trafic illicite. En effet, son préambule et ses articles 20 et 21 préconisent la prévention tandis que son article 22 demande aux Etats parties d'incriminer les actes présentés [88]. Autrement dit, la Convention encourage la prévention par

88. L'article 22 de la Convention du 21 février 1971 sur les substances psychotropes proclame que « 1.a) Sous réserve de ses dispositions constitutionnelles, chaque Partie considérera comme une infraction punissable tout acte commis intentionnellement qui contrevient à une loi ou à un règlement adopté en exécution de ses obligations découlant de la présente Convention, et prendra les mesures nécessaires pour que les infractions graves soient dûment sanctionnées, par exemple par une peine d'emprisonnement ou une autre peine privative de liberté. b) Nonobstant les dispositions figurant à l'alinéa précédent, lorsque des personnes utilisant de façon abusive des substances psychotropes auront commis ces infractions, les Parties pourront, au lieu de les condamner ou de prononcer une sanction pénale à leur encontre, ou comme complément de la sanction pénale, soumettre ces personnes à des mesures de traitement, d'éducation, de post-cure, de réadaptation et de réintégration sociale, conformément aux dispositions du paragraphe 1 de l'article 20. 2. Sous réserve des dispositions constitutionnelles, du système juridique et de la législation nationale de chaque Partie : a) i) Si une suite d'actes qui sont liés entre eux et qui constituent des infractions en vertu du paragraphe 1 ci-dessus a été commise dans des pays différents, chacun de ces actes sera considéré comme une infraction distincte ; ii) La participation intentionnelle à l'une quelconque desdites infractions, l'association ou l'entente en vue de la commettre ou la tentative de la commettre, ainsi que les actes préparatoires et les opérations financières intentionnellement accomplis, relatifs aux infractions mentionnées dans le présent article, constitueront des infractions passibles des peines prévues au paragraphe 1 ; iii) Les condamnations prononcées à l'étranger pour ces infractions seront prises en considération aux fins d'établissement de la récidive ; et iv) Les infractions graves précitées, qu'elles

l'incrimination, tout en développant l'idée d'infraction-obstacle qui interdit le trafic illicite des substances psychotropes par l'article 21, afin d'en contrôler l'abus et protéger ainsi la santé physique et morale de l'humanité. Outre la Convention du 21 février 1971 sur les substances psychotropes, un autre texte international interdit le trafic illicite de stupéfiants. Cette Convention, intitulée « Convention des Nations Unies contre le trafic illicite de stupéfiants et de substances psychotropes », démontre l'illégitimité du trafic de stupéfiants et son incrimination à l'échelle internationale afin d'en réduire la consommation et de protéger ainsi la santé de l'humanité.

2.3. Convention des Nations Unies contre le trafic illicite de stupéfiants et de substances psychotropes

La Convention des Nations Unies contre le trafic illicite de stupéfiants et de substances psychotropes est adoptée à Vienne le 19 décembre 1988. Cette Convention est le premier texte qui considère à la fois le trafic des deux grandes catégories de drogues : les stupéfiants et les substances psychotropes. Le préambule de cette Convention présente les raisons pour lesquelles cette Convention a été adoptée [89]. Ces raisons démontrent que le

---

soient commises par des nationaux ou des étrangers, seront poursuivies par la Partie sur le territoire de laquelle l'infraction a été commise ou par la Partie sur le territoire de laquelle le délinquant se trouve si l'extradition n'est pas compatible avec la législation de la Partie à laquelle la demande est adressée et si le délinquant n'a pas déjà été poursuivi et jugé. b) Il est souhaitable que les infractions mentionnées au paragraphe 1 et dans la partie ii de l'alinéa a du paragraphe 2 soient considérées comme des cas d'extradition aux termes de tout traité d'extradition conclu ou à conclure entre des Parties, et soient reconnues comme cas d'extradition entre elles par les Parties qui ne subordonnent pas l'extradition à l'existence d'un traité ou à la réciprocité, étant entendu, toutefois, que l'extradition sera accordée conformément à la législation de la Partie à qui la demande d'extradition est adressée et que ladite Partie aura le droit de refuser de procéder à l'arrestation du délinquant ou de refuser d'accorder son extradition si les autorités compétentes considèrent que l'infraction n'est pas suffisamment grave. 3.Toute substance psychotrope, toute autre substance et tout matériel utilisé ou qu'il était envisagé d'utiliser pour commettre l'une quelconque des infractions visées aux paragraphes 1 et 2 pourront être saisis et confisqués. 4. Aucune disposition du présent article ne portera atteinte aux dispositions de la législation nationale d'une Partie en matière de compétence. 5. Aucune disposition du présent article ne portera atteinte au principe selon lequel les infractions auxquelles il se réfère seront définies, poursuivies et punies conformément à la législation nationale de chacune des Parties ».

89. Le préambule de la Convention des Nations Unies contre le trafic illicite de stupéfiants et de substances psychotropes, adoptée à Vienne le 19 décembre 1988 proclame que « Les Parties à la présente Convention, *Profondément préoccupées* par l'ampleur et l'augmentation de la production, de la demande et du trafic illicites de stupéfiants et de substances psychotropes, qui constituent une menace grave pour la santé et le bien-être des individus et ont des effets néfastes sur les fondements économiques, culturels et politiques de la société, *Profondément préoccupées* aussi par les effets dévastateurs croissants du trafic illicite de stupéfiants et de substances psychotropes dans les diverses couches de la société, et plus particulièrement par le fait que les enfants sont, dans de nombreuses régions du monde, exploités en tant que consommateurs sur le marché de la drogue et utilisés aux fins de la production, de la distribution et du commerce illicites de stupéfiants et de substances psychotropes, ce qui constitue un danger d'une gravité incommensurable, *Reconnaissant* les liens entre le trafic illicite et d'autres activités criminelles organisées connexes qui sapent les fondements de l'économie légitime et menacent la stabilité, la sécurité et la souveraineté des Etats, *Reconnaissant* aussi que le trafic illicite est une activité criminelle internationale dont l'élimination exige une attention urgente et le rang de priorité le plus élevé,

trafic illicite est considéré comme un acte préparatoire ou une infraction-obstacle. Selon le préambule « l'ampleur et l'augmentation de la production, de la demande et du trafic illicite de stupéfiants… constituent une menace grave pour la santé et le bien-être des individus ». En outre, le trafic illicite a « des effets néfastes sur les fondements économiques, culturels et politiques de la société ». D'ailleurs « les enfants sont, dans de nombreuses régions du monde, exploités en tant que consommateurs sur le marché de la drogue ».

La perception des motifs d'une telle Convention est précise, tant dans le domaine de la santé, du bien-être des individus et de la protection des mineurs, que sur le plan économique, culturel et politique. L'article premier de la Convention définit les expressions utilisées par le texte même. Le § m) de cet article proclame que l'expression trafic illicite désigne les infractions visées aux paragraphes 1 et 2 de l'article 3 de la présente Convention. L'article 3 de la Convention, intitulé « Infractions et sanctions », énumère, dans ses paragraphes 1 et 2, les comportements constitutifs du trafic illicite [1]. Sont considérés comme tels les comportements suivants : la

---

Conscientes que le trafic illicite est la source de gains financiers et de fortunes importantes qui permettent aux organisations criminelles transnationales de pénétrer, contaminer et corrompre les structures de l'Etat, les activités commerciales et financières légitimes et la société à tous les niveaux, *Résolues* à priver ceux qui se livrent au trafic illicite du fruit de leurs activités criminelles et à supprimer ainsi leur principal mobile, *Désireuses* d'éliminer les causes profondes du problème de l'abus des stupéfiants et des substances psychotropes, notamment la demande illicite de ces stupéfiants et substances et les gains énormes tirés du trafic illicite, *Considérant* qu'il est nécessaire de prendre des mesures pour contrôler certaines substances, y compris les précurseurs, les produits chimiques et les solvants, qui sont utilisés dans la fabrication de stupéfiants et de substances psychotropes et dont la disponibilité a entraîné un accroissement de la fabrication clandestine de ces stupéfiants et substances, *Résolues* à améliorer la coopération internationale pour la répression du trafic illicite par mer, *Reconnaissant* que l'élimination du trafic illicite relève de la responsabilité collective de tous les Etats et qu'une action coordonnée dans le cadre de la coopération internationale est nécessaire à cette fin, *Reconnaissant* la compétence de l'Organisation des Nations Unies en matière de contrôle des stupéfiants et des substances psychotropes et souhaitant que les organismes internationaux compétents en la matière exercent leur activité dans le cadre de cette Organisation, *Réaffirmant* les principes directeurs des traités en vigueur relatifs aux stupéfiants et aux substances psychotropes et le système de contrôle établi par ces traités, *Reconnaissant* la nécessité de renforcer et de compléter les mesures prévues dans la Convention unique sur les stupéfiants de 1961, dans cette Convention telle que modifiée par le Protocole de 1972 portant amendement de la Convention unique sur les stupéfiants de 1961 et dans la Convention de 1971 sur les substances psychotropes, afin de réduire l'ampleur et l'étendue du trafic illicite et d'en atténuer les graves conséquences, *Reconnaissant* aussi qu'il importe de renforcer et d'accroître les moyens juridiques efficaces de coopération internationale en matière pénale pour mettre fin aux activités criminelles internationales que représente le trafic illicite, *Désirant* conclure une convention internationale globale, efficace et opérationnelle visant spécifiquement à lutter contre le trafic illicite, dans laquelle il soit tenu compte des divers aspects de l'ensemble du problème, en particulier de ceux qui ne sont pas traités dans les instruments internationaux existant dans le domaine des stupéfiants et des substances psychotropes, *Conviennent de ce qui suit* ».

1. Les paragraphes 1et 2 de l'article 3 de la Convention des Nations Unies contre le trafic illicite de stupéfiants et de substances psychotropes adoptée à Vienne le 19 décembre 1988 proclament que « 1. Chaque Partie adopte les mesures nécessaires pour conférer le caractère d'infractions pénales conformément à son droit interne, lorsque l'acte a été commis intentionnellement : a) i) A la production, à la fabrication, à l'extraction, à la préparation, à l'offre, à la mise en vente, à la distribution, à la vente, à la livraison à quelque condition que ce soit, au courtage, à l'expédition, à l'expédition en transit, au transport, à l'importation ou à l'exportation de tout stupéfiant ou de toute substance psychotrope en violation des dispositions de la Convention de 1961, de la Convention de 1961 telle que modifiée ou de la

production, la fabrication, l'extraction, la préparation, l'offre, la mise en vente, la distribution, la vente, la livraison à quelque condition que ce soit, le courtage, l'expédition, l'expédition en transit, le transport, l'importation ou l'exportation, la culture etc. Nous remarquons, dans cette Convention, que la notion de trafic illicite est prise au sens large et qu'elle recouvre plusieurs comportements. Le trafic, selon cette Convention, est donc bien plus que la vente et l'achat de produits.

D'ailleurs, le § n) de l'article premier de cette Convention définit ainsi le terme « stupéfiants ». Selon ce paragraphe, il « désigne toute substance, qu'elle soit d'origine naturelle ou de synthèse, figurant au Tableau I ou au Tableau II de la Convention de 1961 et de la Convention de 1961 telle que modifiée ». En effet, dans sa définition, cette Convention fait référence à la Convention Unique sur les stupéfiants signée à New York le 30 mars 1961. En outre, le § r) de l'article premier de la Convention du 1988 définit le terme substance psychotrope en expliquant que « l'expression substance psychotrope désigne toute substance, qu'elle soit d'origine naturelle ou de synthèse, ou tout produit naturel du Tableau I, II, III ou IV de la Convention de 1971 sur les substances psychotropes ». Cette Convention, dans cette

Convention de 1971 ; ii) A la culture du pavot à opium, du cocaïer ou de la plante de cannabis aux fins de la production de stupéfiants en violation des dispositions de la Convention de 1961 et de la Convention de 1961 telle que modifiée ; iii) A la détention ou à l'achat de tout stupéfiant ou de toute substance psychotrope aux fins de l'une des activités énumérées au sous-alinéa *i* ci-dessus ; iv) A la fabrication, au transport ou à la distribution d'équipements, de matériels ou de substances inscrites au Tableau I et au Tableau II, dont celui qui s'y livre sait qu'ils doivent être utilisés dans ou pour la culture, la production ou la fabrication illicites de stupéfiants ou de substances psychotropes ; v) A l'organisation, à la direction ou au financement de l'une des infractions énumérées aux sous-alinéas i, ii, iii ou iv ci-dessus ; b) i) A la conversion ou au transfert de biens dont celui qui s'y livre sait qu'ils proviennent d'une des infractions établies conformément à l'alinéa *a* du présent paragraphe ou d'une participation à sa commission, dans le but de dissimuler ou de déguiser l'origine illicite desdits biens ou d'aider toute personne qui est impliquée dans la commission de l'une de ces infractions à échapper aux conséquences juridiques de ses actes ; ii) A la dissimulation ou au déguisement de la nature, de l'origine, de l'emplacement, de la disposition, du mouvement, ou de la propriété réels de biens ou de droits y étant relatifs, dont l'auteur sait qu'ils proviennent de l'une des infractions établies conformément à l'alinéa *a* du présent paragraphe ou d'une participation à une de ces infractions ; c) Sous réserve de ses principes constitutionnels et des concepts fondamentaux de son système juridique, i) A l'acquisition, à la détention ou à l'utilisation de biens, dont celui qui les acquiert, les détient ou les utilise sait, au moment où il les reçoit, qu'ils proviennent de l'une des infractions établies conformément à l'alinéa *a* du présent paragraphe ou de la participation à l'une de ces infractions ; ii) A la détention d'équipements, de matériels ou de substances inscrites au Tableau I ou au Tableau II, dont celui qui les détient sait qu'ils sont ou doivent être utilisés dans ou pour la culture, la production ou la fabrication illicites d stupéfiants ou de substances psychotropes ; iii) Au fait d'inciter ou d'amener publiquement autrui, par quelque moyen que ce soit, à commettre l'une des infractions établies conformément au présent article ou à faire illicitement usage de stupéfiants ou de substances psychotropes ; iv) A la participation à l'une des infractions établies conformément au présent article ou à toute association, entente, tentative ou complicité par fourniture d'une assistance, d'une aide ou de conseils en vue de sa commission. 2. Sous réserve de ses principes constitutionnels et des concepts fondamentaux de son système juridique, chaque Partie adopte les mesures nécessaires pour conférer le caractère d'infraction pénale conformément à son droit interne, lorsque l'acte a été commis intentionnellement, à la détention et à l'achat de stupéfiants et de substances psychotropes et à la culture de stupéfiants destinés à la consommation personnelle en violation des dispositions de la Convention de 1961, de la Convention de 1961 telle que modifiée ou de la Convention de 1971 ».

catégorie, fait donc référence à la Convention du 21 février 1971 sur les substances psychotropes.

L'analyse de la définition des termes trafic illicite, stupéfiant, substance psychotrope dans la Convention de 1988, montre que cette convention réunit les deux Conventions précédentes. Autrement dit, dans le domaine du trafic de stupéfiants, elle fait référence à la Convention Unique sur les stupéfiants signée à New York le 30 mars 1961, tandis que dans celui du trafic de substances psychotropes, elle s'inspire de la Convention du 21 février 1971 sur les substances psychotropes. La Convention de 1988 est donc la réunion des deux textes précédents, et incrimine le trafic de drogue en englobant trafic de stupéfiants et trafic de substances psychotropes.

L'analyse des infractions communes au droit international pénal et au droit pénal interne nous montre que parmi ces infractions, certaines peuvent être considérées comme des actes préparatoires aux autres infractions. Ces infractions, que nous avons observées comme des infractions-obstacles, peuvent être générales ou spéciales. Les infractions-obstacles générales peuvent être examinées comme des infractions-obstacles à toutes les infractions. Tandis que les infractions-obstacles spéciales sont prévues afin d'empêcher la commission de certaines infractions spéciales.

Conclusion

En considérant le concept d'infraction-obstacle, défini comme l'incrimination de l'acte préparatoire à l'infraction principale, il est possible de trouver, parmi les infractions internationales, des exemples clairs de ce concept. Ces infractions sont souvent prévues afin d'empêcher la commission d'autres infractions internationales. Les infractions-obstacles internationales doivent être scindées en deux groupes, selon leur gravité et la gravité de leurs infractions principales.

Le premier groupe présente les infractions-obstacles des crimes internationaux les plus graves. Parmi elles, l'infraction principale entre dans la catégorie des crimes internationaux les plus graves. Le crime contre la paix, le crime d'agression, l'acte d'agression et la production, le stockage et l'utilisation de certaines armes sont des exemples de cette catégorie d'infractions-obstacles internationales.

Le deuxième groupe comprend des infractions-obstacles de moindre gravité. Ici, les infractions principales sont des infractions communes dans les deux domaines interne et international. Parmi les infractions-obstacles classées dans cette catégorie, il existe des infractions ayant un caractère général. En d'autres termes, elles peuvent être envisagées comme des infractions-obstacles à quasiment toutes les infractions internationales. L'association de malfaiteurs et la provocation sont des exemples d'infraction-obstacle générale. En revanche, il existe une autre sorte d'infraction-obstacle internationale intitulée infraction-obstacles spéciale. Cette dernière présente des infractions dont les infractions principales, contrairement aux infractions-obstacles générales, sont des infractions spécifiques. Le financement du terrorisme et le trafic de drogue sont deux exemples d'infraction-obstacle spécifique. Le financement du terrorisme est incriminé afin d'empêcher la commission d'actes terroristes, et le trafic de drogue est incriminé pour éviter la consommation de drogue, bien qu'il puisse empêcher la commission d'autres infractions comme le blanchiment d'argent, notamment. Ces différents exemples d'infraction-obstacle à l'échelle internationale attestent la présence de ce concept dans ce domaine.

Conclusion générale

Le droit international pénal actuel établit une politique criminelle répressive. Il utilise la sanction pénale afin de lutter contre l'impunité à l'échelle internationale tandis que la répression, trop onéreuse à cette échelle, ne peut être la seule façon d'instaurer la justice internationale pénale. Afin de trouver d'autres moyens d'agir dans ce domaine, la politique criminelle interne a été examinée. Cette dernière propose, quant à elle, une combinaison entre répression et prévention pouvant s'accomplir au travers du concept d'infraction-obstacle. Pour connaître la possibilité ou l'impossibilité d'intégrer le concept d'infraction-obstacle en droit international pénal, il convenait d'étudier ses fondements théoriques. En droit pénal interne, l'infraction se scinde en deux groupes : l'infraction formelle et l'infraction matérielle. En effet, l'infraction-obstacle se place dans la catégorie de l'infraction formelle, définie comme infraction sans résultat. Pour la commission de cette catégorie d'infraction, c'est l'acte qui est important et non son résultat. L'infraction-obstacle se définit donc comme un acte préparatoire à un délit principal.

L'analyse de l'infraction interne et internationale ainsi que ses éléments constitutifs ont montré que le crime international le plus grave était le crime de masse. Contrairement à l'infraction interne, il présente une pluralité d'auteurs et de victimes. Cette pluralité réclame une organisation et une préparation. En d'autres termes, avant sa commission, le crime de masse nécessite toujours certains actes préparatoires. Ces derniers peuvent être étudiés en tant qu'infractions-obstacles aux crimes internationaux les plus graves. Il semblerait donc que le concept d'infraction-obstacle soit applicable en droit international pénal. Pour instaurer et appliquer ce concept en droit international pénal, une comparaison s'imposait entre le droit pénal interne et le droit international pénal comme « berceau » et « terre d'accueil » de ce concept. En étudiant ces deux domaines, des divergences sont apparues, de nature à ralentir ou accélérer la conceptualisation de l'infraction-obstacle en droit international pénal.

Le principe de la légalité en droit international est relatif car l'interprétation, la jurisprudence et la coutume y jouent des rôles importants.

L'infraction est donc un concept flexible. Cette souplesse du concept de l'infraction facilite l'intégration du concept de l'infraction-obstacle dans le domaine international. Ainsi, la présence visible du principe d'imprescriptibilité nous a prouvé la gravité des infractions internationales. Cette gravité a imposé au droit international pénal de prévoir les concepts de légitime défense préventive, de guerre préventive afin d'empêcher la commission de ces infractions, alors que l'application de ces notions peut être, dans certains cas, plus dangereuse que la commission des infractions internationales elles-mêmes. Il semblerait que d'autres moyens de prévention restent à explorer, tel le concept d'infraction-obstacle.

Au-delà des divergences dans les domaines interne et international, des spécificités du domaine international, comme la souveraineté et l'immunité, apparaissent comme des obstacles à la reconnaissance de l'infraction-obstacle internationale. Mais ces principes ne sont pas absolus. Le principe de souveraineté peut être relativisé par les concepts de souveraineté duale dans le système fédéral. Ainsi, existe-t-il des principes comme celui d'absence d'immunité en matière de crimes internationaux qui relativise le principe de l'immunité. La flexibilité de ces principes les empêche de freiner la conceptualisation de l'infraction-obstacle en droit international pénal.

L'étude des infractions internationales souligne que certaines infractions menaient à l'idée d'infraction-obstacle internationale. Le crime d'agression ou le crime contre la paix incriminent les actes préparatoires à l'acte d'agression. Ils sont donc des infractions-obstacles à l'acte d'agression. L'acte d'agression peut être aussi considéré comme l'infraction-obstacle aux infractions comme le crime de guerre, le génocide et le crime contre l'humanité. Dans ce domaine, sont employés des termes comme agression, guerre d'agression, acte d'agression et crime d'agression ne devant pas être confondus. La production et le stockage de certaines armes peuvent être considérés comme des actes préparatoires à l'utilisation de ces armes. De tels actes sont donc bien des infractions-obstacles à l'utilisation de certaines armes incriminées en tant que crimes de guerre.

Dans ces exemples, une pluralité d'auteurs et de victimes supposent une organisation criminelle et une préparation effective. La présence d'actes préparatoires ou infractions-obstacles est donc incontestable. De plus, le constat a été établi que le concept d'infraction-obstacle est applicable aux autres infractions. Ces infractions ont été distinguées en deux catégories : les infractions-obstacles générales et spéciales. Les infractions obstacles générales peuvent être étudiées comme des infractions-obstacles à toutes les infractions internationales et elles ont des équivalents à l'échelle interne. L'association de malfaiteurs est intitulée en droit européen organisation criminelle et en droit internationale pénal entreprise criminelle commune.

Un autre exemple de ce genre d'infraction-obstacle est la provocation, présente à l'échelle interne et internationale. Il faut noter que ces deux exemples sont des infractions en droit pénal interne mais en droit international pénal, l'entreprise criminelle commune et la provocation sont présentées dans le cadre de la responsabilité pénale du supérieur hiérarchique.

La deuxième catégorie d'infractions, que nous avons intitulée infraction-obstacle spéciale, concerne des infractions prévues afin d'empêcher la commission de certaines infractions précises, bien qu'on puisse aussi les imaginer comme des infractions-obstacles aux autres infractions. L'incrimination du financement du terrorisme peut empêcher la commission d'actes terroristes, ou l'incrimination du trafic de drogue peut contribuer à réduire la consommation de drogue. À travers ces deux exemples, la démonstration de l'existence d'une catégorie d'infractions-obstacles en droit international pénal a été menée à terme.

Au vu de ce qui précède, il semble que le droit international pénal est une nouvelle branche juridique pouvant être enrichie par les apports d'autres domaines du droit, tel que le droit pénal interne, ou le droit international public. En effet, les différents domaines juridiques sont comme les couleurs de l'arc-en-ciel, distinctes mais inséparables. Ils ne perdent pas leur identité, alors que leurs frontières restent mouvantes. Ils peuvent donc échanger des notions, dialoguer et s'enrichir. Le droit pénal interne, depuis des siècles, a construit et développé des concepts pouvant servir le droit international pénal. Réciproquement, le droit international pénal est un domaine moderne et flexible pouvant transmettre sa souplesse au droit pénal interne. De la même manière, la politique criminelle préventive peut être considérée comme sujet d'échanges entre droit pénal interne et droit international pénal. Parmi les composantes de cette politique, le concept d'infraction-obstacle peut être développé en droit international pénal. Tout au long de cette recherche et au travers de l'analyse des prémisses de l'infraction-obstacle en droit international pénal, il a été démontré que ce concept, non encore reconnu dans ce domaine, n'y est toutefois pas étranger. En effet, le concept d'infraction-obstacle existe déjà en droit international pénal mais il est un « **concept dormant** »[1] qu'il s'agit de réveiller et de baptiser en lui donnant le nom d'« **infraction-obstacle internationale** ».

1. L'expression « dormant » a été utilisée pour le crime d'agression avant sa définition par la Conférence de Révision de Kampala le 11 juin 2010. Voir Robert KOLB, *Droit international pénal,* Bruxelles et Bale, Bruylant, 2008, p. 166.

Bibliographie

OUVRAGES

ALIX Julie, Terrorisme et droit pénal, Étude critique des incriminations terroristes, Paris, Dalloz, 2010, 662 p.

ARENDT Hannah, Eichmann à Jérusalem, Rapport sur la banalité du mal, Paris, Gallimard-Folio, 2002, 519 p.

ARON Raymond, Paix et guerre entre les nations, Paris, Calmann-Lévy, 2004, 794 p.

ASCENSIO Hervé, Emmanuel DECAUX et Alain PELLET, Droit international pénal, Paris, A. Pédone, 2012, 2ème édition, 1280 p.

ASCENSIO Hervé et Élisabeth Lambert-Abdelgawad, Les juridictions pénales internationalisées : Cambodge, Kosovo, Sierra Leone, Timor Leste, Paris, Société et légalisation comparée, CNRS UMR, 2006, 380 p.

BAILLEUX A., La compétence universelle au carrefour de la pyramide et du réseau. De l'expérience belge, à l'exigence d'une justice pénale transnationale, Bruxelles, Bruylant, 2005, 225 p.

BASSIOUNI C., Projet de statut du tribunal pénal international, Nouvelles études pénales, éd. Erès, 1993, 388 p.

BASSIOUNI M. Cherif, Introduction au doit pénal international, Bruxelles, Bruylant, 2002, 343 p.

BAZELAIRE Jean-Paul et Thiery CRETIN, La justice pénale internationale : son évolution, son avenir De Nuremberg à la Haye, Paris, PUF, 2000, 261 p.

BAUER Alain, Criminologie plurielle, une introduction générale à la criminologie, Paris, PUF, 2011, 146 p.

BEAUD Olivier, La puissance de l'Etat, Paris, PUF, 1994, 512 p.

BERKOVICZ Grégory, La place de la cour pénale internationale dans la société des états, Paris, L'Harmattan, 2005, 404 p.

BESSON A. et M. ANCEL (dir.), La prévention des infractions contre la vie humaine et l'intégrité de la personne, Paris, Cujas, 1956, T.1, 360 p.

BETTATI Mario, La souveraineté au XXe siècle, A. Colin, 1971, 288 p.

BETTATI, Mario et Pierre-Marie DUPUY, Les O.N.G. et le droit international, Paris, Economica, 1986, 318 p.

BOLLECKER-STERN B., Le préjudice dans la théorie de la responsabilité internationale, Paris, A. Pédone, 1973, 382 p.

BONIFACE Pascal et Barthélémy COURMONT, Le monde nucléaire, Arme nucléaire et relations internationales depuis 1945, Paris, Armand Colin, 2006, 260 p.

BORGHI Alvaro, L'immunité des dirigeants politiques en droit international, Paris, L.G.D.J., 2003, 560 p.

BOSLY H.-D. et D. VANDERMEERSCH, Génocide, crimes contre l'humanité et crimes de guerre face à la justice, Bruxelles, Bruylant, 2ème éd., 2012, 285 p.

BOULOC Bernard, Droit pénal général, Paris, Dalloz, 22ème éd., 2011, 728 p.

BOURDON William et Emmanuelle DUVERGER, La cour pénale internationale : le Statut de Rome, Paris, Seuil, 2000, 364 p.

BURGORGUE-LARSEN Laurence (dir.), La répression internationale du génocide rwandais, Bruxelles, Bruylant, 351p.

CAMPAGNA Norbert, La souveraineté de ses limites et de ses juges, Québec, Les Presses de l'Université Laval, 2008, 255 p.

CARBASSE Jean-Marie, Introduction historique au droit pénal, PUF, 1990, 356 p.

CARBONNIER Jean, Sociologie juridique, Paris, P.U.F., 2004, 415 p.

CARBONNIER Jean, Flexible droit : pour une sociologie du droit sans rigueur, Paris, L.G.D.J., 10ème éd., 2001, 493 p.

CASSESE Antonio, Le droit international dans un monde divisé, Paris, Berger-Levrault, 1986, 375 p.

CASSESE Antonio, Le TPIY : le droit à l'épreuve de la purification ethnique, L'Harmattan, 2000.

CASSESE Antonio et Mireille DELMAS-MARTY (dir.), Crimes internationaux et juridictions internationales, Paris, PUF, 2002, 267 p.

CASSESE Antonio, D. SCALIA et V. THALMANN, Les grands arrêts de droit international pénal, Paris, Dalloz, 2010, 475 p.

CEPELKA, C., Les conséquences juridiques du délit en droit international contemporain, Praha, Universita Karlova, 1965, 81 p.

CHALTIEL Florence, La souveraineté de l'Etat et de l'Union européenne, l'exemple français : recherche sur la souveraineté de l'Etat membre, Paris, LGDJ, 2000, 606 p.

COEURET Alain et Elisabeth FORTIS, Droit pénal du travail, Paris, Litec, 4ème éd., 2008, 463 p.

CHAGNOLLAUD Jean-Paul, Brève histoire de l'arme nucléaire entre prolifération et désarmement, Paris, Ellipses, 2011, 127 p.

CHIAVARO, Mario (Dir.), La justice pénale internationale entre passé et avenir, Paris, Dalloz, 2003, 399 p.

CHRISTAKIS Théodore, L'ONU, le chapitre VII et la crise Yougoslavie, Paris, Montchrestien, 1996, 231 p.

CLAPIE Michel, Institutions Européennes, Paris, Flammarion, Coll. Champs Université, 3ème édition, 2010, 444 p.

CLEMENT Gérard et José LEFEBVRE (dir.), Les immunités pénales, PUF, 2010, 196 p.

COLIN Marcel (dir.), Le crime contre l'humanité, Paris, Ed. Erès, 1996, 303 p.

CONTE Philippe et Patrick MAISTRE DU CHAMBON, Droit pénal général, Paris, Dalloz, 2004, 7ème éd., 394 p.

COSNARD M., La soumission des Etats aux tribunaux internes face à la théorie des immunités des Etats, Paris, A. Pédone, 1996, 478 p.

COT J.-P., PELLET A.(dir.), La charte des Nations Unies_ Commentaire article par article, T. I, Paris, Economica, 3e éd., 2005, 1366 p.

COULON Jocelyn, L'agression, éd. Outrement, 2004, 274 p.

CRAWFORD J., Les articles de la CDI sur la responsabilité de l'Etat, Introduction, texte et commentaires, Paris, ed. Pédone, 2003, 462 p.

CURRAT Philippe, Les crimes contre l'humanité dans le Statut de la Cour pénale internationale, Bruxelles, Bruylant, 2006, 806 p.

CUSSON Maurice, Criminologie actuelle, Paris, P.U.F., 1998, 254 p.

CUSSON Maurice, Prévenir la délinquance, les méthodes efficaces, Paris, PUF, 2ème éd., 2009, 234 p.

DAILLIER P. et A. PELLET, Droit international public, Paris, LGDJ, 2002,7ème éd., 1510 p.

DANA Adrien-Charles, Essai sur la notion d'infraction pénale, Paris, L.G.D.J., 1982, 568p.

D'ASPREMONT Jean et Jérôme DE HEMPTINNE, Droit international humanitaire, Paris, A. Pédone, 2012, 508 p.

DAVID Marcel, La souveraineté du peuple, Paris, PUF, 1996, 337 p.

DAVID Eric, Principes de droit des conflits armés, Bruxelles, Bruylant, 2012,5ème éd., 1151 p.

DEBUYST Christian, Françoise DIGNEFFE et Alvaro P. PIRES, Histoire des savoirs sur le crime et la peine, Bruxelles, Ed. Larcier, 2008, 580 p.

DECOURRIER André, Les drogues dans l'Union Européenne, Le droit en question, Bruxelles, Bruylant, 1996, 380 p.

DE FROUVILLE Olivier (dir.), Punir les crimes de masse: entreprise criminelle commune ou co-action ?, Bruxelles, Nemesis, 2012, 234 p.

DE FROUVILLE Olivier, Droit international pénal, Paris, A. Pédone, 2012, 523 p.

DELAMY Bertrand, La liberté d'opinion et le droit pénal, Paris, LGDJ, 2000, 435 p.

DELFONT José, Responsabilité pénale et fonction politique, Paris, LGDJ, 2006, 312 p.

DELIVANIS J., La légitime défense en droit international public moderne _ le droit international face à ses limites, Paris, LGDJ, 1971, 201 p.

DELMAS-MARTY Mireille, Les grands systèmes de politiques criminelles, Paris, P.U.F., 1992, 462 p.

DELMAS-MARTY Mireille (dir.), Vers des principes directeurs internationaux de droit pénal, vol. VII, Les processus d'internationalisation, Paris, MSH, 2001, 337 p.

DELMAS-MARTY Mireille, Le flou du droit, Paris, P.U.F., Coll. Les voies du droit, 2004, 388 p.

DELMAS-MARTY Mireille, Les forces imaginantes du droit (I). Le relatif et l'universel, Paris, éd. Du Seuil, 2004, 439 p.

DELMAS-MARTY M., La refondation des pouvoirs, Paris, Du Seuil, 2007, 299 p.

DELMAS-MARTY Mireille et al., Le crime contre l'humanité, Paris, PUF, Que sais-je ?, 2009, 127 p.

DERATHE Robert, La place de Jean Bodin dans l'histoire des théories de la souveraineté, Actes du Colloque de Munich, Beck, 1973.

DESPORTES Frédéric et Francis LE GUNEHEC, Droit pénal général, Paris, Economica, 16ème éd., 2009, 1248 p.

DIAMANDESCO Jean, Le problème de l'agression dans le droit international public actuel, Paris, A. Pédone, 1935, 252 p.

DONNEDIEU DE VABRES Henri, Les principes modernes du droit pénal international, Paris, Sirey, 1928, 470 p.

DONNEDIEU DE VABRES H., Le procès du Nuremberg, Paris, Domat, 1947, 284 p.

DONNEDIEU DE VABRES Henri, La politique criminelle des états autoritaires, Paris, Dalloz, 2009, 223 p.

DORMOY Daniel, Droit des organisations internationales, Paris, Dalloz, 1995, 116 p.

DOUCET G. (dir.), Terrorisme, victimes et responsabilité pénale internationale, Paris, Calmann-Lévy, 2003, 543 p.

DOUCET Jean-Paul, Précis de droit pénal, éd. Marcinelle : Faculté de droit, d'économie et de sciences sociales de l'Université de Liège, 1976, 303 p.

DOUCET Jean-Paul, Le jugement pénal, Paris, Litec, 1991, 608 p.

DRAGO Roland (dir.), Souveraineté de l'Etat et interventions internationales, Paris, Dalloz, 1996, 74 p.

DUMAS J., De la responsabilité internationale des Etats, Paris, Sirey, 1930, 477 p.

DUPUY René-Jean (Mélanges), Humanité et droit international, Paris, A. Pédone, 1991, 382 p.

DURKHEIM Emile, L'Éducation morale, Paris, PUF, 2012, 256 p.

DURKHEIM Emile, De la division du travail social, Paris, PUF, 2004, 416 p.

ECCARD, Frédéric, Le traité Franco-soviétique de non-agression, Paris, Renouard, 1933, 28 p.

FINKIELKRAUT Alain, La mémoire vaine : du crime contre l'humanité, Paris, Gallimard, 1989, 125 p.

FELDMAN Jean-Philippe, La bataille américaine du fédéralisme. John C. Calhoun et l'annulation, Paris, PUF, 2004, 294 p.

FORTEAU M., Droit de la sécurité collective et droit de la responsabilité internationale de l'Etat, Paris, A. Pédone, 2006, 699 p.

FRONZA Emanuela et Stefano MANACORDA (dir.), La justice pénale internationale dans les décisions des tribunaux ad hoc, Paris, Dalloz, 2003, 359 p.

FROSSARD A., Le crime contre l'humanité, R. Laffont, 1987, 90 p.

GABORIAU Simone et Hélène PAULIAT, La justice pénale internationale, Limoge, PULIM, 2002, 616 p.

GARAPON Antoine, Des crimes qu'on ne peut ni punir ni pardonner, Paris, Ed. Odile Jacob, 2002, 349 p.

GIRARD Charlotte (dir.), La lutte contre le terrorisme: L'hypothèse de la circulation des normes, Bruxelles, Bruylant, 2012, 332 p.

GLASER, Stefan, La guerre d'agression à la lumière des sources du droit international, Paris, A. Pédone, 1953, 46 p.

GLASER Stefan, Introduction à l'étude du droit international pénal, Paris et Bruxelles, Sirey et Bruylant, 1954, 207 p.

GLASER Stefan, Infraction internationale, ses éléments constitutifs et ses aspects juridiques, Paris, LGDJ, 1957, 225 p.

GLASER, Stefan, Droit international pénal conventionnel, Bruxelles, Bruylant, 1970, 694p.

GLASER, Stefan, Droit international pénal conventionnel, Bruxelles, Bruylant, 1978, Volume II, 494 p.

GRAMATICA Filippo, Principes de défense sociale, Paris, Cujas, 1964, 312 p.

GUERREAU Alain, Le féodalisme. Un horizon théorique, Paris, Le Sycomore, 1980, 229 p.

GUILLARD David, Les armes de guerre et l'environnement naturel, Paris, L'Harmattan, 2006, 388 p.

HABERMAS Jürgen, La paix perpétuelle, le bicentenaire d'une idée kantienne, Paris, Collection « Humanités », 1996, 121 p.

HABERMAS Jürgen, L'avenir de la nature humaine : vers un eugénisme libérale ?, Paris, Gallimard, 2002, 180 p.

HACQUET Arnaud, Le concept de souveraineté en droit constitutionnel français, Paris, PUF, 2004, 333 p.

HAGGENMACHER P., Grotius et la doctrine de la guerre juste, Paris, P.U.F., 1983, 682 p.

HAÏM Gouri, Face à la cage de verre. Le procès Eichmann, Jérusalem, 1961, Paris, Ed. Tirésias, 1995, 304 p.

HAZAN P., La justice face à la guerre : de Nuremberg à La Haye, Paris, Stock, 2000, 285 p.

HEBBERECHT Patrick et F. SACK (dir.), La prévention de la délinquance en Europe. Nouvelles stratégies, Paris, L'Harmattan, Logiques sociales, 1997, 255P.

HENZELIN M., Le principe d'universalité en droit pénal international, Bruxelles, Bruylant, 2000, 527 p.

HENZELIN Marc et Robert ROTH (dir.), Le droit pénal à l'épreuve de l'internationalisation, Paris, Bruxelles, Genève, LGDJ, Bruylant, Georg, 2002, 355 p.

HOAREAU-DODINAU Jacqueline et ..., La victime I- Définition et statut, Limoges, Presses universitaires, 2008, 402p.

HUESA R. et K. VINAIXIA (dir.), L'influence des sources sur l'unité et la fragmentation du droit international, Bruxelles, Bruylant, 2006, 280 p.

HUSTIN-DENIES N. et D. SPIELMANN, L'infraction inachevée en droit pénal comparé, Bruxelles, Bruylant, 1998, 163 p.

JAEGER Francis, Le problème de la souveraineté dans la doctrine de Kelsen, Thèse, Paris, éd. de Boccard, 1932, 171 p.

JASPERS Karl, La culpabilité allemande, Paris, éd. de Minuit, 1990, 128 p.

JEANGENE VILMER Jean-Baptiste, Réparer l'irréparable (les réparations aux victimes devant la Cour Pénale Internationale), Paris, PUF, 2009, 201 p.

JUROVICS Yann, Réflexions sur la spécialité du crime contre l'humanité, Paris, LGDJ, 2002, 525 p.

KAMTO Maurice, L'agression en droit international, Paris, A. Pédone, 2010, 464 p.

KANT E., Fondement de la métaphysique des mœurs, Paris, Vrin, 1992, 206 p.

KELSEN Hans, Théorie générale des normes, Paris, PUF, trad. En français par Olivier BEAUD et Fabrice MALKANI, 1996, 604 p.

KELSEN Hans, Théorie pure du droit, Bruxelles, Bruylant, trad. En français par Charles EISENMANN, 1999, 367 p.

KERBRAT Yann, La référence au Chapitre VII de la Charte des Nations Uniesdans les résolutions à caractère humanitaire du Conseil de sécurité, Paris, L.G.D.J., 1995, 120 p.

KHERAD Rahim (dir.), Légitime défense, Poitiers, L.G.D.J, 2007, 304 p.

KLEIN Pierre, La responsabilité des organisations internationales, Bruxelles, Bruylant, 1998, 673 p.

KOLB, Robert, Théorie de jus cogens international : essai de relecture du concept, Paris, P.U.F., 2001, 401 p.

KOLB, Robert, Ius contra : le droit international relatif au maintien de la paix, Bruxelles, Bruylant, 2003, 313 p.

KOLB Robert, Interprétation et création du droit international, Bruxelles, Bruylant et..., 2006, 947 p.

KOLB Robert, Droit international pénal, Bruxelles, Bruylant, 2008, 488 p.

KUTY Franklin, Justice pénale et procès équitable. Notions générales. Garanties d'une bonne administration de la justice, Bruxelles, éd.Larcier, 2006, 850 p.

KOROWICZ Marc-Stanislas, Organisation internationale et souveraineté des Etats membres, Paris, Pédone, 1961, 349 p.

LAGRANGE, E., Les opérations de maintien de la paix et le chapitre VII de la charte des N.U., Paris, Montchrestien, 1999, 181p.

LAMBERT-ABDELGAWAD E., Tribunaux militaires et Juridictions d'exception en mutation : perspectives comparées et internationales, Archives contemporaines Éditions, 2008, 653 p.

LAINGUI André, Histoire du droit pénal, Paris, PUF, Que-sais-je ?, 1993, 2ème éd., 125 p.

LA ROSA Anne-Marie, Dictionnaire de droit international pénal, PUF, 1998, 118 p.

LA ROSA Anne-Marie, Juridictions pénales internationales. La procédure et la preuve, Paris, PUF, 2003, 507 p.

LAVIEILLE Jean-Marc, Droit international du désarmement et de la maîtrise des armements, Paris, Montréal, L'Harmattan, 1997, 367 p.

LEJBOWICZ Agnès, Philosophie du droit international. L'impossible capture de l'humanité, Paris, PUF, 1999, 442 p.

LESCURE Karine, Le tribunal pénal international pour l'ex-Yougoslavie, Paris, Montchrestien, 1994, 201p.

LESSAY F., Souveraineté et légitimité chez Hobbes, Paris, PUF, Collection Léviathan, 1988, 291 p.

LEVY-BRUHL Henry, Sociologie du droit, Paris, P.U.F., Que sais-je ?, 1990, 127 p.

LOMBOIS Claude, Droit pénal international, Paris, Dalloz, 2ème éd., 1979, 688 p.

LOPEZ Gérard, Victimologie, Paris, Dalloz, 1997, 264 p.

LOPEZ Gérard, La Victimologie, Paris, Dalloz, 2ème éd., 2014, 208 p.

LYON-CAEN Arnaud, « De Nuremberg au procès Barbie », Le procès Nuremberg. Conséquences et actualisation, Bruxelles, Bruylant, 1998.

MABANGA Ghislain, La victime devant la Cour Pénale Internationale, Paris, L'Harmattan, 176 p.

MAILLARD DESGREES DU LOÛ Dominique (dir.), Les évolutions de la souveraineté, Paris, Montchrestien, 2006, 229 p.

MALABAT Valérie (dir.), Juge national, européen, international et droit pénal, Paris, Ed. Cujas, 2012, 157 p.

MAISON Rafaëlle, La responsabilité individuelle pour crime d'État en droit international public, Bruxelles, Bruylant et éd. De l'Université de Bruxelles, 2004, 547 p.

MARGUENAUD Jean-Pierre et Hélène PAULIAT (dir.), Les droits de l'Homme face à la guerre, Paris, Dalloz, 2009, 235 p.

MAYAUD Yves, Droit pénal général, Paris, P.U.F., 3ème éd., 2010, 647 p.

MAUPAS Stéphanie, L'essentiel de la justice pénale internationale, Paris, éd. Gualino, 2007, 169 p.

MERLE Roger et André VITU, Traité de droit criminel, Droit pénal spécial, Tome II, Paris, Ed. Cujas, 1982, 2111p.

MERLE Roger et André VITU, Traité de droit criminel, Tome I, Problèmes généraux de la science criminelle, Droit pénal général, Paris, Cujas, 7ème éd., 1997, 1068 p.

MOLLARD-BANNELIER Karine, Le droit international face au terrorisme, Paris, Pédone, 2002, 356 p.

MONTESQUIEU, De l'esprit des lois, Paris, Flammarion, 1980, 486 p.

MOREILLON L. et al., Aspects pénaux du droit du vivant, Genève, Helbing, Lichtenhahn, 2004.

MOREILLON Laurent et ..., Droit pénal humanitaire, Bruxelles, Bruylant, 2006, 379 p.

MOSER Gabriel, L'agression, Paris, P.U.F., Que sais-je ?, 1ère éd., 1987, 125 p.

MOUELLE KOMBI Narcisse, La guerre préventive et le droit international, Paris, Dianoïa, Première édition, Septembre 2006, 141p.

ORAIZI Mohammed Ali, La culpabilité américaine, Paris, 2005, 225 p.

ORTOLLAND André, Comment prévenir le crime, Paris, L'Harmattan, Logiques Sociales, 1988, 204 p.

OSIEL Mark, Juger les crimes de masse, Paris, Ed. du Seuil, 2006, 453 p.

OST François, La nature hors la loi : l'écologie à l'épreuve du droit, Paris, La Découverte, 1995, 346 p.

OST François et M. VAN DE KERCHOVE, De la pyramide au réseau ? Pour une théorie dialectique du droit, Bruxelles, Publications des Facultés universitaires Saint-Louis, 2002, 587 p.

PARIZOT Raphaële, La responsabilité pénale à l'épreuve de la criminalité organisée, le cas symptomatique de l'association de malfaiteurs et du blanchiment en France et en Italie, Paris, L.G.D.J., 2010, 441 p.

PAULIN Christophe, Droit pénal général, Paris, Litec, 2010, 6ème éd., 150 p.

PAZARTZIS Photini, La répression pénale des crimes internationaux (Justice pénale internationale), Paris, A.Pédone, 2007, 95 p.

PELLA V., La criminalité collective des États et le droit pénal de l'avenir, 2em éd., Bucarest, Imprimerie de l'État, 1926, 326 p.

PELLA V., La guerre-crime et les criminels de guerre, Réflexions sur la justice pénale internationale, ce qu'elle est et ce qu'elle devrait être, Neuchatel, Ed. de la Baconnière, 1964, 208 p.

PERRIN, E.R., Les grands problèmes internationaux, paris, Masson, 1994, 301p.

PETIT Yves, Droit international du maintien de la paix, Paris, L.G.D.J, 2000, 218 p.

PICCHIO FORLATI Laura et Linos-Alexandre SICILIANOS (dir.), Les sanctions économiques en droit international, Lieden/Boston, Martinus Nijhoff Publishers, 2004, 868 p.

PLAWSKI, Stanislaw, Études des principes fondamentaux du droit international pénal, Paris, Librairie générale de droit et de jurisprudence, 1972, 225 p.

PRADEL J. et A. CADOPPI, Droit pénal général comparé, Paris, Cujas, 2005, 201 p.

PRADEL Jean, Droit pénal général, Paris, Cujas, 19ème éd., 2012, 768 p.

PRADEL Jean et André VARINARD, Les grands arrêts du droit pénal général, Paris, Dalloz, 9ème éd., 2014, 872 p.

PRADEL Jean et Jacques DALLEST, La criminalité organisée, droit français, droit international et droit comparée, Paris, LexisNexis, 2012, 468 p.

QUENEUDEC, J.P., La responsabilité internationale de l'État pour les fautes personnelles de ses agents, paris, L.G.D.J., 1966, 275 p.

RASSAT Michèle-Laure, Droit pénal général, Paris, Ellipses, 3ème éd., 2014, 672 p.

RASSAT Michèle-Laure, Droit pénal spécial, Infractions du Code pénal, Paris, Dalloz, 7ème éd., 2014, 1312 p.

RAYNAUD Philippe, Max Weber et les dilemmes de la raison moderne, Paris, PUF, Coll. « Quadrige », 1996, 217 p.

RENOUT Harald et François FOURMENT, Droit pénal général, Bruxelles, éd. larcier, 18ème éd., 2013, 416 p.

RICOEUR Paul, Le juste, Paris, éd. Esprit, 1995, 221 p.

ROBERT Philippe et F. SOUBIRAN-PAILLET et … (dir.), Normes, normes juridiques, normes pénales, pour une sociologie des frontières, Paris, L'Harmattan, 1997, T. 1, 353 p.

ROBERT Philippe et F. SOUBIRAN-PAILLET et … (dir.), Normes, normes juridiques, normes pénales, pour une sociologie des frontières, Paris, L'Harmattan, 1997, T. 2, 255 p.

ROULOT Jean-François, Le crime contre l'humanité, Paris, L'Harmattan, 2002, 442 p.

ROUNEAU Engène, Le définition de l'agression, Paris, éd. Internationales, 1958, 405 p.

ROUSSEAU Charles, Droit international public, Paris, Dalloz, 1987, 11ème éd., 495 p.

ROUSSEAU Charles., Le droit des conflits armés, Paris, A. Pédone, 1983, 629 p.

ROUX J.A., Répression et prévention, Paris, Aclan, 1922, 282 p.

RUIZ FABRI H., H. DELLA MORTE, E. LAMBERT-ABDELGAWAD et K. MARTIN-CHENUT (dir.), La clémence saisie par le droit. Amnistie, Prescription et grâce en droit international, Paris, SLC, UMR de droit comparé d Paris, 2007, Vol. 14, 645 p.

SADE, Donatien Alphonse François, Système de l'agression, Paris, Aubier-Montaigne, 1972, 253 p.

SALAH M.M., Les contradictions du droit mondialisé, Paris, PUF, 2002, 250 p.

SALAS Denis (dir.), Victimes de guerre enquête de justice, Paris, L'Harmattan, 2004, 196 p.

SALAS Denis, La volonté de punir, essai sur le populisme pénal, Paris, Hachette, 2005, 286p.

SALMON Jean (dir.), Dictionnaire de droit international public, Bruxelles, Bruylant, 2001, 1198 p.

SATCHIVI, F.A.A., Les sujets de droit (contribution à l'étude de la reconnaissance de l'individu comme sujet direct du droit international), Paris, L'Harmattan, 1999, 592 p.

SAYEGH Sélim el., La crise du golfe : de l'interdiction à l'autorisation du recours à la force, Paris, Librairie générale de droit et de jurisprudence, 1993, 544 p.

SCHMITT Carl, Les Nomos de la terre dans le droit des gens du juspublicum europaeum, Paris, PUF, 2001, 363 p.

SCHMITT Carl, La notion de politique, Paris, Flammarion, 1992, 323 p.

SUEUR Jean-Jacques, Interpréter et traduire, Bruxelles, Bruylant, 2007, 366 p.

S.F.D.I., L'Etat souverain à l'aube du XXI siècle, Colloque de Nancy, 3-5 juin 1993, paris, A. Pédone, 1994, 318 p.

S.F.D.I., La responsabilité dans le système international, Colloque de Mans, 31mai-2juin 1990, Paris, A. Pédone, 1991, 338 p.

S.F.D.I., Le chapitre VII de la Charte des nations Unies, Colloque de rennes, 2-4 juin1994, Paris, A. Pédone, 1995, 325 p.

S.F.D.I., Le chef d'Etat et le droit international, Colloque de Clermont-Ferrand, 7-9 jun 2001, Paris, A. Pédone, 2002, 300 p.

S.F.D.I., La responsabilité de protéger, Actes du 41e colloque de la SFDI, A. Pédone, 2008, 364 p.

SICILIANOS Linos-Alexandre, Les réactions décentralisées à l'illicite_ Des contre-mesures à la légitime défense, Paris, L.G.D.J., 1990, 532 p.

SKROTZKY N., Guerres : crimes écologiques, éd. Sang de la terre, 1995, 319 p.

S. MARSH Norman, Le principe de la légalité dans une société libre (Rapport sur les travaux du Congrès International de Juristes tenu à New Delhi (janvier 1959)), Genève, 1959, 370 p.

STERN, B., Les aspects juridiques de la crise et de la guerre du Golfe,Colloque du Cedin ? 7-8 juin 1991, Paris, Montchrestien, 1991, 502 p.

TAVERNIER P. (dir.), Actualité de la jurisprudence internationale à l'heure de la mise en place de la Cour pénale internationale, Bruxelles, Bruylant, 2004, 281 p.

TERTRAIS Bruno, L'arme nucléaire, Paris, PUF, Que sais-je?, 2008, 128 p.

THYS Pierre, Criminels de guerre, Paris, L'Harmattan, 2007, 225 p.

THERY René, La notion d'agression en droit international, Paris, Pédone, 1937, 256 p.

TROPER Michel, Le droit, la théorie du droit, l'État, Paris, PUF, 2001, 334 p.

TROPER Michel, La philosophie du droit, Paris, PUF, Que sais-je ?, 2011, 126 p.

VALLAUD, Pierre, La seconde guerre mondiale, Paris, Acropole, 2002, 143 p.

VAN CREVELD Martin, La transformation de la guerre, Paris, éd. du Rocher, 2011, 318 p.

VERDIER A., E. DECAUX, J.-P. CHRETIEN (dir.), Rwanda, un génocide au XXe siècle, Paris, L'Harmattan, 1995, 263 p.

VERHAEGEN Jacques, Le droit international pénal de Nuremberg, Acquis et Régressions, Bruxelles, Bruylant, 2003, 227 p.

VERNY Edouard, Le membre d'un groupe en droit pénal, Paris, L.G.D.J., 2002, 442P

VNDEN et al., La guerre d'agression comme problème de droit international, Paris, Conciliation International, 1930, 111 p.

WALZER Michael, Guerres justes et injustes, Paris, Gallimard, 2006, 677 p.

WEBER Max, Le savant et le politique : une nouvelle traduction, Paris, la Découverte, 2003, 206 p.

YOKARIS Angelos, La répression pénale en droit international public, Athènes, Ant. N. Sakoulas, Bruxelles, Bruylant, 2006, 152 p.

DICTIONNAIRES

ALLAND Denis et Stéphane RIALS, Dictionnaire de la culture juridique, Paris, PUF, 1ère éd., 2003, 1649 p.

BASDEVANT Jules, Dictionnaire de la terminologie du droit international, Paris, Sirey, 1960, 755 p.

BOUCHET-SAULNIER Françoise, Dictionnaire pratique du droit humanitaire, Paris, La Découverte, 2006, 587 p.

CORNU Gérard (dir.), Vocabulaire juridique, Paris, PUF, 9e éd., 2011, 1095 p.

RAYNAUD Philippe et Stéphane RIALS, Dictionnaire de philosophie politique, Paris, PUF, 2003, 892 p.

SALMON Jean (éd.), Dictionnaire de droit international public, Bruxelles, Bruylant, 2001, 1198 p.

REY-DEBOVE Josette et Alain REY(dir.), Le Petit Robert, Dictionnaire alphabétique et analogique de la langue française, Paris, Millésime, 2013, 2837 p.

VAN LANG A. et G. GONDOUIN et V. INSERQUET-BRISSET, Dictionnaire de droit administratif, Paris, Sirey, Dalloz, 2012.

ARTICLES

ABI-SAB Georges et Rosemary, « Les crimes de guerre », in ASCENSIO Hervé et..., Droit international pénal, Paris, A. Pédone, 2000, pp. 265-292.

AGO R., « Le délit international », RCADI, Vol. 68, 1939-III, pp. 419-554.

ALBERCHT P.-A., « La politique criminelle dans l'Etat de prévention », Dév. Et Soc., 1997, Vol. 21, pp. 123-136.

ALLAND D., « La légitime défense et les contre-mesures dans la codification du droit international de la responsabilité », J.D.I., 1983, pp. 728-762.

AMANN Diane Marie, « Le dispositif américain de lutte contre le terrorisme », RSC, 2002, pp. 745-764.

AMICELLE Anthony, « État des lieux de la lutte contre le financement du terrorisme : entre critique et recommandations », Revue Cultures et Conflits, Automne 2008, N° 71, http://conflis.revues.org/16773.

ANCEL Marc, « Les droits de l'homme et le droit pénal », in Mélanges René GASSIN, Paris, A. Pédone, t. IV, 1972, pp. 226-227.

ANCEL Marc, « Pour une étude systématique des problèmes de politique criminelle », Arch. pol. crim., 1975, Vol.1, pp. 15-42.

ANDREJEW Igor, « La prévention générale à la lumière du droit pénal des Etats socialistes », Arch. pol. crim., 1977, Vol.3, pp. 23-30.

ANGELET Nicolas, « Vers un renforcement de la prévention et la répression du terrorisme par des moyens financiers et économiques ? », in Karine BANNELIER et ...(dir.), Le droit international face au terrorisme, Paris I, CEDIN, Cahiers internationaux, pp. 219-237.

APPEL E., « Un moyen de prévenir la délinquance », Dév. Et Soc., 1983, Vol.7, n1, pp. 53-61.

ARONEAU Eugène, « Le crime contre l'humanité », Nouvelle Revue de droit international privé, tome 13, Paris, 1946, pp. 368-418.

ASCENSIO Hervé et Alain PELLET, « L'activité du tribunal pénal international par l'ex-Yougoslavie (1993-5) », Annuaire français de droit international, XLI, 1995, Vol.41, pp. 101-136.

ASCENSIO Hervé, « La justice pénale internationale de Nuremberg à La Haye », Limoge, 2001, pp. 29-44.

ASCENSIO H. et R. MAISON, « L'activité des juridictions pénales internationales (2003-2004) », AFDI, 2004, pp. 416-468.

ASCENSIO Hervé, « Souveraineté et responsabilité pénale internationale », in Mélanges Lombois, 2004, PU LIMOGES, pp. 603-620.

ATLAN H., « Les niveaux de l'éthique », in CHANGEUX J.-P. (dir.), Une même éthique pour tous ?, Odile Jacob, 1997, pp. 91-106.

A. SHABAS William, « Droit pénal international et droit international des droits de l'homme : faux frères ? » in Marc HENZELIN et Robert ROTH, Le droit pénal à l'épreuve de l'internationalisation, Paris, Bruxelles, Genève, L.G.D.J., Bruylant, Georg, 2002, pp. 165-182.

AUDEOUD O., « Les collectivités infra-étatique dans la vie internationale », in S.F.D.I., L'Etat souverain à l'aube du XXI siècle, Colloque de Nancy, 3-5 juin 1993, Paris, A. Pédone, 1994, pp. 139-170.

BADINTER Robert, « Réflexions générales » in A. CASSESE et..., Crimes internationaux et juridictions internationales, PUF, 2002, pp. 49 et s.

BANIFATEMI Yas, « La lutte contre le financement du terrorisme international », AFDI, Vol. 48, 2002, pp. 103-128.

BARBERIS J.A., « Réflexion sur la coutume internationale », AFDI, 1990, XXXVI, pp. 9-46.

BASSIOUNI M.C., « Considérations de politique criminelle sur la coopération inter-étatique », RSC, 1993, pp. 821-830.

BASSIOUNI M.C., « L'analogie la plus proche » dans le transfert des procédures et considère la CPI comme une extension de la compétence nationale », RID pén., 2000, 1er et 2e trim., pp. 32 et s.

BASSIOUNI M.C., « Reconnaissance internationale des droits des victimes », in G. DOUCET (dir.), Terrorisme, victimes et responsabilité pénale internationale, Calmann-Lévy, 2003, pp. 134 et s.

BEAUD Olivier, « La souveraineté dans la contribution à la théorie générale de l'Etat de Carré de Malberg », Revue du Droit Public, 1994, pp. 1251-1301.

BEAUD Olivier, « Fédéralisme et souveraineté, Notes pour une théorie constitutionnelle de la fédération », Revue du droit public, n° 114, 1998, pp. 83-122.

BEAUVAIS Pascal et Ahmed F. KHALIFA, « Les modes collectifs de participation à l'infraction », in Hervé ASCENSIO et ..., Droit international pénal, Paris, A. Pédone, 2012, 2ème édition, pp. 503-515.

BECET, J.-M., « Paix et sécurité », in F. MAYOR, Paix, développement, démocratie, Bruxelles, Bruylant, 1998, vol. II, pp. 899- 907.

BEIRLAEN André, « Considérations sur la prévention et la répression du terrorisme international », RSC, 1978, pp. 825-844.

BELAICH, F., « La réaction des gouvernements au projet de Commission de droit international sur la responsabilité des Etats », AFDI, 1998, XLIV, pp. 512- 532.

BENNOUNA, M., « La création d'une juridiction pénale internationale et la souveraineté des Etats », AFDI, 1990, XXXVI, pp. 299- 306.

BERAUD Roger, « Le droit pénal et les dictateurs », RSC, 1938, pp. 672-684.

BERISTAIN A., « La justice et l'assistance aux victimes... », RI crim. Et pol., 1987, pp. 331-341.

BESENGER Josée, « Le délit de risques causés à autrui, infraction de prévention », Arch. pol. crim., 1997, Vol.19, pp. 41-64.

BESSON A., « A propos de la défense sociale nouvelle », RIDP, 1954, pp. 321-328.

BETTATI Mario, « Le crime contre l'humanité », in ASCENSIO Hervé et..., Droit international pénal, Paris, A. Pédone, 2000, pp. 293-317.

BEAUVALLET Olivier, « Benjamin Ferencz et la lente répression du crime d'agression », RSC, Octobre/Décembre 2009, n° 4, pp. 749-761.

B. FERENCZ Benjamin, « Pour mettre un terme à l'impunité du crime d'agression », RSC,Octobre/Décembre 2009, n° 4, pp. 739-747.

BIJU-DUVAL Jean-Marie, « La défense devant la Cour Pénale Internationale », AJPénal, 2007, pp. 257et s.

BISAZZA, Patrizia, « Les crimes à la frontière du jus cognes » in Laurent MOREILLON et ..., Droit Pénal Humanitaire, Bruxelles, Bruylant, 2006, pp. 163-181.

BITTI G., « Les tribulations de la justice pénale internationale au XXe siècle : la création d'une Cour criminelle internationale permanente : affrontement ou conciliation des dogmes en procédure pénale ? », in Les systèmes comparés de justice pénale : de la diversité au rapprochement. Actes de la Conférence internationale à l'occasion du 25e anniversaire de l'ISISC, Nouvelles études pénales, Ed. Erès, n° 17, 1998, pp. 395-442.

BITTI Gilbert, « Chronique de jurisprudence de la Cour pénale internationale », RSC, Juillet/ Septembre 2007, pp. 652-665.

BITTI Gilbert, « Chronique de jurisprudence de la CPI », RSC, Juillet/Septembre 2008, pp. 721-730.

BONAN Sylvie, « Les lois dites de ''souveraineté'' outre-mer », RFDA, Nov.-Déc. 1996, pp. 1232-1236.

BONNET Catherine, « Viols des femmes pendant la guerre : particularités du dévoilement et de l'accompagnement », in Denis SALAS (dir.), Victimes de guerre enquête de justice, Paris, L'Harmattan, 2004, pp. 91-102.

BORICAND Jacques, « L'extradition des terroristes », RSC, 1980, pp. 661-691.

BORRICAN Jacques, « la criminologie face à la crise des valeurs. Victimes et criminels », RI Crim. Et Pol. Techn., 1996, pp. 217-226.

BOUTRUCHE T. et C. ROMANO, « Tribunaux pénaux internationaux : Etat des lieux d'une justice hybride », RGDIP, 2003, pp. 109-124.

BROWN John, « La prévention de la criminalité : à la recherche de concepts et de stratégies », RSC, 1980, pp. 943-955.

CAHN Olivier, « Le jugement en France par délégation d'une juridiction pénale internationale », RSC, Avril/Juin 2008, pp. 273-302.

CALOYANNI M.A., « Deux conventions : prévention et répression du terrorisme_ création d'une Cour pénale internationale », RSC, 1938, pp. 403 et s.

CANEPA Giacomo, « Vers une criminologie nouvelle fondée sur le développement des valeurs et de la responsabilité civique », RSC, 1981, pp. 587-591.

CANTEGRIEL J., « Sur la seconde loi française d'adaptation du Statut de Rome. Essai de prospective systemale », RSC, 2004, pp. 803-812.

CARIO Robert, « Les droits des victimes devant la CPI », AJPénal, 2007, pp. 261-266.

CARRILO-SALCEDO J. –A., « La Cour Pénal internationale : L'humanité trouve une place dans le droit international », RGDIP, 1999, pp. 23-28.

CARTUYVELS Yves, « Le droit pénal et l'Etat : des frontières « naturelles » en question » in Marc HENZELIN et Robert ROTH, Le droit pénal à l'épreuve de l'internationalisation, Bruxelles, Bruylant et..., 2002, pp. 3-28.

CASSESE Antonio, « La communauté internationale et le génocide », in Le droit international au service de la paix, de la justice et du développement, Mélanges Michel Virally, A. Pédone, Paris, 1991, pp. 183-194.

CASSESE Antonio, « Y-a-il un conflit insurmontable entre souveraineté des Etats et justice pénale internationale ? », in A. CASSESE et M. DELMAS-MARTY (dir.), Crimes internationaux et juridictions internationales, Paris, P.U.F., 2002, pp. 13-29.

CASSESE Antonio, « Peut-on poursuivre de hauts dirigeants des Etats pour des crimes internationaux ? À propos de l'affaire Congo c/ Belgique, RSC, 2002, pp. 479-499.

CASSESE Antonio, Commentaire de l'article 51 de la Charte des Nations Unies, in COT Jean-Pierre et Alain PELLET, La Charte des Nations Unies, Commentaire article par article (I), Paris, Economica, 3e éd.,2005, pp. 1329-1360.

CATHALA Bruno, « La Cour Pénale Internationale et les victimes », in Justice « restaurative » et victimes, Les cahiers de la Justice, Printemps 2006, Dalloz, pp. 219-229.

CHALTIEL Florence, « La souveraineté vue par l'Union européenne », in MAILLARD DESGREES DU LOÛ Dominique (dir.), Les évolutions de la souveraineté, Paris, Montchrestien, 2006, pp. 191-202.

CHAMBE D., « Réflexions sur la moralisation du droit international », RRJ, n° 92, 2002, pp. 507-520 ; n° 93, 2002, pp. 1011-1026.

CHANGEUX J.-P., « Introduction : Le débat éthique dans une société pluraliste », in CHANGEUX J.-P. (dir.), Une même éthique pour tous ?, Odile Jacob, 1997, pp. 9-16.

CHAPPEZ Jean, « La lutte internationale contre le blanchiment des capitaux d'origine illicite et le financement du terrorisme », AFDI, Vol. 49, 2003, pp. 542-562.

CHEMILLIER-GENDREAU Monique, « Quel avenir pour la souveraineté ? Interrogation sur un concept en crise », in MAILLARD DESGREES DU LOÛ Dominique (dir.), Les évolutions de la souveraineté, Paris, Montchrestien, 2006, pp. 127-137.

CHESNELONG Bénédicte, « Victimes et justice des crimes de guerre et contre l'humanité », in Denis SALAS, Victimes de guerre enquête de justice, Paris, L'Harmattan, 2004, pp. 31-54.

CHEVALLIER Jacques, « Souveraineté et droit », in MAILLARD DESGREES DU LOÛ Dominique (dir.), Les évolutions de la souveraineté, Paris, Montchrestien, 2006, pp. 203-219.

CHRISTIE R.N., « La mondialisation du monde », in M. HENZELIN et R. ROTH (dir.), Le droit pénal à l'épreuve de l'internationalisation, Bruylant, 2002, pp. 337 et s.

CLERGERIE J.L., « La notion de crime contre l'humanité », Revue de Droit Public, 1988, pp. 1251-1262.

COHEN, « La problématique du crime contre l'humanité », Gaz. Pal., 2002.1.doct. p. 329.

COMBACAU J., « Pas une puissance, une liberté : la souveraineté internationale de l'Etat », Pouvoir, 1993, n° 67, pp. 47-58.

CONDORELLI L., « La Cour Pénale Internationale : Un pas de géant (pourvu qu'il soit accompli…) », RGDIP, 1999, pp. 7-21.

CONDORELLI, L., « La définition des infractions internationales », in H. ASCENSIO et …. , Droit international pénal, Paris, A. Pédone, 2000, pp. 241-248.

CONDORELLI L., « Les attentats du 11 septembre et leurs suites : où va le droit international ? », RGDIP, 2001/4, pp. 829-848.

CONFORTI, B., « Le pouvoir discrétionnaire du Conseil de sécurité en matière de constatation d'une menace contre la paix, d'une rupture de la paix ou d'un acte d'agression », in R.J. DUPUY, le développement du rôle du Conseil de sécurité, Colloque de l'Académie de droit international de La Haye, 21-23 juillet 1992, London, 1993, pp. 51-60.

CONFORTI B., « Unité et fragmentation du droit international : « Glissez, mortels, n'appuyez pas ! », RGDIP, 2007, pp. 5-18.

CORBOZ Bernard, « Les actes préparatoires », RI de Crim. Et Pol. Techn., 1982, p. 5-8.

CORTEN Olivier et François DUBUISSON, « Opération « liberté immuable » : une extension abusive du concept de légitime défense », RGDIP, 2002, pp. 51-77.

CORTEN Olivier, « Le débat sur la légitime défense préventive à l'occasion des 60 ans de l'ONU : Nouvelles revendications, oppositions persistantes », in KHERAD Rahim (dir.), Légitimes défenses, Poitiers, LGDJ, 2007, pp. 217-232.

COSNARD Michel, « Quelques observations sur les décisions de la Chambre des lords du 25 novembre 1998 et du 24 mars 1999 dans l'affaire Pinochet », RGDIP, 1999, pp. 309-328.

COULEE F., « Sur un Etat tiers bien peu discret : les Etats-Unis confrontés au Statut de la Cour pénale internationale », AFDI, 2003, pp. 32-70.

COUVRAT Pierre, « La notion de légitime défense dans le nouveau droit pénal français », Rev. crim. Pol. Techn., 1984, pp. 497-504.

COUVRAT Pierre, « La responsabilité pénale dans le nouveau Code », in Problèmes actuels de science criminelle, Aix : P.U.A.M., 1996, Vol IX, 131P.

Chronique des faits internationaux, France/Libye, Indemnisation des victimes de l'attentat contre le DC 10 d'UTA et poursuites contre le chef de l'État libyen, RGDIP, 1999, pp. 955-957.

CUMIN David, « Tentative de définition du terrorisme à partir du jus in bello », RSC, jan/mars 2004, pp. 11-30.

CUSSON Maurice, « La notion de crime organisé », in Criminalité organisée et ordre dans la société, Colloque Aix-en-Provence (5-6-7 juin 1996), Aix-en-Provence, Presse universitaire d'Aix-Marseille, 1997, pp. 29-43.

CUTAJAR Chantal, « Le gel des avoirs terroristes, nouvel outil de lutte contre le financement du terrorisme », La Semaine juridiques, Edition générale, n° 20, 17 mai 2006, pp. 983-984.

DAILLIER Patrick, « Les organisations internationales », in Hervé ASCENSIO et …, Droit international pénal, Paris, A. Pédone, 2000, pp. 139- 150.

DAVID E., « Le Tribunal international pénal pour l'ex-Yougoslavie », RGDI, 1992/2, p.565-598.

DAVID E., « La cour pénale internationale », RCADI, Vol. 313, 2005, pp. 325-454.

DE ANDRADE Aurélie, « Les supérieurs hiérarchiques », in Hervé ASCENSIO et …, Droit international pénal, Paris, A. Pédone, 2000, pp. 201-210.

DECAUX E., De la promotion à la protection des droits de l'Homme. Droit déclaratoire et droit programmatoire » in SFDI, La protection des droits de l'Homme et l'évolution du droit international, Paris, Pédone, 1998, pp. 81-119.

DECAUX E., « Les gouvernants », in Hervé ASCENSIO et …, Droit international pénal, Paris, A. Pédone, 2000, pp. 183- 200.

DECAUX, E., « Responsabilité et réparation », in S.F.D.I., La responsabilité dans le système international, Colloque de Mans, 31 mai -2juin1990, Paris, Pédone, 1991, pp. 147-190.

DEFFERRAD F., « La provocation », RSC, 2002, pp. 233-239.

DE FROUVILLE, Olivier, « La Cour Pénale Internationale : une humanité souveraine ? », Les Temps Modernes, N° 610, La souveraineté, Automne 2000, pp. 257-288.

DE HEMPTINNE J., « La définition du crime contre l'humanité par le Tribunal Pénal International pour l'ex-Yougoslavie », RTDH, 1998, pp. 763-779.

DE HEMPTINNE J., « La décentralisation de la justice pénale internationale, un enjeu pour l'avenir », Journal des tribunaux, n° 6114, 15 novembre 2003, pp. 757-769.

DELAPLACE Edouard, « La notion de groupe dans la jurisprudence du TPIR », in BURGORGUE-LARSEN Laurence (dir.), La répression internationale du génocide rwandais, Bruxelles, Bruylant, 2003, pp. 267-279.

DELBEZ, L., « la notion juridique de guerre », RGDIP, 1953, T.57, pp. 177- 209.

DELMAS-MARTY Mireille, « Légalité pénale et prééminence du droit selon la Convention européenne des droits de l'Homme », Mélanges A. Vitu, 1989, pp. 151-167.

DELMAS-MARTY Mireille, « La responsabilité pénale des groupements », RIDP, 1980, pp. 39-54.

DELMAS-MARTY Mireille, « Permanence ou dérive du modèle libéral de politique criminelle », Arch. pol. crim., 1983, Vol.6, pp. 13-52.

DELMAS-MARTY Mireille, « Le rayonnement international de la pensée de Beccaria », RSC, 1989, pp. 252-260.

DELMAS-MARTY Mireille, « Le crime contre l'humanité, les droits de l'homme et l'irréductible humain », RSC, 1994, pp. 477-490.

DELMAS-MARTY Mireille, « Le paradoxe pénal », in DELMAS-MARTY Mireille et CL. LUCAS DE LEYSSAC (dir.), Libertés et droits fondamentaux, Paris, Seuil, 1996, pp. 368-392.

DELMAS-MARTY Mireille, « L'interdit et le respect : comment définir le crime contre l'humanité ? » in Marcel COLIN (dir.), Le crime contre l'humanité, Paris, éd. Erès, 1996, pp. 19-30.

DELMAS-MARTY Mireille, « La mondialisation du droit : chances et risques », Dalloz, 1999, pp. 43-48.

DELMAS-MARTY Mireille, « Les crimes internationaux peuvent-ils contribuer au débat entre universalisme et relativisme des valeurs? », in Antonio CASSESE et M. DELMAS-MARTY (dir.), Crimes internationaux et juridictions internationales, PUF, 2002, pp. 59-67.

DELMAS-MARTY, Mireille, « Droit comparé et droit international : interactions et internormativité », Paris, Dalloz, 2003, pp. 11-26.

DELMAS-MARTY Mireille, « La CPI et les interactions entre droit interne et droit international, RSC, 2003, pp. 1-11.

DELMAS-MARTY Mireille, « Mondialisation et internationalisation des tribunaux », in Apprendre à douter : questions de droit, questions sur le droit. Études offertes à Claude LOMBOIS, PULIM (Presses universitaire de Limoges), 2004, pp. 783-796.

DELMAS-MARTY M., « Le droit pénal comme éthique de la mondialisation », RSC, 2004, pp. 1-10.

DELMAS-MARTY Mireille, « Le paradigme de la guerre contre le crime : légitimer l'inhumain ? », RSC, Juillet/Septembre 2007, pp. 461-472.

DELMAS-MARTY Mireille, « Violence et massacres : entre droit pénal de l'ennemi et droit pénal de l'inhumain », RSC, Janvier/Mars 2009, pp. 59-68.

DELSOS Chantal, « Le TPI est-il légitime ? », Le Figaro, 5 septembre 2001.

DEMICHEL, F., « Le rôle de la souveraineté dans les relations internationales contemporaines », in P. AVRIL et al., Le pouvoir, Mélanges offerts à Georges BURDEAU, Paris, LGDJ, 1977, pp. 1053-1071.

DEPERCHIN Annie, « Victimes du premier conflit mondial et justice », in Denis SALAS (dir.), Victimes de guerre enquête de justice, Paris, L'Harmattan, 2004, pp. 15-29.

DERRIDA Jacques, « Le Siècle et le Pardon (entretien avec Michel VIEVIORKA) », in Foi et Savoir, suivi de Le Siècle et le Pardon, Paris, Seuil, pp. 101-133.

DESCHEEMAEKER J., « Le jugement des grands criminels de guerre », RGDIP, 1946, T.50, pp. 210- 311.

DESGENS-PASANAU Guillaume, « La lutte contre le blanchiment d'argent et le financement du terrorisme : quels enjeux pour la vie privée de la clientèle bancaire? », Gaz. Pal., Janvier-Février 2004, pp. 222-226.

DESOUS Georges, « Réflexions sur le régime juridique des crimes contre l'humanité (A propos des arrêts Barbie), RSC, 1984, n°4, pp. 657-684.

DESPORTES Francis, « La responsabilité des personnes morales en droit français », C.J.E.G., 1996, pp. 93-106.

DETAIS Julien, « Les critères du droit de légitime défense dans la jurisprudence de la Cour Internationale de Justice », in Rahim KHERAD (dir), Légitimes défenses, Poitiers, LGDJ, 2007, pp. 149-171.

DI MARINO Gaëtan, « La nouvelle politique française de la prévention de la criminalité urbaine », Semaine juridique, éd. Générale, 1991, I, n° 3535, pp. 343-350.

DINH Nguyen Quoc, « La légitime défense d'après la charte des N.U. », RGDIP, 1948, pp. 223-229.

DOBKINE D., « Permanence et banalité du crime contre l'humanité », le Dalloz (Paris), n°42, 30 novembre 2000, point de vue, pp. 3-4.

DOMINICE Christian, « Quelques observations sur l'immunité de juridiction pénale de l'ancien chef d'Etat », RGDIP, 1999, pp. 297-308.

DONNARD Gisèle, "Les victimes de viol ''arme de guerre'': ''crime contre l'humanité'', in Denis SALAS (dir.), Victimes de guerre enquête de justice, Paris, L'Harmattan, 2004, pp. 111-117.

DONNEDIEU DE VABRES H., « La répression internationale des délits de droit des gens », Paris, Nouvelle revue de droit international privé, n° 1,1935, pp. 6 et s.

DONNDEDIEU DE VABRES H., « La répression internationale du terrorisme. Les conventions de Genève (16 novembre 1937) », RSC, 1938, pp. 37 et s.

DONNEDIEU DE VABRES H., « Le procès de Nuremberg devant les principes modernes du droit pénal international », RCADI, 1947-I, Vol. 70, pp. 477-583.

DONNDEDIEU DE VABRES, H., « Les limites de la responsabilité pénale des personnes morales », RIDP, 1950, 3Trim., pp. 339- 351.

DOUCET G., « La responsabilité pénale des dirigeants en exercice », Actualité et droit international, jan. 2001, (htt://www.ridi.org./adi).

DOUCET Jean-Paul, « Les infractions de prévention », Gaz. Pal., 1973, Doct., pp. 764-767.

DUMONT Hélène, « Le crime de génocide : construction d'un paradigme pluridisciplinaire », Criminologie, 39/2, automne 2006, pp. 3-22.

DUMEE, M., « Le crime d'agression », in H. ASCENSIO et…, Droit international pénal, Paris, A. Pédone, 2000, pp. 251-264.

DUPARC Caroline, « La légitime défense : contours d'une notion de droit pénal », in Rahim KHERAD (dir), Légitimes défenses, Poitiers, LGDJ, 2007, pp. 83-103.

DUPEYRON Christian, « L'infraction collective », RSC, 1973, pp. 357- 391.

DUPUY René-Jean, « Agression indirecte et intervention sollicitée à propos de l'affaire libanaise », AFDI, Vol. 5, 1959, pp. 431-467.

DUPUY R.J., « Droit déclaratoire et droit programmatoire », in L'élaboration du droit international public, Paris, Pédone, 1975, pp. 132-148.

DUPUY René-Jean, « L'impossible agression : les Malouines entre l'O.N.U. et l'O.E.A. », AFDI, Vol. 28, 1982, pp. 337-353.

DUPUY René-Jean, « L'illusion juridique », in Mélanges offerts à Guy LADREIT DE LACHARRIERE, Paris, Masson, 1989, pp. 245-257.

DUPUY René-Jean, « Les aspects hors souveraineté », Pouvoirs, 1993, n° 67, pp. 99-106.

DUPUY P.M., « Action publique et crime international de l'Etat », AFDI, 1979, XXV, pp. 539-554.

DUPUY P.M., « Observations sur le « crime international de l'Etat », RGDIP, 1980, T.84, N2, pp. 449- 486.

DUPUY P.M., « Le fait générateur de responsabilité internationale des Etats », RCADI, 1984-V, Vol.188, pp. 9-134.

DUPUY P.M., « L'individu et le droit international », Arch. Philo. Droit, 1987, T.32, pp. 119-134.

DUPUY P.M., « Après la guerre du Golfe… », RGDIP, 1991, pp. 621-635.

DUPUY P.M., « La souveraineté de l'Etat et le droit des Nations Unies », in DRAGO Roland (dir.), Souveraineté de l'Etat et interventions internationales, Dalloz, 1996, pp. 23-31.

DUPUY P.M., « Crimes et immunités, ou dans quelle mesure la nature des premiers empêche l'exercice des secondes », RGDIP, 1999, pp. 289-296.

DUPUY P.M., « Normes internationales pénales et droit impératif (jus cogens) », in H. ASCENSIO et ..., « Droit international pénal », Paris, A. Pédone, 2000, pp. 71-80.

DUPUY P.M., « L'unité de l'ordre juridique international, Cours général de droit international public », RCADI, Vol. 297, 2002, pp. 9-489.

DUPUY, P.M., « Quarante ans de codification du droit de la responsabilité internationale des États. Un bilan, RGDIP, 2003, T. 107, N2, pp. 305- 348.

DUTHEIL DE LA ROCHERE Jacqueline, « La souveraineté de l'État et l'Union Européenne », in DRAGO Roland (dir.), Souveraineté de l'État et interventions internationales, Dalloz, 1996, pp. 47-56.

EUSTATHIADES C., « Les sujets du droit international et la responsabilité internationale : Nouvelles tendances », RCADI, Vol. 84, 1953, pp. 418-421.

FARDELLA, F., « Le dogme de la souveraineté de l'Etat – Un bilan », Arch. Philo. Droit, 1997, T. 41, pp. 115-134.

FELDMAN Jean-Philippe, « La conception américain de la souveraineté », in MAILLARD DESGREES DU LOÛ Dominique (dir.), Les évolutions de la souveraineté, Paris, Montchrestien, 2006, pp. 83-99.

FELMAN Shoshana, « Théâtres de justice : Hannah Arendt à Jérusalem. Le procès Eichmann et la redéfinition de sens de la loi dans le sillage de l'Holocauste », Les temps modernes, oct.-nov. 2001, pp. 23-74.

FICHET-BOYER I. et M. MOSSE, « L'obligation de prendre des mesures internes nécessaires à la prévention des infractions », in H. ASCENSIO et ..., Droit International Pénal, A. Pédone, 2ème éd., 2012, pp. 1055-1070.

FLAUSS Jean-François, « La souveraineté de l'État et la Convention Européenne des droits de l'Homme », in DRAGO Roland (dir.), Souveraineté de l'État et interventions internationales, Dalloz, 1996, pp. 59-72.

FONTANAUD Daniel, « Criminalité organisée », RIDP, 2006/1, Vol. 77, pp. 193-199.

FRANCILLON J., « La synthèse consacrée aux crimes de guerre et crimes contre l'humanité », Juris-classeurs de droit international et de droit pénal (annexes), 1983.

FRONZA E. et E. MALARINO, « L'effet harmonisateur du Statut de la Cour pénale internationale », in M. DELMAS-MARTY et ..., Les chemins de l'harmonisation pénale/ harmonising Criminal Law, Paris, Société de législation comparée, 2008, pp. 65-81.

GAJA G., « Réflexion sur le rôle du Conseil de sécurité dans le nouvel ordre mondial. À propos des rapports entre maintien de la paix et crimes internationaux des États », RGDIP, 1993, T. 97, N2, pp. 297- 320.

GARAPON Antoine et Joël HUBRECHT, « La justice générale internationale entre la balance et le sablier », Esprit, Juillet 2002, pp. 33 et s.

GARIBIAN Sévane, « Souveraineté et légalité en droit pénal international : le concept de crime contre l'humanité dans le discours des juges à Nuremberg », in Marc HENZELIN et Robert ROTH (dir.), Le droit pénal à l'épreuve de l'internationalisation, Paris, Bruxelles, Genève, LGDJ, Bruylant, George, 2002, pp. 29-45.

GASSIN Raymond, « La crise des politiques criminelles occidentales », in Problèmes actuels de sciences criminelle, Aix : P.U.A.M., 1985, Vol. I, pp. 21-56.

GATTINI A., « Un regard procédural sur la fragmentation du droit international », RGDIP, 2006, pp. 303-336.

GIRAUD Emile, « La théorie de la légitime défense », RCADI, vol. 49, 1934-III, pp. 692 et s.

GIRAULT C. et B. GRAVELET, « La Cour Pénale Internationale : illusion... », RSC,avr.-juin 1999, n° 2, pp. 410-423.

GIUDICELLI DELAGE G., « Justice pénale et décisions politiques », RSC, 2003, pp. 247 et s.

GLASER Stefan, L'État en tant que personne morale est-il pénalement responsable ?, RDPC, 1948-1949, N. 5, pp. 425- 452.

GLASER Stefan, L' « Acte d'État » et le problème de la responsabilité individuelle, RDPC, 1950, Vol. 31, N.1, pp. 1-17.

GLASER Stefan, « La guerre d'agression à la lumière des sources du droit international », Paris, RGDIP, 1953, pp. 398-443.

GLASER Stefan, « Élément moral de l'infraction international », RGDIP, 1955, T. 79, pp. 537-569.

GLASER Stefan, « Les infractions d'omission et le problème de culpabilité », RDPC, 1961-1962, pp. 897 et s.

GLASER Stefan, « Le terrorisme international et ses divers aspects », Revue internationale de droit comparé, n°4, 1973, pp. 285 et s.

GOHIN Olivier, « Souveraineté et compétences en droit constitutionnel français depuis 1946 », in MAILLARD DESGREES DU LOÛ Dominique (dir.), Les évolutions de la souveraineté, Paris, Montchrestien, 2006, pp. 101-117.

GOUNELLE M., « Quelques remarques sur la notion de « crime international » et sur l'évolution de la responsabilité internationale de l'État », in D. BARDONNET et al. , Le droit international : unité et diversité, Mélanges offerts à Paul REUTERS, Paris, A. Pédone, 1981, pp. 315- 326.

GRAVEN J., « Les crimes contre l'humanité », RCADI, Paris, Sirey, 1950, Vol. I, pp. 545-546.

GRAVEN Jean, « La limitation du Droit de punir de l'État par les Droits de l'Homme », RDPC, 1955, pp. 451 et s.

GRAVEN Jean, « Les crimes contre l'humanité peuvent-ils bénéficier de la prescription ? », Rev. Pén. Suisse, 1965, pp. 113 et s.

GRYNFOGEL C., « Un concept juridique en quête d'identité ; le crime contre l'humanité », RIDP, 1992, pp. 1034-1041.

GRYNFOGEL C., « Le concept de crime contre l'humanité, hier aujourd'hui et demain », Revue de droit pénal et de criminologie, 1994, pp. 13-50.

GUILLOUX N., « Modélisation des processus de réception de l'incrimination de génocide en droit interne », in M. DELMAS-MARTY (dir.), Criminalité économique et atteintes à la dignité de la personne, MSH, 2001, vol. VII : Les processus d'internationalisation, p.213 et s.

HALL Heith, « Première proposition de création d'une cour criminelle internationale permanente », RICR, n° 829, Mars 1998, pp. 59-78.

HARDOUIN-LE GOFF C., « Prescription », in LOPEZ G. et S. TZITZIS (dir.), Dictionnaire de Sciences Criminelles, Paris, Dalloz, 2004, pp. 730-734.

HAUTEBERT Joël, « Le sujet de la souveraineté en Italie Un siècle de débats (1848-1946) », in MAILLARD DESGREES DU LOÛ Dominique (dir.), Les évolutions de la souveraineté, Paris, Montchrestien, 2006, pp. 37-50.

HEISBOURG François, « La fin du modèle westphalien », Autrement, n° 213, 2002, pp. 34-43.

HENZELIN M., « La Cour Pénale Internationale : organe supranational ou otage des Etats ? », Rev. Pén. Suisse, 2001, pp. 221-238.

HENZELIN Marc, « Droit international pénal et droits pénaux étatiques. Le choc des cultures », in Marc HENZELIN et Robert ROTH, Le droit pénal à l'épreuve de l'internationalisation, Bruxelles, Bruylant et …, 2002, pp. 69-118.

HENZELIN M., « L'immunité pénale des chefs d'État en matière financière. Vers une exception pour les actes de pillage de ressources et de corruption ? », RSDIE, 2002, pp. 179-212.

HERZOG B., « Contribution à l'étude de la définition du crime contre l'humanité », RIDP, 1947, pp. 155 et s.

HERZOG Jacques-Bernard, « Étude des lois concernant la prescription des crimes contre l'humanité », RSC, 1965, pp. 336-371.

HUGUES Eric, « La notion de terrorisme en droit international : en quête d'une définition juridique », JDI, 2002, pp. 753-771.

ITSOUHOU MBADINGA M., « Variation des rapports entre les juridictions pénales internationales et les juridictions nationales dans la répression des crimes internationaux », RTDH, 56/2003, pp. 1221-1246.

ISOART Paul, « Souveraineté étatique et relations internationales » in BETTATI Mario et ..., La souveraineté au XXe siècle, A. Colin, 1971, pp. 15-16.

JACQUEMIN Georges, « Les infractions de mise en danger en droit pénal international », RDPC, 1968, pp. 937 et s.

JANKELEVITCH V., « L'imprescriptible », Revue administrative, n° 103, janvier-février 1965, pp. 37-42.

JEANNIN L., « La prescription », in RUIZ FABRI H., H. DELLA MORTE, E. LAMBERT-ABDELGAWAD et K. MARTIN-CHENUT (dir.), La clémence saisie par le droit. Amnistie, Prescription et grâce en droit international, Paris, SLC, UMR de droit comparé d Paris, 2007, Vol. 14, pp. 257-274.

JESCHECK Hans-Heinrich, « La prévention d'infractions commises par négligence contre la vie et l'intégrité corporelle », RI Crim. Et Pol. Techn., 1956, pp. 8-13.

JESCHECK H-H., « Crimes du droit des gens », RIDP, 1955, n° 3 et 4, pp. 503-554.

JESCHECK H. H., « Etat actuel et perspective d'avenir des projets dans le domaine du droit international pénal », RIDP, 1964, pp. 83-105.

JIMENA QUESADA Luis, « Compétence universelle et crimes internationaux : l'illustration par l'Espagne », RSC, Jan/Mars 2009, pp. 217-225.

JORDA C., « Du Tribunal pénal international pour l'ex-Yougoslavie à la Cour pénale internationale : de quelques observations et enseignements », conférence prononcée à l'Académie de droit international de La Haye le 6 juillet 2004, RCADI, vol. 307, 2004, pp. 9-24.

KARANIKAS Demetre, « Le rôle social-pédagogique du droit répressif », RIDP, 1967, p. 39 et s.

KEUBOU Ph., « Adaptation des législations internes aux exigences de la Convention de Rome... », RSC, 2004, pp. 843-864.

KHERAD Rhaim, « la question de la définitiion du crime d'agression dans le statut de ROME », RGDIP, 2005, Vol. 2, pp. 331-360.

KHERAD Rahim, « La souveraineté de l'Irak à l'épreuve de l'occupation », in MAILLARD DESGREES DU LOÛ Dominique (dir.), Les évolutions de la souveraineté, Paris, Montchrestien, 2006, pp. 139-154.

KIRSCH P., « La cour pénale internationale face à la souveraineté des États », in A. CASSESE et al. (dir.), Crimes internationaux et juridictions internationales, Paris, PUF, 2002, pp. 31-37.

KOFI ANNAN, « Deux concepts de la souveraineté », The Economist, 18 sep. 1999, Trad. Franç. in Le Monde, 22 sep. 1999, pp. 20.

KOLB R., « Chronique commentée de quelques faits internationaux », RSDIE, Vol. 15, 2005, pp. 595-599.

KOLB Robert, « La légitime défense des États au XIXe siècle et pendant l'époque de la Société des Nations », in Rahim KHERAD (dir), Légitimes défenses, Poitiers, LGDJ, 2007, pp. 25-70.

LABAYLE Henri, « Droit international et lutte contre le terrorisme », AFDI, 1986, pp. 105-138.

LAMBERT-ABDELGAWWAD Elisabeth, « Les États face à l'obligation de dessaisissement de leurs organes judiciaires au profit des Tribunaux Pénaux Internationaux : l'illusion d'un contrôle étatique ? », RSC, Jan/Mars 2004, pp. 185-193.

LAMBERT-ABDELGAWAD Elisabeth, « Le dessaisissement devant des tribunaux nationaux au profit des tribunaux pénaux internationaux : un encadrement abusif par le droit international de l'exercice de la compétence judiciaire interne ? », RGDIP, 2004/2, pp. 407-438.

LAMBERT-ABDELGAWAD Elisabeth et K. MARTIN-CHENUT, « La prescription en droit international : vers une imprescriptibilité de certains crimes ? », in RUIZ FAGRI H., H. DELLA MORTE, E. LAMBERT-ABDELGAWAD et K. MARTIN-CHENUT (dir.), La clémence saisie par le droit. Amnistie, Prescription et grâce en droit international, Paris, SLC, UMR de droit comparé d Paris, 2007, Vol. 14, pp. 102 et s.

LAINGUI André, « Crimes et délits » in ALLAND Denis et Stéphane RIALS, Dictionnaire de la culture juridique, Paris, PUF, 1ère éd., 2003, pp. 336-340.

LAQUIEZE Alain, « La critique de la souveraineté par les libéraux anglo-saxons », in MAILLARD DESGREES DU LOÛ Dominique (dir.), Les évolutions de la souveraineté, Paris, Montchrestien, 2006, pp. 173-189.

LAZERGES Christine, « Les conflits de politique criminelle », Arch. pol. crim., 1984, Vol.7, pp. 37-48.

LAZERGES Christine, « Délit d'obstacle. Article L. 631-1 du code du travail », RSC, 1993, pp. 125-126.

LAZERGES Christine et Mireille DELMAS-MARTY, « Préface au Code pénal français», RDPC, 1997, pp. 133-184.

LATTANZI F., « Compétence de la Cour pénale internationale et consentement des États », RGDIP, 1999/2, pp. 425-444.

LAVIEILLE J.-M., « Les activités militaires, la protection de l'environnement et le droit international », RJE, pp. 421-452.

LELIEUR-FISCHER, « L'impossible poursuite de tous les crimes contre l'humanité commis avant l'entrée en vigueur du nouveau code pénal ? », RSC, 2004, pp. 31-42.

LE FUR L., « La guerre juste et juste paix », RGDIP, 1919, T. 26, pp. 7-75.

LEMAIRE Félicien, « La distinction souveraineté nationale souveraineté populaire sous la Révolution », in MAILLARD DESGREES DU LOÛ Dominique (dir.), Les évolutions de la souveraineté, Paris, Montchrestien, 2006, pp. 19-35.

LEMASSON Aurélien-Thibault, « Le crime contre la paix ou crime d'agression », RSC, Avril/Juin 2006, pp. 275-292.

LEMOINE Pascal, « Le délit d'association de malfaiteurs et la circonstance de bande organisée », Revue pénitentiaire et de droit pénal, 2007, pp. 277-290.

LEMOINE Pascal, « Le délit d'association de malfaiteurs à travers quelques arrêts récents de la Cour de cassation », Revue pénitentiaire et de droit pénal, 2009, pp. 361-365.

LEVASSEUR Georges, « Les crimes contre l'humanité et le problème de leur prescription », Journal de droit international, 1966, n°2, pp. 259-284.

LEVASSEUR Georges, « Réflexion sur la prévention générale », Arch. pol. crim., 1977, Vol.3, pp. 13-22.

LEVY Robert, « La prévention des crimes contre l'humanité en temps de paix » in A. BESSON et M. ANCEL, La prévention des infractions contre la vie humaine et l'intégrité de la personne, Paris, Cujas, 1956, Vol.1, pp. 295-321.

LIWERANT O. SARA, « Les exécutants » in Hervé ASCENSIO et …, « Droit international pénal », Paris, A. Pédone, 2000, pp. 211-224.

LOLLINI A., « Le processus de juridiction de la résolution des conflits : les alternatives » in FRONZA E. et S. MANACORDA (dir.), La justice pénale internationale dans les décisions des tibunaux ad hoc, Étude de cas des Law Clinics, en droit pénal international, Giuffré, 2003, pp. 312-326.

LOMBOIS C., « Droit pénal international, Crimes contre l'humanité et crime de guerre », RSC, 1987, pp. 937-942.

LOMBOIS C., « Un crime international en droit positif français. L'apport de l'affaire Barbie à la théorie française du crime contre l'humanité », in Mélanges Vitu, Cujas, 1989, pp. 367-388.

LOMBOIS C., « De la compassion territoriale », RSC, 1995, pp. 399-402.

LOUNICI D. et D. SCALIA, « Première décision de la Cour Pénale Internationale relative aux victimes : états des lieux et intégrations », RIDP, 2005, pp. 375-408.

LUCHAIRE François, « La souveraineté extérieure dans la Constitution française et la jurisprudence du Conseil constitutionnel », in MAILLARD DESGREES DU LOÛ Dominique (dir.), Les évolutions de la souveraineté, Paris, Montchrestien, 2006, pp. 119-125.

LUIGI CONDORELLI V., « Les attentats du 11 septembre et leurs suites : où va le droit international ? », RIGDIP, 2001, pp. 829-848.

MACHELON Jean-Pierre, « Souveraineté et État de droit », in MAILLARD DESGREES DU LOÛ Dominique (dir.), Les évolutions de la souveraineté, Paris, Montchrestien, 2006, pp. 157-171.

MAHMOUD M., « Mondialisation et souveraineté », JDI, 1996, pp. 611- 662.

MAILLARD DESGREES DU LOÛ Dominique, « Rapport introductif », in MAILLARD DESGREES DU LOÛ Dominique (dir.), Les évolutions de la souveraineté, Paris, Montchrestien, 2006, pp. 3-17.

MAISON R., « La décision de la Chambre de première instance n° 1 du Tribunal pénal pour l'ex-Yougoslavie dans l'affaire Nikolic », JEDI, vol.7, 1996, pp. 284-299.

MAISON R., « Le crime de génocide dans les premiers jugements du Tribunal pénal international pour le Rwanda », RGDIP, 1999, n° 1, pp. 129-146.

MANACORDA S., « La théorie générale de l'infraction pénale en France : lacunes ou spécificités de la science pénale? », RDPC, 1999, pp. 35-53.

MARCUS Michel, « Un outil pour la politique criminelle : les conseils communaux de prévention », RSC, 1956, pp. 47-54.

MARCUS Michel, « Une évolution marquante dans la prévention », RSC, 1989, pp. 176-181.

MARGUENAUD Jean-Pierre, « La qualification pénale des actes de terrorisme », RSC, 1990, pp. 1-28.

MASSE M., « Droit et humanité », Actes, Septembre 1989, n° 67-68, pp. 33 et s.

MASSE M., « Du procès de Nuremberg à celui de P. Touvier, en passant par l'affaire Barbie », RSC, 1989, pp. 793-800.

MASSE M., « Le droit international pénal dans les travaux préparatoires du future code pénal », RSC, 1990, pp. 395-403.

MASSE M., « Bilan d'une décennie : le crime contre l'humanité à la croisée des chemins », RSC, 1991, pp. 398-404.

MASSE M., « Les crimes contre l'humanité dans le nouveau code pénal », RSC, Avr./Juin 1994, pp. 376-383.

MASSE M., « Ex-Yougoslavie, Rwanda : Une compétence « virtuelle » des juridictions françaises ? », RSC, 1997, pp. 893-899.

MASSE M., « L'affaire du prêtre rwandais », RSC, 1998, pp. 837-840.

MASSE M., « Une nouvelle dimension de la coopération judiciaire en matière pénale : la coopération « verticale » », RSC, oct./déc. 2002, pp. 884-891.

MASSE Michel, « Chronique de jurisprudence droit international pénal, Retour sur l'article 18, alinéa 5, du code de procédure pénale », RSC, Avril/Juin 2007, pp. 387-392.

MASSE Michel, « Chronique de jurisprudence droit pénal international, Actualité de la compétence universelle », RSC, Avril/Juin 2008, pp. 440-451.

MASSE Michel, « 25 août 1944 : Libération de Paris et massacre de Maillé en Touraine », RSC, Oct./Déc. 2008, pp. 988-994.

MASSE Michel, « La criminalité terrorisme », RSC, Janvier/Mars 2012, pp. 89-107.

MAYAUD Yves, « Ratio legis et incrimination », RSC, 1983, pp. 597-621.

MAYER Daniel, « La notion de substance mortelle en matière d'empoisonnement », Dalloz, 1994, I., Chron., pp. 325-326.

MERLE Marcel, « Le concept de transnationalité », in René-Jean DUPUY (Mélanges), Humanité et droit international, Paris, A. Pédone, 1991, pp. 223-231.

MESSMER Pierre, « Aspects militaires des interventions extérieures », in DRAGO Roland (dir.), Souveraineté de l'État et interventions internationales, Dalloz, 1996, pp. 37-43.

METTRAUX Guénaël, « Le « viol » en droit international à la lumière de la jurisprudence du Tribunal Pénal International pour l'ex-Yougoslavie : quelques aspects », in Denis SALAS (dir.), Victimes de guerre enquête de justice, Paris, L'Harmattan, 2004, pp. 122 et s.

MIAILLE Michel, « Le droit-violence », Dév. Et Soc., 1980, VoL.4, N2, pp. 167-177.

MOMTAZ D., « La piraterie en haute mer » in Hervé ASCENSIO et ..., Droit international pénal, Paris, A. Pédone, 2ème éd., 2012, pp. 365-370.

MONJAL P.-Y., « La décision 98-408 du Conseil constitutionnelle relative au Statut de la CPI : un soutien juridique aux réticences nationales », RRJ, 1999-4, Spéc. pp. 1208-1213.

MOULY Jean, « La classification tripartite dans la législation contemporaine », RSC, 1982, pp. 3-40.

MOURGEON, J., « L'intervention internationale à titre humanitaire », JDI, 1994, pp. 643- 652.

MOURULLO Gonzalo Rodriguez, « La punition des actes préparatoires dans le droit pénal espagnol », RIDP, 1967, pp. 77-120.

MOUTIN P. et M. SCHWITZER, « A propos des bourreaux : criminels de guerre et criminels contre l'humanité », RSC, 1993, pp. 831-837.

MUBIALA M., « Le Tribunal international pour le Rwanda : vraie ou fausse copie du Tribunal pénal international pour l'ex-Yougoslavie ? », RGDIP, 1995, pp. 929-954.

MUNOZ CONDE Francisco, « Le droit pénal international est-il « droit pénal de l'ennemi » ? », RSC, Jan/Mars 2009, pp. 19-30.

NIANG Mandiaye, « Les obligations du Procureur face à la défense, devant le Tribunal pénal international pour le Rwanda », RSC, 2001, pp. 277 et s.

NGUYEN ROUAULT, F., « L'intervention armée en Irak et son occupation au regard du droit international », RGDIP, 2003, T. 107, N4, pp. 835-864.

NSANZUWERA François-Xavier, « La justice réparatrice et les victimisations de masse : la situation au Rwanda », Les cahiers de la justice, Revue semestrielle de l'ENM, Dalloz, 2006, pp. 195-207.

OLLARD Romain, « La distinction du dommage et du préjudice en droit pénal », RSC, 2011, pp. 561 et s.

OTTENHOF Reynald, « Lignes directrices pour une approche criminologique du terrorise », RSC, 1988, pp. 71-374.

OST F. et M. VAN DE KERCHOV, « De la pyramide au réseau ? Vers un nouveau mode de production du droit », RIEJ, 2001, pp. 44-82.

PALMISANO Giuseppe, « Les causes d'aggravation de la responsabilité des États et la distinction entre « crimes » et « délits » internationaux », RGDIP, 1994, T. 98, N3, pp. 629-673.

PAOLI Jules, « Contribution à l'étude des crimes de guerre et des crimes contre l'humanité en droit pénal international », RGDIP, 1941-1945, II, pp. 129-165.

PARMENTIER Stephan, « La commission « de vérité et réconciliation » en Afrique du Sud : possibilité et limites de la « justice restaurative » après conflits politiques majeurs », in Denis SALAS (dir.), Victimes de guerre enquête de justice, Paris, L'Harmattan, 2004, pp. 55-88.

PASSAS Nikos, « Le financement du terrorisme, Rapport général », RIDP, n° 79, 2008, pp. 303-323.

PAVIA M.L., « La place de la victime devant les tribunaux pénaux internationaux », Arch. pol. crim., 2002, pp. 61-79.

PAZARTZIS P., « Tribunaux pénaux internationalisés : une nouvelle approche de la justice pénale (inter)nationale ? », AFDI, 2003, pp. 641-661.

PELLET Alain, « La destruction de Troie n'aura pas lieu », The Palestine Yearbook of international Law, 1987/88, Vol. IV, pp. 44-84.

PELLET Alain, « Le Tribunal criminel international pour l'ex-Yougoslavie : poudre aux yeux ou avancée décisive ? », RGDIP, 1994, pp. 7-60.

PELLET Alain, « Les auteurs des infractions internationales », in H. ASCENSIO et ..., Droit international pénal, Paris, A. Pédone, 2000, pp. 83- 90.

PEREZ GONZALES M., « Les organisations internationales et le droit de la responsabilité », RGDIP, 1988, T.92, N.1, pp. 63- 102.

PINATEL Jean, « La prévention générale d'ordre pénal », RSC, 1955, pp. 554-561.

PINATEL Jean, « L'élément légal de l'infraction devant la criminologie et les sciences de l'homme », RSC, 1967, pp. 683-688.

PINATEL Jean, « infractions et valeurs morales », RSC, 1972, pp. 664-676.

PINATEL Jean, « Criminologie et société répressive », RSC, 1981, pp. 765-776.

PLAWSKI S., « La notion de droit international pénal », RSC, 1978, n° 4, pp. 789- 809.

POISSONNIER Ghislain, « La mise en place des chambres extraordinaires au sein des tribunaux cambodgiens », RSC, Avril/Juin 2007, pp. 235-249.

POLIN Raymond, « Le concept de souveraineté et ses conséquences internationales », in DRAGO Roland (dir.), Souveraineté de l'État et interventions internationales, Dalloz, 1996, pp. 5-15.

PONCELA P., « L'imprescriptibilité » in ASCENSIO Hervé et ..., Droit international pénal, Paris, A. Pédone, 2000, pp. 887-895.

PONCELA Pierrette, « Mesure et motivation de la peine dans les jugements du TPIY », in Marc HENZELIN et Robert ROTH, Le droit pénal à l'épreuve de l'internationalisation, Bruxelles, Bruylant, 2002, pp. 325-335.

PRADEL Jean, « La responsabilité des personnes morales en droit français... », Revue Pénitentiaire et de Droit Pénal, 1998, pp. 153 et s.

PROTHAIS Alain, « Plaidoyer pour le maintien de l'incrimination spéciale de l'empoisonnement », Dalloz, 1982, I, Chron., pp. 107-110.

QUENEUDEC J.- P., « La notion d'État intéressé en droit international », RCADI, 1995, Vol. 255, pp. 339- 462.

RAMBAUD, P., « La définition de l'agression par l'Organisation des Nation Unies », RGDIP, 1976, T. 80, N.3, pp. 835- 881.

RASSAT Michèle-Laure, « Peut-on prévenir la délinquance ? », RI crim. Et pol. Techn., 1988, pp. 437-443.

RAYNAUD Philippe, « La guerre et le droit : les limites de la rationalisation. Max Weber et sa postérité », Arch. Philo. Droit, 1987, pp. 101-110.

REBUT D., « Le principe de la légalité des délits et des peines », in Compte-rendu du XIVe Congrès de l'Association française de droit pénal, Université Montesquieu, Bordeaux IV (25 et 26 mars 1999), « Faut-il repenser le principe de la légalité pénale ? », Revue Pénitentiaire et de droit pénal, 2001, n° 2, pp. 249-266.

RIVELLO, Roberto, « Les principes généraux de droit et le droit international pénal », Paris, Dalloz, 2003, pp. 89-111.

ROBERT Christian-Nils, « La criminalisation du monde », in Marc HENZELIN et Robert ROTH, Le droit pénal à l'épreuve de l'internationalisation, Bruxelles, Bruylant, 2002, pp. 337-345.

ROBERT Philippe, « Evaluer la prévention », Arch. pol. crim., 1993, Vol. 16, pp. 53 et s.

ROBERT Jacques-Henri, « L'histoire des éléments de l'infraction », RSC, 1977, pp. 269-284.

ROBERT Jacques-Henri, « La classification tripartite des infractions selon le nouveau code pénal », Droit Pénal, Janvier 1995, Chron. N° 1, pp. 1-2.

ROCHE Sébastien, « Société complexe, modernité et insécurité », RI crim. et pol. techn., 1998, N4, pp. 387-393.

ROETS Damien, « Le crime contre la paix », Dalloz, 2009, pp. 15-26.

ROMANO C. et T. BOUTRUCHE, « Tribunaux pénaux internationalisés : état des lieux d'une justice 'hybride' », RGDIP, 2003, pp. 109-124.

ROSOUX Valérie, « La Belgique et la diplomatie ''étatique'' : forces et limites d'une image », Esprit, décembre 2001, pp. 198-205.

ROUGIER A., « La théorie de l'intervention d'humanité », RGDIP, 1910, T. 17, pp. 468- 526.

ROULOT J.-F., « La répression des crimes contre l'humanité par les juridictions criminelles en France », RSC, Juill./Sept. 1999, pp. 545-562.

ROUSSEAU Charles, « Principes de droit international public », RCADI, Vol. 93, 1958-I, pp. 373-394 et pp. 521-535.

RUIZ FABRI, H., « Les organisations non gouvernementales », in D. CARREAU et al. (dir.), Encyclopédie juridique Dalloz _ Répertoire de droit international, Paris, Dalloz, 1998, T. III, pp. 1-6.

SAAS Claire, « La nécessaire adaptation du droit français au Statut de Rome », AJPénal, 2007, pp. 267-270.

SAGONE Giuseppe, « Pour un droit pénal international », RIDP, 1928, p.362-382.

SALAS Denis, « État et droit pénal. Le droit pénal entre « Thémis » et « Diké » » in L'État, Revue de la théorie juridique, 1992, Vol.15, p.77-90.

SALMON Jean, « Immunité et actes de la fonction », AFDI, 1992, pp. 314-357.

SASS Claire, « La nécessaire adaptation du droit français au Statut de Rome », AJPénal, 2007, pp. 267-270.

SASSOLI V. M., « La première décision de la Chambre d'appel du Tribunal pénal international pour l'ex-Yougoslavie : Tadic (compétence) », RGDIP, 1996/1, pp. 101-134.

SAYAH Jamil, « Le vagabondage et la mendicité : un délit périmé », RSC, 1997, 45-49.

SERIAUX A., « L'humanité au tourniquet de la peine » in mélanges GASSIN, PUAM, 2007, pp. 315-326.

SEVELY C., « Réflexion sur l'inhumain et le droit. Le droit en quête d'humanité », RSC, 2005, pp. 483-507.

SINKONDO M.H., « Principe de souveraineté, droit des peuples et sécurité en droit international contemporain », Revue de Droit International et de Droit Comparé, Bruxelles, 1989, pp. 309-333.

SICILIANOS Linos-Alexandre, « Sanctions institutionnelles et contre-mesures : tendances récentes », in Laura PICCHIO FORLATI et Linos-Alexandre SICILIANOS (dir.), Les sanctions économiques en droit international, Lieden/Boston, Martinus Nijhoff Publishers, 2004, pp. 3-98.

SPITERIE Pierre, « L'infraction formelle », RSC, 1966, pp. 497-520.

STRUPP K., « Les règles générales du droit de la paix », RCADI, Vol. 47, 1934-I, pp. 263-593.

SULZER Jeanne, « Le statut des victimes dans la justice pénale internationale émergente », Archives de politique criminelle, 2006, n° 28, pp. 29-40.

SUR Serge, « Système juridique international et utopie », Arch. Philo. Droit, T.32, 1987, pp. 35-45.

SUR Serge, « Vers une Cour pénale internationale : La Convention de Rome entre les ONG et le Conseil de sécurité », RGDIP, 1999, pp. 29-45.

SUR Serge, « Progrès et limites de la réception du droit international en droit français » in BEN ACHOUR R. et LAGHMANI S., Actes du colloque du Tunis des 16-18 avril 1998, Paris, Pédone, 1998, pp. 227-243.

SUR Serge, « Le droit international pénal entre l'État et la société internationale » in Marc HENZELIN et ..., Le dorit pénal à l'épreuve de l'internationalisation, LGDJ-George-Bruylant, Genève, 2002, pp. 49-68.

SZABO Denis, « Ordre social, socialisation et criminalité : essai sur les fondements de la légitimité de la protection de l'ordre public », RSC, 1971, pp. 1-13.

SZABO Denis, « La prévention : concepts et stratégie », RSC, 1984, pp. 685-701.

SZUREK Sandra, « La formation du droit international pénal », in Hervé ASCENCIO et al. (dir.), Droit international pénal, Paris, A. Pédone, 2ème éd., pp. 21-35.

TEANI Anne-Lise, « L'arrêt de la Cour internationale de justice du 26 février 2007 Application de la Convention pour la prévention et la répression du crime de génocide, vecteur d'unité ou de fragmentation du droit international ? », RSC, Octobre/Décembre 2007, pp. 765-778.

TERRE François, « Un bilan de sociologie juridique », JCP, 1966, I, n° 2015.

TORRES BERNARDEZ Santiago, « Examen de la définition de l'agression », AFDI, Vol. 11, 1965, pp. 528-545.

TROPER Michel, « Comment la Constitution de 1958 définit la souveraineté nationale ? », in La Constitution de 1958 a quarante ans, http://www.conseil-constituionnel.fr/dossier/quarante/q05.htm

TROPER Michel, « L'Europe politique et le concept de souveraineté », in BEAUD Olivier et ... (dir.), L'Europe en voie de constitution-Pour un bilan critique des travaux de la Convention, Bruxelles, Bruylant, 2004, pp. 117-140.

TROPER Michel, « La souveraineté comme principe d'imputation », in MAILLARD DESGREES DU LOÛ Dominique (dir.), Les évolutions de la souveraineté, Paris, Montchrestien, 2006, pp. 69-80.

TRUCHE Pierre, « Les facteurs d'évolution de la notion de crime contre l'humanité » in Marcel COLIN (dir.), Le crime contre l'humanité, Paris, Ed. Erès, 1996, pp. 31-34.

TRUYOL SERRA Antonio, « Souveraineté », Arch. Philo. Droit, 1990, T. 35, pp. 313-326.

VAN DE KERCHOV Michel, « Éclatement et recomposition du droit pénal », RSC, 2000, n°1, pp. 5-15.

VAN YPERSELE DE STRIHOU, « Environnement et guerre du Golf », in Les conflits verts : la dégradation de l'environnement, source de tension majeures, Bruxelles, Ed. du GRIP, 1992, pp. 143 et s.

VERHOEVEN J., « Vers un ordre répressif universel ? Quelques observations », AFDI, XLV, 1999, pp. 55-71.

VERHOEVEN J., « Souveraineté et mondialisation : libres propos », in E. LOQUIN et C. KESSEDJIAN (dir.), La mondialisation du droit, Dijon, Litec, 2000, pp. 43-57.

VERIN Jacques, « La criminologie et l'immoralité internationale », RSC, 1971, pp. 745 et s.

VERIN Jacques, « Prévention générale : l'effet d'éducation morale et les risques de contre-éducation », RSC, 1977, pp. 643-649.

VERIN Jacques, « La prévention sociale : mythe ou réalité ? », RSC, 1982, pp. 813-819.

WECKEL P., « L'institution d'un Tribunal international pour la répression des crimes de droit humanitaire en Yougoslavie », AFDI, 1993, pp. 232-261.

WECKEL P., « La Cour pénale internationale. Présentation générale », RGDIP, 1998/4, pp. 983-993.

WEINBERGER J.-CL., JAKUBOWICZ P., ROBERT Ph., « Société et gravité des infractions », RSC, 1976, pp. 915-930.

WITENBERG, J.C., « De Grotius à Nuremberg _ quelques réflexions », RGDIP, 1947, T. 51, pp. 89- 112.

YONAN Nadège, « La circulation des normes internationales de lutte contre le financement du terrorisme », in Charlotte GIRARD (dir.), La lutte contre le terrorisme : L'hypothèse de la circulation des normes, Bruxelles, Bruylant, 2012, pp. 247-274.

ZAKR Nasser, « Les aspects institutionnels de la Cour pénale internationale », JDI, 2002/2, pp. 449-474.

ZOLLER E., « La définition des crimes contre l'humanité », JDI, 1993, n° 3, pp. 549-568.

ZOUREK Jaroslav, « Enfin une définition de l'agression », AFDI, 1974, XX, pp. 9- 30.

THESES ET MEMOIRES

ADALI Sabahattin, La notion de l'agression en droit international public, Thèse, Paris, 1954.

BOUACHA Mohammed, De la légitimation de la conduite de politique extérieur des Etats à la lumière de certains cas de recours à la force armée, Thèse, Paris V, 1997, 391 p.

CHAVANNE, Gaïlle, La définition de l'agression en droit international, Mémoire, Grenoble, 2006, 121 p.

COURTIN C., L'immunité en droit criminel français, Thèse, Nice, 1999, 643 p.

CREF-HOLLENDER Agnès, Le déclin du Principe de la légalité criminelle en droit pénal du travail, Thèse, Montpellier I, 1992, 516 p.

DUCRY, Gérard, L'union africaine et le pacte de non-agression et de défense commune, Thèse, Paris I, 2006, 504 p.

FREIJ Mustafa, L'infraction formelle, Thèse, Paris II, 1975, 334 p.

FOUCHARD Isabelle, Crime international. Entre internationalisation du droit pénal et pénalisation du droit international, Thèse, Paris I – Panthéon-Sorbonne/ IHEID-Genève, 2008, dactyl, 682 p.

LEMASSON Aurélien-Thibault, Le crime contre la paix ou crime d'agression, Mémoire M2, Limoges, 2005, 112 p.

LU Chun-Kaï, La notion juridique de l'agression en droit international public, Thèse, Caen, 1938, 218 p.

JUVE Marie-José, Du recours à la force en général et de la légitime défense, Mémoire de DEA, Bordeaux I, 1992, 105 p.

MONFORT Mathieu, La prévention du terrorisme, Thèse, Montpellier I, 2010, 820 p.

QUIRICO Ottavio, Réflexion sur le système du droit international pénal, Thèse, Université Toulouse I, 2005, 858 p.

PHILLIPOT Pascal, Les infractions de prévention, Thèse, Nancy II, 1977, 334 p.

PONSEILLE Anne, L'infraction de prévention en droit pénal français, Thèse, Montpellier, 2001, 664 p.

SHAMLOO Bagher, La provocation en droit pénal français et iranien, Thèse, Montpellier, 2000, 554 p.

SINALY Fofana, Définition de l'agression, Mémoire, Paris, Institut des études internationales, 1979, 135 p.

THERY René, La notion d'agression en droit international, Thèse, Lille, 1937, 256 p.

ADRESSES ELECTRONIQUES

http://ods-dds-ny.un.org/doc/UNDOC/LTD/N01/709/64/PDF/N0170964.pdf?OpenElement

http://ods-dds-ny.un.org/doc/UNDOC/LTD/N02/218/86/PDF/N0221886.pdf.OpenElement

www.icrc.org

http://www.conseil-constituionnel.fr/dossier/quarante/q05.htm: (site de conseil Constitutionnel), La Constitution de 1958 a quarante ans.

http://ledroitcriminel.free.fr/dictionnaire.htm. Jean-Paul DOUCET, Le dictionnaire criminel, 2013.

JURISPRUDENCES INTERNE

- Cass. Crim., 8 février 1979, pourvoi n° 77-92300, Bull. Crim. n° 58.
- Cass. Crim., 20 décembre 1985, pourvoi n° 85-95166, Bull. Crim. n°407.
- Cass. Crim., 22 janv. 1986, pourvoi n° 85-92620, Bull. Crim. n° 29.
- Cass. Crim., 6 sept. 1990, pourvoi n° 89-84421, Bull. Crim. n° 314.
- Cass. Crim., 13 nov. 1990, pourvoi n° 90-85438, Bull. Crim. n°378.
- Cass. Crim., 2 juillet 1991, pourvoi n° 90-87165, Bull. Crim. n° 288.
- Cass. Crim., 15 février 1995, pourvoi n° 94-81586, Bull. Crim. n° 70.
- Cass. Crim., 16 juin 1999, pourvoi n° 98-84.265, non publié.
- Cass. Crim., 13 mars 2001, pourvoi n° 00-87215, Bull. Crim. n° 64.
- Cass. Crim., 30 mai 2001, pourvoi n° 00-86815, non publié.
- Cass. Crim., 18 décembre 2002, pourvoi n° 02-81666, Bull. Crim. n° 236.
- Cass. Crim., 19 mai 2004, pourvoi n° 03-85053, non publié.
- Cass. Crim., 8 fév. 2006, pourvoi n° 05-83603, non publié.
- Cass. Crim., 5 avril 2006, pourvoi n° 06-81835, Bull. Crim. n° 106.
- Cass. Crim., 8 novembre 2006, pourvoi n° 05-85922, Bull. Crim. n° 280.
- Cass. Crim., 10 septembre 2008, pourvoi n° 08-80144, non publié.
- CA Lyon, Chambre d'accusation, 28 octobre 1983, Affaire Klaus Barbie.
- CA Paris, Chambre d'accusation, 20 octobre 2000, Affaire KADHAFI (Attentat commis, le 19 septembre 1989, contre l'avion DC 10 de la compagnie UTA).
- Cons. Const., 22 janvier 1999, Décision N° 98-408 DC.
- Tribunal militaire de Rome, 22 juillet 1997, Affaire de Priebke et Hass.
- Etats-Unis, Cour militaire, 10 novembre 1945, Ludwigsburg, Wilhelm Mundo et Erich Weiss, L.R.T.W.C., Vol. XIII, P. 150.

JURISPRUDENCES EUROPEENNES

- CEDH, 10 juillet 1984, Kathleen Steward c/ Royaume-Uni.
- CEDH, 26 mai 1993, Brannigan et McBride c/ Royaume Uni.
- CEDH, 1er avril 2004, Roivas c/ France.
- CEDH, 6 avril 2004, Ahmad Özkan et autres c/ Turquie.
- CEDH, 28 mars 2006, Pezrk c/ Turkie.
- CEDH, 29 février 2008, Saadi c/ Italie.

JURISPRUDENCES INTERNATIONALES

- CIJ, 7 septembre 1927, Affaire du « Lotus ».
- CIJ, 26 juin 1986, Nicaragua c. Etats-Unis d'Amérique
- CIJ, 11 juillet 1996, Affaire relative à l'Application de la convention pour la prévention et répression du crime de génocide.
- CIJ, 25 septembre 1997 Projet Gabcikovo-Nagymaros (Hongrie/Slovaquie).
- CIJ, 14 février 2002, L'affaire du Mandat d'arrêt du 11 avril 2000.

- CIJ, 14 février 2002, la République démocratique du Congo c/ Belgique.
- CIJ, 6 novembre 2003, Plates-formes pétrolières.
- CIJ, 26 fév. 2007, Bosnie-Herzégovine c. Serbie-et-Monténégro.
- CPI, 22 juin 2006, Le Procureur c/ Thomas Lubanga Dyilo, La Chambre préliminaire.
- CPI, 11 juin 2008, Joseph KONY et al., La Chambre d'Appel.
- TPIY, 07 mai 1997, Le Procureur c/ Tadic, La Chambre de première instance.
- TPIY, 14 juillet 1997, Le Procureur c/ Tadic, La Chambre de première instance
- TPIY, 16 novembre 1998, Le Procureur c/ Delalic et al., La Chambre de première instance.
- TPIY, 10 décembre 1998, Le procureur c/ Furundzija, La Chambre de première instance.
- TPIY, 25 juin 1999, Le procureur c/ Aleksovski, La Chambre de première instance.
- TPIY, 15 juillet 1999, Le Procureur c/ Tadic, La Chambre d'Appel.
- TPIY, 11 novembre 1999, Le Procureur c/ Tadic, La Chambre de première instance.
- TPIY, 03 mars 2000, Le Procureur c/Blaskic, La Chambre de première instance.
- TPIY, 02 novembre 2001, Le Procureur c/ Kvocka, La Chambre de première instance.
- TPIY, 22 février 2001 Le Procureur c/ Kunarac et al., La Chambre de première instance.
- TPIY, 12 juin 2002, Le Procureur c/Kunarac et Consort, La Chambre d'Appel.
- TPIY, 31 mars 2003, Le Procureur c/ Naletilic et al., La Chambre de première instance.
- TPIY, 17 septembre 2003, Le Procureur c/ Krnojelac, La Chambre d'Appel.
- TPIY, 05 décembre 2003, Le Procureur c/ Galic, La Chambre de première instance I.
- TPIY, 29 juillet 2004, Le Procureur c/Blaskic, La Chambre d'Appel.
- TPIY, 03 mai 2006, Le Procureur c/Naletilic et Martinovic, La Chambre d'Appel.
- TPIR, 2 septembre 1998, Le procureur c/ Jean-Paul AKAYESU, La décision de première instance.
- TPIR, 4 septembre 1998, Le Procureur c/ Jean Kambanda, La Chambre de première instance.
- TPIR, 01 juin 2001, Le procureur c/ Jean-Paul AKAYESU, La Chambre d'Appel.

RAPPORTS INTERNATIONAUX

Procès des grands criminels de guerre devant le tribunal militaire international de Nuremberg, 14 novembre 1945_ 1er octobre 1946, Vol. I, Nuremberg 1947, 594 p.

Le Comité International de la Croix-Rouge, « Les armes de nature à causer des maux superflus ou à frapper sans discrimination », Rapport sur les travaux d'un groupe d'experts, Genève, 1973, 80 p.

ONU, Rapport du Comité spécial pour la question de la définition de l'agression, 1974, 47 p.

Rapport de la CDI sur les travaux de sa quarante-huitième session sur le projet définitif des crimes contre la paix et la sécurité d'humanité (6 mai-26 juillet 1996), 168 p.

Rapport du PUNE et du Centre des Nations Unies pour les établissements humains, « Le conflit du Kosovo, ses conséquences sur l'environnement et les établissements humains », 1999, 49 p.

ONU, Analyse historique des faits relatifs à l'agression, 2003, 531 p.

TEXTES INTERNATIONAUX

- Déclaration universelle des droits de l'homme, 10 décembre 1948.
- Convention de La Haye (IV), 18 octobre 1907.
- Règlement concernant les lois et coutumes de guerre sur terre, annexé à la Convention de La Haye (IV) du 18 octobre 1907
- Convention internationale de l'opium, La Haye, 23 janvier 1912.

- Conventions de Genève sur les drogues manufacturées, 19 février 1925 et 13 juillet 1931.
- Convention de Genève Vème, 28 juillet 1951.
- Convention Unique sur les stupéfiants, New York, 30 mars 1961.
- Convention sur l'imprescriptibilité des crimes de guerre et des crimes contre l'humanité, 26 novembre 1968.
- Convention de Vienne sur le droit des traités, 23 mai 1969.
- Convention sur les substances psychotropes, 21 février 1971.
- Convention des Nations Unies sur l'interdiction de la mise au point, de la fabrication et du stockage, et de la destruction des armes bactériologiques (biologiques) ou à toxines, Washington, Londres et Moscou, 10 avril 1972.
- Convention européenne sur l'imprescriptibilité des crimes contre l'humanité et des crimes de guerre, Strasbourg, 25 janvier 1974.
- Convention des Nations Unies contre le trafic illicite de stupéfiants et de substances psychotropes, Vienne, 19 décembre 1988.
- Convention des Nations Unies sur l'interdiction des armes chimiques, 3 janvier 1993.
- Convention internationale pour la répression du financement du terrorisme, 9 décembre 1999.
- Résolution 2625(XXV) de l'Assemblée générale des Nations Unies relative aux principes du droit international touchant les relations amicales, 24 octobre 1970.
- Résolution 3314(XXIX) de 1974 de l'ONU.
- Résolution 662 du Conseil de sécurité contre l'annexion du Koweït par l'Irak, 9 août 1990.
- Résolution 687 du Conseil de sécurité, 3 avril 1991.
- Résolution 748 du Conseil de sécurité dans l'affaire de Lockerbie contre le régime de Libye, 31 mars 1992.
- Résolution 49/60 de l'Assemblée générale de l'ONU contre le terrorisme, 17 février 1995.
- Résolution 1373 du Conseil de sécurité sur le terrorisme et le blanchiment d'argent, 28 septembre 2001.
- Résolution 1464 du Conseil de sécurité soutenant l'accord de Linas-Marcousis, 4 février 2003.
- Résolution 1535 du Conseil de sécurité de l'ONU sur le terrorisme, 26 mars 2004.
- Résolution 1535 du Conseil de sécurité de l'ONU du 26 mars 2004.
- Résolution du 18e Congrès International de droit pénal de l'AIDP (Istanbul, Turquie, 20-27 septembre 2009) : L'élargissement des formes de préparation et de participation (l'association de malfaiteurs à l'échelle internationale).
- Les résolutions de l'Assemblée générale de l'ONU sur le terrorisme : 3034 (1972), 31/102 (1976), 32/147 (1977), 34/145 (1979), 36/109 (1981), 38/130 (1983), 40/61 (1985), 42/159 (1987), 44/29 (1989).

TABLE ANALYTIQUE DES MATIÈRES

Structures éditoriales du groupe L'Harmattan

L'Harmattan Italie
Via degli Artisti, 15
10124 Torino
harmattan.italia@gmail.com

L'Harmattan Hongrie
Kossuth l. u. 14-16.
1053 Budapest
harmattan@harmattan.hu

L'Harmattan Sénégal
10 VDN en face Mermoz
BP 45034 Dakar-Fann
senharmattan@gmail.com

L'Harmattan Cameroun
TSINGA/FECAFOOT
BP 11486 Yaoundé
inkoukam@gmail.com

L'Harmattan Burkina Faso
Achille Somé – tengnule@hotmail.fr

L'Harmattan Guinée
Almamya, rue KA 028 OKB Agency
BP 3470 Conakry
harmattanguinee@yahoo.fr

L'Harmattan RDC
185, avenue Nyangwe
Commune de Lingwala – Kinshasa
matangilamusadila@yahoo.fr

L'Harmattan Congo
67, boulevard Denis-Sassou-N'Guesso
BP 2874 Brazzaville
harmattan.congo@yahoo.fr

L'Harmattan Mali
Sirakoro-Meguetana V31
Bamako
syllaka@yahoo.fr

L'Harmattan Togo
Djidjole – Lomé
Maison Amela
face EPP BATOME
ddamela@aol.com

L'Harmattan Côte d'Ivoire
Résidence Karl – Cité des Arts
Abidjan-Cocody
03 BP 1588 Abidjan
espace_harmattan.ci@hotmail.fr

L'Harmattan Algérie
22, rue Moulay-Mohamed
31000 Oran
info2@harmattan-algerie.com

L'Harmattan Maroc
5, rue Ferrane-Kouicha, Talaâ-Elkbira
Chrableyine, Fès-Médine
30000 Fès
harmattan.maroc@gmail.com

Nos librairies en France

Librairie internationale
16, rue des Écoles – 75005 Paris
librairie.internationale@harmattan.fr
01 40 46 79 11
www.librairieharmattan.com

Lib. sciences humaines & histoire
21, rue des Écoles – 75005 Paris
librairie.sh@harmattan.fr
01 46 34 13 71
www.librairieharmattansh.com

Librairie l'Espace Harmattan
21 bis, rue des Écoles – 75005 Paris
librairie.espace@harmattan.fr
01 43 29 49 42

Lib. Méditerranée & Moyen-Orient
7, rue des Carmes – 75005 Paris
librairie.mediterranee@harmattan.fr
01 43 29 71 15

Librairie Le Lucernaire
53, rue Notre-Dame-des-Champs – 75006 Paris
librairie@lucernaire.fr
01 42 22 67 13

www.ingramcontent.com/pod-product-compliance
Lightning Source LLC
LaVergne TN
LVHW011448061026
849535LV00004BA/995